PORTUGAL, BRASIL
E O MUNDO DO DIREITO

VASCO PEREIRA DA SILVA
Doutor e Agregado em Direito
Professor da Faculdade de Direito da Universidade de Lisboa
e da Universidade Católica Portuguesa

INGO WOLFGANG SARLETT
Doutor em Direito
Professor da Universidade Católica do Rio Grande do Sul em Porto Alegre

PORTUGAL, BRASIL E O MUNDO DO DIREITO

PORTUGAL, BRASIL E O MUNDO DO DIREITO

COORDENAÇÃO
VASCO PEREIRA DA SILVA
INGO WOLFGANG SARLETT

EDITOR
EDIÇÕES ALMEDINA, SA
Av. Fernão Magalhães, n.º 584, 5.º Andar
3000-174 Coimbra
Tel.: 239 851 904
Fax: 239 851 901
www.almedina.net
editora@almedina.net

PRÉ-IMPRESSÃO | IMPRESSÃO | ACABAMENTO
G.C. – GRÁFICA DE COIMBRA, LDA.
Palheira – Assafarge
3001-453 Coimbra
producao@graficadecoimbra.pt

Setembro, 2009

DEPÓSITO LEGAL
298780/09

Os dados e as opiniões inseridos na presente publicação
são da exclusiva responsabilidade do(s) seu(s) autor(es).

Toda a reprodução desta obra, por fotocópia ou outro qualquer
processo, sem prévia autorização escrita do Editor, é ilícita
e passível de procedimento judicial contra o infractor.

Biblioteca Nacional de Portugal – Catalogação na Publicação

SILVA, Vasco Pereira da, e outro

Portugal, Brasil e o mundo do direito / Vasco
Pereira da Silva, Ingo Wolfgang Sarlett. – (Obras colectivas)
ISBN 978-972-40-3929-9

I – SARLETT, Ingo Wolfgang

CDU 34

INTRODUÇÃO

«Portugal, Brasil e o Mundo do Direito» reúne trabalhos elaborados por professores e estudantes (agora, Mestres em Direito), portugueses e brasileiros, no Curso de Mestrado leccionado pelas Faculdades de Direito da Universidade Católica Portuguesa, de Hannover (coordenadora do projecto), de Rouen e do Havre, no âmbito do programa Erasmus Mundus I. Elaborados entre 2004 e 2009 (respectivamente, as datas em que se iniciaram e terminaram as admissões para o referido Mestrado), os referidos textos, de grande diversidade temática e abrangendo os mais variados ramos de direito, dão bem conta do diálogo cultural, e em particular jurídico, entre a Europa e o resto do Mundo, que é propiciado pelos programas europeus de intercâmbio de professores e estudantes.

Surgido da iniciativa dos estudantes brasileiros, e organizado por mim (coordenador científico português do Mestrado) e pelo Prof. Doutor Ingo Sarlett (da Pontifícia Universitária Católica do Rio Grande do Sul, de Porto Alegre, que gozou de uma bolsa Erasmus Mundus para leccionar em Portugal), o presente livro atesta bem a excelência de qualidade científica alcançada pelo programa, na altura em que chega ao seu termo. Aproveito ainda para agradecer aos Mestres Henrique Antunes, Maria João Fernandes e Inês Quadros, assim como ao Dr. Tiago Macieirinha, da Faculdade de Direito da Universidade Católica, todo o auxílio que me prestaram, com a sua dedicação, entusiasmo e inteligência permanentes, na tarefa de coordenação do Mestrado Erasmus Mundus.

VASCO PEREIRA DA SILVA

Lisboa, Junho de 2009.

1. Pelos Caminhos da Europa

1.1. "A Caminho!" Nova Viagem pela Europa do Direito Administrativo
– Prof. Doutor Vasco Pereira da Silva

1.2. A Força Expansiva da Liberdade de Prestação de Serviços ou a Sua Instrumentalização?
– Mestre Inês Quadros

"A CAMINHO!"
NOVA VIAGEM PELA EUROPA
DO DIREITO ADMINISTRATIVO

VASCO PEREIRA DA SILVA[1]

Há dois anos, na primeira cerimónia de atribuição dos diplomas do nosso Mestrado ERASMUS MUNDUS ("Joint Master Degree, LLM EUR), que teve lugar em Hannover, propus-vos fazer uma «Viagem pela Europa do Direito Administrativo»[2]. Como dizem que um "criminoso volta sempre ao local do crime" e como, nestes últimos anos, se deram algumas alterações no quadro do relacionamento entre o Direito Administrativo Europeu e o português, venho propor-vos que retomemos o caminho então percorrido e que façamos uma nova viagem pela Europa do Direito Administrativo Europeu.

O "primeiro lugar a visitar", nesta nossa viagem, é o divã da psicanálise. Pois, em minha opinião, o Direito Administrativo português – como, de resto, sucede também com os demais Direitos Administrativos europeus – encontra-se bastante necessitado de "psicanálise cultural"[3]. Nascido «em circunstâncias e condições muito especiais, o Direito Administrativo teve uma "infância difícil", causadora de traumas profundos de

---

[1] Professor das Faculdades de Direito da Universidade Católica Portuguesa e da Universidade de Lisboa.

[2] O texto intitulava-se «Eine Reise durch das Europa des Verwaltungsrechts» (em vias de publicação) e constituía uma versão actualizada e adaptada de um estudo antes publicado (em Portugal) com o título «Viagem pela Europa do Direito Administrativo», in «Cadernos de Justiça Administrativa», n.º 58, Julho / Agosto 2006, páginas 60 e seguintes.

[3] VASCO PEREIRA DA SILVA, «O Contencioso Administrativo no Divã da Psicanálise – Ensaio sobre as Acções no Novo Processo Administrativo», Almedina, Coimbra, 2005.

que o legislador, a doutrina e a jurisprudência têm tido alguma dificuldade em se libertar. Tais traumas, nos piores momentos, chegaram mesmo a provocar graves crises de esquizofrenia, mas também, nos melhores momentos, não deixaram de manifestar-se de forma inconsciente na "psicopatologia da vida quotidiana" do Direito Administrativo»[4]. Importa, por isso, submetê-lo a sessões de psicanálise cultural, de modo a permitir a rememoração dos factos traumáticos, sentando-o nos divãs da História e da Europa, «a fim de permitir atingir a catarse, auxiliando o Direito Administrativo a enfrentar saudavelmente as realidades do presente»[5].

O "segundo lugar a visitar" é a noção de acto administrativo. Já que é preciso analisar todas as transformações sofridas por essa forma de actuação administrativa (outrora "central" e, hoje ainda, muito importante) ao longo dos tempos, tanto nos planos jurídicos interno como europeu.

O "terceiro lugar da nossa visita" diz respeito à contratação administrativa, a qual se tem vindo a desenvolver e a generalizar cada vez mais, de modo a apreciar as evoluções sofridas tanto no contexto nacional como europeu.

1. O Direito Administrativo no "divã" da psicanálise. Da "infância difícil" aos modernos "traumas" do Direito Administrativo

Qual "infância difícil", fonte de "traumas" para uma vida inteira, os acontecimentos históricos que rodearam o surgimento e desenvolvimento do Direito Administrativo permitem explicar muitos dos problemas com que ele actualmente se defronta. Daí a necessidade de descer às "profundezas do inconsciente", "mergulhando" na história do Direito Administrativo, de modo a perceber como ele nasceu, cresceu e se desenvolveu ao longo dos tempos. Ao olhar para a história do Direito Administrativo, num exercício de psicanálise cultural, avultam, desde logo, duas principais "experiências traumáticas": a da sua ligação originária a um modelo

---

[4] VASCO PEREIRA DA SILVA, «O Contencioso A. no D. da P. – E. sobre as A. no N. P. A.», cit., p. 6.

[5] Vide VASCO PEREIRA DA SILVA, «O Contencioso A. no D. da P. – E. sobre as A. no N. P. A.», cit., p. 6.

de Contencioso dependente da Administração e a das circunstâncias que estão na base da afirmação da sua própria autonomia enquanto ramo de direito.

O primeiro desses "acontecimentos traumáticos" decorre do surgimento do Contencioso Administrativo, na Revolução francesa, concebido como "privilégio de foro" da Administração, destinado a garantir a defesa dos poderes públicos e não a assegurar a protecção dos direitos dos particulares. O princípio da separação de poderes, tal como então foi entendido, levou à criação de um «juiz doméstico», para usar a feliz expressão de Nigro[6], de um "juiz de trazer por casa", pois se atribuía aos órgãos da Administração a tarefa de se julgarem a si próprios. Assim, em nome da separação de poderes, o que se instaurou foi um sistema assente na «confusão entre a função de administrar e a de julgar» (Debbasch / Ricci[7]), na promiscuidade entre o poder administrativo e o poder judicial. E foi esse modelo de contencioso administrativo que, por intermédio da actuação dos respectivos órgãos, foi elaborando o Direito Administrativo.

O segundo "acontecimento traumático" prende-se com as circunstâncias em que foi afirmada a autonomia do Direito Administrativo, verificando-se também aqui uma maior preocupação com a garantia da Administração do que com a protecção dos particulares. Na verdade, aquela que é considerada a "primeira sentença" do Direito Administrativo, consagrando a sua autonomia enquanto ramo da ciência jurídica, data de 1873, foi proferida pelo Tribunal de Conflitos francês, e é uma triste decisão, não apenas pelo caso a que se refere como pelo seu próprio conteúdo[8].

O caso era relativo a uma criança de cinco anos, Agnès Blanco, que tinha sido atropelada por um vagão de um serviço público (de tabaco), não tendo os seus pais conseguido obter a devida indemnização, nem do Tribunal de Bordéus, nem do Conselho de Estado, porque ambos se declararam incompetentes para decidir uma questão em que intervinha a Administração e que, como tal, ambos entendiam que não era directa-

---

[6] Mario Nigro, «Trasformazioni dell' Amministrazioni e Tutela Giurisdizionale Difeferenziata», in «Rivista di Diritto e Procedura Civile», Março de 1980, n.º 1, páginas 20 e 21.

[7] Debbasch / Ricci, «Contentieux Administratif», 8ª edição, Dalloz, Paris, 2001, página 4.

[8] Vide o «Acórdão Blanco» em Long / Weil / Braibant / Delvolvé, «Les Grands Arrêts de la Jurisprudence Administrative», 9ª edição, Sirey, Paris, 1990, página 15.

mente regulada pelo Código Civil. Chamado a pronunciar-se, o Tribunal de Conflitos vem dizer que a competência para decidir cabia à ordem administrativa, deste modo resolvendo o conflito de jurisdições. Mas, simultaneamente, vai considerar, por estar em causa um serviço público, que a indemnização a ser atribuída não se poderia regular pelas normas aplicáveis às relações entre particulares. Antes haveria que criar um "direito especial" para a Administração, que tomasse em consideração o seu "estatuto de privilégio".

Como se vê, a afirmação da autonomia do Direito Administrativo surge para justificar a necessidade de limitar a responsabilidade da Administração perante uma criança de cinco anos, atropelada por um vagão de um serviço público. O que não é apenas um «episódio triste» (SABINO CASSESE)[9], como é também um "triste começo" para o Direito Administrativo, cujo nascimento fica associado a uma história de negação dos direitos dos particulares. Por muito que se quisesse, era difícil imaginar um começo mais "traumático" para o Direito Administrativo!...

Esta e outras "experiências traumáticas", que marcaram a "infância difícil" do Processo e do Direito Administrativo, estão na génese de muitos dos seus actuais "complexos". Daí a importância da análise histórica para a "psicanálise cultural" do Direito Administrativo, ao funcionar como uma espécie de técnica de "catarse", que possibilita a cura do paciente mediante a rememoração dos acontecimentos traumáticos. Impõe-se, por isso, proceder a uma apreciação mais detalhada dos referidos acontecimentos traumáticos.

Há, assim, que analisar tanto o Direito como o Contencioso Administrativo, pois que ambos se encontram indissociavelmente ligados, tanto em termos históricos como na actualidade. O Contencioso Administrativo surge na Revolução Francesa e é marcado por uma espécie de "pecado original" de ligação da Administração à Justiça. Retomando uma metáfora, em que tenho vindo a insistir há já alguns anos[10], é possível distinguir três

---

[9] SABINO CASSESE, «Le Basi del Diritto Amministrativo», 5.ª edição (3.ª reimpressão), Garzanti, Milano, 2004, página 16.

[10] Vide VASCO PEREIRA DA SILVA, «A Natureza Jurídica do Recurso Directo de Anulação», Almedina, Coimbra, 1985; «O Recurso Directo de Anulação – Uma Acção Chamada Recurso», Cognitio, Lisboa, 1987; «Para um Contencioso Administrativo dos Particulares – Esboço de uma Teoria Subjectivista do Recurso Directo de Anulação»,

fases principais na evolução do contencioso administrativo, as quais podem também ser associadas a três momentos distintos da evolução do Estado, a saber:

1 – a fase do "pecado original", correspondente ao período do seu nascimento e que vai apresentando distintas configurações até chegar ao sistema da "justiça delegada", sendo esta última modalidade que se vai impor como paradigma do modelo de Estado Liberal. Em Portugal, esta "fase do pecado original" do Contencioso Administrativo vai ter uma duração mais longa do que noutros países europeus, já que vai durar desde a instauração do liberalismo político (com os célebres decretos de Mouzinho da Silveira de 1836, que proíbem os tribunais comuns de julgar a Administração) até à Constituição de 1976;

2 – a fase do "baptismo", ou da plena jurisdicionalização do contencioso administrativo, prenunciada na transição dos séculos XIX para o XX, e cujo apogeu vai ficar associado ao modelo de Estado Social. Baptismo este que, em Portugal, só se produz verdadeiramente com a Constituição de 1976, que integra os tribunais administrativos no poder judicial, embora no quadro de uma jurisdição autónoma (artigos 202.º, 209.º e 212.º da Constituição);

3 – a fase do "crisma" ou da "confirmação", caracterizada pela reafirmação da natureza jurisdicional do Contencioso Administrativo, mas acompanhada agora pela acentuação da respectiva dimensão subjectiva, destinada à protecção plena e efectiva dos direitos dos particulares, que corresponde à actual situação da Justiça Administrativa no Estado Pós-social, em que vivemos. Fase que pode ser dividida em dois períodos: o da constitucionalização (que tem os seus primórdios com a Lei Fundamental alemã, de 1949 – ainda em pleno modelo de Estado Social –, mas que se vai desenvolver e expandir pelos demais países europeus, atingindo o seu apogeu, com o Estado Pós-social, já nas décadas de 70 e de 80 do século XX), em que se generaliza

---

Almedina, Coimbra, 1989; «Em Busca do Acto Administrativo Perdido», Almedina, Coimbra, 1996.

a elevação a nível constitucional, seja por acção do legislador constituinte, seja pela acção da jurisprudência (nomeadamente constitucional), dessa dupla dimensão jurisdicional e subjectiva, que a legislação ordinária procura concretizar; e o da europeização (relativo, em especial, aos finais do século XX e inícios do século XXI), que decorre do surgimento de um Direito Europeu do Contencioso Administrativo que, para além da sua importância e eficácia próprias, se tem vindo a reflectir também na aproximação da Justiça Administrativa dos países membros, no sentido do aperfeiçoamento dos meios processuais, tanto a nível principal como cautelar.

Isto dito, é tempo de sentar agora o Direito Administrativo no Divã da Europa e dar a devida atenção ao fenómeno da europeização. Verifica-se, em nossos dias, um fenómeno de crescente europeização do Direito Administrativo, que decorre de duas realidades: por um lado, há cada vez mais fontes jurídicas europeias relevantes em matéria de Direito e de Processo Administrativos (v.g. matérias como a dos serviços públicos, da contratação administrativa, das providências cautelares, encontram-se reguladas em normas comunitárias); por outro lado, assiste-se a uma intensificação da integração jurídica horizontal, que resulta nomeadamente da adopção de políticas comuns, do efeito unificador da jurisprudência europeia, e da perspectiva comparatista adoptada pela legislação e pela doutrina nacionais, o que tem como consequência a aproximação das legislações dos diferentes países da Comunidade. Veja-se, a título de exemplo, «aquilo que se passou, em praticamente todos os países europeus, nos finais do século XX e inícios do século XXI, com as reformas do Contencioso Administrativo, que "espalharam por toda a Europa" um Processo Administrativo que supera divergências históricas entre modelos antagónicos [a saber: francês, germânico e anglo-saxónico] e converge para um "modelo comum europeu" (sem que isso signifique a perda de individualidade própria de cada um dos sistemas nacionais)[11].

---

[11] VASCO PEREIRA DA SILVA, «O Contencioso A. no D. da P. – E. sobre as A. no N. P. A.», cit., pp. 114 e 115 (sobre o objecto e o alcance das referidas reformas do Contencioso Administrativo em França, Alemanha, Espanha, Itália e Reino Unido, vide pp. 115 e ss.)

Assiste-se, assim, ao desaparecimento da ligação necessária do Direito Administrativo ao Estado, tão característica dos primórdios do nosso ramo de Direito, não só do ponto de vista interno como, agora também, do europeu e mesmo do internacional[12]. Pois, do ponto de vista interno, para além da actividade administrativa já, de há muito, ter deixado de ser meramente estadual, passando a ser realizada por uma multiplicidade de entidades, de natureza pública e privada (ao ponto de se poder dizer, como NIGRO[13], que em vez de "Administração" se deve passar a usar a expressão "administrações", utilizando o plural), assiste-se também agora, do ponto de vista externo, ao surgimento de uma dimensão internacional de realização da função administrativa (nomeadamente, no âmbito de organizações internacionais), que leva a falar num Direito Administrativo Global, assente na ideia de "governança" ("governance")[14].

Mas é, sobretudo, no domínio do Direito Europeu, que se realiza esta dimensão transfronteiriça do Direito Administrativo, posto que só ao nível da União Europeia (e diferentemente do que sucede no âmbito internacional) é que se verificou a criação de uma verdadeira ordem jurídica, simultaneamente própria e comum, que resulta da conjugação de fontes comunitárias com fontes nacionais e que vigora automaticamente na esfera dos Estados membros (através dos mecanismos do "efeito directo" e da "primazia" do Direito Europeu). Uma União europeia que,

---

[12] Neste sentido, vide entre outros SABINO CASSESE, «Diritto Amministrativo Comunitario e Diritti Amministrativi Nazionali», in CHITI / GRECO (coordenação) «Trattato di Diritto Amministrativo Europeo», Giuffrè, Milano, 1997, páginas 3 e seguintes; «Le Basi Costituzionali», in SABINO CASSESE, «Trattato di Diritto Amministrativo – Dirittto Amministrativo Generale», vol. I, Giuffrè, Milano, 2000, páginas 159 e seguintes; «Trattato di Diritto Amministrativo – Diritto Amministrativo Generale», volumes I e II, Giuffrè, Milano, 2000; MARIO CHITI, «Diritto Amministrativo Europeo», Giuffrè, Milano, 1999; «Monismo o Dualismo in Diritto Amministrativo: Vero o Falso Dilemma?», in «Rivista Trimestrale di Diritto Amministrativo», n.º 2, 2000, páginas 301 e seguintes; MARIO CHITI / GUIDO GRECO, «Trattato di Diritto Amministrativo Europeo», Giuffrè, Milano, 1997.

[13] MARIO NIGRO, «Trasformazioni dell' Amministrazioni e Tutela Giurisdizionale Difeferenziata», in «Rivista di Diritto e Procedura Civile», Março de 1980, n.º 1, página 22.

[14] DOUGLAS LEWIS, «Law and Governance», Cavendish, London / Sydney, 2001; ARNIM VON BOGDANDY «Democrakratie, Globalisierung, Zukunft des Völkesrechts – eine Bestandsaufnahme», in «Zeitschrift für Ausländisches öffentliches Rechts und Völkesrecht», n.º 853, 2002 páginas 63 e seguintes, SABINO CASSESE, «Global Standards for National Administrative Procedure», 2005 http://law.duke.edu/journals/lcp.

entre os seus objectivos fundamentais, visa a prossecução de políticas públicas ao nível europeu, através das administrações dos Estados-membros, que assim são "transformadas" em administrações europeias (ao lado das – relativamente reduzidas – administrações comunitárias, propriamente ditas) para a realização dessas tarefas administrativas[15].

Surge, portanto, uma "função administrativa europeia", enquanto elemento essencial da "constituição material europeia"[16], que vai implicar

---

[15] Conforme escreve CASSESE, «a ideia dos fundadores da Comunidade europeia era a de instituir um ordenamento jurídico supranacional que se sobrepusesse ao dos Estados, mas que não interferisse com as administrações dos mesmos, das quais se deveria antes servir» (SABINO CASSESE, «Le Basi C.», in SABINO CASSESE, «Trattato di D. A.» – «Diritto A. G.», t. I,, cit., p. 172). Mas esta "indiferença" inicial pela "organização administrativa" cedo vai ser alterada, em razão do alargamento das tarefas (administrativas) comunitárias e da necessidade da sua maior eficácia, conduzindo à actual «integração das administrações nacionais com a administração comunitária», que é realizada «através de três princípios fundamentais: o que decorre da integração normativa, a proibição de discriminação, o princípio da cooperação» (SABINO CASSESE, «Le Basi C.», in SABINO CASSESE, «Trattato di D. A.» – «Diritto A. G.», t. I,, cit., pp. 174 e 175).

[16] Da minha perspectiva – e sem que seja este o momento adequado para aprofundar a questão – o próprio poder constituinte que, nos primórdios do liberalismo, estava indissociavelmente ligado ao Estado, tem assumido também uma dimensão internacional, como sucede no âmbito da União Europeia, em que a existência de regras e de princípios fundamentais acerca da "repartição de poderes" (tanto entre as próprias instituições comunitárias, umas relativamente às outras, como entre aquelas e as instituições dos Estados-membros), assim como relativos à garantia dos direitos fundamentais (vide "A Carta Europeia dos Direitos Fundamentais"), configura uma verdadeira "Constituição Europeia" (pelo menos, em sentido material), sem que se possa (ou deva) falar de um "Estado Europeu" (neste sentido, FRANCISCO LUCAS PIRES, «Introdução ao Direito Constitucional Europeu», Almedina, Coimbra, 1997; FAUSTO DE QUADROS, «Direito da União Europeia», Almedina, Coimbra, 2004; ANA MARIA MARTINS, «Introdução ao Direito Constitucional da União Europeia», Almedina, Coimbra, 2004; PETER FISCHER / H. B. KOECK / M. M. KAROLLUS, «Europarecht – Recht der EU/EG, des Europarates und der wichtigsten anderen europäischen Organisationen», 4.ª edição, Linde Verlag, Wien, 2002, páginas 314 e seguintes; KOEN LENAERTS / PIET VAN NUFFEL, «Constitutional Law of the European Union», 2.ª edição, Sweet and Maxwell, London, 2005).

Daí que, a meu ver, grande parte da polémica, tanto em Portugal como noutros países europeus, instalada à volta do anterior projecto de "Tratado que Estabelece uma Constituição para a Europa", agora substituído pelo "Tratado Reformador da União Europeia" ou "Tratado de Lisboa" (que, para "fugir à controvérsia", abandona a denominação de "constituição" ou de "tratado constitucional"), não esteja bem colocada. Pois, a questão não é a de saber se a Europa deve ou não ter uma constituição europeia – coisa

a "integração" das fontes e das instituições administrativas europeias e dos Estados-membros, originando uma «progressiva comunitarização dos modelos administrativos nacionais», em razão do "corte" das tradicionais "amarras" do Direito Administrativo relativamente ao Estado e o seu «ancoramento na Comunidade [europeia]» ("il disancoraggio del diritto amministrativo dallo Stato e l' ancoraggio nella Comunità")» (Cassese)[17]. Desta forma, a União Europeia pode ser considerada como «uma comunidade de Direito Administrativo», para usar a sugestiva formulação de Schwarze[18], visto que os respectivos objectivos e tarefas são, em grande medida, de natureza administrativa, como administrativa (em sentido material) é também a função concretizadora das políticas públicas europeias, como administrativas (em sentido orgânico) são ainda as "administrações europeias" que desempenham essa função, quer se trate de instituições comunitárias quer de nacionais.

Uma tal dimensão europeia do Direito Administrativo, contudo, para usar de novo a metáfora psicanalítica, se é já hoje uma realidade ao nível do inconsciente – pois todos os publicistas, mesmo sem o saber, aplicam quotidianamente fontes europeias, inserindo-se assim num processo continuado de interacção entre Direito Europeu e Direito Administrativo –, o que é facto é que ainda não se verifica ao nível do consciente, ao nível da doutrina e da jurisprudência, não existindo ainda a necessária verbalização ou a suficiente consciencialização dessa realidade. O que origina, «com frequência, fenómenos patológicos de apreensão da realidade, que tornam imperioso "fazer sentar" o Direito e o Processo Administrativos no "divã da Europa", de modo a facilitar a saudável conciliação entre as respectivas "facetas" interna e europeia»[19].

---

que, de facto, já possui, e há muito tempo –, mas sim a de saber se deve ou não ser aprovada uma "revisão constitucional", com o conteúdo proposto pela anterior "constituição europeia" ou pelo actual "tratado reformador", ou se, pelo contrário, é preferível manter-se a constituição tal como está (nomeadamente, com a configuração adoptada pelo Tratado de Nice). Mas essa é outra discussão e "outra viagem"...

[17] Sabino Cassese, «Le Basi C.», cit., in Sabino Cassese, «Trattato di D. A. – D. A. G.», cit., p. 180.

[18] Jürgen Schwarze, «Europäisches Verwaltungsrecht – Entstehen und Entwicklung im Rahmen der Europäischen Gemeinschaft», 1.º volume, 1.ª edição, Nomos, Baden-Baden, 1988, página 3.

[19] Vasco Pereira da Silva, «O Contencioso A. no D. da P. – E. sobre as A. no N. P. A.», cit., p. 103.

Tão forte é este fenómeno de europeização, «na sua dupla vertente de criação de um Direito Administrativo ao nível europeu e de convergência dos sistemas administrativos dos Estados-membros da União» que, à semelhança do entendimento do «Direito Administrativo como Direito Constitucional Concretizado» (Fritz Werner)[20], me atrevo a propor «que se passe a entender também o Direito Administrativo como Direito Europeu concretizado»[21]. Aforismo que necessita, também ele, de ser entendido no duplo sentido (explicitado por Häberle[22], no que respeita às relações entre Direito Constitucional e Administrativo, mas que, em minha opinião, é igualmente de estender às ligações entre Direito Europeu e Direito Administrativo) de:
   a) "dependência administrativa do Direito Europeu". Pois, o Direito Europeu só se realiza através do Direito Administrativo, já que, por um lado, as políticas públicas europeias correspondem ao exercício da função administrativa, tal como administrativa é também a natureza das normas que as estabelecem, ao nível europeu, por outro lado, a concretização do Direito Europeu é realizada por normas, instituições e formas de actuação de Direito Administrativo, ao nível de cada um dos Estados que integram a União;
   b) "dependência europeia do Direito Administrativo" Pois, o Direito Administrativo é cada vez mais Direito Europeu, quer pela multiplicidade de fontes europeias relevantes no domínio jurídico-administrativo, criando uma situação de "pluralismo normativo" no quadro dos ordenamentos nacionais[23], quer pela

---

[20] Fritz Werner, «Verwaltungsrecht als konkretiziertes Verfassungsrecht», in Fritz Werner, «Recht und Gericht unser Zeit», Carl Heymanns Verlag, Koeln/ Berlin / Bonn/ Muenchen, 1971, páginas 212 e seguintes.

[21] Vasco Pereira da Silva, «O Contencioso A. no D. da P. – E. sobre as A. no N. P. A.», cit., pp. 103 e 104.

[22] Vide Peter Häberle, «Auf dem Weg. Zum Allgemeinen Verwaltungsrecht», in «Bayerischen Verwaltungsblätter», n.º 24, 15 de Dezembro de 1977, páginas 745 e 746.

[23] De acordo com Mario Chiti, o «pluralismo jurídico» consiste na «presença simultânea, em todos os ordenamentos, de múltiplas fontes de direito e variedade de direito substancial». Mas esse «fenómeno é particularmente evidente na União europeia, onde os Estados membros aplicam, ao mesmo tempo, o Direito Internacional geral, o Direito Internacional "regional", como seja o decorrente do Conselho da Europa e de outras organizações internacionais europeias, o Direito da União europeia (...), e o Direito

convergência crescente dos ordenamentos nacionais neste domínio, que tem conduzido a uma aproximação crescente dos direitos administrativos dos Estados-membros, na tripla perspectiva: substantiva, procedimental e processual.

O Direito Administrativo transformou-se, assim, num «direito mestiço», segundo a feliz expressão de Mario Chitti[24], dotado de princípios, de normas, de noções, de institutos, de correntes doutrinárias ou jurisprudenciais, tanto de proveniência nacional como comunitária, que se combinam e interagem num processo continuado no tempo e no espaço. O que é particularmente notório, designadamente, em domínios como o da noção de Administração Pública, que se transformou numa noção de "geometria variável", mudando consoante as realidades e os sectores a regular; o das formas de actuação administrativa, em especial no que respeita ao acto administrativo e à contratação pública, como se verá já de seguida; o do Processo Administrativo, em especial no que respeita às questões do âmbito da jurisdição, (da plenitude) dos poderes do juiz e das providências cautelares.

2. A Europa e as modernas transformações da noção de acto administrativo

Feito o enquadramento do problema, cabe agora analisar algumas das suas mais importantes configurações, designadamente no que respeita às formas de actuação administrativa, pelo que a segunda etapa da nossa viagem consiste na "revisitação" da noção de acto administrativo. Também aqui, a europeização se, por um lado, vai dar continuidade às transformações sofridas pela noção de acto administrativo decorrentes da passagem da Administração Agressiva ("Eingriffsverwaltung") do Estado Liberal para a Administração Prestadora ("Leistungsverwaltung"[25]) do Estado Social e para a Administração Infra-estrutural ("InfrastrukturVer-

---

nacional» (Mario Chiti, «Monismo o D. in D. A.: V. o F. D.», cit., in «Rivista T. di D. P.», cit., p. 305).

[24] Mario Chiti, «Monismo o Dualismo in Diritto Amministrativo: Vero o Falso Dilemma?», in «Rivista Trimestrale di Diritto Amministrativo», n.º 2, 2000, páginas 305.

[25] Sobre o sentido e os limites da contraposição entre Administração Agressiva e Prestadora vide Otto Bachof, «Die Dogmatik des Verwaltungsrechts vor den Gegen-

waltung". – FABER[26]) do Estado Pós-Social, e que conduziram à superação dos "traumas" da sua "infância difícil", por outro lado, vai introduzir nessa forma de actuação administrativa novas dimensões conceptuais "mestiças", decorrentes da integração jurídica europeia.

Desde logo, a noção autoritária de acto administrativo como "expressão máxima" do poder estadual, que correspondeu à filosofia da Administração Agressiva do Estado Liberal – e que deu origem às grandes concepções clássicas como a da "decisão executória" de HAURIOU[27], a da "definição do direito imposta aos súbditos" de MAYER[28], ou a do "acto definitivo e executório" de MARCELLO CAETANO[29] –, não faz mais qualquer sentido em nossos dias. Pois, o advento do Estado Social trouxe consigo o novo paradigma do "acto favorável" praticado no âmbito de uma Administração Prestadora, o que significou, por um lado, a perda do carácter "central" do acto administrativo, que passou a ter de ser considerado em "concorrência" com outras formas de actuação administrativa, e integrado no âmbito do procedimento e da relação jurídica; por outro lado, fez deslocar a tónica conceptual dos elementos autoritários para os materiais da criação de direitos e da prestação de bens e serviços aos particulares. Assim como o Estado Pós-social, com a sua nova dimensão de Administração Infra-estrutural, trouxe consigo o acto multilateral, produtor de efeitos relativamente a uma multiplicidade de destinatários, noção esta que se encontra já muito distante do paradigma originário clássico do acto administrativo[30].

---

wartsaufgaben der Verwaltung», in «Veröffentlichungen der Vereinigung der Deutschen Staatsrechtslehrer», n.º 30, Walter de Gruyter, Berlin, 1972, páginas 193 e seguintes.

[26] HEIKO FABER, «Vorbemerkungen zu einer Theorie des Verwaltungsrechts in der nachindustriellen Gesellschaft», in «Auf einer Dritten Weg – Festschrift für Helmut Ridder zum siebzigsten Geburtstag», Luchterland, 1989, páginas 291 e seguintes; «Verwaltungsrecht», 3ª edição, 1992, J. C. B. Mohr (Paul Siebeck), Tübingen, páginas 336 e seguintes.

[27] MAURICE HAURIOU, «Précis Élèmentaire de Droit Administratif», 5.ª edição (com a colaboração de A. HAURIOU), Sirey, Paris, 1943, página 340.

[28] OTTO MAYER, «Deutsches Verwaltungsrecht», I volume, 6.ª edição (reimpressão de 3.ª edição, de 1924), Von Duncker & Humblot, Berlin, 1969, página 93.

[29] MARCELO CAETANO, «Manual de Direito Administrativo», 10ª edição (reimpressão), volumes I e II, Almedina, Coimbra, 1980, maxime páginas 463 e seguintes.

[30] Sobre a evolução conceptual da noção de acto administrativo, vide VASCO PEREIRA DA SILVA, «Em Busca do Acto Administrativo Perdido», Almedina, Coimbra, 1996; «O Contencioso A. no D. da P. – E. sobre as A. no N. P. A.», cit., pp. 304 e ss..

Todas estas transformações do conceito de acto administrativo não apenas são confirmadas como também acentuadas pela europeização, a qual vai contribuir para a consolidação de uma noção aberta desta forma de actuação, correspondente mais ao desempenho da função do que ao exercício do poder administrativo (como outrora). Assim, o efeito da europeização manifesta-se, entre outros, nos seguintes aspectos:
– perda da dimensão estatutária do acto administrativo, decorrente do facto do Direito Europeu regular as actuações administrativas em razão da função que elas realizam e não por corresponderem ao exercício de um qualquer poder, ou de serem provenientes de determinadas entidades. Isto, porque o Direito Europeu se destina a ser aplicado em países com tradições e sistemas jurídicos distintos, valendo tanto para os países de tradição francesa, em que existe uma determinada concepção do acto administrativo, como os de tradição anglo-saxónica, onde tal conceito é desconhecido. Daí que o Direito Europeu, não podendo privilegiar nenhuma das tradições jurídicas em detrimento da(s) outra(s), tenha de procurar um conceito "mestiço", reconstruindo (em termos "neutros") a noção de acto administrativo em razão da natureza da actividade que está a ser desempenhada, independentemente de saber se ele é praticado por entidades públicas ou privadas, ou de saber se aquelas se encontram a exercer poderes públicos ou no uso de poderes privados. Verifica-se, assim, um fenómeno de "dessubjectivação" (CASSESE[31]) do acto administrativo ao nível europeu, uma vez que ele deixa de estar dependente da natureza pública ou privada da entidade que o praticou, ou do estatuto jurídico que ela possua. Esta perda do carácter estatutário do acto administrativo (e, mais genericamente, também do próprio Direito Administrativo), que é determinada pela europeização, corresponde, nomeadamente, à solução consagrada, em Portugal, no art. 4.º, n.º 1, alínea d), do Estatuto dos Tribunais Administrativos e Fiscais, alargando o âmbito da jurisdição administrativa à actuação de sujeitos privados que praticam "actos administrativos em sentido europeu", pois colaboram no exercício da função administrativa, ficando por

---

[31] SABINO CASSESE, «Le Basi C.», in SABINO CASSESE, «Trattato di Diritto A. – D. A. G.», vol. I, cit., pp. 159 e ss.

isso submetidos a um regime jurídico-público (tanto substantivo como processual);
- esbatimento do carácter regulador do acto administrativo (que era um elemento característico das noções clássicas, que surge agora desvalorizado no quadro europeu). Um tal efeito da europeização é visível a dois níveis: por um lado, os procedimentos administrativos são cada vez mais complexos e faseados (nomeadamente, nos domínios económico e ambiental, v.g. os casos de licenciamento da actividade económica ou da avaliação de impacto e de licenciamento ambientais), pelo que o aspecto decisório da regulação tende a diluir-se e a prolongar-se no tempo, sendo partilhado por distintas entidades públicas e construído com a participação de privados; por outro lado, cada vez mais as formas de actuação administrativa do Direito Europeu assumem uma configuração combinatória (afastando-se da respectiva "pureza originária"), nomeadamente misturando elementos unilaterais e contratuais, dimensões sancionatórias com tentativas de aliciamento e de influência (dos consumidores, do mercado), originando actos administrativos *sui generis* (v.g. os casos da eco-etiqueta, ou da eco--gestão no Direito do Ambiente)[32]. O que obriga a pôr em causa as fronteiras conceptuais tradicionais (como as que distinguem actos definitivos e de procedimento, actos em sentido estrito e em sentido amplo, actos principais e instrumentais, auxiliares ou acessórios) e convida à adopção de noções amplas e abertas de acto administrativo (à semelhança, de resto, do que já faz o legislador português do Código de Procedimento Administrativo, no artigo 120.º);
- proliferação de actos administrativos provenientes de autoridades administrativas independentes, que necessitam de ser acompanhados de sistemas de controlo judicial mais eficaz e adequado. Originárias dos sistemas anglo-saxónicos, as autoridades administrativas independentes tendem a generalizar-se em todos os países europeus, tanto em fontes comunitárias como nacionais. Ora, é preciso não esquecer que, mesmo no sistema britânico, em

---

[32] Sobre as referidas formas de actuação administrativa ambiental vide VASCO PEREIRA DA SILVA, «Verde Cor de Direito – Lições de Direito do Ambiente», Almedina, Coimbra, 2002, páginas 173 e seguintes.

que tradicionalmente se considera que estas autoridades independentes ("tribunals") desempenham, em simultâneo, funções administrativas e jurisdicionais, vigora o princípio – imposto tanto pelo Direito Constitucional como pelo Direito Europeu, como é expressamente reconhecido pela jurisprudência e pela doutrina britânicas – segundo o qual os actos praticados por tais entidades se encontram sempre submetidos (para além dos específicos controlos administrativos) a controlo judicial – mediante "judicial review", que é um meio processual "específico" do Contencioso Administrativo, a correr perante um tribunal ("Queen's Bench of the High Court") que, na prática, é de competência especializada em questões administrativas, embora no quadro de uma jurisdição única[33]. Assim, se é de saudar o surgimento destas entidades administrativas independentes, em sistemas como o português, por efeito da europeização, torna-se igualmente necessário garantir o adequado e eficaz controlo das respectivas decisões ("mestiças") perante os tribunais competentes, que devem ser, entre nós, os da jurisdição administrativa (à luz dos artigos 212.º, n.º 2, e 268.º, n.º 4, da Constituição e do artigo 4.º do ETAF). Não faz, por isso, qualquer sentido (e pode mesmo originar problemas de inconstitucionalidade) que o legislador português tenha estabelecido, em numerosos casos, que o controlo judicial dos actos administrativos praticados por autoridades administrativas independentes esteja a cargo dos tribunais judiciais (v.g. as decisões da Auto-

---

[33] Sobre a evolução histórica e a actualidade do Direito Administrativo na Grã--Bretanha, vide STEPHEN LEGOMSKY, «Specialized Justice – Courts, Administrative Tribunals, and a Cross-National Theory of Specialization», Clarendon Press – Oxford, Oxford / New York, 1990; MICHAEL HARRIS / MARTIN PARTINGTON, «Administrative Justice in the 21st. Century», Hart Publishing, Oxford, Portland / Oregon, 1999; HOOD PHILIPS/ PAUL JACKSON / PATRICIA LEOPOLD, «Constitutional and Administrative Law», Sweet & Maxwell, London, 2001; PETER LEYLAND / TERRY WOODS, «Textbook on Administrative Law», 4.ª edição, Oxford University Press, Oxford, 2002; HILAIRE BARNETT, «Constitutional and Administrative Law», Cavendish Publishing, London / Sidney, 2002; BRADLEY / EWING, «Constitucional and Administrative Law», 13ª edição, Longman, London / New York, 2003; WADE / FORSYTH «Administrative Law», 9.ª edição, Oxford University Press, Oxford, 2004; NEIL PARPWORTH, «Constitutional and Administrative Law», Oxford University Press, Oxford / New York, 2006; VASCO PEREIRA DA SILVA, «O Contencioso A. no D. da P. – E. sobre as A. no N. P. A.», cit., pp. 56 e ss..

ridade da Concorrência, que são fiscalizadas pelos tribunais de comércio), os quais, por não serem especializados em matérias administrativas, não estão em condições de proceder a uma fiscalização tão adequada e eficaz como a que deveria ser realizada pelos tribunais administrativos (à semelhança, de resto, do que tende a suceder em países que, como nós, adoptam a dualidade de jurisdições, nomeadamente a França e a Alemanha).

3. A Europa e as modernas transformações da contratação administrativa

A última paragem desta nossa brevíssima viagem pela Europa das formas de actuação administrativa diz respeito à contratação pública. Trata-se de um domínio historicamente marcado por uma dualidade esquizofrénica, que remonta aos tempos da "infância difícil" do Contencioso Administrativo de tipo francês, quando o Conselho de Estado não era ainda um Tribunal, mas um órgão da Administração, e os "privilégios de foro" relativos aos actos administrativos vão ser também estendidos a certos contratos considerados mais importantes (v.g. por razões de ordem económica ou política). Surge, então, «no Contencioso Administrativo, a primeira manifestação da dicotomia "esquizofrénica" ao nível dos contratos celebrados pela Administração Pública, que leva a distinguir, de "entre os iguais", aqueles que "eram mais iguais do que os outros", de modo a lhes poder ser atribuído um "foro especial", privativo da Administração, enquanto que os demais ficavam submetidos aos tribunais judiciais, como os acordos celebrados entre simples particulares»»[34].

Só que essa primeira dualidade de natureza processual vai transformar-se, depois, também numa esquizofrenia de tipo substantivo, em razão da teoria francesa do contrato administrativo. Segundo essa perspectiva, os "contratos administrativos" são distintos dos "contratos de direito privado da Administração", pois corresponderiam a "privilégios exorbitantes" ou a poderes administrativos "especiais", enquanto que os segundos

---

[34] Vasco Pereira da Silva, «O Contencioso A. no D. da P. – E. sobre as A. no N. P. A.», cit., pp. 437 e 438.

corresponderiam a acordos celebrados por entidades públicas mas actuando como simples privados, "desprovidas de poderes de autoridade". Ora, esta noção de contrato assentava, ela própria, «numa dualidade "esquizofrénica". Pois, o contrato administrativo é – simultânea e contraditoriamente – visto como um acordo de vontades, ou como um negócio jurídico bilateral, celebrado entre a Administração e os particulares, e como o exercício de poderes unilaterais exorbitantes ou autoritários, por parte das autoridades públicas. O contrato administrativo é, pois, um conceito bifronte – à semelhança de um "monstro de duas caras" –, que consegue ser, ao mesmo tempo, bilateral e unilateral, consenso de vontades e supremacia (ou submissão) de uma parte em face da outra, instrumento de cooperação e mecanismo de sujeição»[35].

Ora, a generalização da contratação administrativa em todos os domínios de actuação pública, decorrente da passagem do Estado Liberal para o Social e deste para o Pós-Social, vai começar a pôr em causa os fundamentos doutrinários desta visão dualista, originando um «movimento de sentido convergente, através do qual se tem vindo a reconhecer que nem o "contrato administrativo" é tão exorbitante quanto isso, nem os contratos privados da Administração são exactamente iguais aos contratos celebrados entre particulares, o que reflecte, desde logo, uma eventual aproximação entre todos os contratos da Administração» (MARIA JOÃO ESTORNINHO)[36].

A nova tendência, no sentido da "unidade" de tratamento de toda a actividade contratual da Administração pública é, por um lado, acção de certos sectores da doutrina, por outro lado, do Direito Europeu. No domínio europeu, as exigências da construção de uma União Económica e Monetária vão dar origem ao estabelecimento de um regime comum da contratação pública, incluindo regras substantivas, de procedimento e de processo. Surge assim uma noção "mestiça" unitária de contrato público, que "salta por cima das fronteiras jurídicas nacionais" – do "contrato administrativo" francês, do "contrato de direito público" alemão ou do "contrato comum" (igual aos demais) anglo-saxónico –, estabelecendo um regime comum para determinados contratos correspondentes ao exer-

---

[35] VASCO PEREIRA DA SILVA, «O Contencioso A. no D. da P. – E. sobre as A. no N. P. A.», cit., pp. 438 e 439.
[36] MARIA JOÃO ESTORNINHO, «Requiem pelo Contrato Administrativo». Almedina, Coimbra, 1990, página 15.

cício da função administrativa. Superam-se, assim, clássicas dualidades esquizofrénicas no domínio da contratação pública com a ajuda do "divã" da Europa, mediante a criação de um regime jurídico comum europeu para certos tipos de contratos, ou para certos domínios de actividade, por se considerar que eles correspondem ao exercício da função administrativa, independentemente das questões de qualificação jurídica específicas dos Estados.

Em Portugal, o fenómeno da europeização tem sido um importante eixo de transformação do Direito Administrativo português da contratação pública. De facto, o movimento unificador da contratação pública ditado pelo Direito Europeu, manifestou-se primeiro na legislação relativa aos procedimentos pré-contratuais e, depois, na legislação do Contencioso Administrativo, que eliminou, para efeitos processuais, a categoria dos contratos administrativos [art. 4.º, 1, b), e), f) CPTA]. Mais recentemente, a necessidade de transpor para a ordem jurídica portuguesa as Directivas de 2004 (Directiva 2004/18/CE, do Parlamento Europeu e do Conselho, de 31 de Março de 2004, relativa à "coordenação dos processos de adjudicação dos contratos de empreitada de obras públicas, fornecimento público e serviços"; e a Directiva 2004/17/CE, do Parlamento Europeu e do Conselho, de 31 de Março de 2004, relativa à "coordenação dos processos de adjudicação de contratos nos sectores da água, da energia, dos transportes e dos serviços públicos") levou à elaboração de um Código da Contratação Pública, que revogou a disciplina geral do contrato administrativo (constante, até aí, dos artigos 178.º a 189.º do Código de Procedimento Administrativo).

O actual Código da Contratação Pública fica a meio-caminho entre a adopção de um conceito genérico de "contrato público", em sentido europeu, e a manutenção da dualidade esquizofrénica originária. Assim, por um lado, o legislador estabelece, pela primeira vez no Direito Administrativo nacional, uma disciplina geral completa (tanto procedimental como material) de todos os contratos em que intervém a administração, ao mesmo tempo que uniformiza e simplifica a tipologia e a tramitação dos procedimentos pré-contratuais e racionaliza o regime material da contratação pública. Por outro lado, o Código persiste em manter a dualidade conceptual esquizofrénica entre contratos administrativos e outros contratos da administração (art. 1.º, 1 CCP), mesmo se a definição do dito contrato administrativo (art. 1.º, 6) fornece argumentos para o esbatimento das fronteiras conceptuais ao nível da totalidade da contratação pública, assim como alarga o respectivo âmbito, que passa a incluir os contratos de aquisição de locação de bens e aquisição de bens móveis e serviços (arts. 431.º, 437.º, 450.º CCP)[37].

Em síntese, se é facto que o legislador português estabeleceu já uma regulação da contratação pública conforme ao paradigma europeu, é forçoso reconhecer, contudo, que lhe faltou um pouco mais de "psicanálise cultural", já que manteve a dualidade esquizofrénica entre o contrato administrativo e os demais contratos da Administração, mesmo se agora ela perde a sua significação histórica, uma vez que se estabeleceu um regime comum a todos os contratos. Cabe agora à doutrina e à jurisprudência tirar as devidas conclusões no sentido da unificação do regime jurídico de toda a contratação administrativa.

É tempo de terminar este passeio pela Europa do Direito Administrativo, muito embora ainda fique muita novidade por visitar, muito caminho por trilhar. E se, como diz o poeta, "o caminho se faz a caminhar", no caso do Direito Administrativo Europeu, o caminho é para ser percorrido em conjunto por todos os países membros, construindo um Direito que vai para além das fronteiras jurídicas nacionais, mas que não dispensa os contributos dos Estados nem a necessária interacção entre fontes jurídicas comunitárias e estaduais.

---

[37] Neste sentido, vide MARCELO REBELO DE SOUSA / ANDRÉ SALGADO DE MATOS, «Contratos Públicos – Direito Administrativo Geral», tomo III páginas 23 a 41.

A FORÇA EXPANSIVA DA LIBERDADE DE PRESTAÇÃO DE SERVIÇOS OU A SUA INSTRUMENTALIZAÇÃO?

INÊS QUADROS*

1. Introdução

A livre prestação de serviços é a liberdade comunitária que mais interesse suscita actualmente na doutrina jus-comunitária. Tal dever-se-á, certamente, ao facto de ser aplicada residualmente, por força do Tratado da Comunidade Europeia[38] (cfr. art. 50.º), o que contribui para o seu *problema de identidade* que subsiste desde a fundação das Comunidades; ou à diminuição do entusiasmo acerca da livre circulação de mercadorias, hoje praticamente consolidada em virtude da atenção que mereceu até meados dos anos 90; mas igualmente ao impulso dado pela Directiva *Bolkenstein*[39] que, a despeito das várias críticas que mereceu, correspondeu a um consenso mínimo dos Estados no sentido da liberalização do mercado dos serviços, imposta pelo Tratado (art. 53.º).

Esta atenção que se tem devotado à livre prestação de serviços coincide com (ou tem como efeito) uma evolução rápida na sua análise substantiva. Na verdade, se durante as primeiras quatro décadas da construção europeia assistimos a uma expansão faseada da livre circulação de

---

* Assistente da Faculdade de Direito da Universidade Católica Portuguesa
[38] Doravante, Tratado CE.
[39] É este o nome pelo qual frequentemente se faz referência à Directiva 2006/123/CE, de 12 de Dezembro de 2006, fruto do empenho na sua elaboração que nela colocou o Comissário Europeu com o mesmo nome, responsável pelo pelouro do Mercado Interno entre 1999-2004.

mercadorias, esta expansão, longe de se confinar às fronteiras desta liberdade, serviu como *laboratório* das restantes liberdades comunitárias que integram o chamado *mercado único* (trabalhadores, serviços, capitais, e ainda o direito de estabelecimento), e permitiu que, assim que o interesse para elas se deslocou, o seu tratamento fosse bastante mais acelerado que o da própria circulação de mercadorias.

Uma evolução curiosa, uma vez que ela não se deve tanto a profundas alterações legislativas quanto à actividade criadora do Tribunal de Justiça. Na realidade, no que concerne às várias liberdades comunitárias, o Tratado pouco ou nada tem sido actualizado: as disposições mantêm praticamente intacta a sua letra original, tendo apenas sido revogadas, pelas sucessivas revisões, as disposições de natureza transitória constantes da versão original.

Apesar disso, o Tribunal de Justiça desde sempre as interpretou de modo *dinâmico*[40], de forma a adequá-las ao alargamento do âmbito das atribuições das Comunidades (quer, em geral, às políticas comunitárias introduzidas pelas revisões, quer, especificamente, aos domínios da protecção social e da imigração), e à sua relação com o conceito de cidadania introduzido pelo Tratado de Maastricht. De tal modo é evidente o activismo do Tribunal neste domínio, que, referindo-nos agora especificamente à livre prestação de serviços, a própria Directiva *Bolkenstein* não foi muito além de uma compilação (algo desordenada) dos princípios desenvolvidos pelo Tribunal.

O reverso deste activismo foi, no entanto, o cercear do poder normativo dos Estados. Expliquemos um pouco melhor esta afirmação.

Para se poder determinar o âmbito da liberdade dos Estados na definição das suas políticas é necessário conhecer o alcance dos deveres a que eles se submeteram por força da adesão às Comunidades. Ora, os artigos 49º e segs. do Tratado estabelecem, sucessivamente:

"(...) *as restrições à livre prestação de serviços na Comunidade serão proibidas em relação aos nacionais dos Estados-Membros estabelecidos num Estado da Comunidade que não seja o do destinatário da prestação*" (art. 49.º, 1º par.);

---

[40] ELEANOR SPAVENTA, *From Gebhard to Carpenter: towards a (non-)economic European Constitution*, in *Common Market Law Review*, 41, 2004, p. 743.

"(...) o prestador de serviços pode, para a execução da prestação, exercer, a título temporário, a sua actividade no Estado onde a prestação é realizada, nas mesmas condições que esse Estado impõe aos seus próprios nacionais" (art. 50.°, último par.);

"Os Estados-Membros declaram-se dispostos a proceder à liberalização dos serviços (...)" (art. 53.°, 1° par.)

"Enquanto não forem suprimidas as restrições à livre prestação de serviços, cada Estado-Membro aplicá-lus-á, sem qualquer distinção em razão da nacionalidade ou da residência, a todos os prestadores de serviços (...)" (art. 54.°)

Estas disposições, pretendendo prosseguir a finalidade mais vasta da criação de um *mercado comum* dos serviços, encontram, no entanto, o seu limite numa dificuldade inicial: a definição daquilo que se deve entender por mercado comum não se encontra em nenhum artigo do Tratado. E, no entanto, da definição deste objectivo depende a interpretação teleológica das suas disposições, sobretudo quando grande parte delas utiliza conceitos indeterminados.

A título de exemplo, enunciemos algumas questões que frequentemente se colocam a este respeito:

Quid iuris, se a lei nacional exige, do prestador de serviços em circulação, qualificações profissionais (como acontece com o exercício de determinadas actividades, v.g. médicas ou jurídicas) diversas das exigidas pelo Estado-Membro no qual o prestador se encontra estabelecido?

Quid iuris, se os Estados-Membros fazem depender o exercício de uma actividade da existência de um estabelecimento estável no seu território, ou da concessão de uma autorização prévia (designadamente para mais facilmente se controlar aquele exercício)?

Quid iuris, por fim, se os Estados-Membros, ao invés de regularem o sujeito da prestação, regularem a própria actividade, proibindo-a em absoluto, ou estabelecendo regras quando ao modo concreto de exercício de uma prestação?

Torna-se evidente que a resposta a estas questões esconde uma problemática mais vasta, que se prende com a determinação do âmbito de autonomia dos Estados: quanto maior for a amplitude da livre prestação de serviços, menor será a possibilidade de os Estados regularem o mercado no interior das suas fronteiras – seja por se ampliar o número de normas nacionais que o Tribunal de Justiça julgará limitarem aquela liberdade, com a consequência da sua inaplicabilidade, seja porque, para evitar o risco da desregulação excessiva, as instituições comunitárias se substituem aos Estados no poder regulador, criando um regime uniforme para todos os Estados-Membros, em domínios específicos.

Neste estudo pretende-se sistematizar a abordagem jurisprudencial relativa aos limites externos da livre prestação de serviços, isto é, os critérios de que o Tribunal se socorre para afirmar a compatibilidade ou incompatibilidade das normas nacionais com os Tratados comunitários.

Começaremos por fazer uma análise dos vários testes propostos pelo Tribunal de Justiça ao longo do tempo. Veremos como o regime da livre prestação de serviços abrange hoje, em consequência do labor interpretativo do Tribunal, a proibição de medidas formal e materialmente discriminatórias, mas igualmente a proibição de medidas que, independentemente de um juízo de discriminação, impeçam, limitem, ou desencorajem o acesso ao mercado por parte de operadores estabelecidos noutros Estados-Membros. Por fim, analisaremos dois casos resolvidos pelo Tribunal de Justiça nesta última década e que parecem alargar o âmbito de aplicação do Tratado, deslocando o centro de gravidade das disposições relativas à prestação de serviços, de um escopo económico para um intuito mais amplo, ligado à cidadania europeia.

Não cabe, num estudo de reduzida dimensão como este, propor regras definitivas quanto ao tema proposto. Aliás, não parece sequer ser possível fazê-lo, dada a vitalidade revelada pelo Tribunal de Justiça, que demonstra quão longe estamos de poder considerar encerrada a questão. O objectivo a que nos propomos é, por conseguinte, apenas o de problematizar as várias propostas do Tribunal, apontando para as possíveis soluções que elas encerram.

2. Conceito de restrição à livre prestação de serviços – o dinamismo da análise jurisprudencial

§1: a proibição de medidas discriminatórias

O teste que, historicamente, foi primeiro aplicado pelo Tribunal, é aquele que exclui, porque contrárias ao Tratado, as medidas nacionais discriminatórias. A proibição da discriminação em razão da nacionalidade decorre directamente do Tratado desde a sua versão original, e corresponde à pedra angular do Direito Comunitário, como tal inserida no primeiro capítulo do Tratado (art. 12º), referente aos "Princípios" da Comunidade. Aqui apresentada na sua versão mais simples, tal proibição implica que os Estados-Membros não podem tomar o critério da nacionalidade como factor distintivo na regulação das actividades económicas, impedindo os operadores económicos com nacionalidade de outro Estado--Membro de prestarem serviços no seu território, ou favorecendo os prestadores de serviços estabelecidos no seu território, em detrimento daqueles que o estão noutro Estado-Membro. Estes últimos têm, por força do Tratado CE, o direito a serem tratados em igualdade de circunstâncias com os primeiros, devendo o Estado estender a eles a aplicação das regras aplicáveis aos seus nacionais – é o que se chama o princípio do *tratamento nacional*.

Este princípio encontra-se, quanto à livre prestação de serviços, formulado no último parágrafo do art. 50.º do Tratado, assim como no art. 54.º. No caso *Comissão c. Itália*[41], por exemplo, o Tribunal de Justiça considerou que uma lei italiana, que fazia depender o exercício da actividade de segurança privada da condição de existência de uma sede de exploração na região onde a actividade seria exercida (tornando impossível a prestação por operadores estabelecidos noutros Estados-Membros), era contrária à livre prestação de serviços[42]. Facilmente se compreende a

---

[41] Acórdão de 13 de Dezembro de 2007, no processo C-465/05.

[42] A fórmula foi proferida expressamente pelo Tribunal de Justiça ainda nos anos 70, no caso *Van Binsbergen* (acórdão de 3 de Dezembro de 1974, no processo 33/74): "as disposições do art. [49º] comportam a eliminação de toda a discriminação relacionada com a nacionalidade do prestador, ou com a circunstância de ele se encontrar estabelecido num Estado-Membro diferente daquele no qual a prestação deve ser exercida (v. parágrafos 24 e 25).

decisão, uma vez que a exigência do Estado italiano põe em causa a essência fundamental da liberdade de prestação de serviços, que se distingue do direito de estabelecimento precisamente pela ausência de uma relação estável ou duradoura com o Estado-Membro no qual a prestação será exercida.

Não obstante as razões que se poderiam apontar em abono da preferência por um teste restrito ao dever de não discriminação em razão da nacionalidade – designadamente, o facto de ser o princípio basilar da construção europeia e, por isso, aquele que mais consenso gera no seio da teoria jus-comunitária; a particularidade de ser de simples interpretação e aplicação; e a circunstância de, com ele, se manter praticamente intacto o poder normativo dos Estados, ao determinar a abolição apenas das medidas claramente proteccionistas –, a verdade é que, desde cedo, o Tribunal não se contentou com a aplicação deste teste, alargando o âmbito da proibição igualmente a medidas não discriminatórias. Por isso, a aplicação exclusiva do teste de não discriminação não pode hoje ser analisada senão na perspectiva do *dever ser*[43]; em contrapartida, o teste é frequentemente aplicado em conjugação com algum outro dos testes de seguida descritos.

§2: proibição de medidas que limitem o acesso ao mercado

Este segundo teste abrange a censura de dois tipos de atitudes por parte dos Estados: desde logo, o facto de eles colocarem os prestadores de serviço estrangeiros em desvantagem, por não levarem em conta as circunstâncias nas quais eles estavam autorizados a exercer a mesma actividade no Estado onde se encontram estabelecidos; em segundo lugar, o facto de, independentemente de uma desvantagem específica para os prestadores oriundos de outros países da Comunidade, os Estados dificultarem o acesso às actividades, colocando em causa o núcleo fundamental da liberdade. Vejamos em particular cada uma destas situações.

a. A primeira situação descrita comina com a ilegalidade[44] todas as medidas nacionais que, ainda que a pretexto do tratamento nacional atrás

---

[43] V., a este respeito, ELEANOR SPAVENTA, *From Gebhard...*, cit., p. 744.

[44] Aqui entendida num sentido amplo, por não caber neste estudo a discussão acerca do valor jurídico negativo de uma norma nacional contrária ao Direito Comunitário.

abordado, exijam dos factores de produção, originários de outros Estados, o cumprimento de formalidades ou requisitos, abstraindo daqueles a que eles já se tenham sujeitado no Estado-Membro de origem. Se um profissional estabelecido num determinado Estado-Membro tem, por força da legislação desse Estado, que reunir determinadas características para o exercício da actividade (referentes às suas qualificações ou ao modo de exercício da própria actividade), e se as normas do Estado-Membro ao qual ele se desloca para o exercício pontual do serviço comportam idênticas exigências, então, na prática, o profissional está sujeito a uma duplicação de procedimentos ou de controlos que o colocam em situação de desvantagem relativamente aos prestadores do Estado-Membro de acolhimento, podendo, inclusivamente, incorrer em custos suplementares para a eles se adequar. Esta vertente do teste assume, por conseguinte, que tal exigência estabelece um entrave à livre circulação e fragmenta os mercados nacionais, criando uma barreira económica no acesso dos prestadores de serviços ao mercado daquele Estado-Membro.

Embora a questão se possa colocar em relação a qualquer uma das liberdades, a verdade é que ela assume especial gravidade no quadro da livre prestação de serviços, uma vez que, nesta, o contacto do prestador com o Estado-Membro de acolhimento é meramente esporádico, pontual, podendo ele considerar, com base na análise custo-benefício, que as vantagens da livre circulação não compensam os encargos daí derivados. Diversamente se passa no quadro das restantes liberdades pessoais – livre circulação de trabalhadores e direito de estabelecimento –, pois aí o beneficiário estabelece uma relação duradoura com o Estado de acolhimento, e passa a submeter-se apenas à sua jurisdição.

De certo modo, assim entendido, o estabelecimento de um duplo encargo a que determinados prestadores ficariam sujeitos redunda numa forma de discriminação entre operadores estrangeiros e nacionais, que não concorrem livremente no mercado em resultado do impacto diferenciado que as normas nacionais produzem nuns e noutros, afectando especialmente aqueles que estão sujeitos à necessidade de conformação com dois conjuntos de normas.

Por esta razão, o teste que proíbe o duplo encargo poderia ser analisado à luz do princípio da não discriminação, anteriormente analisado. Frequentemente, distingue-se a discriminação de tipo formal (aquela que diferencia expressamente com base na nacionalidade o regime a que estão sujeitos os operadores estrangeiros, mais desfavorável que o regime a que estão sujeitos os operadores nacionais) e a discriminação de tipo material (que coloca os operadores estrangeiros em desvantagem prática em relação aos nacionais, não por virtude de uma lei discriminatória na sua previsão, mas pelo facto de a norma em causa, socorrendo-se de outros critérios, produzir um impacto diverso nos operadores nacionais e nos operadores provenientes de outros Estados-Membros), da qual o duplo encargo seria uma espécie. No entanto, quando o Tribunal de Justiça trata de normas discriminatórias, refere-se apenas àquelas que o são expressa ou formalmente[45]: no tratamento das várias liberdades, ele considera não discriminatórias mesmo aquelas normas que produzem um impacto diferenciado entre factores de produção nacionais e estrangeiros, apenas pela circunstância de não criarem uma diferença formal de tratamento e as normas serem aplicáveis indistintamente a uns e outros. Assim, uma análise à luz da jurisprudência do Tribunal deve considerar este teste com autonomia em relação ao teste de discriminação.

Afirmar a ilegalidade das normas que imponham um encargo para os operadores provenientes de outros Estados-Membros implica que, sobre estes últimos, impende um dever de reconhecimento das condições que os restantes Estados exigem para o exercício de uma actividade como suficientes para o mesmo exercício no seu território – é o que se chama o princípio do reconhecimento mútuo[46]. Este princípio, desenvolvido pelo Tribunal de Justiça pela primeira vez a propósito da livre circulação de mercadorias, e conjugado com jurisprudência posterior[47], reparte pelos dois Estados-Membros envolvidos a responsabilidade pela regulação de cada aspecto da actividade económica, segundo o princípio de que a cada conjunto de situações se deve aplicar apenas um conjunto de regras. Desse modo, os beneficiários da livre circulação não são colocados em desvantagem relativamente aos operadores económicos que exercem a sua actividade exclusivamente no Estado onde se encontrem estabele-

---

[45] Nesse sentido, v. JUKKA SNELL, *Goods and Services in EC Law*, Oxford, 2005, p. 58
[46] O princípio foi primeiramente consagrado a propósito da livre circulação de mercadorias, no caso *Rewe*, que ficaria para a história conhecido como Cassis *de Dijon* (processo 120/78, acórdão de 20 de Fevereiro de 1979).
[47] Sobretudo o caso *Keck* (processo C-267/91, acórdão de 24 de Novembro de 1993).

cidos[48]. No caso da livre circulação de mercadorias, este princípio reconhece ao Estado-Membro de origem dos produtos a competência para regular o modo de produção e fabrico dos produtos (ou seja, as fases em que se fixam as características físicas dos mesmos), e ao Estado de destino do produto o poder de regular as condições nas quais o produto deverá ser comercializado nesse território.

A esta luz pode ser entendido o caso *Alpine Investments*[49], no qual o Tribunal fez precisamente referência ao princípio do acesso ao mercado no quadro da livre prestação de serviços. Discutia-se a conformidade, com o Direito Comunitário, de uma norma holandesa que proibia a oferta de serviços através de uma técnica habitualmente conhecida como *cold calling*, e que consiste no contacto telefónico com potenciais clientes, sem a sua prévia autorização, com o objectivo de lhes propor serviços. A sociedade *Alpine* tinha sede na Holanda, e oferecia serviços financeiros a clientes residentes noutros Estados-Membros. Submetida a questão prejudicial ao Tribunal de Justiça, acerca da compatibilidade desta norma holandesa com o Tratado, decidiu aquele que ela impedia a exportação de serviços para outros Estados-Membros, ao limitar o modo de promoção dos serviços para além do território nacional. Na verdade, a consequência da aplicação de tal regra seria que a sociedade em causa teria que se conformar não só com as regras do Estado de origem, como com as regras do Estado receptor do serviço. Na decisão do Tribunal, por conseguinte, terá pesado o facto de ter considerado que, à semelhança do que sucede no âmbito da livre circulação de mercadorias no respeitante às condições de venda dos produtos[50], deve caber a cada Estado a definição do modo de promoção dos serviços prestados no seu território, não podendo, em contrapartida, esse Estado pretender estender a aplicação de tais regras aos serviços oferecidos noutro Estado-Membro: elas tornam a entrada no mercado mais difícil para os operadores que aí não estão estabelecidos.

---

[48] V. NICOLAS BERNARD, *La libre circulation des marchandises, des personnes et des services dans le Traité CE sous l'angle de la compétence,* in *Cahiers de Droit Européen,* 1998, n.ᵒˢ 1-2, p. 33 e segs., e DAMIAN CHALMERS, *Free movement of goods,* in DAMIAN CHALMERS / CHRISTOS HADJIEMMANUIL / GIORGIO MONTI / ADAM TOMKINS, *European Union Law,* Cambridge, 2006, p. 685 e segs..
[49] Processo C-384/93, acórdão de 10 de Maio de 1995.
[50] Tal como definido no caso *Keck,* referenciado *supra,* nota 10.

b. Mas o conceito de restrição no acesso ao mercado pode ainda incluir as medidas, verdadeiramente não discriminatórias, que interferem com o *núcleo fundamental das liberdades*[51]. BARNARD e DEAKIN, aliás, parecem considerar que apenas nesse caso está em causa o acesso ao mercado, quando afirmam que o objectivo das regras de Direito Comunitário é favorecer a integração de mercados, e não meramente assegurar a concorrência normativa[52] entre Estados, que seria a consequência da aplicação do princípio do reconhecimento mútuo. Para estes Autores, o teste do duplo encargo integrar-se-ia melhor numa concepção ampla do conceito de discriminação, na acepção que acima vimos, devendo o teste de acesso ao mercado englobar somente os casos nos quais a unificação dos mercados estaria comprometida por se limitar o exercício de uma actividade, independentemente de um comportamento discriminatório por parte dos Estados. São os casos nos quais o Tribunal refere a existência de um "desincentivo ao exercício de uma determinada actividade", quer se consiga demonstrar a existência de uma desvantagem específica para com os serviços que comportem uma vertente transnacional, quer essa desvantagem não seja evidente.

A título exemplificativo, destaca-se a decisão do Tribunal no caso *Comissão c. Portugal*[53], no qual se discutia a compatibilidade de um decreto-lei que impunha taxas de transporte aéreo mais baratas para voos internos do que para voos internacionais. A medida não era discriminatória, na medida em que não distinguia com base na nacionalidade dos operadores aéreos (isto é: as companhias de aviação estrangeiras que efectuassem voos domésticos em Portugal estavam sujeitas às mesmas taxas reduzidas), mas, ainda assim, o Tribunal sustentou que a livre prestação de serviços se opõe "à aplicação de qualquer regulamentação nacional que tenha por efeito tornar a prestação de serviços entre Estados-Membros mais difícil que a prestação de serviços puramente interna dum Estado-Membro". Na verdade, apesar da ausência de discriminação, havia

---

[51] HANS JARASS, *A unified approach to the fundamental freedoms*, in ANDENAS / H ROTH, *Services and free movement in EC Law*, Oxford, 2002, p. 148. Também DAMIAN CHALMERS estabelece a distinção entre o teste de *acesso ao mercado* e o teste de *duplo encargo*. V. *Free movement of services*, in DAMIAN CHALMERS / CHRISTOS HADJIEMMANUIL / GIORGIO MONTI / ADAM TOMKINS, *European Union Law*, Cambridge, 2006, p. 774.

[52] *Market access and regulatory competition*, in C. BARNARD / J. SCOTT (org.), The law of the European Market. Unpacking the premises, Hart, 2002, p. 197.

[53] Processo C-70/99, acórdão de 26 de Junho de 2001.

claramente uma desvantagem específica para serviços que comportam uma dimensão transnacional.

Um outro caso ilustrativo desta posição do Tribunal é o caso *De Coster*[54]. Discutia-se se uma norma, aprovada por um município belga, que impunha aos proprietários de antenas parabólicas o pagamento de um imposto, era contrária à livre prestação de serviços, na medida em que dificultava especialmente o acesso aos programas de televisão estrangeiros (ficou demonstrado no processo que os operadores de canais televisivos nacionais tinham acesso mais facilitado à difusão por cabo do que os operadores estrangeiros). O Tribunal considerou que o imposto tornava a prestação de serviços entre Estados-Membros mais difícil do que a prestação de serviços puramente interna a um Estado-Membro[55].

Outro exemplo da aplicação deste teste prende-se com a criação de restrições formais no acesso ao mercado – por exemplo a exigência de condições para que uma actividade possa ser exercida. Foi o que o Tribunal abordou no caso *Säger*[56]. Estava em causa a apreciação de uma lei alemã que impunha a obtenção de uma autorização administrativa para o exercício da actividade de agente de propriedade intelectual e de patentes. *Dennemeyer* era uma sociedade estabelecida no Reino Unido e que prestava serviços no domínio da renovação de patentes a clientes estabelecidos na Alemanha, tendo sido alvo de uma acusação de concorrência desleal apresentada pela sociedade alemã concorrente *Säger*, pelo facto de operar sem a referida autorização. O Tribunal de Justiça deu razão à sociedade *Dennemeyer*, considerando que a lei alemã impedia os operadores económicos estabelecidos noutros Estados-Membros de oferecer serviços na Alemanha, privando as disposições do Tratado de todo o efeito útil[57]. Para a compreensão cabal deste caso é necessário referir que não constituiu critério de decisão para o Tribunal o facto de a *Dennemeyer* prestar os serviços legalmente no Reino Unido. Dito de outro modo: a argumentação do Tribunal não se baseou no dever do reconhecimento mútuo por parte do Estado alemão, mas na simples existência de regras que regulam o exercício de uma actividade económica.

---

[54] Acórdão de 29 de Novembro de 2001, processo C-17/00.
[55] Cfr., em especial, os parágrafos 30 e 35.
[56] Processo C-76/90, acórdão de 25 de Julho de 1991.
[57] Cfr. parágrafo 13 do acórdão.

Em suma, esta versão do teste de acesso ao mercado advoga, desde logo, a incompatibilidade, com o Tratado, das normas nacionais que comportem uma desvantagem específica para os operadores em livre circulação ou que estabeleçam um entrave de natureza económica com efeito transnacional.

Mas este último elemento não foi relevante no caso *Comissão c. Itália*[58].

Nele se discutia a compatibilidade, com o Tratado CE, de um conjunto de normas italianas que pretendiam regular as feiras e a actividade de feirante. Atenhamo-nos, em particular, a uma das normas nacionais relativamente às quais a Comissão fundava o seu pedido de declaração de incumprimento: tratava-se da imposição, por parte do Estado italiano, da periodicidade das feiras e a proibição de organização de feiras que não estivessem inscritas no calendário oficial de cada região. O Tribunal de Justiça deu razão à Comissão, mas a particularidade do caso prende-se com o facto de as normas em causa serem verdadeiramente não discriminatórias, afectando do mesmo modo todos aqueles que quisessem dedicar-se à actividade de "organizador de feiras" naquelas regiões, estivessem ou não estabelecidos no Estado italiano.

Refira-se, a título de curiosidade, a analogia destas medidas com as que se discutiam nos casos relativos à proibição de vendas ao Domingo, no âmbito da livre circulação de mercadorias, e que viriam a culminar no caso *Keck*[59] e na afirmação da autonomia dos Estados para determinação das condições de venda dos produtos. Mais surpreende, por conseguinte, que, no caso *Comissão c. Itália*, o Tribunal de Justiça não tenha aproveitado essa analogia, e tenha, pelo contrário, afirmado a incompatibilidade com o Tratado (condicionada, evidentemente, à não apresentação de uma das justificações aí previstas) das normas indicadas, que no fundo continham apenas modalidades de prestação de serviços (referentes, em concreto, ao *momento* da prestação da actividade), deslocando para os Estados-Membros o ónus da prova da sua compatibilidade com o Tratado CE.

Se a formulação teórica do teste é atraente, refira-se, no entanto, que ele apresenta uma fragilidade, expressa em duas hipóteses alternativas.

---

[58] Processo C-439/99, acórdão de 15 de Janeiro de 2002.
[59] Já referenciado *supra*, nota 9.

Se, por um lado, se fizer depender a aplicação deste teste de uma desvantagem específica para os operadores estabelecidos noutros Estados-Membros, então ele dificilmente se distingue quer do teste de discriminação (ao qual podiam ser reconduzidos os casos *Comissão c. Portugal* e *De Coster*, desde que o princípio da não discriminação fosse entendido no seu sentido material), quer do teste do duplo encargo (que poderia ter fundado o caso *Säger*). Se diferentemente, se insiste na desnecessidade de tal efeito discriminatório ou de uma dimensão transnacional dos efeitos da norma (como sucede no caso *Comissão c. Itália* e no caso *Säger*, tal como configurado pelo Tribunal), corre-se o risco de qualquer norma poder ser considerada ao Tratado, apenas pela circunstância de regular o exercício de uma actividade.

§4: desenvolvimentos recentes: os casos **Carpenter** e **Chen**

Apesar da amplitude do teste apresentado pelo Tribunal nos últimos casos acima apresentados, estes apresentam um aspecto comum: está sempre em causa a eventual ilegalidade de medidas que regulam uma actividade económica. Nessa medida, os casos referidos transportaram para o âmbito dos serviços, a fórmula enunciada no caso *Dassonville*[60] para as mercadorias: tratam-se de normas que *directa ou indirectamente, actual ou potencialmente, afectam o comércio intra-comunitário*.

No entanto, dois casos mais recentes ilustram uma nova tendência jurisprudencial que altera o centro de gravidade da livre prestação de serviços, deslocando-o do âmbito económico. Vejamos brevemente os factos que os caracterizavam.

No caso *Carpenter*[61], a questão subjacente relacionava-se com a política britânica de imigração: uma cidadã filipina, residente ilegalmente no Reino Unido, casou-se com um cidadão britânico e veio, posteriormente, a pedir autorização de residência permanente no Reino Unido. A autorização foi recusada, e foi ordenada a sua expulsão do território. Dessa ordem de expulsão recorreu o seu marido, que qualificou a questão

---

[60] Acórdão de 11 de Julho de 1974, no processo 8/74.
[61] Processo C-60/2000, acórdão de 11 de Julho de 2002.

do ponto de vista do Direito Comunitário: alegou que se deslocava com frequência a outros Estados-Membros no âmbito da sua actividade de publicitário, e que a ordem de expulsão da sua mulher filipina constituía um entrave à sua própria liberdade de prestação de serviços, uma vez que, nas suas ausências, era ela quem se ocupava dos seus filhos de um anterior casamento.

Um outro caso cuja analogia justifica uma análise conjunta é o que ficou conhecido como o caso *Bebé Chen*[62]. Os factos resumem-se no seguinte: em virtude da política do filho único em vigor na República Popular da China, um casal de nacionalidade chinesa decidiu dar à luz o seu segundo filho na Irlanda. Ora, a lei irlandesa reconhece a nacionalidade irlandesa às pessoas nascidas no seu território, pelo que a criança adquiriu aquela nacionalidade e, em consequência, o direito de livre circulação na União Europeia (cfr. art. 18.º do Tratado CE). A questão que se colocava era se tal liberdade poderia ser reconhecida igualmente à sua mãe, nos mesmos termos que o Direito Comunitário estabelece para os familiares de cidadãos europeus que não sejam, eles mesmos, nacionais de um Estado-Membro[63]. Um dos fundamentos apresentados era precisamente o de que, na medida em que o Reino Unido impedia a sua entrada no território, ficava limitado o direito de a criança irlandesa beneficiar dos serviços de saúde aí oferecidos, dada a sua impossibilidade natural de aí se deslocar por si própria, em razão da idade.

Em ambos os casos, o Tribunal de Justiça resolveu a questão com base nos artigos do Tratado referentes à livre prestação de serviços, interpretando-os à luz da cidadania europeia e, no primeiro caso, do respeito pela vida familiar.

Que dizer desta recente abordagem do Tribunal de Justiça?

Em primeiro lugar, saliente-se que nenhuma das situações controvertidas cabia, *prima facie*, no âmbito do Direito Comunitário, nem

---

[62] Processo C-200/02, acórdão de 19 de Outubro de 2004.

[63] Relembre-se que a Directiva 38/2004/CE, de 29 de Abril (à semelhança do que já constava da legislação anterior por ela revogada), estende o direito de livre circulação apenas a cidadãos não comunitários que fossem cônjuges (ou, diz a nova Directiva, "parceiros registados") do cidadão comunitário, ou os descendentes e ascendentes que estejam a seu cargo. A hipótese verificada no caso *Chen* é, por conseguinte, a inversa desta última: é o cidadão comunitário que, em razão da idade, é dependente do cidadão não comunitário.

encontrava nele resposta: estava em causa o direito de permanência no território de um Estado-Membro de um nacional de um Estado terceiro, em condições não previstas pela legislação comunitária. No entanto, as partes conseguiram, forçando a aplicação das normas do Tratado, configurar a questão do ponto de vista do mercado interno, de modo a colocar--se na posição de actores económicos e beneficiarem das disposições do Tratado relativas à livre prestação de serviços.

Por outro lado, as medidas nacionais controvertidas não se destinavam especificamente a regular o exercício de uma determinada actividade ou a utilização de factores de produção, e, nessa medida, o seu impacto económico era apenas reflexo. Eram, nessa medida, normas neutras do ponto de vista económico, e essa circunstância distingue estes dois casos dos que foram acima referidos. Esta falta de especificidade da questão comunitária origina um salto qualitativo, mudando a razão de ser da jurisprudência comunitária[64]: a partir daqui, pode afirmar-se, "a integração já não está limitada a factores económicos de produção, mas (...) estende[-se] a toda a vida em sociedade"[65].

Estes dois aspectos comportam várias consequências e ajudam a compreender algumas das críticas que podemos apontar a estas decisões do Tribunal:

Desde logo, o alargamento do leque de medidas nacionais que caem no âmbito de aplicação do Tratado, e ficam sujeitas à proibição aí estabelecida, obriga os Estados-Membros a justificar um maior número das normas aprovadas pelos seus órgãos legislativos, sujeitando-as aos testes de necessidade e proporcionalidade. Na verdade, a consequência de tal alargamento é a presunção de ilegalidade das normas nacionais, fazendo deslocar o ónus da prova da sua legalidade para o Estado, que terá de demonstrar que tais normas se justificam à luz do Tratado e da teoria das exigências imperativas.

Em segundo lugar, é preciso não esquecer o impacto político da escolha do Tribunal: é que o teste em análise interfere com autonomia dos Estados, que passa a estar coarctada não apenas no domínio da

---

[64] ELEANOR SPAVENTA, *From Gebhard...*, p. 764
[65] MARGARIDA SALEMA D'OLIVEIRA MARTINS, *A construção do mercado interno e a liberalização da prestação de serviços,* in *Revista de Estudos Europeus,* ano II – n.º 3, Coimbra, 2008, p. 184.

regulação económica, mas também em qualquer outro domínio da vida social, o que poderá ser mal compreendido pelos cidadãos de cada Estado-Membro mais ciosos da manutenção do poder decisório dos Estados.

Por fim, e em consequência, torna-se mais difícil introduzir nos Estados a consciência do mercado comum, pois eles deixam de conseguir prever com facilidade as consequências das suas actuações e as circunstâncias em que estarão sujeitos ao escrutínio de normas por parte do Tribunal. No caso *Carpenter*, por exemplo, o Reino Unido não previra – e dificilmente o poderia fazer – as consequências para os cidadãos comunitários da aplicação de uma regra relativa à imigração de cidadãos de Estados terceiros: movia-o a intenção de regular a imigração destes e impedir a imigração ilegal. Não era directamente visada pela norma a liberdade de circulação dos cidadãos britânicos, e o direito de *Carpenter* a sair do território existiria sempre, independentemente do direito de residência da sua mulher.

As críticas apontadas são, no entanto, de difícil acolhimento. Ainda que se critique o excessivo activismo do Tribunal, a pretexto de se considerar o garante das liberdades comunitárias, subsiste a questão de saber que critérios poderão ser utilizados para estabelecer uma fronteira entre as normas que têm uma influência directa no mercado interno, e poderão, por conseguinte, estar sujeitas ao escrutínio do Tribunal de Justiça, e aquelas que só reflexamente o afectam, devendo fazer parte do núcleo de autonomia dos Estados. A resposta é complexa e os critérios usualmente apresentados não o são menos:

Uma primeira solução possível seria propor que apenas estejam sujeitas à análise do Tribunal as normas nacionais que tenham uma *intenção proteccionista*: se as normas nacionais foram aprovadas com o intuito de regular uma actividade económica, e assim proteger os operadores económicos nacionais, estarão sujeitas ao escrutínio do Tribunal. Esta primeira solução depara-se com um problema inicial – o facto de a intenção não ser de simples prova, estando a sua demonstração em regra dependente da análise dos efeitos que a norma produz (de resto como o Tribunal vem reconhecendo desde o acórdão *Dassonville*[66], ao basear o juízo de legalidade das normas nacionais no seu eventual *efeito* restritivo).

---

[66] V. supra, nota 23.

Uma segunda resposta à questão acima apresentada seria a de considerar ilegais as normas que *afectem substancialmente* o acesso ao mercado[67]. O teste aplicado, incluiria, por conseguinte, um elemento quantitativo: apenas as medidas que produzissem um impacto relevante no comércio intra-comunitário seriam incompatíveis com o Tratado. No entanto, a dificuldade da aplicação deste teste salta à vista, porque ele está igualmente dependente de um conceito indeterminado – o que significa *afectação substancial*? Com base em que elementos se quantificam os efeitos de tal afectação? Estará o Tribunal de Justiça habilitado a utilizar e interpretar dados estatísticos?

Por fim, uma última resposta seria a de atender à *matéria regulada pela norma*: se ela dispõe sobre as condições de existência do mercado ou a regulação de uma actividade económica, ela coloca-se em situação de poder ser considerada contrária ao Tratado; se, ao invés, a matéria regulada não se enquadra materialmente no domínio económico, o Tribunal terá que reconhecer a autonomia do Estado no seu tratamento. Igualmente esta solução serve de pouco, por facilmente conseguirmos encontrar áreas que se encontram na fronteira entre o domínio económico e outros, como será o caso da protecção social, da protecção ambiental, ou da educação. A própria expansão das atribuições da Comunidade parece contrariar esta visão, uma vez que as várias políticas comunitárias foram postas ao serviço da consolidação do mercado comum.

3. Conclusões

Chegados aqui, estamos em condições de concluir que a liberdade de prestação de serviços é tratada pelo Tribunal com maior generosidade do que as restantes liberdades.

Tal verifica-se, desde logo, no que toca à livre circulação de trabalhadores e ao direito de estabelecimento. No âmbito destas últimas, os beneficiários colocam-se de forma duradoura sob a jurisdição do Estado de acolhimento, sendo razoável que este pretenda regular com mais exaustão uma realidade que comporta consequências do ponto de vista

---

[67] Solução apresentada pelo Advogado-Geral Jacobs no caso *Leclerc-Siplec* (Processo C-412/93, conclusões apresentadas em 9 de Fevereiro de 1995. V., em especial, o parágrafo 42).

social. Por conseguinte, o Tribunal condescende mais facilmente em que os Estados se limitem a estender aos beneficiários destas liberdades as mesmas regras a que estão sujeitos os seus nacionais. Pelo contrário, e tal como sucede com as mercadorias, os serviços são tendencialmente regulados no Estado de origem: é nesse Estado que as mercadorias assumem as suas características, por coincidir com o local de fabrico, e é com esse Estado que os prestadores de serviços mantêm a sua ligação principal, por aí manterem o seu estabelecimento. Por essa razão, o Tribunal é mais rigoroso na avaliação das normas do Estado de acolhimento, com o qual mercadorias e serviços estabelecem uma relação meramente temporária.

Mas, como vimos no caso *Comissão c. Itália*, o tratamento jurisprudencial dado à livre prestação de serviços é por vezes mais amplo do que o tratamento dado à livre circulação de mercadorias, no qual o Tribunal reconheceu a autonomia dos Estados numa área por ele próprio criada, correspondente a uma categoria material de normas – aquelas que disponham sobre as condições de venda dos produtos.

Uma explicação possível para este maior activismo do Tribunal no domínio da livre prestação de serviços prende-se com uma razão prática, que é a maior incompletude das disposições do Tratado que a regulam, como vimos no início deste estudo. O Tribunal sentiu-se autorizado a densificar os seus preceitos e, a pretexto do carácter subsidiário desta liberdade, a estender o seu âmbito de aplicação até onde a imaginação e a argúcia das partes em conflito o permite.

Mas é possível que o Tribunal tenha querido ir mais longe e pretenda utilizar a livre prestação de serviços como um meio para a consolidação da cidadania europeia. Antes ainda da consagração desse estatuto nos Tratados, em 1992, o Tribunal de Justiça já vinha promovendo a livre circulação de pessoas, ao admitir que as disposições relativas à prestação de serviços pudessem ser invocadas por aqueles que pretendiam gozar da livre circulação independentemente da invocação de uma razão económica, considerando-os como "destinatários de serviços", como era o caso dos turistas.

A principal consequência desta abordagem do Tribunal é considerar o núcleo desta liberdade à luz de um objectivo mais vasto: o tratamento do operador económico enquanto cidadão, e não meramente enquanto beneficiário da liberdade de circulação. Nesse sentido, alguns Autores referem o conceito de "cidadania económica"[68]: o objectivo do art. 49.º seria o de assegurar a liberdade de comércio e a defesa de um direito individual ao exercício de uma actividade económica, livre de regulação desproporcionada[69]. Segundo esta perspectiva, a livre prestação de serviços gozaria do estatuto de um direito fundamental: a criação de um espaço de liberdade de actuação que poderia incluir o direito de residência e de acesso aos cuidados médicos, como nos casos acima analisados, e até·o direito de gozo de vantagens sociais[70] e de educação com as inerentes consequências para os sistemas de protecção social vigentes em cada Estado. Como qualquer outro direito fundamental, apenas poderia ser limitada por uma razão de interesse público, e sempre com respeito pelo princípio da proporcionalidade.

O tempo se encarregará de demonstrar se, nesta encruzilhada, é a promoção da cidadania que fornece ao Tribunal um critério consistente de decisão.

---

[68] DAMIAN CHALMERS, *Free movement of services...*, cit., p. 755 e segs.

[69] ELEANOR SPAVENTA, *Free movement of persons in the European Union*, Kluwer, 2007, p. 143 e segs..

[70] V. caso *Cowan*, processo 186/87, acórdão de 2 de Fevereiro de 1989.

2. Pelos Caminhos da Constituição

2.1. Dignidade da Pessoa Humana e "Novos" Direitos – Algumas Aproximações à Luz da Experiência Constitucional Brasileira
– Prof. Doutor Ingo Wolfgang Sarlett

2.2. Interpretação Constitucional do Direito Penal: Análise à Luz do Ordenamento Brasileiro
– Prof. Doutor Cláudio Brandão

DIGNIDADE DA PESSOA HUMANA E "NOVOS" DIREITOS
– ALGUMAS APROXIMAÇÕES À LUZ DA EXPERIÊNCIA CONSTITUCIONAL BRASILEIRA[*]

INGO WOLFGANG SARLET[**]

1. Notas introdutórias: a dignidade da pessoa humana e a unidade axiológica (e aberta!) da ordem jurídica

Que uma das funções exercidas pelo princípio fundamental da dignidade da pessoa humana reside justamente no fato de ser, simultaneamente,

---

[*] Para a redação do presente texto utilizamos basicamente material extraído de escritos anteriores de nossa autoria, aqui em parte reestruturados e atualizados, em especial da obra *Dignidade da Pessoa Humana e Direitos Fundamentais na Constituição Federal de 1988*, 6.ª ed., Porto Alegre: Livraria do Advogado, 2008 e da obra *A Eficácia dos Direitos Fundamentais*, 9ª ed., Porto Alegre: Livraria do Advogado, 2008. Embora se trate de uma problemática cuja importância ultrapassa as fronteiras do direito constitucional brasileiro, a presente abordagem prioriza a experiência brasileira, razão pela qual eventuais referências (doutrinárias, mas em especial, ligadas aos textos constitucionais e ao desenvolvimento jurisprudencial) a outras ordens jurídicas será efetuada em caráter predominantemente ilustrativo, visto não se tratar, propriamente, de um estudo de direito comparado. De qualquer modo, buscamos considerar, em termos gerais, a literatura portuguesa sobre o tema da abertura material do catálogo, embora não de modo exaustivo. Outrossim, agradecemos ao Prof. Dr. Vasco Pereira da Silva e à Faculdade Católica Portuguesa pela inclusão do presente texto nesta obra coletiva, mas em especial pela possibilidade de, mediante generosa bolsa do Programa *Erasmus Mundus*, ter podido permanecer em Lisboa a pesquisar, escrever e lecionar.

[**] Doutor em Direito do Estado (Munique). Estudos de Pós-Doutorado em Munique e Georgetown. Professor Titular da Faculdade de Direito e do Programa de Mestrado e Doutorado em Direito da Pontifícia Universidade Católica do Rio Grande do Sul, Porto

elemento que – embora sem pretensão de exclusividade – confere unidade de sentido e legitimidade a uma determinada ordem constitucional, constituindo-se, de acordo com a significativa fórmula de Haverkate, no "ponto de Arquimedes do estado constitucional",[1] embora amplamente reconhecido, há de ser exaustivamente enfatizado. Como bem o lembrou Jorge Miranda, representando expressiva parcela da doutrina constitucional contemporânea, a Constituição, a despeito de seu caráter compromissário, confere uma unidade de sentido, de valor e de concordância prática ao sistema de direitos fundamentais, que, por sua vez, repousa, em termos gerais, na dignidade da pessoa humana, isto é, na concepção que faz da pessoa fundamento e fim da sociedade e do Estado,[2] razão pela qual se chegou a afirmar que o princípio da dignidade humana atua como uma espécie de "alfa e ômega" do sistema dos direitos fundamentais.[3]

Tal concepção, à evidência, aplica-se também à Constituição da República Federal Brasileira, de 05.10.1988 (doravante referida como CF), caracterizada, a exemplo da Constituição da República Portuguesa, especialmente na sua versão original, de 1976, como representativa de um constitucionalismo marcadamente compromissório e dirigente. Considerando que a CF, no seu artigo 1.º, inciso III, na esteira da evolução constitucional do segundo Pós-Guerra, erigiu a dignidade da pessoa humana à condição de fundamento do Estado Democrático de Direito[4], é

Alegre (PUCRS). Professor vistiante do Programa de Doutorado em Direitos Humanos e Desenvolvimento da Universidade Pablo de Olavide (Sevilha). Professor visitante (bolsista do Programa *Erasmus Mundus)* na Universidade Católica Portuguesa, Lisboa. Representante do Brasil e correspondente científico junto ao Instituto Max-Planck de Direito Social Estrangeiro e Internacional (Munique). Pesquisador Visitante na Harvard Law School (2008). Professor de Direito Constitucional na Escola Superior da Magistratura (AJURIS) e Juiz de Direito em Porto Alegre, Brasil.

[1] Cf. G. Haverkate, *Verfassungslehre*, p. 142.

[2] Cf. J. Miranda, *Manual de Direito Constitucional*, vol. IV, Coimbra: Coimbra Editora, 2000, p. 180. Assim também J. C. Vieira de Andrade, *Os Direitos Fundamentais na Constituição da República Portuguesa de 1976*, Coimbra: Almedina, 1987, p. 101, referindo que os preceitos relativos aos direitos fundamentais "não se justificam isoladamente pela protecção de bens jurídicos avulsos, só ganham sentido enquanto ordem que manifesta o respeito pela unidade existencial de sentido que cada homem é para além de seus actos e atributos". Entre nós, v., por todos, Rizzato Nunes, *O Princípio Constitucional da Dignidade da Pessoa Humana*, São Paulo: Saraiva, 2002, p. 45 e ss.

[3] Cf. F. Delpérée, *O direito à dignidade humana*, p. 161.

[4] Neste sentido, v., dentre outros, J. Afonso da Silva, *A dignidade da pessoa humana...*, p. 91-92. Também E. Benda, *Die Menschenwürde ist Unantastbar*, in: ARSP

possível partir do pressuposto que também esta Constituição – pelo menos de acordo com seu texto – pode ser considerada, de acordo com o que já se disse também da Lei Fundamental da Alemanha e da Constituição Portuguesa, como sendo uma Constituição comprometida com a plena realização da pessoa humana,[5] ainda que não raras vezes este dado venha a ser desconsiderado e não corresponda muitas vezes à realidade, especialmente se forem considerados os altos índices de violações de dircitos fundamentais, que, de resto, atinge os direitos fundamentais de todas as dimensões.

Assim, como bem lembra Martínez, ainda que a dignidade (como valor, é preciso frisar) preexista ao Direito, certo é que o seu reconhecimento e proteção (mesmo que não por meio de uma positivação expressa) por parte da ordem jurídica constituem (um) requisito indispensável para que esta possa ser tida como legítima.[6] Aliás, tal dignidade tem sido reconhecida à dignidade da pessoa humana que se chegou a sustentar, parafraseando o conhecido art. 16 da Declaração Francesa dos Direitos do Homem e do Cidadão (1789), que toda sociedade que não reconhece e não garante a dignidade da pessoa não possui uma Constituição.[7] Também por este motivo assiste inteira razão aos que apresentam a dignidade da pessoa humana (designadamente o seu reconhecimento, proteção e

---

n.º 22 (1984), p. 23, embora para o caso da Alemanha, de há muito leciona que a noção de dignidade da pessoa constitui o ponto de partida e o centro da concepção de Estado e Direito adotada pela Lei Fundamental de 1949.

[5] Cf. Podlech, in: *Alternativ Kommentar*, vol. I, p. 281. O mesmo se observa em relação à ordem jurídico-constitucional italiana, de acordo com F. Bartolomei, *la dignità umana come concetto e valore costituzionale*, p. 11, afirmando que a Constituição da Itália, ao reconhecer e assegurar a dignidade da pessoa e os direitos fundamentais, acabou criando uma ordem de valores centrada na personalidade humana. Quanto ao caso de Portugal, v., dentre otros, J.R. Novais, *Os princípios constitucionais estruturantes da República Portuguesa*, p. 52.

[6] Cf. M. A. Alegre Martínez, *La dignidad de la persona...*, p. 29. Na literatura brasileira, v., dentre outros, v. E. Pereira de Farias, *Colisão de Direitos*, p. 51, afirmando que o respeito pela dignidade da pessoa constitui elemento imprescindível para a legitimação da atuação do Estado.

[7] Cf. a expressiva formulação de M. L. Pavia, *La dignité de la personne...*, p. 105, admitindo, contudo, o tardio reconhecimento da dignidade da pessoa humana no âmbito da ordem jurídico-positiva francesa.

[8] Assim o sustenta W. Brugger, *Menschenwürde, Menschenrechte, Grundrechte*, p. 5 e ss.

promoção) como sendo um importante critério indicativo da legitimidade substancial de uma determinada ordem jurídico-constitucional, já que diz com os fundamentos e objetivos, em suma, com a própria razão de ser do poder estatal.[8] Nesta perspectiva – embora num sentido distinto – há como sustentar que a dignidade sempre também cumpre uma função política (normativa embora não jurídica) fundamental, atuando como referência para o processo decisório, político e jurídico, visto que torna incontroversa (no sentido de uma "metáfora absoluta") a decisão em si mesma do reconhecimento da dignidade da pessoa humana no âmbito de um consenso sociocultural (por exemplo, na afirmação de que uma violação da dignidade é sempre injusta!) e na condição de conceito referencial, ainda que no particular, sobre o que cada um entende por dignidade da pessoa e sobre o modo de sua promoção e proteção, existam muitas divergências.[9]

Se, por um lado, consideramos que há como discutir – especialmente no caso do direito constitucional positivo brasileiro – a afirmação de que todos os direitos e garantias fundamentais encontram seu fundamento direto, imediato e igual na dignidade da pessoa humana, do qual aqueles seriam apenas concretizações,[10] constata-se, de outra parte, que os direitos

---

[9] V. neste sentido S. Baer, "Menschenwürde zwischen Recht, Prinzip und Referenz", p. 572-75.

[10] Cf., no Brasil, E. Pereira de Farias, *Colisão de Direitos*, p. 54. Quanto a este ponto, já nos pronunciamos, em outra oportunidade, no sentido de revelar alguma reserva no que diz com a alegação de que todos os direitos fundamentais positivados na Constituição de 1988 possam ser reconduzidos diretamente e de modo igual ao princípio da dignidade da pessoa humana, seja pela extensão do nosso catálogo de direitos e garantias, seja pelas peculiaridades de algumas normas de direitos fundamentais, tal como ocorre com as regras sobre prescrição em matéria de direito do trabalho, a gratificação natalina (13ª salário), o dispositivo que impõe o registro dos estatutos dos partidos políticos junto ao TSE (art. 17 da Constituição de 1988), etc. Neste sentido, v. o nosso *A Eficácia dos Direitos Fundamentais*, p. 98. Neste mesmo contexto, cabe referir importante decisão do Tribunal Constitucional da Espanha, citada por M. A. Alegre Martínez, *La dignidad de la persona...*, p. 47-48, onde, para além de reconhecer que a dignidade da pessoa representa um mínimo invulnerável que toda a ordem jurídica dever assegurar, a Corte Constitucional Hispânica sinalou que isto não significa que todo e qualquer direito fundamental possa ser considerado como inerente à dignidade da pessoa, nem que todos os direitos qualificados como fundamentais sejam integralmente condições essenciais e imprescindíveis para a efetiva incolumidade da dignidade pessoal. No âmbito da doutrina italiana, F. Bartolomei, *La dignità umana...*, p. 14, refere que a afirmação de um princípio geral

e garantias fundamentais podem pelo menos em sua ampla maioria – embora sempre de modo e intensidade variáveis – serem reconduzidos de alguma forma à noção de dignidade da pessoa humana, já que todos remontam à idéia de proteção e desenvolvimento das pessoas – de todas as pessoas! – como bem destaca Jorge Miranda.[11] Neste sentido, José Carlos Vieira de Andrade, embora sustentando que o princípio da dignidade da pessoa humana radica na base de todos os direitos fundamentais constitucionalmente consagrados, admite, todavia, que o grau de vinculação dos diversos direitos àquele princípio poderá ser diferenciado, de tal sorte que existem direitos que constituem explicitações em primeiro grau da idéia de dignidade e outros que destes são decorrentes.[12] Assim, mesmo que seja correta a assertiva de que o princípio da dignidade da pessoa humana atua como elemento informador dos direitos e garantias fundamentais também da CF (o que, de resto, condiz com a sua condição de princípio fundamental) também é certo que isto não significa que todos os direitos fundamentais (até mesmo pelo fato de que sempre poderá haver direitos fundamentais em sentido eminentemente formal ou cuja fundamentalidade encontra-se diretamente lastreada em outros valores e opções do Constituinte) sejam uma decorrência direta da dignidade da pessoa humana. De outra parte, haverá de se reconhecer um espectro amplo e diversificado no que diz com a intensidade da vinculação dos direitos fundamentais em espécie à dignidade da pessoa humana,[13] aspecto que voltará

---

de tutela da dignidade humana não importa, todavia, que todos os direitos individualmente considerados possam ser reconduzidos a um único direito. De resto, o entendimento de que todos os direitos fundamentais são diretamente fundados na dignidade da pessoa seria sustentável apenas em se partindo de um conceito exclusivamente material de direitos fundamentais, considerando como tais unicamente os que puderem encontrar seu fundamento direto na dignidade, concepção esta que, todavia não harmoniza com a Constituição Federal de 1988. Em Portugal, a vinculação direta de todos direitos fundamentais com a dignidade da pessoa humana, no sentido de que esta serviria de fundamento para àqueles, igualmente deparou com a posição cética de J.M. Alexandrino, *A estruturação do sistema de direitos, liberdades e garantias na Constituição Portuguesa*, p. 325 e ss.

[11] Cf. J. Miranda, *Manual*..., vol. IV, p. 181. Também K. Stern, *Staatsrecht*..., vol. III/1, p. 33, leciona que o princípio da dignidade da pessoa humana constitui fundamento de todo o sistema dos direitos fundamentais, no sentido de que estes constituem exigências, concretizações e desdobramentos da dignidade da pessoa e que com base neste devem (os direitos fundamentais) ser interpretados.

[12] Cf. J.C. Vieira de Andrade, *Os Direitos Fundamentais*... p. 101-2.

[13] Neste sentido também M. Herdegen, *Neuarbeitung von Art. 1 Abs.1*, p. 11 e ss., que, a despeito de criticar a a dedução direta de todo o sistema dos direitos fundamentais

a ser abordado no próximo segmento, naquilo que importa ao foco do presente ensaio.

Neste passo, impõe-se seja ressaltada a função integradora e hermenêutica do princípio da dignidade da pessoa humana,[14] no sentido de que este – por força de sua dimensão objetiva – serve de parâmetro para aplicação, interpretação e integração não apenas dos direitos fundamentais e das demais normas constitucionais, mas de todo o ordenamento jurídico.[15] De modo todo especial, o princípio da dignidade da pessoa humana – como também os demais princípios fundamentais da Constituição – acaba por servir de referencial inarredável no âmbito da indispensável hierarquização axiológica inerente ao processo de criação e desenvolvimento jurisprudencial do Direito. Justamente no âmbito desta função do princípio da dignidade da pessoa humana, poder-se-á afirmar a existência não apenas de um dever de interpretação conforme a Constituição e os direitos fundamentais, mas acima de tudo – a exemplo do que também propõe Juarez Freitas – de uma hermenêutica que, para além do conhecido postulado do *in dubio pro libertate*, tenha sempre presente "o imperativo segundo o qual em favor da dignidade não deve haver dúvida"[16]. Vale

---

da dignidade da pessoa, reconhece que a ordem dos direitos fundamentais encontra-se significativamente impregnada com elementos da dignidade, bem como sustenta a tese do conteúdo diferenciado em dignidade da pessoa dos diversos direitos especificamente considerados (p. 14).

[14] Cf. Höfling, in: M. Sachs (Org) *Grundgesetz*, p. 116.

[15] Neste sentido, já lecionava H. C. Nipperdey, in: Neumann/Nipperdey/Scheuner (Org), *Die Grundrechte*, vol. II, p. 23, assim como, Maunz-Zippelius, *Deutsches Staatsrecht*, p. 183. Em Portugal, v, as anotações de J.R. Novais, *Os princípios constitucionais estruturantes da República Portuguesa*, p. 52.

[16] Cf. J. Freitas, *Tendências Atuais e Perspectivas da Hermenêutica Constitucional*, in: AJURIS n.º 76 (1999), p. 406. A respeito deste ponto, vale referir, ainda, recente e instigante ensaio de F. Hufen, *In dubio pro dignitate – Selbstbestimmung und Grundrechtsschutz am Ende de Lebens*, in: NJW 2001, p. 849 e ss. No mesmo sentido (de que a solução que mais prestigia a dignidade da pessoa humana deve prevalecer), mas desenvolvendo também de modo geral a noção de uma espécie de ordem material de preferências (na condição de parâmetros normativos) a serem observadas por ocasião da ponderação de bens (interesses), v. A P. de Barcellos, "Alguns Parâmetros Normativos para a Ponderação Constitucional", in: L. R. Barroso (Org), *A Nova Interpretação Constitucional*, especialmente p. 107 e ss. Em sentido similar, no âmbito da doutrina lusitana, v., por todos, J.R. Novais, *Os princípios constitucionais estruturantes da República Portuguesa*, p. 53 e ss., adotando postura crítica em relação ao postulado do *in dubio pro libertate*.

dizer, nesta linha de pensamento, que os direitos fundamentais, assim como e acima de tudo, a dignidade da pessoa humana à qual se referem, apresentam como traço comum – e aqui acompanhamos a expressiva e feliz formulação de Alexandre Pasqualini –, o fato de que ambos (dignidade e direitos fundamentais) "atuam, no centro do discurso jurídico constitucional, como um DNA, como um código genético, em cuja unifixidade mínima, convivem, de forma indissociável, os momentos sistemático e heurístico de qualquer ordem jurídica verdadeiramente democrática".[17]

É nesta perspectiva, aliás, que, no próximo segmento, pretendemos explorar alguns aspectos que envolvem a importância do princípio da dignidade da pessoa humana para o reconhecimento de direitos fundamentais para além dos como tais expressamente reconhecidos pelo Constituinte, no âmbito daquilo que se convencionou designar de abertura material do catálogo constitucional dos direitos fundamentais, precisamente o cerne da nossa breve contribuição. Para darmos conta da tarefa, iremos, numa primeira etapa, retomar algumas das questões centrais que dizem respeito à cláusula de abertura contida no artigo 5.º, § 2º, da CF (a exemplo do que também caracteriza o direito constitucional lusitano, ainda que não exatamente da mesma forma), para, na seqüência, discutir o problema da identificação de outros direitos fundamentais (expressa ou implicitamente positivados) com base no princípio da dignidade da pessoa humana.

2. Conteúdo e significado da assim designada cláusula de abertura material do catálogo de direitos e garantias fundamentais – breve análise do artigo 5º, § 2º, da Constituição Brasileira

Evitando adentrar a discussão em torno da efetiva viabilidade e utilidade de uma concepção dos direitos fundamentais atrelada à conhecida e possível classificação dos direitos em gerações ou dimensões[18], assume-se desde logo como correta a afirmação, de resto largamente comprovada pelo conjunto dos direitos fundamentais reconhecidos pelo

---

[17] Cf. A. Pasqualini, *Hermenêutica e Sistema Jurídico*, p. 80-1.
[18] Sobre este ponto, v. o nosso *A Eficácia dos Direitos Fundamentais*, 8ª ed., Porto Alegre: Livraria do Advogado, 2007, p. 43 e ss.

Constituinte de 1988, que o catálogo constitucional de direitos e garantias é multifuncional, visto que abrange tanto direitos de todas as dimensões (ou gerações, como ainda preferem alguns), quanto direitos (e deveres) que atuam, inclusive em função de sua dupla perspectiva objetiva e subjetiva, simultaneamente como direitos negativos (direitos de defesa) e positivos (diretos a prestações). Por outro lado, por mais analítica que seja a Constituição e por mais extenso que seja o elenco dos direitos expressamente reconhecidos como fundamentais, não há como, em princípio, afastar, apenas por esta razão, a existência de outras normas de direitos e garantias fundamentais, o que, de outra parte, não afasta a controvérsia sobre as possibilidades e limites que envolvem identificação de outras posições fundamentais no contexto da Constituição.

Neste sentido, é tida como consolidada na tradição jurídico-constitucional brasileira designadamente desde a primeira Constituição da República, de 1891, a idéia de que também o atual artigo 5.º, parágrafo 2°, da CF, assume a função de uma norma geral inclusiva, que implica a impossibilidade de aplicar-se o tradicional princípio hermenêutico do *inclusius unius alterius est exclusius*, o que, em outras palavras, vale dizer que na Constituição também está incluído o que não foi expressamente previsto, mas que implícita e indiretamente pode dela ser deduzido.[19] Que a norma contida no dispositivo referido não possui caráter meramente declaratório e fundamenta um poder-dever de reconhecimento de posições fundamentais para além das expressamente (ou explicitamente, como preferem alguns) positivadas no texto como sendo de direitos e garantias fundamentais, deve igualmente ser levado a sério, mas não será aqui objeto de maior desenvolvimento.

Da mesma forma e ainda em caráter preliminar, cumpre afastar qualquer interpretação reducionista que pudesse ensejar a exclusão, por exemplo, do reconhecimento de direitos fundamentais sociais, econômicos e culturais, com base na abertura material assegurada pelo artigo 5.º, parágrafo 2°, da CF. Com efeito, a mera localização topográfica (no capítulo dos direitos e deveres individuais e coletivos) não pode assumir o papel de critério determinante, seja em virtude da própria formulação

---

[19] V. igualmente o nosso *A Eficácia dos Direitos Fundamentais*, p. 93 e ss., bem como, mais recentemente, J. Freitas, *A Interpretação Sistemática do Direito*, 4ª ed., São Paulo: Malheiros, 2004, p. 211-12.

aberta adotada pela CF ("os direitos e garantias expressos nesta Constituição não excluem outros decorrentes do regime e dos princípios por ela adotados, ou dos tratados internacionais em que a República Federativa do Brasil seja parte"), seja pelo fato de que no artigo 7.º (já no capítulo dos direitos sociais) restou expressamente consignado que "são direitos dos trabalhadores urbanos e rurais, além de outros que visem à melhoria de sua condição social", igualmente apontando para a inclusão de outros direitos sociais, pelo menos no campo dos direitos dos trabalhadores. Sem prejuízo de outros argumentos que poderiam ser colacionados, o fato é que a doutrina brasileira amplamente majoritária, no que tem sido acompanhada pela própria jurisprudência, tem chancelado uma compreensão ampliativa e inclusiva de direitos fundamentais de qualquer dimensão ou geração.

Assim e por todo o exposto, recolhemos aqui a lição de Menelick de Carvalho Neto, naquilo em que bem lembra que o artigo 5.º, parágrafo 2º, da CF de 88 traduz a noção de que a Constituição se apresenta como a "moldura de um processo de permanente aquisição de novos direitos fundamentais".[20] Na mesma perspectiva e partindo da premissa de que os direitos fundamentais são variáveis no "espaço" e no "tempo", leciona Cristina Queiroz que a necessária abertura material do catálogo constitucional de direitos guarda conexão com a circunstância de que assim como inexiste um elenco exaustivo de possibilidades de tutela, também não existe um rol fechado de riscos para a pessoa humana e os direitos que lhe são inerentes,[21] de tal sorte que correta a afirmação de Rui Medeiros, no sentido de que "não há um *fim da história* em matéria de direitos fundamentais"[22].

---

[20] Cf. M. de Carvalho Neto, "A hermenêutica constitucional e os desafios postos aos direitos fundamentais", in: J.A. Sampaio (Org). *Jurisdição Constitucional e Direitos Fundamentais*, p. 154.

[21] Cf. C.M.M. Queiroz, *Direitos Fundamentais (Teoria Geral)*, p. 49. No mesmo sentido, v. também L. Tribe, *American Constitutional Law*, p. 34/5, averbando – mediante referência à famosa IX Emenda da Constituição dos EUA, que esta contém uma norma de interpretação, já que a omissão de uma previsão formal no texto constitucional não implica necessariamente a impossibilidade do reconhecimento de determinado direito fundamental, justamente em face da não-exaustividade do catálogo constitucional.

[22] Cf. R. Medeiros, "O estado de direitos fundamentais português: alcance, limites e desafios", in: Anuário Português de Direito Constitucional, 2002, p. 25.

Postas estas premissas, importa ainda relembrar que a partir da diretriz normativa do artigo 5.º, parágrafo 2º, da CF, é possível sustentar a existência tanto de direitos expressamente positivados em outras partes do texto constitucional (portanto, para além do Título II), quanto de direitos positivados em tratados internacionais ratificados pelo Brasil, que, portanto, passam a integrar o nosso bloco de constitucionalidade, sem que se vá aqui adentrar – a despeito de sua relevância e atualidade – a discussão a respeito da hierarquia normativa dos tratados de direitos humanos no âmbito da ordem jurídica nacional, objeto não apenas de uma importante e controversa reforma constitucional, mas também de uma recente guinada no âmbito da jurisprudência do Supremo Tribunal Federal brasileiro[23].

Além desses direitos expressamente positivados, doutrina e jurisprudência têm reconhecido direitos que podem ser designados como implí-

---

[23] Com efeito, por meio da Emenda Constitucional n.º 45, de Dezembro de 2004, foi inserido um terceiro parágrafo no artigo 5.º da Constituição de 1988, dispondo que os tratados internacionais de direitos humanos aprovados por maioria de três quintos, nas duas casas do Congresso Nacional (Câmara dos Deputados e Senado Federal) em dois turnos de votação, serão tidos como equivalentes às emendas constitucionais. Tal dispositivo teve a sua primeira aplicação concreta em 2008, quando por ocasião da incorporação ao direito interno brasileiro, da convenção internacionais para proteção das pessoas portadoras de necessidades especiais. Por outro lado, o Supremo Tribunal Federal, que, no Brasil, exerce a função similar a uma Corte Constitucional (de acordo com o artigo 102 da Constituição, ao Supremo Tribunal Federal "compete precipuamente a guarda da Constituição"), após uma longa tradição mais restritiva em relação aos tratados internacionais (para o Supremo os tratados, mesmo em matéria de direitos humanos e apesar do disposto no artigo 5.º, parágrafo 2º, da CF, tinham hierarquia equivalente às leis ordinárias), recentemente passou a reconhecer a hierarquia supra-legal dos tratados de direitos humanos, que, portanto, prevalecem em relação a qualquer norma legal interna, mas cedem em face da Constituição (cf. decisão no Recurso Extraordinário n.º 466.343/SP), decisão na qual, é interessante informar, foi considerada como constitucionalmente ilegítima a prisão civil do depositário infiel, por força de diploma legal anterior. É claro que no caso de tratados incorporados mediante o procedimento reforçado do parágrafo 3º do artigo 5.º da Constituição de 1988, a hierarquia será a de emenda constitucional, a prevalecer o atual entendimento da mais alta Corte brasileira, que não deixa de merecer críticas, visto que, além de chancelar um regime jurídico diferenciado entre os tratados de direitos humanos, acabou por lhes negar (pelo menos no que diz com a absoluta maioria dos tratados) a hierarquia constitucional, portanto, equivalente aos direitos fundamentais consagrados no texto da Constituição. Sobre o tema, v., com maior desenvolvimento, o nosso A Eficácia dos Direitos Fundamentais, item 4.3.4.3.

citos, no sentido de direitos (posições) fundamentais que se encontram subentendidos no sistema constitucional e que são sempre e neste sentido implicitamente positivados. De resto, quando no dispositivo ora comentado se afirma a existência de direitos decorrentes do regime e dos princípios adotados pela Constituição, evidentemente se está a chancelar a possibilidade também do reconhecimento de direitos e garantias implícitos. Que o princípio da dignidade da pessoa humana não é o único princípio (e critério) fundamental relevante neste contexto já decorre da própria formulação utilizada pela CF (que, no próprio artigo 5.º, parágrafo 2º, se refere genericamente aos direitos decorrentes *do regime e dos princípios!*), mas também está em sintonia com a idéia de que existem outros princípios fundamentais, que, embora guardem conexão (mais ou menos intensa!) com a dignidade da pessoa humana, possuem âmbito normativo autônomo.

Com efeito, sendo correta a premissa, já sustentada, de que os direitos fundamentais constituem – ainda que com intensidade variável – explicitações da dignidade da pessoa, por via de conseqüência e, ao menos em princípio (já que exceções são admissíveis, consoante já frisado), em cada direito fundamental se manifesta um conteúdo ou, pelo menos, alguma projeção da dignidade da pessoa.[24] Assim, há como endossar o pensamento de André Ramos Tavares quando – consideradas as ressalvas já feitas – sustenta a existência (em regra, importa acrescentar) de uma consubstancialidade parcial dos direitos fundamentais na dignidade da pessoa humana.[25]

Por outro lado, um dos principais problemas a serem discutidos neste contexto diz respeito justamente ao papel dos princípios na identificação de direitos e garantias fundamentais situados em outras partes da Constituição e na dedução de posições fundamentais implícitas com base nos princípios. Com efeito, se em relação aos direitos fundamentais prévia e expressamente reconhecidos como tendo este *status* (designada-

---

[24] Aqui vale colacionar a lição de D. Rousseau, Les libertés individuelles et la dignité de la personne, p. 70, ao referir que os direitos fundamentais adquirem vida e inteligência por meio da dignidade da pessoa, ao passo que esta não se realiza e torna efetiva se não pelos direitos fundamentais.

[25] Cf. A. R. Tavares, "Princípio da consubstancialidade parcial dos direitos fundamentais na dignidade do homem", in: Revista Brasileira de Direito Constitucional, n.º 4, jul./dez. 2004, p. 232 e ss.

mente os arrolados no Título II da CF, que justamente leva a epígrafe "dos direitos e garantias fundamentais") é possível partir da presunção de sua fundamentalidade em sentido material (e não meramente formal), o mesmo não é possível afirmar em relação a direitos situados em outras partes do texto constitucional. Com efeito, neste caso, não se pode prescindir de critérios indicativos da fundamentalidade em sentido material, que, por sua vez, carecem de fundamentação criteriosa e coerente. Também no caso do reconhecimento de posições fundamentais subjetivas (ou subjetiváveis) não expressamente agasalhadas no texto da Constituição, no caso, o que se convencionou designar de direitos fundamentais implícitos, os princípios fundamentais têm tido uma especial relevância. Que a dignidade da pessoa humana pontifica também neste contexto resulta evidente, embora seja menos evidente o modo pelo qual se tem dado este diálogo entre dignidade da pessoa humana e os demais princípios fundamentais. É justamente da função da dignidade da pessoa humana neste contexto (o da abertura material do catálogo de direitos fundamentais) que iremos nos ocupar mais detidamente no próximo segmento.

3. O princípio da dignidade da pessoa humana como critério material para a identificação e fundamentação de direitos fundamentais para além dos expressamente positivados pelo Constituinte

Sem que se vá aqui aprofundar todas as facetas da problemática, é nosso propósito nesta quadra, partindo da premissa de que a dignidade da pessoa humana assume uma função de inequívoca relevância no que diz com a justificação, tanto da fundamentalidade de direitos e garantias expressamente positivados no título próprio do texto constitucional, quanto na fundamentação de posições jusfundamentais implícitas (incluindo direitos e deveres), é possível afirmar que a circunstância de se estar em face de uma manifestação inequívoca da dignidade da pessoa humana (e de uma exigência concreta de sua proteção ou promoção) constitui indicativo seguro da fundamentalidade das correspondentes posições jurídicas.

Todavia, em se levando em conta que, com algum esforço argumentativo – de modo especial em face do elevado grau de indeterminação e cunho polissêmico do princípio (e da própria noção) de dignidade da pessoa – praticamente tudo o que consta no texto constitucional pode –

ao menos de forma indireta – ser reconduzido ao valor da dignidade da pessoa, convém alertar que não é, à evidência, neste sentido que este princípio fundamental deverá ser manejado na condição de elemento integrante de uma concepção material de direitos fundamentais, pois, se assim fosse, toda e qualquer posição jurídica estranha ao catálogo poderia (em face de um suposto conteúdo de dignidade da pessoa humana), seguindo a mesma linha de raciocínio, ser guindada à condição de materialmente fundamental. Aplica-se aqui a concepção subjacente ao pensamento de Laurence Tribe e Michael Dorf, no sentido de que a dignidade (assim como a Constituição) não deve ser tratada como um espelho no qual todos vêem o que desejam ver,[26] pena de a própria noção de dignidade e sua força normativa correr o risco de ser banalizada e esvaziada.[27]

---

[26] Cf. L. H. Tribe e M. G. Dorf, On Reading the Constitution, p. 7, indagando se a Constituição é simplesmente um espelho no qual cada um enxerga o que deseja ver (Is the Constitution simply a mirror in which one sees what one wants to see?).

[27] Convém, quanto a este ponto, tomar a sério a advertência de P. Häberle, Menschenwürde als Grundlage..., p. 823, recomendando um uso não inflacionário da dignidade e repudiando a utilização da dignidade de modo panfletário e como fórmula vazia de conteúdo. Neste sentido, por mais que se possa afirmar que, em matéria de dignidade e direitos fundamentais, seja melhor pecar pelo excesso, não há como desconsiderar o fato de que o recurso exagerado e sem qualquer fundamentação racional à dignidade – tal como vez por outra ocorre – efetivamente pode acabar por contribuir para a erosão da própria noção de dignidade como valor fundamentalíssimo da nossa ordem jurídica. Aqui poderiam ser enquadradas, apenas em caráter exemplificativo e respeitando a nobre intenção dos prolatores da decisão – alguns julgados ampliando em demasia o significado da dignidade da pessoa humana, para afastar a impenhorabilidade de alguns bens, como no caso dos aparelhos de televisão, telefones, salvo, é claro, circunstâncias especialíssimas impostas pelo caso concreto. Pelo menos sujeito a controvérsias é o entendimento, sustentado pela 1ª Turma Cível do Tribunal de Justiça do DF (Brasília), no Julgamento da Apelação Cível n.º 51.159-99, em Acórdão relatado pelo Des. Valter Xavier, afirmando que a cobrança de juros acima do limite constitucional de 12% ao ano constitui prática ofensiva à dignidade da pessoa humana, notadamente em se generalizando a afirmação. É claro que a prática da usura, em determinado nível, notadamente quando assume cunho extorsivo, poderá, dadas as circunstâncias do caso, configurar ofensa à dignidade. Da mesma forma, não se pretende afastar a viabilidade do argumento de que uma legislação permissiva de juros abusivos, possa acarretar situações incompatíveis com as exigências da dignidade. Todavia, acreditamos que se possa questionar a tese de que a simples cobrança de juros acima do limite constitucional seja, em princípio, ofensiva à dignidade, especialmente para o efeito de demonstrar um possível uso inflacionário da dignidade.

Com efeito, não é à toa que, a partir da observação das hipóteses em que violações da dignidade foram esgrimidas na esfera judicial, se chegou a afirmar que quanto mais elevado o valor que tem sido atribuído à dignidade, mais triviais os objetivos para os quais tem sido invocada.[28] Assim, resulta evidente (também neste contexto) que nem mesmo em nome da dignidade, se pode dizer (ou fazer) qualquer coisa.[29]

Assim, o fato é que – e ousamos enfatizar exaustivamente – sempre que se puder detectar, mesmo para além de outros critérios que possam incidir na espécie, estamos diante de uma posição jurídica diretamente embasada e relacionada (no sentido de essencial à sua proteção e promoção) à dignidade da pessoa, inequivocamente estaremos diante de uma norma de direito fundamental, sem desconsiderar a evidência de que tal tarefa não prescinde do acurado exame de cada caso.

Muito embora não se possa falar de um limite previamente definido no que diz com a identificação de direitos fundamentais implícitos ou positivados em outras partes da Constituição, também é correto afirmar que tal atividade reclama a devida cautela por parte do intérprete (já que de atividade hermenêutica se cuida), notadamente pelo fato de estar-se ampliando o elenco de direitos fundamentais da Constituição com as conseqüências práticas a serem extraídas, não se devendo, ademais, desconsiderar o risco – a exemplo do que já foi referido com relação à própria dignidade – de uma eventual desvalorização dos direitos fundamentais, já apontada por parte da doutrina.[30]

---

[28] Cf. G. Frankenberg, Autorität und Integration, p. 272-3, referindo exemplos da vida forense alemã, como ocorreu com uma demanda intentada por um grupo de Juízes contra alterações introduzidas no âmbito da denominação de certos cargos e funções, ou mesmo de advogados que – inexitosos assim como os seus colegas magistrados – sustentaram a tese da inconstitucionalidade da obrigação de usar a toga, por ofensiva à sua dignidade. Outro caso colacionado pelo autor foi o do cidadão que processou a empresa telefônica pelo fato de que a conta – em função do software do processador de texto – escrevia, em "evidente" violação da dignidade, a letra "ö" como "oe".

[29] Reportamo-nos aqui, embora o autor não tenha feito referência específica a qualquer princípio, ao magistério de L. L. Streck, Hermenêutica Jurídica e(m) Crise, p. naquilo que bem aponta para os limites da interpretação, p. 310 e ss., designadamente para o fato de que mesmo em sendo a norma o produto da atribuição de sentido a um texto, isto não significa que o intérprete esteja autorizado a "dizer qualquer coisa sobre qualquer coisa".

[30] Referindo uma tendência para a panjusfundamentalização, no âmbito de uma inflação no campo do reconhecimento de novos direitos fundamentais, advertindo, neste

Para além de servir de critério de justificação da fundamentalidade material de direitos positivados ao longo do texto constitucional e de reconhecimento de direitos implícitos (no sentido de subentendidos nos já expressamente consagrados), resta a indagação se do princípio da dignidade da pessoa – sem qualquer outro referencial adicional – poderão ser deduzidos direitos fundamentais autônomos, ao que temos respondido afirmativamente.[31] Com efeito, ainda que nos tenhamos posicionado no sentido da inexistência de um direito fundamental propriamente dito à dignidade (mas sim, à sua proteção e promoção), nada impede – em que pesem as respeitáveis posições em sentido contrário[32] – que do princípio da dignidade da pessoa humana sejam deduzidas – mesmo sem qualquer referência direta a outro direito fundamental (o que não significa que a conexão com outro (s) direito (s) não exista!) – posições jurídico-subjetivas fundamentais.

Mesmo assim, não há como desconsiderar a circunstância de que, justamente pelo fato de serem os direitos fundamentais, ao menos em regra, exigências e concretizações em maior ou menor grau da dignidade da pessoa, a expressiva maioria dos autores e especialmente das decisões judiciais acaba por referir a dignidade da pessoa não como fundamento isolado, mas vinculado à determinada norma de direito fundamental. Não é, portanto, sem razão que juristas do porte de um Ernst Benda chegaram a afirmar que os direitos e garantias fundamentais constituem garantias específicas da dignidade da pessoa humana, da qual são – em certo sentido – mero desdobramento.[33]

---

contexto, para os riscos de uma banalização, v. o contributo de J. Casalta Nabais, Algumas Reflexões Críticas sobre os Direitos Fundamentais, in: AB VNO AD OMNES – 75 anos da Coimbra Editora, p. 980 e ss. Neste sentido, também aponta J. Rawls, O Liberalismo Político, p. 350, sustentando a necessidade de limitar-se "as liberdades àquelas que são verdadeiramente essenciais", pena de correr-se o risco de uma fragilização da proteção das liberdades mais relevantes.

[31] Cf. o nosso A Eficácia dos Direitos Fundamentais, p. 109.

[32] Questionando a possibilidade da dedução direta de direitos subjetivos do princípio da dignidade da pessoa humana, encontramos, dentre outros, a lição de W. Brugger, Menschenwürde, Menschenrechte, Grundrechte, p. 19 e ss., consignando-se não ser esta a posição majoritária da doutrina e da jurisprudência alemãs, que, de modo geral, sustenta a dupla dimensão da dignidade da pessoa humana como princípio e direito fundamental.

[33] Cf. E. Benda, Menschenwürde und Persönlichkeitsrecht, in: Benda/Maihofer/Vogel (Org), Handbuch des Verfassungsrechts, vol. I, p. 166. Também este parece ser o entendimento, na doutrina francesa, de D. Rousseau, Les libertés individuelles et la

Nesta linha de raciocínio, sustenta-se que o princípio da dignidade da pessoa humana, em relação aos direitos fundamentais, pode assumir, mas apenas em certo sentido, a feição de *lex generalis*, já que, sendo suficiente o recurso a determinado direito fundamental (por sua vez já impregnado de dignidade), inexiste, em princípio, razão para invocar-se autonomamente a dignidade da pessoa humana, que, no entanto, não pode ser considerada como sendo de aplicação meramente subsidiária, até mesmo pelo fato de que uma agressão a determinado direito fundamental simultaneamente poderá constituir ofensa ao seu conteúdo em dignidade.[34] A relação entre a dignidade da pessoa humana e as demais normas de direitos fundamentais não pode, portanto, ser corretamente qualificada como sendo, num sentido técnico-jurídico, de cunho subsidiário, mas sim, caracterizada por uma substancial fundamentalidade que a dignidade assume em face dos demais direitos fundamentais.[35] É neste contexto que se poderá afirmar, na esteira de Geddert-Steinacher, que a relação entre a dignidade e os direitos fundamentais é uma relação *sui generis*, visto que a dignidade da pessoa assume simultaneamente a função de elemento e medida dos direitos fundamentais, de tal sorte que, em regra, uma violação de um direito fundamental estará vinculada com uma ofensa à dignidade da pessoa.[36]

Tal constatação não afasta, em princípio, a conveniência de que – justamente em função do alto grau de abstração e indeterminação que caracteriza especialmente o princípio da dignidade da pessoa humana, constituindo os direitos e garantias fundamentais concretizações daquele – diante de um caso concreto, busque-se inicialmente sondar a existência de uma ofensa a determinado direito fundamental em espécie, não apenas pelo fato de tal caminho se mostrar o mais simples, mas acima de tudo

---

dignité de la personne, p. 70, ao sustentar que a dignidade, como realidade jurídica concreta, não existe a não ser por meio de sua realização por cada um dos direitos fundamentais.

[34] Neste sentido, a lição de Höfling, in: M. Sachs (Org), Grundgesetz, p. 119.

[35] Cf. a oportuna referência de H. Dreier, Art. 1 I GG, in: H. Dreier (Org), Grundgesetz Kommentar, p. 127

[36] Cf. T. Geddert-Steinacher, Menschenwürde als Verfassungsbegriff, p. 166, destacando, ainda, que a dignidade da pessoa humana, na condição de princípio jurídico fundamental, atua – como já referido alhures – como princípio regulativo da interpretação constitucional.

pela redução da margem de arbítrio do intérprete, tendo em conta que em se tratando de um direito fundamental como tal consagrado pelo Constituinte, este já tomou uma decisão prévia – vinculativa para todos os agentes estatais e particulares – em prol da explicitação do conteúdo do princípio da dignidade da pessoa naquela dimensão específica e da respectiva necessidade de sua proteção, seja na condição de direitos de defesa, seja pela admissão de direitos a prestações fáticas ou normativas. Isto, contudo, não significa que uma eventual ofensa a determinado direito fundamental não possa constituir também, simultaneamente, violação do âmbito de proteção da dignidade da pessoa humana, de modo que esta poderá sempre servir de fundamento autônomo para o reconhecimento de um direito subjetivo, neste caso, de cunho negativo.[37]

Por sua vez, vale frisar, nada impede (antes pelo contrário, tudo impõe) que se busque, com fundamento direto na dignidade da pessoa humana, a proteção – mediante o reconhecimento de posições jurídico-subjetivas fundamentais – da dignidade contra novas ofensas e ameaças, em princípio não alcançadas, pelo menos não expressamente, pelo âmbito de proteção dos direitos fundamentais já consagrados no texto da Constituição.[38]

Neste contexto, embora estejamos a tratar aqui mais especificamente de uma diretriz a respeito da titularidade dos direitos fundamentais em geral, há como sustentar, com fundamento na própria dignidade da pessoa humana, a existência de um direito fundamental de ser titular dos direitos fundamentais que assegurem e promovam justamente a sua condição de pessoa (com dignidade) no âmbito de uma determinada comunidade.[39] Aproxima-se desta noção – embora com ela evidentemente não

---

[37] Vale frisar aqui que o âmbito de proteção da dignidade da pessoa não se encontra coberto de modo igual e isento de lacunas, já que a dignidade possui, consoante já destacado, uma normatividade autônoma. Neste sentido, v. Udo Di Fabio, Der Schutz der Menschenwürde durch Allgemeine Programmgrundsätze, p. 38.

[38] Peter Häberle, Die Menschenwürde als Grundlage..., p. 844, nos lembra, neste contexto, que o desenvolvimento pretoriano ou mesmo a nova formulação textual de direitos fundamentais específicos pode ser vista como uma atualização do postulado básico da proteção da dignidade da pessoa humana em face de novas ameaças.

[39] É nesta linha que parece situar-se o entendimento de C. Enders, Die Menschenwürde in der Verfassungsordnung, p. 501 e ss., vislumbrando na dignidade da pessoa humana um direito a ser titular de direitos.

se confunda – o assim denominado princípio da universalidade dos direitos fundamentais,[40] que, nada obstante não consagrado expressamente pela CF, e a despeito da redação do *caput* do artigo 5.º do mesmo texto constitucional (atribuindo aos brasileiros e estrangeiros residentes do país) a titularidade dos direitos fundamentais, reclama, todavia – como já tem decidido por várias vezes o Supremo Tribunal Federal Brasileiro[41] – uma exegese de cunho extensivo, justamente em homenagem ao princípio da dignidade da pessoa humana, no sentido de que pelo menos os direitos e garantias fundamentais diretamente fundados na dignidade da pessoa podem e devem ser reconhecidos a todos, independentemente de sua nacionalidade, excepcionando-se, à evidência, aqueles direitos cuja titularidade depende de circunstâncias específicas e que, de regra, nem mesmo todos os nacionais de um determinado Estado podem exercer,[42] como ocorre especialmente com os direitos políticos (ativos e passivos) ou mesmo com os direitos dos trabalhadores.[43]

---

[40] Sobre o princípio da universalidade dos direitos fundamentais v., entre outros, J. J. Gomes Canotilho, Direito Constitucional e Teoria da Constituição, p. 390 e ss., afirmando que os direitos fundamentais, em regra, são também direitos humanos, no sentido de que não são apenas direitos dos cidadãos portugueses, a não ser quando a própria ordem constitucional estabeleça (ou autorize expressamente o legislador para tanto) algumas exceções. Entre nós, v. o recente contributo de A. C. Nunes, A Titularidade dos Direitos Fundamentais na Constituição Federal de 1988, Porto Alegre: Livraria do Advogado, 2007.

[41] Vale lembrar aqui, a título ilustrativo, o Acórdão proferido no processo de extradição n.º 633/CH, tendo como Relator o Ministro Celso de Mello (publicado no dia 06.04.2001), onde restou consignado que "O fato de o estrangeiro ostentar a condição jurídica de extraditando não basta para reduzi-lo a um estado de submissão incompatível com a essencial dignidade que lhe é inerente como pessoa humana e que lhe confere a titularidade de direitos fundamentais inalienáveis, dentre os quais avulta, por sua insuperável importância, a garantia do due process of law".

[42] Neste contexto, J. Miranda, Manual..., vol. IV, p. 217, reconhecendo o princípio da universalidade no direito constitucional português, averba que "todavia, há direitos que não são de todas as pessoas, mas apenas de algumas categorias, demarcadas em razão de factores diversos, sejam permanentes, sejam relativos a certas situações...".

[43] Aqui, em verdade – assim como na já citada decisão do Supremo Tribunal Federal versando sobre a extradição – também se cuida de um exemplo de aplicação da máxima na dúvida em prol da dignidade, e, nesta quadra, da interpretação das próprias normas constitucionais à luz do princípio da dignidade da pessoa humana, notadamente quando se cuida de ampliar proteção e âmbito de aplicação dos direitos fundamentais. Nesta linha, situa-se decisão do Tribunal Constitucional da Espanha (STC 95/2000, de

Em sintonia com esta perspectiva, de uma tutela abrangente da pessoa humana, merecem destaque também os assim designados direitos de personalidade. Neste contexto, vale citar a lição de Paulo Mota Pinto, no sentido de que da "garantia da dignidade humana decorre, desde logo, como verdadeiro imperativo axiológico de toda a ordem jurídica, o reconhecimento de personalidade jurídica a todos os seres humanos, acompanhado da previsão de instrumentos jurídicos (nomeadamente, direitos subjetivos) destinados à defesa das refracções essenciais da personalidade humana, bem como a necessidade de protecção desses direitos por parte do Estado".[44] Assim, na formulação do mesmo autor, "a afirmação da liberdade de desenvolvimento da personalidade humana e o imperativo de promoção das condições possibilitadoras desse livre desenvolvimento constituem já corolários do reconhecimento da dignidade da pessoa humana como valor no qual se baseia o Estado".[45] Aliás, é precipuamente com fundamento no reconhecimento da dignidade da pessoa por nossa Constituição, que se poderá admitir, também no Brasil e apesar da omissão da CF neste particular, a consagração – ainda que de modo implícito – de um direito ao livre desenvolvimento da personalidade,[46] que, por sua

---

10.04.2000), que, na esteira de precedentes do próprio Tribunal, reafirmou o entendimento de que os estrangeiros gozam (na Espanha), em condições plenamente equiparáveis aos espanhóis, daqueles direitos que pertencem à pessoa como tal e que resultam imprescindíveis para a garantia da dignidade da pessoa humana ("los extranjeros gozan en nuestro país, en condiciones plenamente equiparables a los españoles, de aquellos derechos que pertenecen a la persona en cuanto tal y que resultan imprescindibles para la garantia de la dignidad humana"). Tal entendimento, recentemente reiterado (ainda na Espanha) na Sentença n.º 95/2003, onde restou reconhecida a extensão do direito à justiça gratuita também para os estrangeiros, por seu turno, parece expressar a tendência majoritária da doutrina e da jurisprudência no Direito Comparado, também por influência da internalização dos tratados internacionais em matéria de direitos humanos, do que dá conta, por exemplo, o Acórdão n.º 208/04, de 24.03.04, do Tribunal Constitucional de Portugal, onde – com base na dignidade da pessoa humana – foi outorgada a dispensa da taxa judiciária para cidadã brasileira que pretendia propor ação trabalhista. Relativamente a este ponto, importa, ainda, consignar que a extenção da assistência judiciária gratuita a qualquer pessoa (pelo menos em princípio) resulta da necessidade de se assegurar, a qualquer pessoa – para além de um direito a ter direitos – o direito a direitos fundamentais efetivos, notadamente no concernente aos direitos diretamente ancorados na dignidade da pessoa.

[44] Cf. P. Mota Pinto, O Direito ao livre desenvolvimento da personalidade, p. 151.
[45] P. Mota Pinto, idem., p. 152.
[46] No direito brasileiro, com referência expressa – entre outros preceitos constitucionais – ao princípio da dignidade da pessoa humana, G. Tepedino, Temas de Direito

vez, serve de fundamento à exegese ampliativa do artigo 11 e seguintes do Código Civil Brasileiro, no sentido de que também o elenco dos direitos de personalidade não é taxativo, no sentido de um *numerus clausus*[47].

Para além do já referido reconhecimento de um direito geral ao livre desenvolvimento da personalidade, diretamente deduzido do princípio da dignidade da pessoa humana, bem como para citar outro exemplo vinculado à proteção da pessoa humana, em virtude de sua dignidade, vale destacar, pela sua atualidade e relevância, o direito (de personalidade) da pessoa à proteção contra eventuais excessos cometidos em sede de manipulações genéticas, inclusive no que diz com a fundamentação de um (novo?) direito à identidade genética da pessoa humana,[48] ainda não

---

Civil, especialmente p. 48-49, sustenta, com inteira razão, a existência de uma "cláusula geral de tutela e promoção da pessoa humana."

[47] A respeito dos direitos de personalidade e do fato de não representarem uma rol taxativo, v., ainda, dentre tantos, C. Ari Mello, "Contribuição para uma teoria híbrida dos direitos de personalidade" e F. S. de Andrade, "Considerações sobre a tutela dos direitos de personalidade no Código Civil de 2002", ambos in: I.W. Sarlet (Org), O Novo Código Civil e a Constituição, 2ª ed., Porto Alegre: Livraria do Advogado, 2006, p. 69 a 100 e 101 a 118.

[48] Vale registrar aqui a lição de J. C. Gonçalves Loureiro, O Direito à Identidade Genética do Ser Humano, especialmente p. 351 e ss., nada obstante admitindo outras possibilidades de fundamentação de um direito à identidade genética. M. Koppernock, Das Grundrecht auf bioethische Selbstbestimmung, 1997, por sua vez, fala em um direito fundamental à autodeterminação bioética, diretamente fundado no princípio da dignidade da pessoa humana e o direito ao livre desenvolvimento da personalidade (este, por sua vez, também expressão da dignidade). Especificamente sobre as relações entre o genoma humano, a dignidade aos direitos fundamentais, v., ainda, dentre tantos que já se ocuparam do tema no âmbito da doutrina francesa, B. Mathieu Génome Humaine et Droits Fondamenteaux, Paris, Economica, 2000. Também em língua portuguesa, indispensável o contributo de P. Otero, Personalidade e Identidade Pessoal e Genética do Ser Humano, Coimbra: Almedina, 1999. Para além disso, bem lembrando a necessidade de evitar uma "biologização" da pessoa humana, no contexto das ameaças acarretadas pelo uso das novas tecnologias, v. P. Pedrot, La dignité de la personne humaine a l'épreuve des technologies biomédicales, in: P. Pedrot (Dir), Éthique, Droit et Dignité de la Personne, p. 62. Entre nós, explorando com maestria a prespectiva jurídico-penal, v., por todos, P. V. S. Souza, Bem Jurídico Penal e Engenharia Genética Humana, São Paulo: RT, 2004 e, por último,a relevante contribuição de S. R. Petterle, O Direito Fundamental às Identidade Genética na Constituição Brasileira, Porto Alegre: Livraria do Advogado, 2007.Por último, no direito brasileiro, v. I.W. Sarlet e G.S. Leite (Org), Direitos Fundamentais e Biotecnologia, São Paulo: Método, 2008.

contemplado como tal (ao menos não expressa e diretamente) no direito constitucional positivo brasileiro.[49] Também um direito à identidade pessoal (neste caso não estritamente referido à identidade genética e sua proteção, no caso, contra intervenções no genoma humano) tem sido deduzido do princípio da dignidade da pessoa humana, abrangendo inclusive o direito ao conhecimento, por parte da pessoa, da identidade de seus genitores.[50] Nesta mesma senda, reportando-se expressamente à conexão entre a dignidade da pessoa humana e o princípio da igualdade, já assume ares de consenso, também na ordem jurídica brasileira, o reconhecimento de um direito à livre orientação sexual, do que dá conta, em caráter meramente ilustrativo, a proteção jurídica das uniões entre pessoas do mesmo sexo e todas as conseqüências que a doutrina e jurisprudência daí já vêm extraindo.[51]

---

[49] Cumpre registrar aqui a previsão expressa feita pela CF (art. 225, § 1º, inciso II, da Constituição) no sentido de impor ao poder público a tarefa de "preservar a diversidade e a integridade do patrimônio genético do País e fiscalizar as entidades dedicadas à pesquisa e manipulação de material genético." Assim, não obstante – tal como frisado – não haja referência direta a um direito à identidade genética no direito constitucional positivo brasileiro, certo é que a expressão patrimônio genético (apesar de se cuidar de norma versando sobre a proteção do meio ambiente) pode ser lida como abrangendo o genoma humano, de tal sorte que nos parece legítimo concluir que, a partir de uma exegese sistemática, que leve em conta tanto o preceito ora ventilado, quanto o princípio da dignidade da pessoa humana, também no direito pátrio há como reconhecer a existência de um direito à identidade genética da pessoa humana. Da mesma forma, em existindo tratado internacional ratificado pelo Brasil reconhecendo tal direito, este – muito embora o entendimento majoritário em sentido contrário do nosso Supremo Tribunal Federal – forte no artigo 5.º, § 2º, da Constituição de 1988, passaria – de acordo com a doutrina mais afinada com a evolução internacional – a ter hierarquia constitucional, aspecto que, embora controverso, não pode ser aqui simplesmente desconsiderado.

[50] Sobre o tema, v., no Brasil, o recente estudo de M.C. de Almeida, DNA e Estado de Filiação à Luz da Dignidade Humana, especialmente p. 117 e ss., mediante uma fundamentação calcada não apenas nas experiências paradigmáticas do direito comparado, mas fundada justamente na abertura material do catálogo de direitos fundamentais e no princípio da dignidade da pessoa humana, tal qual consagrados na ordem constitucional brasileira.

[51] Sem que se vá adentrar aqui a discussão em torno da qualificação da união entre pessoas do mesmo sexo como equivalente a união estável reconhecida e protegida no artigo 226, § 3º, da Constituição de 1988 (o que, por sua vez, nos remete ao problema da possibilidade de se admitir a existência de normas constitucionais originárias inconstitucionais), assume relevo, também neste contexto, que a dignidade da pessoa humana – de modo autônomo ou conexionado com outros direitos fundamentais – tem

Também os assim denominados direitos sociais, econômicos e culturais, seja na condição de direitos de defesa (negativos), seja na sua dimensão prestacional (atuando como direitos positivos), constituem exigência e concretização da dignidade da pessoa humana, de tal sorte que também nesta esfera é possível identificar exemplos de direitos fundamentais específicos não direta e expressamente positivados. Considerando que uma das tarefas elementares do Estado Democrático de Direito é a proteção da pessoa contra as necessidades de ordem material,[52] no contexto da garantia de uma existência com dignidade[53] (que, de resto,

---

servido de suporte para o reconhecimento de direitos fundamentais implícitos, o que tem, pelo menos nesta seara, alcançado expressiva aceitação pela jurisprudência e doutrina. A respeito do tema, reportamo-nos, entre tantos, aos contributos (e aqui vão colacionadas duas das monografias referenciais sobre o tema) de L. A. D. Araújo, A Proteção Constitucional do Transexual, São Paulo: Saraiva, 2000, R. R. Rios, A homossexualidade no Direito, Porto Alegre: Livraria do Advogado, 2001 e M. B. Dias, União Homossexual. O Preconceito & a Justiça, 2ª ed., Porto Alegre: Livraria do Advogado, 2001, onde, de resto, também se encontram elementos a respeito da controvérsia apontada, no caso, da possibilidade de se considerar a união homossexual como união estável.

[52] Esta a senda privilegiada, entre outros, por A. C. Wolkmer, "Direitos Políticos, Cidadania e Teoria das Necessidades", in: Revista de Informação Legislativa n.º 122 (1994), p. 278 e ss., assim como por J. T. Alfonsin, O acesso à terra como conteúdo de direitos humanos fundamentais à alimentação e à moradia, especialmente p. 19-65.

[53] Cf., dentre outros, Höfling, in: M. Sachs (Org) Grundgesetz, p. 109-10, assim como Maunz-Zippelius, Deutsches Staatsrecht, p. 182. Na França, a íntima ligação entre os direitos sociais e a dignidade da pessoa encontra-se referida por M. L. Pavia, Le principe de dignité..., p. 109-10, valendo-se do exemplo de um direito fundamental à moradia, recentemente guindado a objetivo constitucional pelo Conselho Constitucional, e tido, pela Corte de Apelação de Paris, como direito fundamental e objetivo de valor constitucional, em decisão na qual, no confronto entre o direito de propriedade, acabou deferindo aos ocupantes de um conjunto residencial, uma permanência mais prolongada nos imóveis. Também na Bélgica, sustenta-se que o direito a uma existência com dignidade implica o reconhecimento de um direito aos meios de subsistência mínimos, especialmente no que diz com o direito à assistência social. Neste sentido, v. F. Delpérée, O Direito à Dignidade Humana, p. 156 e ss. Assim também J. Miranda, Manual..., vol. IV, p. 186 (ao menos é o que se infere da referência a diversos direitos sociais), aqui representando o que hoje corresponde, ainda que com alguma variação no que diz com o conteúdo e fundamento do mínimo existencial, a doutrina e jurisprudência portuguesa dominantes. Entre nós, v, por todos, R. L. Torres, o Direito ao Mínimo Existencial, Rio de Janeiro: Renovar, 2008, mapeando e analisando a doutrina e jurisprudência brasileira, mas com expressivo diálogo com o direito estrangeiro. Registre-se, neste contexto, que mesmo antes da introdução de um direito social à moradia no artigo 6.º da Constituição

assume também a condição de fim da ordem constitucional econômica, tal como dispõe o artigo 170 da CF) tem sido advogado o reconhecimento de um direito fundamental a um mínimo existencial, compreendido aqui não como um conjunto de prestações suficientes apenas para assegurar meramente a existência (a garantia da vida) humana em si (aqui seria o caso de um mínimo apenas vital), mas sim, de uma vida com dignidade, no sentido de uma vida saudável.[54] Tal concepção, de resto, encontra ressonância mesmo em pensadores de inspiração liberal, como é o caso – entre outros – do norte-americano Cass Sunstein, para quem um direito a garantias sociais e econômicas mínimas pode ser justificado, não apenas com base no argumento de que pessoas que vivem em condições desesperadoras não vivem uma vida boa, mas, também, a partir da

---

de 1998, já havia diversas decisões reconhecendo, por exemplo, a íntima vinculação da habitação com a dignidade da pessoa humana. No que diz com a vinculação dos direitos sociais com a dignidade da pessoa humana, vale referir (embora em caráter meramente exemplificativo), no que diz com a posição dos Tribunais brasileiros, a ementa do Acórdão proferido em 19.08.99 pelo Superior Tribunal de Justiça no Resp. n.º 213422, tendo como Relator o Ministro José Delgado, concepção que tem sido objeto de reiterada chancela pelo mesmo Tribunal, como dá conta, entre outros tantos, o Acórdão proferido nos Eresp. n.º 182223 (DJ 07.04.2003), relatado pelo Ministro Sálvio de Figueiredo Teixeira, onde restou decidido que a finalidade da Lei n.º 8.009/90 não se limita à proteção da família (no caso, cuidava-se de examinar a abrangência da proteção outorgada pela legislação referida ao bem de família), mas destina-se a resguardar a proteção do direito fundamental à moradia de qualquer pessoa humana, portanto, também do celibatário. Ao longo dos anos, o mínimo existencial passou a ser reconhecido em larga escala, especialmente em ações envolvendo o direito à saúde e o direito à educação.

[54] Para maiores referências e desenvolvimentos v. o nosso A Eficácia dos Direitos Fundamentais, p. 329 e ss. E, de modo especial, o nosso conceito de dignidade da pessoa humana formulado na obra Dignidade da Pessoa Humana e Direitos Fundamentais na Constituição Federal de 1988, p. 63, de acordo com o qual a dignidade da pessoa humana consiste na "qualidade intrínseca e distintiva reconhecida em cada ser humana que o faz merecedor do mesmo respeito e consideração por parte do Estado e da comunidade, implicando, neste sentido, um complexo de direitos e deveres fundamentais que assegurem a pessoa tanto contra todo e qualquer ato de cunho degradante e desumano, como venham a lhe garantir as condições existenciais mínimas para uma vida saudável, além de propiciar e promover sua participação ativa e co-responsável nos destinos da própria existência e da vida em comunhão com os demais seres humanos." Note-se, ainda, que o critério para definição do conceito indeterminado vida saudável é o conceito de saúde adotado pela OMS, no sentido da garantia de um completo bem-estar físico, mental e social, evitando assim a redução a um mínimo meramente vital ou mínimo existencial fisiológico.

premissa de que um regime genuinamente democrático pressupõe uma certa independência e segurança para cada pessoa,[55] o que, de certo modo, harmoniza com a noção de um mínimo existencial para uma vida com dignidade e um conjunto de direitos a prestações indispensáveis para a garantia deste mínimo,[56] sem prejuízo da dimensão negativa (defensiva) do mínimo existencial, inclusive no que diz com uma proteção contra o retrocesso.[57] Que a garantia do mínimo existencial se projeta também em outros direitos fundamentais,[58] e, além disso, exerce importante função na condição simultânea de limite (visto que pode justificar restrições a outros direitos em conflito) e limite dos limites a restrições de direitos fundamentais, não será aqui objeto de desenvolvimento.[59]

Já num outro plano – embora revelando direta conexão com a temática ora versada – situa-se o problema da extensão da abertura material

---

[55] Cf. Cass Sunstein, Designing Democracy, p. 235.

[56] A respeito do mínimo existencial, ainda que com variações significativas sobre sua fundamentação e conteúdo, v., no âmbito da doutrina brasileira e dentre tantos que já se tem dedicado ao tema, o nosso A Eficácia dos Direitos Fundamentais, especialmente p. 330 e ss., mas com particular destaque para as lições de R. L. Torres, inicialmente em seu pioneiro estudo "O Mínimo Existencial e os Direitos Fundamentais", in: Revista de Direito Administrativo n.º 177 (1989), p. 20 e ss., no seu ensaio sobre "A Metamorfose dos Direitos Sociais em Mínimo Existencial", in: I.W. Sarlet (Org), Direitos Fundamentais Sociais: estudos de direito constitucional, internacional e comparado, p. 1 e ss., mas acima de tudo na obra O Direito ao Mínimo Existencial, Rio de Janeiro: Renovar, 2008. Dentre a doutrina brasileira, reportamo-nos, ainda e entre outros, aos estudos de A.P. de Barcellos, A Eficácia Jurídica dos Princípios Constitucionais: o princípio da dignidade da pessoa humana, Rio de Janeiro: Renovar, 2002 e P. G. C. Leivas, Teoria dos Direitos Fundamentais Sociais, Porto Alegre: Livraria do Advogado, 2006.

[57] A respeito da proteção contra o retrocesso e sua vinculação com o mínimo existencial e a dignidade da pessoa humana, v. o nosso A Eficácia dos Direitos Fundamentais, p. 442 e ss.

[58] Bastaria aqui apontar o exemplo do próprio de direito de propriedade, naquilo que cumpre uma função existencial (como meio de subsistência, moradia, etc.) e passa a ser blindado contra uma supressão ou outras formas de violação. Sobre este ponto, v. a paradigmática tese de L.E. Fachin, Estatuto Jurídico do Patrimônio Mínimo, Rio de Janeiro: Renovar, 2001.

Aqui remetemos ao nosso Dignidade da Pessoa Humana, p. 121 e ss. No direito lusitano, sobre este ponto, v., por último, J.M. Alexandrino, Perfil constitucional da dignidade da pessoa humana: um esboço traçado a partir da variedade de concepções, in: Estudos em Honra do Professor Doutor José de Oliveira Ascensão, vol. I, Coimbra: Almedina, 2008, p. 509-11.

dos direitos fundamentais para direitos de matriz legal, porquanto expressamente reconhecidos pelo legislador infraconstitucional. É o que ocorre, por exemplo, com alguns direitos de personalidade consagrados no atual Código Civil Brasileiro e não diretamente positivados na CF, bem como com o direito à prestação alimentícia, igualmente chancelado na legislação infraconstitucional material e processual, mas sem fundamento direto e expresso no texto constitucional vigente, salvo, por exemplo, de modo indireto, como quando se estabeleceu a possibilidade da prisão civil do devedor de alimentos. Quanto a este ponto, se é verdade que a CF não agasalhou dispositivo idêntico ao previsto na Constituição da República Portuguesa, onde, no artigo 16/1,[60] foi, como já apontado, igualmente consagrada a noção de abertura material do catálogo constitucional de direitos fundamentais,[61] abertura esta que não se reduz à cláusula constitucional específica que a consagra, o que vale particularmente para os casos brasileiro e português[62]. Contudo, se mesmo em Portugal, onde houve previsão expressa a respeito, a existência de direitos (materialmente) fundamentais nos textos legais é controversa[63], no caso do Brasil, ante a ausência de previsão constitucional expressa, a fundamentação de direitos fundamentais com base em leis é anda mais difícil. Assim, é preciso que se compreenda – o que resulta particularmente evidente no caso dos direitos de personalidade e do próprio direito aos alimentos – que, em verdade, não estamos em face de direitos fundados diretamente na lei,

---

[60] "os direitos fundamentais consagrados na Constituição não excluem quaisquer outros constantes das leis e das regras aplicáveis de direito internacional"

[61] Importa consignar, neste contexto, que a abertura material a outros direitos fundamentais também foi reconhecida em outro dispositivo da Constituição Portuguesa, no caso, o artigo 17, de acordo com o qual "o regime dos direitos, liberdades e garantias aplica-se aos enunciados no Título II e aos direitos fundamentais de natureza análoga", enunciado que, contudo, parece excluir os direitos sociais prestacionais do seu âmbito de aplicação, o que não ocorre com o artigo 16, n.º 1.

Como bem demonstra J.M.Alexandrino, A estruturação do sistema de direitos, liberdades e garantias na Constituição Portuguesa, vol. II, 2006, p. 374 e ss., a abertura a outros direitos fundamentais guarda conexão, mas não se esgota na cláusula expressa de abertura, visto que abrange uma séria de possibilidades.

Sobre o ponto, v., por último, J.M. Alexandrino, A estruturação do sistema de direitos, liberdades e garantias na Constituição Portuguesa, vol. II, 2006, p. 381 e ss.

[64] Cf., na literatura brasileira, entre outros, C. A. Mello, Contribuição para uma Teoria Hibrida dos Direitos de Personalidade, p. 81 e ss.

mas sim, diante de direitos com fundamento (pelo menos implícito) e hierarquia constitucionais, regulamentados pelo legislador.

Em outras palavras, isto significa que, assim como os direitos específicos de personalidade expressamente elencados no Código Civil decorrem já de um direito geral de tutela e promoção da personalidade (por sua vez diretamente ancorado na dignidade da pessoa humana), de tal sorte que até mesmo dispensável (embora certamente não irrelevante) a intervenção legislativa para efeito de seu reconhecimento e proteção,[64] também o direito aos alimentos – apenas para ficarmos nos exemplos colacionados – integra o conjunto de prestações indispensáveis ao mínimo existencial, já que destinado essencialmente (mas não exclusivamente) à satisfação das necessidades básicas do destinatário para uma vida com dignidade.[65] Além disso, o exemplo da verba alimentar devida em função das relações de parentesco ou da união entre duas pessoas, aponta para uma possível eficácia em relação a particulares dos direitos fundamentais a prestações (que não se identificam apenas com os assim designados direitos sociais), pelo menos em algumas situações, aspecto que, contudo, aqui não será mais desenvolvido.[66]

4. Considerações finais

De todo o exposto resulta evidente que o tema da abertura material do catálogo constitucional de direitos fundamentais segue atual e relevante, constituindo terreno fértil tanto para o cientista quanto para o assim designado operador do Direito. Nenhuma Constituição, por mais

---

[65] Versando sobre este tópico, v., recentemente, o ensaio de J. Spagnolo, "Uma visão dos alimentos através do prisma fundamental da dignidade da pessoa humana", in: S. G. Porto e D. Ustárroz (Org), Tendências Constitucionais no Direito de Família, p. 141 e ss., justamente propondo que o conteúdo da prestação alimentar tenha por referencial, especialmente quando da aferição de seu montante, tudo o que for necessário para uma vida com dignidade.

[66] A respeito da eficácia dos direitos sociais nas relações entre particulares v. em especial D. Sarmento, Direitos Fundamentais e Relações Privadas, p. 332 e ss., apontando, com acuidade, para a relevância da dimensão processual do problema, notadamente no que diz com os limites da atuação jurisdicional também nesta esfera, bem como, mais recentemente, o nosso "Direitos fundamentais sociais, mínimo existencial e direito privado", in: Revista de Direito do Consumidor n.º 61, jan-mar. 2007, p. 90 e ss.

analítica que seja, terá condições de determinar de forma exaustiva todas as necessidades e possibilidades de tutela em termos de direitos fundamentais, razão pela qual não se pode subtrair ao intérprete (aqui compreendido em sentido amplo e abrangendo todos os agentes diretamente envolvidos no processo de concretização e desenvolvimento da Constituição) a possibilidade de uma atuação criativa. Os poucos exemplos colacionados, amplamente justificados e chancelados por expressiva doutrina e jurisprudência (ainda que importantes as divergências sobre uma série de aspectos específicos) dão conta disso, apesar de constituírem apenas pálida amostra de todo um universo a ser explorado. De outra parte, importa reafirmar que, para além até mesmo da possibilidade de se recorrer (inclusive nas hipóteses citadas) a fundamento diverso, designadamente, a normas de direitos fundamentais específicas, do princípio da dignidade da pessoa humana, paralelamente à sua dimensão jurídico--objetiva, é não apenas possível como necessário extrair direitos subjetivos (e fundamentais) com vistas à sua mais abrangente proteção e promoção.

A recomendar maior reflexão, todavia, está a relativamente freqüente afirmação da possibilidade de se extrair "novos" direitos fundamentais da Constituição e, no que nos diz mais de perto, da dignidade da pessoa humana. Neste sentido, seguimos céticos em relação à própria definição do que efetivamente é um direito "novo", ainda mais quando se constata – e os exemplos trazidos bem o demonstram – que o que está em causa é a tutela da mesma dignidade da pessoa ou, como se verifica em outras hipóteses, de direitos fundamentais já amplamente consagrados, pois o que efetivamente constitui uma novidade é o contexto no qual os direitos são exercidos, assim como novas (diferentes) são muitas vezes as formas de violação dos direitos, a exigirem igualmente resposta por parte do Estado e da sociedade. Bastaria aqui tomar o caso do direito à identidade genética da pessoa humana para bem ilustrar a questão, visto que se cuida de saber, em primeira linha, se o patrimônio genético da pessoa humana encontra-se abrangido pelo âmbito de tutela da nossa personalidade e se a proteção da dignidade alcança a vida embrionária, entre tantos outros aspectos correlatos que poderiam ser mencionados. Também a proteção da imagem e da honra segue tendo substancialmente o mesmo significado, seja a violação cometida pela imprensa escrita, seja ela veiculada pela internet ou outro meio antes não disponível. Em verdade, percebe--se que até mesmo alguns direitos fundamentais "clássicos" acabam sendo revitalizados e ganhando inclusive em importância e atualidade, como ocorre com a própria liberdade no âmbito da sociedade informatizada, na esfera da discussão em torno da inclusão digital e outros temas.

É por essas (e outras) razões que já se apontou para a circunstância de que em verdade o que ocorre não é propriamente o reconhecimento (seja pela positivação legislativa, seja pela criação jurisprudencial) de "novos" direitos, mas uma espécie de transmutação hermenêutica, no sentido do reconhecimento de novos conteúdos e funções dos direitos fundamentais já consagrados.[67] Em verdade, como bem alerta Erhard Denninger, ao nos depararmos com a pergunta sobre o que de novo efetivamente revelam os assim designados "novos" direitos da era tecnológica, talvez seja possível responder que eles nos levam a reconhecer que as antigas dificuldades da humanidade com a problemática da Justiça não lograram ser superadas pelo avanço tecnológico e científico.[68] Já de acordo com Antonio Carlos Wolkmer, para quem igualmente os direitos "novos" nem sempre são realmente "novos", a novidade muitas vezes reside no modo de obtenção (e fundamentação, poderíamos acrescer) dos direitos, que não se restringe necessariamente ao reconhecimento legislativo e jurisprudencial, mas resulta de um processo dinâmico e complexo de lutas específicas e de conquistas coletivas, até que se venha a obter a chancela pela ordem estatal, inclusive na esfera jurídica.[69]

Feitas essas considerações e reafirmado o nosso ceticismo em relação à noção de "novos" direitos, pelo menos na forma um tanto quanto exagerada que por vezes tem sido utilizada, importa é que sejamos capazes de levar a sério todas as dimensões da abertura material do catálogo constitucional em matéria de direitos fundamentais, não olvidando que em matéria de tutela de direitos fundamentais, designadamente naquilo em que estiver em causa a dignidade da pessoa humana e ressalvados excessos e banalizações, ainda é melhor "pecar" pelo mais do que pelo menos, em outras palavras, pela inclusão do que pela exclusão. Um Direito e uma sociedade mais fraterna e altruísta exigem uma compreensão inclusiva e abrangente da dignidade da pessoa humana e dos direitos e deveres fundamentais que lhe são inerentes.

---

[67] V., neste sentido, E. Denninger, Der Gebändigte Leviathan, p. 225-6.
[68] Cf. E. Denninger, op. cit., p. 229.
[69] Cf. A.C. Wolkmer, "Introdução aos fundamentos de uma teoria geral dos "novos" direitos", p. 20.

5. Referências bibliográficas

ALFONSIN, J. T. *O acesso à terra como conteúdo de direitos humanos fundamentais à alimentação e à moradia*. Porto Alegre: Fabris, 2003.

ALMEIDA, M.C. de. *DNA e Estado de Filiação à Luz da Dignidade Humana*. Porto Alegre: Livraria do Advogado, 2004.

ALEXANDRINO, J.M., *A Estruturação do Sistema de Direitos, Liberdades e Garantias na Constituição Portuguesa*, vol. II, A Construção Dogmática, Coimbra: Almedina, 2006.

_____"Perfil constitucional da dignidade da pessoa humana: um esboço traçado a partir da variedade de concepções", in: *Estudos em Honra do Professor Doutor José de Oliveira Ascensão*, vol. I, Coimbra: Almedina, 2008, p. 481-511.

ANDRADE, F. S. de. "Considerações sobre a tutela dos direitos de personalidade no Código Civil de 2002", I.W. Sarlet (Org), *O Novo Código Civil e a Constituição*, 2ª ed., Porto Alegre: Livraria do Advogado, 2006.

ANDRADE, J. C. V. de, *Os Direitos Fundamentais na Constituição Portuguesa de 1976*, 3ª ed., Coimbra: Almedina, 2004.

ARAÚJO, L. A. D. *A Proteção Constitucional do Transexual*. São Paulo: Saraiva, 2000.

BAER, S. „Menschenwürde zwischen Recht, Prinzip und Referenz", in: Deutsche Zeitschrift für Philosophie n° 53, 2005, p. 571-588.

BARCELLOS, A.P. de. *A Eficácia Jurídica dos Princípios Constitucionais: o princípio da dignidade da pessoa humana*. Rio de Janeiro: Renovar, 2002.

_____ "Alguns Parâmetros Normativos para a Ponderação Constitucional", in: L. R. Barroso (Org), *A Nova Interpretação Constitucional*. Rio de Janeiro: Renovar, 2003, p. 49-118.

BARTOLOMEI, F. *La Dignitá Umana com concetto e valore costituzionale*. Torino: G.Chiappichelli, 1987.

BENDA, E. *"Die Menschenwürde ist Unantastbar"*. In: ARSP. Beiheft n° 22, 1984.

BRUGGER, W. *Menschenwürde, Menschenrechte, Grundrechte*. Baden-Baden: Nomos, 1996.

CANOTILHO, J. J. Gomes. *Direito Constitucional e Teoria da Constituição*. 3ª ed. Coimbra: Coimbra Editora, 1999.

CARVALHO NETO, M. de. "A hermenêutica constitucional e os desafios postos aos direitos fundamentais", in: J.A. Sampaio (Org). *Jurisdição Constitucional e Direitos Fundamentais*. Del Rey, 2003, p. 140-163.

CASALTA NABAIS, J. *Algumas Reflexões Críticas sobre os Direitos Fundamentais*. In: *AB VNO AD OMNES – 75 anos da Coimbra Editora*, 1995, p. 965-1004.

DELPÉRÉE, F. *O Direito à Dignidade Humana*. In: Sérgio Resende de Barros e Fernando Aurélio Zilveti (org), *Direito Constitucional – Estudos em homenagem a Manoel Gonçalves Ferreira Filho*. São Paulo: Dialética, 1999, p. 151-162.

DENNINGER, E. *Der Gebändigte Leviathan*. Baden-Baden: Nomos, 1990.

DI FABIO, U. *Der Schutz der Menschenwürde durch Allgemeine Programmgrundsätze*. München: Reinhard Fischer Verlag, 1999.

DIAS, M. B. *União Homossexual. O Preconceito & a Justiça*, 2ª ed., Porto Alegre: Livraria do Advogado, 2001.

DREIER, H. *Anmerkungen zu Art. 1 Abs. IGG*. In: H. Dreier (Org), *Grundgesetz Kommentar*, vol. I. Tübingen: Mohr Siebeck, 1996.

ENDERS, C. *Die Menschenwürde in der Verfassungsordnung – Zur Dogmatik des Art. 1 GG*. Tübingen: Mohr Siebeck, 1997.

FACHIN, L.E. *Estatuto Jurídico do Patrimônio Mínimo*, Rio de Janeiro: Renovar, 2001.

FARIAS, E. Pereira de. *Colisão de Direitos. A Honra, a Intimidade, a Vida Privada e a Imagem versus a Liberdade de Expressão e Informação*. Porto Alegre: Fabris, 1996.

FERREIRA FILHO, M. G. *Comentários à Constituição de 1988*, vol. I. São Paulo: Saraiva, 1990.

FRANKENBERG, G. *Autorität und Integration. Zur Grammatik von Recht und Verfassung*, Frankfurt am Main: Suhrkamp, 2003.

FREITAS, J. *A Interpretação Sistemática do Direito*. 4ª ed. São Paulo: Malheiros, 2004.

_____ *Tendências Atuais e Perspectivas da Hermenêutica Constitucional*, in: AJURIS nº 76 (1999).

GEDDERT-STEINACHER, T. *Menschenwürde als Verfassungsbegriff*. Berlin: Dunker & Humblot, 1990.

GONÇALVES LOUREIRO, J. C. *O Direito à Identidade Genética do Ser Humano*. In: Portugal-Brasil Ano 2000. Coimbra: Boletim da Faculdade de Direito de Coimbra, 2000, p. 263-389.

HÄBERLE, P. *Die Menschenwürde als Grundlage der staatlichen Gemeinschaft* (in J. Isensee-P. Kirchhof (org), *Hambdbuch des Staatsrechts der Bundesrepublik Deutschland*, vol. I. Heidelberg: C. F. Müller, 1987.

HAVERKATE, G. *Verfassungslehre. Verfassung als Gegenseitigkeitsordnung.* München: Verlag C. H. Beck, 1992.

HERDEGEN, Matthias. „Neuarbeitung von Art. 1 Abs. 1 – Schutz der Menschenwürde", in: MAUNZ, T; DÜRIG. G; (Org); *Grundgesetz Kommentar*, München: C.H. Beck, 2003.

HÖFLING, W. *Anmerkungen zu Art. 1 ABS. 3 Grundgesetz* (in: M. Sachs (Org) *Grundgesetz – Kommentar.* München: C. H. Beck, 1996.

HUFEN, F. *In dubio pro dignitate – Selbstbestimmung und Grundrechtsschutz am Ende de Lebens*, in: Neue Juristishe Wochenschrift (NJW), 2001, p. 848-857.

KOPPERNOCK, M. *Das Grundrecht auf bioethische Selbstbestimmung.* Baden-Baden: Nomos, 1997.

LEIVAS, P. G. C. *Teoria dos Direitos Fundamentais Sociais*, Porto Alegre: Livraria do Advogado, 2006.

MARTÍNEZ, M. A. A. *La Dignidad de la Persona como Fundamento del Ordenamiento Constitcional Español.* León: Universidad de León, 1996.

MATHIEU, B. *Génome Humaine et Droits Fondamenteaux.* Paris: Economica, 2000.

MEDEIROS, R. "O Estado de direitos fundamentais português: alcance, limites e desafios", in: Anuário Português de Direito Constitucional, vol. II/2002, Coimbra: Coimbra Editora, 2002, p. 23-43.

MAUNZ, T.; ZIPPELIUS, R. *Deutsches Staatsrecht.* 29ª ed. München: C. H. Beck, 1994.

MELLO, C. A. Contribuição para uma teoria híbrida dos direitos de personalidade. I.W. Sarlet (Org), *O Novo Código Civil e a Constituição*, 2ª ed., Porto Alegre: Livraria do Advogado, 2006, p. 69-100.

Miranda, J. *Manual de Direito Constitucional*, vol. IV, Coimbra: Coimbra Editora, 2000.

NIPPERDEY, H. C. *Die Würde des Menscen* (in: Neumann/Nipperdey/Scheuner (Org), *Die Grundrechte*, vol. II). Berlin: Duncker & Humblot, 1954.

NOBRE JÚNIOR, E. P. *O Direito Brasileiro e o Princípio da Dignidade da Pessoa Humana*, in: RDA nº 219 (2000), p. 237-251.

Novais, J.R. *Os princípios constitucionais estruturantes da República Portuguesa*, Coimbra: Coimbra Editora, 2004.

Nunes, A. C. *A Titularidade dos Direitos Fundamentais na Constituição Federal de 1988*, Porto Alegre: Livraria do Advogado, 2007.

Nunes, R. *O Princípio Constitucional da Dignidade da Pessoa Humana*, São Paulo: Saraiva, 2002.

Otero, P. *Personalidade e Identidade Pessoal e Genética do Ser Humano*, Coimbra: Almedina, 1999.

Pasqualini, A. *Hermenêutica e Sistema Jurídico – uma introdução à interpretação sistemática do direito*. Porto Alegre: Livraria do Advogado, 1999.

Pavia, M. L. *Le principe de dignité de la personne humaine: um nouveau principe constitutionnel* (in: Rémy Cabrillac/Marie-Aanne Frison-Roche/Tierry Revet (org) *Droits et Libertés Fondamenteaux, 4ª ed.)*. Paris: Dalloz, 1997, p. 99-114.

Pedrot, P. *La dignité de la personne humaine a l'épreuve des technologies biomédicales*, in: P. Pedrot (Dir), *Éthique, Droit et Dignité de la Personne*, p. 62.

Petterle, S. R. *O Direito Fundamental às Identidade Genética na Constituição Brasileira*, Porto Alegre: Livraria do Advogado, 2007.

Pinto, P. M. *O Direito ao Livre Desenvolvimento da Personalidade*. In: Portugal-Brasil Ano 2000. Coimbra: Boletim da Faculdade de Direito de Coimbra, 2000, p. 149-246.

Podlech, A. *Anmerkungen zu Art. 1 Abs. 1 Grundgesetz*. in: R. Wassermann (org), *Kimmentar zum Grundgesezt für die Bundesrepublik Deutschland (Alternativ Kommentar)*, vol. II, 2ª ed. Neuwied: Luchterhand, 1989.

Queiroz, C.M.M. *Direitos Fundamentais (Teoria Geral)*. Coimbra: Coimbra Editora, 2002.

Rawls, J. *O Liberalismo Político*. 2ª ed. São Paulo: Ática, 2000.

Rios, R. R. *A homossexualidade no Direito*. Porto Alegre: Livraria do Advogado, 2001.

Rousseau, D. *Les libertés individuelles et la dignité de la personne*. Paris: Montcherestien, 1998.

Sarlet, I. W. *A Eficácia dos Direitos Fundamentais*, 9ª ed., Porto Alegre: Livraria do Advogado, 2007.

_____ *Dignidade da Pessoa Humana e Direitos Fundamentais na Constituição Federal de 1988*. 6ª ed. Porto Alegre: Livraria do Advogado, 2007.

_____ "Direitos Fundamentais Sociais, Mínimo Existencial e Direito Privado". In: *Revista de Direito do Consumidor,* nº 61, jan-mar. 2007, p. 90-125.

_____; LEITE. George Salomão (Org), *Direitos Fundamentais e Biotecnologia,* São Paulo: Lumen Juris, 2008.

SARMENTO, D. *Direitos Fundamentais e Relações Privadas.* Rio de Janeiro: Lumen Juris, 2003.

SILVA, J. A. *A Dignidade da Pessoa Humana como Valor Supremo da Democracia.* In: Revista de Direito Administrativo, vol. 212, 1998, p. 89-94.

SOUZA, P. V. S. *Bem Jurídico Penal e Engenharia Genética Humana.* São Paulo: RT, 2004

SPAGNOLO, J. Uma visão dos alimentos através do prisma fundamental da dignidade da pessoa humana", in: S. G. Porto e D. Ustárroz (Org), *Tendências Constitucionais no Direito de Família,* p. 141-154.

STERN, K. *Das Staatsrecht der Bundesrepublik Deutschland.* Vol. III/1. München: C.H. Beck, 1988.

STRECK, L. L. *Hermenêutica Jurídica e (m) Crise – uma exploração hermenêutica da construção do Direito.* Porto Alegre: Livraria do Advogado, 1999.

SUNSTEIN, C. *Designing Democracy. What Constitutions Do,* New York: Oxford University Press, 2002.

TAVARES, A. R. "Princípio da consubstancialidade parcial dos direitos fundamentais na dignidade do homem", in: *Revista Brasileira de Direito Constitucional,* nº 4, jul./dez. 2004.

TEPEDINO, G. *Temas de Direito Civil.* Rio de Janeiro: Renovar, 1999.

TORRES, R. L. "A Metamorfose dos Direitos Sociais em Mínimo Existencial", in: I.W. Sarlet (Org), *Direitos Fundamentais Sociais: estudos de direito constitucional, internacional e comparado.* Rio de Janeiro: Renovar, 2003, p. 1-46.

_____ "O Mínimo Existencial e os Direitos Fundamentais", in: *Revista de Direito Administrativo* nº 177 (1989).

_____. *O Direito ao Mínimo Existencial, Rio de Janeiro*: Renovar, 2008.

TRIBE, L. *American Constitutional Law.* New York: Foundation Press, 1988.

TRIBE, L. H. e Dorf, M. G. *On Reading the Constitution.* Cambridge. Massachussetts: Harvard University Press, 1991.

VIEIRA DE ANDRADE, J. C. *Os Direitos Fundamentais na Constituição da República Portuguesa de 1976.*, Coimbra: Almedina, 1987.

WOLKMER, A. C. "Direitos Políticos, Cidadania e Teoria das Necessidades", in: *Revista de Informação Legislativa* n° 122 (1994).

_____ *Introdução aos fundamentos de uma teoria geral dos "novos" direitos.* In: WOLKMER, Antônio Carlos; MORATO LEITE, José Rubens (org). *Os "Novos" Direitos no Brasil: natureza e perspectivas.* São Paulo: Saraiva: 2003, p. 1-30.

INTERPRETAÇÃO CONSTITUCIONAL DO DIREITO PENAL: ANÁLISE À LUZ DO ORDENAMENTO BRASILEIRO

Cláudio Brandão[*]

1. Significado político do Direito Penal

O Direito Penal é a mais gravosa forma de intervenção estatal. Isto se dá porque, através dele, retiram-se da pessoa humana direitos constitucionalmente assegurados, quais sejam: vida, liberdade e patrimônio. Ressalte-se, inclusive, que ditos direitos retirados são cláusulas pétreas da Constituição.

Isto posto, a interpretação e aplicação do Direito Penal não devem ser feitas de forma autista, isto é, encerradas exclusivamente na dogmática daquele direito. Se o que se atinge no Direito Penal são bens assegurados pela Carta Política, sua aplicação e interpretação devem ser feitas em consonância com os Princípios Constitucionais.

Isto importa reconhecer que, além do caráter técnico-dogmático, o Direito Penal tem um caráter político. Ocorre que o caráter político não é inócuo, ao contrário, ele condicionará o objeto e o método do Direito Penal, fazendo com que os mesmos tenham uma relação substancial com os Princípios Constitucionais.

Com efeito. É subjacente à idéia de Direito Penal a idéia de violência. Registre-se, inicialmente, que o próprio senso comum já associa a ação criminosa à idéia de violência, que se realiza de várias formas, tais como em homicídios, lesões corporais, estupros, roubos.

---

[*] Professor do Mestrado e Doutoramento em Direito da Universidade Federal de Pernambuco e Coordenador da Licenciatura em Direito da Faculdade Damas da Instrução Cristã.

Na seara penal propriamente dita, vê-se que na elaboração conceitual de muitos crimes está presente o conceito de violência física, que traduz a mais grave forma de apresentação da referenciada violência. Veja-se, por exemplo, o crime de constrangimento ilegal, capitulado no art. 146 do Código Penal brasileiro:

"Constranger alguém, mediante **violência** ou grave ameaça, ou depois de haver reduzido, por qualquer outro meio, a capacidade de resistência, a não fazer o que a lei permite, ou a fazer o que ela não manda". (Grifei)

Em outros delitos, ainda, a idéia de violência está implícita, como, v.g., no homicídio.

Deste modo, o uso de uma energia física contra um ser humano, capaz de alterar a sua conformação anatômica, capaz de danificar sua saúde ou, até mesmo, hábil para lhe ceifar a vida, é presente em muitos dos crimes previstos pelo Direito Penal.

Mas a presença da violência no nosso ramo do Direito vai muito mais além do crime. A pena, que é a conseqüência do crime, também é uma manifestação de violência. No ordenamento jurídico brasileiro, existem as penas de morte (somente para os crimes militares próprios em tempo de guerra), de privação de liberdade, de restrição de direitos e de multa. O fato é que quaisquer destas penas atingem os bens jurídicos protegidos pelo Direito Penal. Se pelo crime de homicídio (art. 121 do Código Penal) incrimina-se a produção da morte de alguém, pela pena de morte também se mata alguém; se pelo crime de seqüestro (art. 148 do Código Penal) incrimina-se a violação da liberdade de locomoção de uma pessoa, pela pena de privação de liberdade se viola esta mesma liberdade; se pelo crime de furto (art. 155 do Código Penal) incrimina-se a violação do patrimônio de alguém, pela pena de multa também se viola o patrimônio de uma pessoa. É por isso que Carnelutti já afirmava que, na relação de custo e benefício, crime e pena são a mesma coisa, são formas de produzir um dano[70]. Portanto, a pena, assim como o crime, também é uma forma de manifestação da violência. Todavia, a pena é uma reação, que somente se imputa em face da realização prévia de um crime; por

---

[70] Carnelutti, Francesco. *El Problema de la Pena*. Buenos Aires:Europa América. 1947. P.14.

isso o Estado, através do Direito Penal, a qualifica como legítima, já que ela será uma conseqüência em face do cometimento de uma violência prévia – que é o crime – por parte do agente que a sofre.

Neste sentido, o Direito Penal concretiza a face violenta do Estado, porque ele monopoliza a aplicação da violência da pena. Mas a sanção própria do Direito Penal (Pena) não será somente a mais gravosa sanção que o Estado pode impor, o seu significado vai muito mais além. Na verdade, a possibilidade de aplicar a pena é condição de vigência do próprio Direito, porque Direito sem pena é Direito sem coercitividade, é um Direito que não pode se utilizar de força em face de seus súditos, para efetivar os seus comandos. Sem pena, portanto, o Direito se transforma em um mero conselho. Consoante mostra a experiência, o Direito é, por sua vez, condição de existência do próprio Estado, assim é também a pena uma condição para a existência do próprio Estado, "por isso mesmo existe entre pena e Estado, histórica e juridicamente, a mais íntima ligação. Ou antes (...), Estado, Direito e pena são completamente inseparáveis um do outro"[71].

2. Construção de uma definição normativa

Para se conceituar o Direito Penal é imprescindível ter-se em menção dois pontos: em primeiro lugar, os *institutos* que estruturam esse ramo do Direito; em segundo lugar, a *significação* destes referidos institutos no contexto do Direito.

Como sabido, o Direito Penal – como qualquer outro ramo do Direito – é estruturado em normas. Destarte, o referido Direito Penal regula condutas através de enunciados gerais, os quais prescrevem abstratamente modelos de comportamentos que devem ser seguidos, porque, no caso do comportamento prescrito não ser seguido, será imputada, como conseqüência, uma sanção ao sujeito.

Pois bem, é das normas que se extraem os institutos do Direito Penal.

O primeiro instituto que conforma o Direito Penal é a *Infração*. Consoante foi dito, a norma prescreve um modelo abstrato de comporta-

---

[71] Barreto, Tobias. "Prolegômenos do Estudo do Direito Criminal". *Estudos de Direito II*. Record – Governo de Sergipe: 1991. P.102.

mento proibido e esse modelo poderá ser qualificado pelo legislador de *crime* ou de *contravenção*. Isto posto, pode-se afirmar que infração é o gênero do qual crime e contravenção são espécies. Todavia – é imperioso se ressaltar – não existe, na essência, uma diferença substancial entre o crime e a contravenção, sendo as infrações classificadas de acordo com o primeiro ou com a segunda em conformidade com o arbítrio do legislador. De modo geral, pode-se afirmar que o conceito de crime é imputado às infrações consideradas mais graves pelo legislador, enquanto que o conceito de contravenção é imputado às infrações consideradas como menos graves.

Registre-se que é comum na doutrina penal substituir-se o termo *infração* (que é o gênero) pelo termo *crime* (que, enfatize-se, é uma das espécies de infração). Isto se dá por dois motivos: primeiramente, em termos quantitativos, o número de crimes é muito superior ao número de contravenções; segundamente, os elementos que foram construídos ao longo de mais de duzentos anos, desde o século XIX, para o aperfeiçoamento conceitual do crime (quais sejam: tipicidade, antijuridicidade e culpabilidade), aplicam-se também ao conceito de contravenção. Destarte, no âmbito deste trabalho, o termo infração doravante será substituído pelo termo crime.

O segundo instituto que conforma o Direito Penal é a *Pena*. Consoante foi consignado acima, a realização da conduta proibida tem como conseqüência a sanção. Pois bem, é propriedade exclusiva do Direito Penal a mais grave sanção de todo o Ordenamento Jurídico: a Pena. Isto posto, se a norma define o crime como conduta proibida e traz como conseqüência da realização desta conduta a pena, é imperioso afirmar-se que a pena é a conseqüência jurídica do crime, neste sentido, o extraordinário Tobias Barreto afirmava que "a razão da pena está no crime".[72] Esta conseqüência é, inclusive, apontada como o marco diferencial deste ramo do Direito, pois quando ela está presente a norma obrigatoriamente pertencerá ao *Jus Poenale*.

O terceiro instituto que conforma o Direito Penal é a *Medida de Segurança*. De acordo com o que foi explicado, a pena somente poderá ser aplicada se sua causa estiver realizada, isto é, se houver a realização

---

[72] Menezes, Tobias Barreto de. "Prolegômenos do Estudo do Direito Criminal". *Estudos de Direito II*. Record – Governo de Sergipe:1991. P.102.

de um crime. Todavia, existem certas pessoas que não podem cometer crimes em virtude de não poderem compreender o significado de seu ato ou de não terem capacidade de auto-determinação, em face de serem acometidas de doença mental ou desenvolvimento mental incompleto ou retardado. Neste caso, o que se imputa a essas pessoas não é uma pena, mas uma medida de segurança, que se traduz em tratamento psiquiátrico ambulatorial obrigatório ou, nos casos mais graves, em internação compulsória em hospitais psiquiátricos.

Deve-se salientar, desde logo, que nos sistemas jurídicos dos Estados Democráticos de Direito todos estes institutos somente podem ser criados por uma Lei, já que o Princípio da Legalidade é condição necessária para que se constitua o Direito Penal.

A definição de Direito Penal é feita, inicialmente, com base nos três institutos que foram elencados: *Crime, Pena* e *Medida de Segurança*.

Deste modo, o ***Direito Penal é um conjunto de normas que determinam que ações são consideradas como crimes e lhes imputa a pena – esta como conseqüência do crime –, ou a medida de segurança.***

Quer no Direito Penal estrangeiro, quer no Direito Penal brasileiro, encontra-se um certo consenso nesta definição, que formalmente se conserva através dos tempos.

No tocante ao Direito estrangeiro, não se pode fechar os olhos à contribuição vinda da Alemanha, que influenciou grandemente, boa parte dos sistemas jurídicos-penais do ocidente, aí incluído o sistema brasileiro. Para Franz von Liszt, autor de obras de referência datadas do final do século XIX e início do século XX, o Direito Penal é "o conjunto de normas estatais que associam ao crime enquanto tipo penal a pena como sua conseqüência legítima".[73] Na explicação de sua definição, von Liszt integra a este conceito a medida de segurança[74].

No fim da primeira metade do século XX, Edmund Mezger, outro autor de referência na construção do conceito de Direito Penal, definia-o neste mesmo espeque. Para ele, o "Direito Penal é o conjunto de normas jurídicas que regulam o exercício do poder punitivo do Estado, associando ao delito, como requisito, à pena como conseqüência jurídica".[75] Com-

---

[73] Liszt, Franz von. *Lehrbuch des Strafrecht*. Berlim und Lipzig: VWV. 1922. P. 1.
[74] Idem. Ibidem. P.1.
[75] Mezger, Edmund. *Strafrecht. Ein Lehrbuch*. Berlin und Munich:Duncker und Humblot. 1949. P.3.

pletando sua definição, diz Mezger que também é Direito Penal o conjunto de normas que associam ao delito outras medidas de índole diversa da pena, que tem por objeto a prevenção de delitos[76].

Não se apresentam conceitos que destoem muito deste padrão dentro dos autores contemporâneos. Veja-se, a título de exemplo, o conceito de Direito Penal dado por Hans-Heinrich Jescheck: "O Direito Penal determina que ações contrárias à ordem social são crimes e como conseqüência jurídica dos crimes impõe penas. Relacionado ao crime prevê também medidas de correção e segurança".[77]

Na doutrina brasileira, também não existe muito distanciamento da definição acima exposta. Por exemplo, Francisco de Assis Toledo, coordenador da reforma penal de 1984, definiu o Direito Penal como a "parte do Ordenamento Jurídico que estabelece e define o fato-crime, dispõe sobre quem deva por ele responder e, por fim, fixa as penas e as medidas de segurança que devam ser aplicadas".[78]

A substância desta definição desvela o primeiro aspecto mencionado no início do presente texto, qual seja: a necessidade de conceituar-se o Direito Penal a partir dos institutos que formam sua essência.

A partir da definição de Direito Penal chega-se à definição de Dogmática Penal. Esta última é o discurso e a argumentação que se fazem a partir do próprio Direito Penal e dos seus elementos constitutivos. Não é incorreto afirmar-se que a Dogmática Penal é um método. Explique-se: o método é o caminho para a investigação de um objeto, constituído de cânones para a investigação, conhecimento, interpretação e crítica sobre o dito objeto. Pois bem, como os institutos essenciais do próprio Direito Penal e de sua Dogmática (crime, pena e medida de segurança) são cânones para o conhecimento da criminalidade, a citada Dogmática Penal pode também ser encarada como um método de conhecimento daquela[79]. Assim, a dogmática "é uma elaboração intelectual que se oferece ao poder judiciário [e a todos os operadores do Direito] como

---

[76] Idem. Ibidem. P.3.

[77] Jescheck, Hans-Heinrich. *Lehrbuch des Strafrecht*. Berlin: Duncker u. Humblot. 1988. P.8.

[78] Toledo, Francisco de Assis. *Princípios Básicos de Direito Penal*. São Paulo: Saraiva. 1994. P.1.

[79] Neste sentido veja-se a obra de Zaffaroni, Eugenio Raul. *En torno de la cuestión penal*. Montevideo – Buenos Aires:BdeF. 2005. Pp. 72-73. 77 e ss.

um projeto de jurisprudência coerente e não contraditória, adequada às leis vigentes"[80]. Enquanto método, no dizer de Zaffaroni, a dogmática procura fazer previsíveis as decisões judiciais.

A dogmática penal, diferentemente do Direito Penal, não se restringe a um Estado determinado, mas tem um caráter universal. Recorde-se, ainda, que as leis penais estatais somente começaram a existir a partir do século XIX, porque o Princípio da Legalidade penal somente foi formulado no fim da Idade Moderna. Os institutos da dogmática penal (antijuridicidade, legítima defesa, erro etc.) estão presentes em todos os sistemas jurídicos ocidentais; o que difere entre os sistemas, portanto, não são os institutos, mas a solução jurídica para a sua aplicação, que é variável segundo a lei de cada país. Com efeito, uma situação reconhecida como legítima defesa no Brasil, por exemplo, pode não ser reconhecida como tal na Argentina; se em ambos os países há a dita legítima defesa, a aplicação dela poderá variar, pois dependerá dos requisitos das suas respectivas leis penais.

Entretanto, a aplicação da dogmática penal comparada não pode ser feita de forma acrítica, através do simples encaixe de um conceito estrangeiro em um determinado ordenamento. Ao contrário, a dogmática comparada deve sempre ser invocada com a devida atenção acerca da sua pertinência com o ordenamento normativo-penal, como também em harmonia com a realidade histórico-sócio-cultural do local que a recebe. Quando ocorre essa dupla relação de pertinência, dá-se a utilização crítica da dogmática comparada.

Conforme dito, não se pode chegar à correta idéia do que é o Direito Penal nem da dogmática penal sem a análise da significação dos institutos adiante mencionados (crime, pena e medida de segurança) perante o próprio Direito. Isto significa que a definição anteriormente dada, por si só, muito pouco diz sobre a substância do conceito de Direito Penal. Os elementos que formam o conceito dado, portanto, somente podem revelar a verdadeira face do Direito Penal se compreendidos de uma ótica que transcende o formalismo da norma, que – conforme se demonstrou – cria aqueles institutos. Dita ótica transcendente é a perspectiva política[81], ora tratada.

---

[80] Idem. Ibidem. P.74.
[81] Brandão, Cláudio. *Introdução ao Direito Penal*.Rio de Janeiro:Forense. 2002. P.43. No mesmo sentido veja-se a afirmação de Tobias Barreto, o qual modera seu

À luz do exposto, o Direito Penal tem uma inegável face política, porque ele concretiza o uso estatal da violência. É o multi referido Direito Penal o mais sensível termômetro para aferir a feição liberal ou totalitária de um Estado[82], a saber: caso a violência da pena seja utilizada pelo Estado sem limites, sem respeito à dignidade da pessoa humana, estaremos diante de um Estado totalitário, ou ao invés, se a violência estatal for exercida dentro de limites determinados pelo Direito, aí se guardando o respeito à dignidade da pessoa humana, estamos diante de um Estado Democrático de Direito. Por isso, já asseverou Bustos Ramírez que "a justiça criminal, por ser a concreção da essência opressiva do Estado, é um indicador sumamente sensível no reflexo das características do sistema político-social imperante".[83]

Isto posto, o conceito de Direito Penal tem um duplo viés: um dogmático e outro político. Atualmente, é recorrente falar-se da crise do Direito Penal. A pretensa crise decorre da separação destes dois aspectos, isto é, a dogmática nua, despida de sua significação traduzida no *poder violento do Estado*, conduz a um autismo jurídico, que a encerra num mundo próprio, alheio à realidade dos fatos. Neste sentido, diz Zaffaroni que "as mais perigosas combinações tem lugar entre fenômenos de *alienação técnica* dos políticos com outros de *alienação política* dos técnicos, pois geram um vazio que permitem dar forma técnica a qualquer discurso político".[84]

3. Direito penal objetivo e subjetivo. crítica da viabilidade da distinção

A divisão do Direito em Direito Objetivo e Direito Subjetivo foi cunhada pelo Positivismo Jurídico. Sua origem se dá, mais precisamente,

---

penasamento positivista ao escrever que: "A aplicação legislativa na penalidade é uma pura questão de política social". "Prolegômenos do Estudo do Direito Criminal". *Estudos de Direito II*. Record – Governo de Sergipe: 1991. P.116.

[82] Ouviña, Guillermo. "Estado Constitucional de Derecho e Derecho Penal". Teorías Actuales en Derecho Penal. Buenos Aires: Ad-hoc. 1998. Pp. 56-57.

[83] Bustos Ramírez, Juan. *Contol Social y Derecho Penal*. Barcelona: PPU. 1987. Pp. 584-585.

[84] Zaffaroni, Eugenio Raul. *En torno de la cuestión penal*. Montevideo – Buenos Aires: BdeF. 2005. P.77.

na Alemanha, no decorrer do século XIX. Nesta época, o Direito naquele país gravitava em torno do Direito Romano. Com efeito, o *Digesto*, também chamado de *Pandectas*, originou a Escola dos Pandectistas e nela, pelas mãos de Windscheid, encetou-se a dicotomia Direito Objetivo e Direito Subjetivo. Não é sem razão que a dicotomia em análise começou pelas mãos dos pandectistas. O Digesto romano recorreu com freqüência ao conceito de *facultas agendi*, isto é, a *faculdade de agir*, que norteava a regulação das relações privadas. Foi a partir deste conceito que Windscheid definiu o Direito Objetivo, que seria a norma, e o Direito Subjetivo, que seria o poder da vontade de realizar o comando da norma. Outro pandectista a procurar precisar o conteúdo dos conceitos de Direito Objetivo e de Direito Subjetivo foi Jhering, para quem enquanto o Direito Objetivo é a norma, o Direito Subjetivo é o interesse juridicamente protegido. No século XX, o positivismo normativo de Kelsen identificou o Direito Objetivo e o Direito Subjetivo como duas faces de uma mesma moeda, sendo apenas pontos de vista oriundos do mesmo fenômeno.

Na seara penal, a distinção entre Direito Objetivo e Direito Subjetivo ressoou de uma forma muito premente, iniciando-se já no século XIX. Identificava-se o Direito Penal em sentido objetivo como a norma penal e o Direito Penal em sentido subjetivo como o Direito do Estado de punir, chamado de *Jus Puniendi*.

Como dito, o Direito Penal em sentido objetivo seria conceituado a partir da norma. É definido como "um conjunto de normas jurídicas que têm por objeto a determinação das infrações de natureza penal e suas respectivas sanções – penas e medidas de seguranças."[85]

É correto afirmar-se que, desde o início do século XIX, encontra-se na Dogmática Penal referência à idéia de Direito Subjetivo. Tal afirmativa pode ser comprovada pela obra de Anselm von Feuerbach, que definia o crime como uma injúria prevista por uma lei penal, que se consubstanciava numa ação violadora do direito alheio, proibida mediante uma lei penal[86].

---

[85] Hernandez, Cesar Camargo. *Introducción al estudio del derecho penal*. Barcelona:Bosch. 1960. P.9.
[86] Neste sentido: Rocco, Arturo. *El objeto Del delito y de la tutela jurídica penal. Contribuición a las teorías generales del delito y de la pena*. Montevideo – Buenos Aires: BdeF. 2001. Pp. 29-30.

Segundo Feuerbach, o "crime é, no mais amplo sentido, uma injúria contida em uma lei penal, ou uma ação contrária ao Direito de outro, cominada numa lei penal".[87] Os crimes são sempre lesões ao Direito, por exemplo, "a lesão do direito à vida constitui o homicídio"[88].

Deste modo, o crime não é somente conceituado a partir de uma ofensa à lei penal, já que para a sua existência será necessária também a violação de um direito alheio, isto é, a violação do Direito Subjetivo.

Todavia, apesar de Feuerbach vincular o conceito de crime ao conceito de violação do Direito Subjetivo, não podemos afirmar que ele criou o conceito de Direito Penal Subjetivo. Isto se dá porque o conceito de Direito Penal Subjetivo é muito mais amplo que o próprio conceito de crime. Este último é o "direito que tem o Estado a castigar – jus puniendi –, impondo as sanções estabelecidas pela norma penal, àqueles que tenham infringido os preceitos da mesma".[89]

O conceito de Direito Penal Subjetivo foi desenvolvido por Karl Binding, que se utiliza do conceito de norma como comando de conduta extraído da lei para formular um sistema geral acerca das mesmas e suas violações. É das normas que surge o Direito de Punir do Estado, isto é, o Direito Penal subjetivo.

No panorama atual, alguns penalistas ainda recorrem à dicotomia Direito Penal Objetivo e Direito Penal Subjetivo. Mir Puig, grande jurista espanhol, por exemplo, utiliza-se da noção de Direito Penal Objetivo para o estudo da norma penal, e do Direito Penal Subjetivo para a análise do Direito de castigar do Estado (*Jus Puniendi*) que seria o Direito de criar e aplicar o Direito Penal objetivo[90]. Neste último conceito, Mir Puig enfrenta o escorço doutrinário acerca dos limites ao poder de punir do Estado e seus limites[91]. Tais limites são de várias ordens e têm sempre,

---

[87] Feuerbach, Anselm von. *Tratado de Derecho Penal*. Buenos Aires:Hammurabi. 1989. P. 64.

[88] Idem. Ibidem. P.164.

[89] Hernandez, Cesar Camargo. *Introducción al estudio del derecho penal*. Barcelona: Bosch. 1960. P.45.

[90] Mir Puig, Santiago. *Derecho Penal. Parte Geral*. Barcelona: Edição do Autor. 1998. Pp.7-8.

[91] Segundo Mir Puig, o estudo dos limites ao poder de punir são feitos no âmbito do Direito Penal Subjetivo, *verbis*: "La alussión al Derecho penal em sentido subjetivo será oportuna más adelante, cuando se trate de fijar los limites que há de encontrar el derecho del Estado a intervir mediante normas penales". Op. Cit. P.8.

na substância, um fundamento constitucional, traduzindo-se nos Princípios que limitam a atividade punitiva[92]. Todavia os princípios constitucionais limitadores da atividade punitiva, deve-se consignar aqui, são de extraordinária importância no sistema de dogmática penal, devendo os mesmos serem cuidadosamente tratados no estudo desta disciplina, *mas eles não se situam no campo do Direito Penal Subjetivo.*

Não é viável, em uma interpretação constitucional do Direito Penal, a recorrência à dicotomia Direito Objetivo *versus* Direito Subjetivo. De início, registre-se que, no panorama hodierno, do pós-positivismo, a própria distinção entre eles é bastante criticada, por conta da constatação de manifestações do Direito fora do Estado. Refere-se o pós-positivismo, para efetuar essa crítica, aos estudos que envolvem o chamado Direito Alternativo.

Mas não é este o fundamento da inexistência desta dicotomia no Direito Penal.

Na verdade, não se pode falar em Direito Penal em sentido Subjetivo porque não há o *direito* do Estado de punir ninguém com a retirada dos direitos fundamentais à vida, à liberdade e ao patrimônio. Seria uma contradição reconhecer o direito subjetivo do Estado de violar direitos subjetivos constitucionais do sujeito. O que existe é, isto sim, um *dever* de punir em face do cometimento de um crime e todo dever supõe requisitos que tornam obrigatória alguma prestação. O conceito de Direito Subjetivo tem como elemento essencial a faculdade de dispor do deste direito, que é precisamente o que os romanos falavam: a *facultas agendi*, a faculdade de agir. Por ter o Estado o dever de aplicar a pena quando os seus pressupostos estiverem configurados, não há que se falar em Direito Penal Subjetivo. Com efeito, o dever de agir é conceitualmente incompatível com a essência do multi referido conceito de Direito Subjetivo.

Outrossim, conclua-se afirmando que não existe uma utilidade prática desta distinção burilada no século XIX no estágio atual da ciência penal. Isto se dá porque o estudo dos limites à aplicação da pena por parte do Estado se faz na seara dos Princípios do Direito Penal e não no pretenso Direito Penal Subjetivo. Aceitar-se a continuidade hodierna dessa dicotomia é assimilar de modo acrítico o panorama penal de dois séculos atrás, que possuem pontos de partida diferentes daqueles utilizados na dogmática contemporânea.

---

[92] Mir Puig, Santiago. *Derecho Penal. Parte General.* Op. Cit. Pp. 71 e ss.

4. Objeto do direito penal

Segundo José Cerezo Mir, "o Direito Penal é um setor do ordenamento jurídico, segundo a opinião dominante na dogmática moderna, ao qual se lhe incumbe a tarefa de proteger os bens vitais fundamentais do indivíduo e da comunidade. Esses bens são elevados pela proteção das normas do Direito Penal à categoria de bens jurídicos. (...) O substrato destes bens jurídicos pode ser muito diverso. Pode ser, como assinala Welzel, um objeto psíquico-físico (a vida, a integridade corporal), um objeto espiritual-ideal (a honra), uma situação real (a paz do domicílio), uma relação social (o matrimônio, o parentesco) ou uma relação jurídica (a propriedade). Bem jurídico é todo bem, situação ou relação desejado e protegido pelo Direito".[93]

Ao conceituar o Direito Penal a partir de sua missão, Cerezo Mir revela o próprio objeto do referido Direito Penal.

Quando se procura precisar o objeto do Direito punitivo, devemos aqui consignar, coloca-se o alicerce que permite justificar racionalmente o poder de punir e, em conseqüência dessa justificação, o Direito Penal tem condições de se legitimar.

Toda norma penal que institui um crime tutela um bem. Se observarmos a estrutura do nosso Código Penal, veremos que todos os crimes estão gravitando em torno de um bem, por exemplos: o homicídio (art. 121), o induzimento, instigação ou auxílio ao suicídio (art. 122), o infanticídio (art.123) e o aborto (art. 124 *usque* 128) estão reunidos em função do bem *vida*. Com efeito, o título que os agrupa (Título I do Código Penal) é o dos "Crimes contra a Vida". No mesmo espeque do exemplo dado, os demais crimes vigentes no nosso ordenamento também se agrupam em torno de bens, descritos nos títulos e/ou capítulos do Código ou das leis penais esparsas. Pois bem, bem jurídico é o nome técnico dado a esses ditos bens, protegidos através da lei penal, que comina uma pena em face de sua violação.

O objeto do Direito Penal é, pois, a tutela de bens jurídicos.

Todo bem ou valor que existe no mundo fático-social, cabe aqui ressaltar, somente se converte em bem jurídico a partir de uma lei penal, que define a sua violação e comina a respectiva pena. Isto posto, somente

---

[93] Cerezo Mir, José. *Curso de Derecho Penal Español*. Madrid: Tecnos. 1993. P.15.

o legislador pode constituir um bem jurídico, daí se infere que o surgimento ou a manutenção de um bem jurídico no Direito Penal é uma eleição política do citado legislador. O bem jurídico, assim, corrobora a face política do Direito Penal.

Todavia, deve-se concluir com este alerta, a tutela de bens jurídicos não pode ser realizada de qualquer modo e a qualquer preço. Em primeiro lugar, essa tutela somente poderá ser realizada e considerada como legítima se forem observados os requisitos impostos pelo Estado Democrático de Direito (*v.g.* Legalidade. Culpabilidade, Intervenção Mínima). Em segundo lugar, porque a pena retira direitos constitucionais da pessoa humana, somente haverá proporcionalidade se o bem jurídico tutelado tiver guarida constitucional, isto é, se se situar entre aqueles bens protegidos pela Carta Magna, quer sejam de natureza individual (vida, patrimônio etc.) ou supra-individual (meio-ambiente, ordem econômica etc.). Destarte, como adverte Régis Prado, somente se coadunará com o Estado Democrático de Direito o bem jurídico que tiver seu fundamento – e a necessidade de sua tutela – na Constituição.[94]

5. Método do Direito Penal

5.1. *Escorço histórico sobre o método penal*

Por método se entende o caminho para a investigação de um objeto. É, pois, o método, o instrumental que se traduz nos cânones para possibilitar as investigações das evidências apreendidas sobre algum objeto e a conseqüente formulação de enunciados que tornem o referido objeto conhecido.

O Direito Penal que rompe com o arbítrio e se preocupa com a pessoa humana é relativamente recente. Foi somente com o iluminismo, mais precisamente a partir da obra de Beccaria, na segunda metade do século XVIII, que foi aventada de forma sistemática a necessidade de limitar o *jus puniendi* do Estado; o primeiro instituto que o milanês apresentou para que tal desiderato fosse alcançado foi o Princípio da

---

[94] Prado, Luiz Régis. *Bem Jurídico-Penal e Constituição*. 3ª Ed. São Paulo: RT. 2003. P.70 e ss.

Legalidade[95]. No início do século XIX, em 1801, Anselm von Feuerbach sistematizou o Princípio da Legalidade, com a formulação da teoria da coação psicológica, segundo a qual a tutela de interesses, que é o fim do Direito Penal, deve ser realizada a partir de uma coação psicológica, feita a partir da publicização da pena que será imputada a cada crime, o que acarretaria a retração das condutas que violassem os interesses protegidos pelo Direito Penal. Como o instrumento adequado para dispensar tal conhecimento é a lei, esta última ocupará um papel exponencial neste ramo do Direito, pois não haverá crime sem lei (*nullum crimen sine lege*), pena sem crime (*nulla poena sine crime*), e nem haverá crime sem a tutela legal de um interesse (*nullum crimen sine poena legali*)[96]. Tais máximas foram consubstanciadas no brocárdio *Nullum Crimen Nulla Poena Sine Lege*.

Nesse panorama pode-se compreender o método inicialmente apregoado pelo iluminismo, onde a lei e a legalidade tinham uma particular significação. Segundo Engisch:

> "Houve um tempo em que tranqüilamente se assentou na idéia de que deveria ser possível uma clareza e segurança jurídicas absolutas através de normas rigorosamente elaboradas, e especialmente garantir uma absoluta univocidade a todas as decisões judiciais e a todos os atos administractivos. Esse tempo foi o do Iluminismo."[97]

Com efeito, a legalidade era e ainda é a mais importante limitação ao poder de punir do Estado. Ela evita que o Direito Penal seja aplicado retroativamente para acomodar situações desagradáveis aos detentores do poder político, protegendo o homem do próprio Direito Penal.

Como dito, a legalidade foi formulada à época do iluminismo do século XVIII, sendo o método defendido à essa época, para o Direito Penal, o *silogístico*. Este era traduzido num processo de subsunção lógica onde a lei era a premissa maior, o caso era a premissa menor e a conclusão do processo seria a adequação do caso à lei.

---

[95] Cesar Bonecasa. Marques de Beccaria. *Tratado de los Delitos e de las Penas*. Buenos Aires: Arengreen. 1945. P.47.

[96] Feuerbach, Anselm von. *Tratado de Derecho Penal*. Buenos Aires: Hammurabi. 1989. P.63.

[97] Engisch, Karl. *Introdução ao Pensamento Jurídico*. Lisboa: Calouste Gulbenkian. 2001. P.206.

Tal método, que por força do positivismo jurídico, foi muito presente no século XIX e na primeira metade do século XX, apresentou uma significação altamente benéfica no início de sua aplicação. A história mostra inúmeros exemplos através dos quais se pode comprovar a aplicação do Direito Penal como um instrumento para acomodar as situações desagradáveis aos detentores do poder político, traduzindo-se num instrumento de arbítrio estatal. Com o silogismo, o que não estivesse previsto como crime na lei seria penalmente indiferente, não se podendo, destarte, aplicar-se retroativamente o Direito Penal, nem a analogia para incriminar condutas.

Isto posto, a ideologia da lei e o método silogístico representaram a primeira garantia do homem em face do poder de punir. Dita garantia constitui-se, até hoje, na base do Direito Penal liberal.

Deve-se aqui, antes de tudo, trazer à colação a advertência de Bettiol e Mantovani sobre a conceituação anteriormente posta. Sob a denominação Direito Penal liberal não se encontra um conjunto homogêneo de doutrinas, mas sob um certo aspecto se encontram mesmo doutrinas contrastantes entre si, que são reunidas por possuírem um ponto em comum: a limitação ao poder de punir do Estado. Em contraposição ao Direito Penal liberal, encontra-se o Direito Penal do terror, que tem por característica a não limitação do *jus puniendi* estatal e a não garantia, via de conseqüência, do homem em face do poder de punir.[98]

Como sabido, desde a Declaração Universal dos Direitos do Homem e do Cidadão, a legalidade dos crimes e das penas é uma garantia fundamental, inserida em quase todas as constituições democráticas ocidentais, donde se encontra a Constituição Federal brasileira de 1988. Essa garantia fundamental traduzida na multi referida legalidade é a maior característica do Direito Penal liberal.

Por conseguinte, infere-se que o silogismo legal integra o método do Direito Penal liberal, posto que é através dele que se realiza a principal limitação do poder de punir, assegurando-se ao homem um anteparo frente ao poder do Estado.

Todavia, a compreensão silogística, desde a crise do positivismo, mostrou-se como um elemento necessário, mas não suficiente, para se apreender o método do Direito Penal.

---

[98] Bettiol, Guissepe. Mantovanni, Luciano Petoelo. *Diritto Penale*. Pádua: CEDAM. 1986. P.20.

É que no Direito Penal muitos casos se resolvem até mesmo contra a lei, o que comprova a insuficiência do método proposto. Por exemplo, traga-se à colação o crime do art. 229 do Código Penal. Dito crime – casa de prostituição – tipifica a conduta de manter por conta própria ou de terceiro local especialmente destinado à manutenção de atos libidinosos, haja ou não intuito de lucro, haja ou não mediação direta de proprietário ou gerente. Ninguém que viva na nossa sociedade questiona que os estabelecimentos conhecidos como motéis existem para proporcionar a realização de atos de natureza sexual, e que nesses locais existe, ademais, tanto o intuito de lucro quanto a mediação de proprietário ou gerente. Se na década de setenta do século passado, o Supremo Tribunal Federal decidiu, pelo método da subsunção lógica, que as pessoas que mantinham os motéis deveriam responder por casa de prostituição, diferente é a aplicação hodierna do direito penal. O Tribunal de Justiça de São Paulo, por exemplo, tem decisão que não reconhece o crime em tela – no caso dos motéis – dentre outras coisas porque não se pode fechar os olhos para a drástica modificação dos costumes porque passou a sociedade de 1940, época da lei, até os dias atuais[99]. Por óbvio, para dar tal decisão, não se utilizou o silogismo, que conduziria inevitavelmente à condenação.

Com efeito. Com a crise do positivismo, o seu método também entrou em crise por revelar-se insuficiente.

Foi nos anos cinqüenta do século XX que um jusfilósofo alemão, chamado Teodore Viehweg, chama-nos atenção para a *tópica*. Tópica é a compreensão dos fatos. Segundo a tópica, a decisão tem que ser tomada a partir de uma interpretação universal da totalidade do acontecer, ou seja, de uma história compreendida.

Para o método tópico, deve-se fazer um processo semelhante ao dos romanos para chegar-se a decisão jurídica: os romanos consideravam o Direito uma arte, porque o pretor em caso concreto construiria a decisão boa e justa. É essa a definição de Celso: *Ius ars boni et aequi*. A tópica defende, pois, que a decisão deve brotar sempre do caso em si.

No último capítulo de sua obra, Viehweg aponta o papel fundamental da retórica para a sua teoria. É a retórica que desenvolve a tópica, na medida em que ela justifica a decisão. Por óbvio, os sinais lingüísticos

---

[99] AC 98.873. Rel. Des. Luiz Betanho. In: Franco, Alberto Silva *et alli*. Código Penal e sua Interpretação Jurisprudencial. São Paulo: RT. 1993. P. 2595.

são fundamentais para a argumentação em face do caso, mas a retórica não é formada somente por eles, já que ela também leva em conta a semântica e a pragmática. Por conseguinte, a retórica que constrói a decisão a partir do caso se assentará em três pilares: a sintaxe, a semântica e a pragmática.

"Na sintaxe: se diz a relação dos sinais com os outros sinais, semântica: a relação dos sinais com os objetos, onde sua designação é afirmada, e a pragmática: a relação situacional (der situativ Zusammenhang) onde os sinais são usados entre os interessados."[100]

5.2. O método atual: o pós-positivismo

Entretanto, a tópica em si mesma é tão radical quanto o positivismo. A ideologia da lei trouxe um grande benefício à aplicação do direito, conforme declinado acima, e não pode ser simplesmente afastada em favor da análise do caso concreto.

Nesse sentido, a filosofia pós-positivista busca um equilíbrio entre o silogismo e a tópica, reconhecendo que o Direito admite uma superposição entre duas esferas: a esfera da compreensão da norma, de um lado, e a esfera da compreensão do fato, de outro, levadas a cabo pelo ser historicamente presente, pelo procedimento argumentativo. Esse método é chamado de tópico-hemenêutico.

Usa-se, portanto, no método penal, a lei e a compreensão do caso.

A lei é o limite negativo, isto é, não se admite a incriminação do que está fora dela, já que a mesma tem por função dar a garantia do homem em face do poder de punir, conforme se apregoava desde o iluminismo. O limite negativo do método penal o harmoniza com o Princípio Constitucional da Legalidade.

O caso dá o limite positivo, podendo ser utilizado como um meio para justificar uma decisão que aumente o âmbito da liberdade, isto é, que seja *pró-libertatis*. Como a finalidade da legalidade foi garantir a liberdade do homem em face do poder de punir, conforme discorrido acima, a tópica é teleologicamente conforme a legalidade, não havendo

---

[100] Viehweg, Teodor. *Topik und Jurisprudenz*. München: Beck. 1974. P.111.

nenhuma incompatibilidade entre elas. Com efeito, são possíveis decisões não baseadas no silogismo, pela importância que deve ser dispensada ao Homem. Isto, em verdade, representa o cumprimento do Princípio Constitucional da Dignidade da Pessoa Humana, porque só se valoriza o homem a partir da compreensão do caso, que traduz a sua história real, que é única e irrepetível.

Vejamos um exemplo da decisão a partir do caso, isto é, da tópica, que serve para aumentar o âmbito de liberdade. Como sabido, a lei somente prevê duas causas legais de exclusão da culpabilidade: obediência hierárquica e coação moral irresistível (art. 22 do Código Penal). Entretanto, não se nega a existência das causas supra legais de inexigibilidade de outra conduta, que por óbvio não estão baseadas na lei, para afastar a culpabilidade do agente. Esta referida exclusão se realiza com base em um julgamento das *circunstâncias do caso concreto* que excluem a censurabilidade do autor da conduta, reconhecendo-se que elas afetaram a liberdade do agente entre se comportar conforme ou contrário ao Direito. É o caso da jurisprudência abaixo transcrita:

"PENAL E CONSTITUCIONAL. NÃO-RECOLHIMENTO DE CONTRIBUIÇÃO PREVIDENCIÁRIA. ART. 95, "D", § 1º, DA LEI 8.212/91. MATERIALIDADE COMPROVADA. FALÊNCIA DA EMPRESA. INEXIGIBILIDADE DE OUTRA CONDUTA.

I – Pratica o delito previsto no art. 95, "d", da Lei 8.212/91 (hoje com redação dada pela Lei 9.983/00, que inseriu o art. 168-A no Código Penal Brasileiro), o empregador que desconta contribuição previdenciária de seus empregados e deixa de recolhê-la aos cofres da Previdência.

II – Dolo manifestado na vontade livre e consciente de não repassar as contribuições recolhidas dos contribuintes à Previdência Social. Desnecessária a demonstração de dolo específico. O animus rem sibi habendi é exigido na apropriação indébita comum, mas não o é na apropriação indébita previdenciária.

III – A existência de provas cabais quanto à alegada dificuldade econômica da empresa administrada pelos acusados, culminando com a decretação de falência, possibilita o reconhecimento de inexigibilidade de conduta diversa e justifica a exclusão da culpabilidade.

IV – Apelação do Ministério Público Federal desprovida."

Relator: Des. Fed. CÂNDIDO RIBEIRO. TRF 1ª Reg. Ap. Crim. nº 199838000079575. Tereira Turma. DJ 18/3/2005 Pág.: 18.

Assim, o método do Direito Penal reside na síntese entre os Princípios Constitucionais da Legalidade, o qual norteia seu limite negativo e da Dignidade da Pessoa Humana, que norteia seu limite positivo.

6. Síntese Conclusiva

Porque o Direito Penal encerra em si o uso estatal da violência, sua compreensão somente pode ser efetuada através da união de seus elementos técnicos-dogmáticos com o seu significado político. Com efeito, o face política do Direito Penal aflora tão fortemente que ele é apontado como o mais sensível termômetro da feição política do próprio Estado, isto é, se a violência da pena for aplicada de forma ilimitada, sem resguardar a Dignidade da Pessoa Humana, estaremos diante de um Estado arbitrário; de outro lado, se a violência da pena for aplicada dentro de parâmetros de proporcionalidade (legalidade, culpabilidade etc), de modo que se respeite a dita Dignidade da Pessoa Humana, estar-se-á ante a um Estado democrático.

Deste modo, não se pode desvincular o Direito Penal de um duplo viés: a aplicação e a de interpretação constitucional. O primeiro viés – aplicação constitucional – condiciona o objeto do Direito Penal, o segundo – interpretação constitucional, o método.

O objeto do Direito Penal é a proteção de bens jurídicos. Toda lei penal tutela um bem, que ela própria aponta. Os crimes no nosso ordenamento jurídico estão reunidos e sistematizados sob epígrafes, as quais constituem os títulos e os capítulos tanto do Código Penal, quanto das leis especiais (Por exemplo, na epígrafe: "Crimes contra a honra", que está no capítulo V do Código Penal, reúnem-se os delitos de calúnia, difamação e injúria; todos ele representam uma violação ao bem jurídico *honra*, expresso na epígrafe). Pois bem, quando o legislador (leia-se, o político) elege um bem jurídico ele efetua uma atividade de natureza política, mas essa referida atividade política precisa ter também um *lado técnico*: a coerência finalística e sistemática com o texto constitucional. Isto se dá porque, se a pena atinge bens jurídicos constitucionalmente assegurados (vida, liberdade e patrimônio), os bens jurídicos protegidos através da definição legal do crime também precisarão ter um substrato constitucional. Caso contrário, a lei penal violará os ditames da Carta Política, mormente o Princípio da Proporcionalidade.

De outro lado, o método do Direito Penal conformará a aplicação das normas daquele Direito no caso concreto. Com efeito, quando o aplicador das normas, o juiz (leia-se, o técnico) realiza a decisão do caso, ele também realiza uma atividade política. Por isso o método de aplicação da norma penal não pode ser resumido em um silogismo, onde a lei é a premissa maior, o caso é a premissa menor e a sentença é a subsunção do caso à lei. Tal assertiva pode ser comprovada com relativa facilidade: quem poderá sustentar serem as causas supra legais inexigibilidade de outra conduta, ou do reconhecimento da exclusão da antijuridicidade pelo consentimento do ofendido, baseadas em silogismos? Muito ao contrário, esses exemplos afastam a lei – que fatalmente conduziria à conclusão do caso a aplicação da pena – e decidem o caso pela tópica. Esta última (a tópica) encontra sua legitimidade positiva nos princípios constitucionais. O método penal, assim, encontra na lei o seu sentido negativo (não se pode punir fora da lei) e no caso seu limite positivo (o caso pode ensejar uma argumentação racional para o afastamento da lei, através de fundamentação constitucional). Este método representa, pois, a síntese dos Princípios Constitucionais da Legalidade e Dignidade da Pessoa Humana.

O fenômeno da alienação técnica dos políticos somado à alienação política dos técnicos conduz à falta de norte do Direito Penal. Com esse fenômeno, o Direito Penal se assemelha a um traje de arlequim, já que suas normas nunca guardam harmonia, ora existindo leis extremamente severas, ora extremamente brandas, sem que se atinja um ponto de equilíbrio. A sua aplicação concreta, por outra parte, fica assemelhada a um lance de sorte, porque os julgamentos variarão sempre entre a técnica autista do silogismo nu, vinculada que está à ideologia do século XVIII, de que a lei pode encerrar em si toda a complexidade humana na regulação de condutas, ou estarão em conformidade com um raciocínio mais elaborado e trabalhoso, que se utiliza da tópica e da hermenêutica, tendo a Constituição como baliza entre a lei e o caso.

Essa falta de norte, ao que parece, é a situação do Direito Penal brasileiro.

7. Bibliografia

BARRETO, Tobias. "Prolegômenos ao Estudo do Direito de Punir". *Estudos de Direito II*. Rio de Janeiro:Record/Governo de Sergipe. 1991

BETTIOL, Guissepe. MANTOVANNI, Luciano Petoelo. *Diritto Penale*. Pádua: CEDAM. 1986.

BONECASA, Cesar. Marques de Beccaria. *Tratado de los Delitos e de las Penas*. Buenos Aires: Arengreen. 1945.

BRANDÃO, Cláudio. *Introdução ao Direito Penal*. Rio de Janeiro: Forense. 2002.

BUSTOS RAMÍREZ, Juan. *Contol Social y Derecho Penal*. Barcelona: PPU. 1987.

CARNELUTTI, Francesco. *El Problema de la Pena*. Buenos Aires: Europa América. 1947.

CEREZO MIR, José. *Curso de Derecho Penal Español*. Madrid: Tecnos. 1993.

ENGISCH, Karl. *Introdução ao Pensamento Jurídico*.Lisboa: Calouste Gulbenkian. 2001.

FEUERBACH, Anselm von. *Tratado de Derecho Penal*. Buenos Aires: Hammurabi. 1989.

FRANCO, Alberto Silva *et alli*. Código Penal e sua Interpretação Jurisprudencial. São Paulo: RT. 1993.

HERNANDEZ, Cesar Camargo. *Introducción al estudio del derecho penal*. Barcelona: Bosch. 1960.

JESCHECK, Hans-Heinrich. *Lehrbuch des Strafrecht*. Berlin: Duncker u. Humblot. 1988.

LISZT, Franz von. *Lehrbuch des Strafrecht*. Berlim und Lipzig: VWV. 1922.

MEZGER, Edmund. *Strafrecht. Ein Lehrbuch*. Berlin und Munich: Duncker und Humblot. 1949.

MIR PUIG, Santiago. *Derecho Penal. Parte Geral*. Barcelona: Edição do Autor. 1998.

OUVIÑA, Guillermo. "Estado Constitucional de Derecho e Derecho Penal". *Teorías Actuales en Derecho Penal*. Buenos. Aires: Ad-hoc. 1998.

PRADO, Luiz Regis. *Bem Jurídico-Penal e Constituição*. 3ª Ed. São Paulo: RT. 2003.

ROCCO, Arturo. *El objeto Del delito y de la tutela jurídica penal. Contribuición a las teorías generales del delito y de la pena*. Montevideo – Buenos Aires: BdeF. 2001.

Toledo, Francisco de Assis. *Princípios Básicos de Direito Penal.* São Paulo: Saraiva. 1994.
Viehweg, Teodor. *Topik und Jurisprudenz.* München: Beck. 1974.
Zaffaroni, Eugenio Raul. *En torno de la cuestión penal.* Montevideo – Buenos Aires: BdeF. 2005.

3. Pelos Caminhos do Direito Administrativo

3.1. Responsabilidade Civil da Administração por Violação de Dever de Prestar de Fonte Não Contratual
 – Dr. Tiago Macieirinha

3.2. Sistemas de Controlo Jurisdicional da Administração e suas Implicações numa Perspectiva Luso-brasileira
 – Mestre Timóteo Carneiro Ferreira

3.3. Análise da Política de Isenção Tributária dos Entes Federados no Brasil para Atracção de Investimentos de Empresas à Luz do Princípio da Igualdade
 – Mestre Simon Rieman Costa e Silva

RESPONSABILIDADE CIVIL DA ADMINISTRAÇÃO POR VIOLAÇÃO DE DEVER DE PRESTAR DE FONTE NÃO CONTRATUAL

TIAGO MACIEIRINHA

1. O problema

No âmbito da responsabilidade civil[1], é hoje pacífico o entendimento segundo o qual o comportamento ilícito não se consubstancia meramente em acção ou omissão antijurídica[2]. Quer dizer-se, o comportamento ilícito, para o ser, há-de traduzir-se na violação de uma norma jurídica, é certo, mas de uma norma jurídica que proteja uma posição subjectiva de vantagem do particular lesado[3]. Numa palavra, será ilícita a acção ou omissão que, contrária ao comando normativo, desestabilize a composição dos interesses jurídicos subjectivos fixada pela norma[4].

---

[1] Tratar-se-á apenas da ilicitude como pressuposto da responsabilidade civil, logo, não como pressuposto da responsabilidade penal, disciplinar ou contra-ordenacional.

[2] É certo que, na linha da lição de MARCELLO CAETANO, o artigo 6.º do Decreto-Lei n.º 48051 identificava a ilicitude com a ilegalidade do acto administrativo. No entanto, uma interpretação conjugada do artigo 6.º com os artigos 2.º e 3.º do mesmo diploma autorizaram a doutrina e a jurisprudência a adoptar conceito mais restrito de ilicitude: a ilegalidade do acto somada à afectação de uma posição jurídica de vantagem. Neste sentido, cfr., por todos, J. GOMES CANOTILHO, *O Problema da Responsabilidade Civil por Actos Lícitos*, Coimbra, 1974 p. 75; RUI MEDEIROS, *Ensaio Sobre a Responsabilidade Civil do Estado por Actos Legislativos*, Coimbra, 1992, p. 168.

[3] No âmbito da responsabilidade civil administrativa, já depois da entrada em vigor da nova lei da responsabilidade civil do Estado e demais entidades públicas, cfr. M. REBELO DE SOUSA/ A. SALGADO DE MATOS, *Responsabilidade Civil Administrativa. Direito Administrativo Geral,* Tomo III, Lisboa, 2008, p. 21.

[4] Assim, J. SINDE MONTEIRO, *Rudimentos da responsabilidade civil*, in Revista da Faculdade de Direito do Porto, ano II, 2005, p. 362. Segundo o Autor, é inerente à ilicitude a sobreposição de interesses, o que pressupõe uma desigualdade no plano da valoração.

Subjacente à adopção deste conceito de ilicitude – hoje, expressamente consagrado no artigo 9.º da Lei n.º 67/2007, de 31 de Dezembro (Regime da Responsabilidade Civil Extracontratual do Estado e demais Entidades Públicas)[5] – está o princípio geral de responsabilidade civil, com plena aplicabilidade no âmbito da responsabilidade civil da Administração Pública, de acordo com o qual os danos devem ser suportados na esfera jurídica de quem os sofre – *res domino suo perit* –, inexistindo um direito ao património enquanto tal. A esta luz, a missão principal da responsabilidade civil é transferir os danos para o seu autor quando este afectou, pela sua acção ou omissão, posições jurídicas do lesado, tuteladas pelo ordenamento jurídico, e não apenas o seu património.

Relembrado o conceito de ilicitude na responsabilidade civil da Administração Pública, chama-se a atenção para o facto de que o presente trabalho não se debruçará sobre os múltiplos problemas jurídicos implicados na delimitação das diferentes formas de ilicitude do comportamento dos titulares dos órgãos, funcionários e agentes da Administração Pública. Desde logo, não se tratará, a despeito do interesse e actualidade dos temas, da questão da indemnização dos danos produzidos em virtude de violação de interesse legalmente protegido ou do problema da falta ou culpa do serviço, assim como ficará de fora do presente texto o tratamento do tema da ilicitude por violação de normas formais ou procedimentais[6].

Dentro das várias formas de ilicitude – violação de direito subjectivo, violação de interesse legalmente protegido –, tratar-se-á apenas da primeira e, no seio desta, em especial, da questão de saber quais os direitos subjectivos compreendidos na previsão da norma do artigo 9.º do Regime da Responsabilidade Civil Extracontratual do Estado. Ainda mais especificamente, pode dizer-se que o presente trabalho visa dar resposta

---

[5] Diz o artigo 9.º, n.º 1, da referida lei: "*Consideram-se ilícitas as acções ou omissões dos titulares de órgãos, funcionários e agentes que violem disposições ou princípios constitucionais, legais ou regulamentares ou infrinjam regras de ordem técnica ou deveres objectivos de cuidado e de que resulte a ofensa de direitos ou interesses legalmente protegidos.*".

[6] Sobre o tema, cfr. MARGARIDA CORTEZ, *Responsabilidade Civil da Administração por Actos Administrativos Ilegais e Concurso de Omissão Culposa do Lesado*, STUDIA IURIDICA, n.º 52, Coimbra, 2000; *idem, O crepúsculo da invalidade formal?*, in CJA, n.º 7; C. FERNANDES CADILHA, *Regime da Responsabilidade Civil Extracontratual do Estado e Demais Pessoas Colectivas Anotado*, Coimbra, 2008, pp. 147 e ss.

ao problema de saber se a violação pela Administração Pública de direitos de crédito com origem na lei e no acto administrativo – logo, não com fonte no contrato, dado que esses estão naturalmente excluídos do âmbito do Regime da Responsabilidade Civil Extracontratual do Estado – se integra no conceito de ilicitude inserto na norma do artigo 9.º da Lei n.º 67/2007, de 31 de Dezembro, ou se, pelo contrário, a violação destes direitos segue um regime específico de responsabilidade civil diferente do acolhido naquela Lei, limitando-se esta, consequentemente, a disciplinar a responsabilidade civil extracontratual da Administração fundada na violação de direitos subjectivos de natureza absoluta, ou seja, não creditícia.

Um exemplo pode ilustrar o problema que se procurará debelar: se a Administração Pública incumprir o dever de pagamento de um determinado subsídio, atribuído directamente por lei a um particular, deve o ressarcimento dos danos resultantes do incumprimento deste dever de prestar de fonte legal seguir o regime da responsabilidade civil extracontratual do Estado? Como facilmente se antolha, a resposta ao problema da delimitação do âmbito da responsabilidade extracontratual da Administração não se queda por resultados de alcance meramente dogmático ou de arrumação conceptual, comportando importantes consequências de regime, das quais se destacam as implicações em sede de ónus da prova, porquanto é sabido que o regime do ónus da prova acolhido no âmbito da chamada responsabilidade contratual é mais favorável ao lesado do que o previsto no âmbito da chamada responsabilidade extracontratual. Para além da matéria do ónus da prova, outras consequências práticas decorrem da resposta à questão enunciada, designadamente quanto à determinação do prazo de prescrição da obrigação de indemnizar e com respeito ao regime da responsabilidade por facto de terceiro.

2. A solução na perspectiva do Direito Civil

Antes de se proceder à análise do problema no âmbito do Direito Administrativo, afigura-se pertinente dar conta, ainda que sinteticamente, do entendimento que tem sido manifestado sobre o tema no domínio do Direito Civil. A este propósito, interessa captar qual o sentido da expressão "direitos de outrem", constante da norma do artigo 483.º do Código Civil, no sentido de perceber se aí está compreendida a violação de qualquer direito subjectivo, incluindo dos direitos de crédito de origem legal, ou apenas dos chamados direitos absolutos, aos quais corresponde, correlatamente, o designado dever geral de respeito.

Chama-se a atenção, a título preventivo, para o facto de que ao falar--se em direitos de crédito de origem legal ou, correlatamente, de deveres de prestar de fonte legal pretende-se apenas visar as posições subjectivas fundadas directamente na lei e cujo conteúdo se analisa no dever de prestar de outrem. A prevenção justifica-se na medida em que se utilizarmos um critério amplo, todas as obrigações teriam a sua fonte, ainda que apenas mediatamente, na lei, dado que, em última análise, seria ela a autorizar, por exemplo, a produção de efeitos jurídicos associados ao acordo de vontades das partes de um contrato[7]. Todavia, apesar da necessária mediação da lei – aqui compreendida em termos amplos – como fenómeno gerador de todas as obrigações, a referência a direitos de crédito de origem legal abrange somente os deveres de prestar específicos, cujo conteúdo resulte definido na lei, sem interferência da autonomia da vontade[8].

Acerca dos contornos do conceito de "direitos de outrem", tem sido entendimento unânime das vozes mais autorizadas da doutrina civilista o de que ele abrange somente os chamados direitos absolutos e outros concretos tipos de ilícito, ficando, por sua vez, reservada para o regime da responsabilidade contratual a violação dos direitos de crédito, cujo objecto é uma prestação em sentido técnico[9]. Diga-se, ainda, que esta opção, na base da qual se funda a *summa divisio* entre responsabilidade extracontratual e responsabilidade contratual, não distingue os direitos de crédito à luz do critério da sua fonte ou origem. Assim, independentemente da sua fonte – legal ou contratual –, entende-se que a violação dos direitos de crédito está compreendida no âmbito da chamada responsabi-

---

[7] Chamando a atenção para o ponto, cfr. L. MENEZES LEITÃO, *Direito das Obrigações*, Vol. I, 3ª edição, Coimbra, 2003, pp. 183 e 184.

[8] Parecendo aceitar a dicotomia entre direitos de crédito de origem legal e direitos de crédito de origem contratual, cfr. A. MENEZES CORDEIRO, *Da Responsabilidade Civil dos Administradores das Sociedades Comerciais*, Lisboa, 1996, p. 493.

[9] Assim, por todos, cfr. A. VAZ SERRA, *Requisitos da Responsabilidade Civil*, in Boletim do Ministério da Justiça, n.º 92, p. 37; J. SINDE MONTEIRO, *Responsabilidade Civil por Conselhos, Recomendações ou Informações*, Coimbra, 1989, p. 182; J. ANTUNES VARELA, *Das Obrigações em Geral*, Vol. I., 10ª edição, Coimbra, 2000, p. 519; M. ALMEIDA COSTA, *Direito das Obrigações*, 9ª edição, Coimbra, 2001, p. 494.

lidade civil contratual, na medida em que, ainda de acordo com a posição da doutrina civilista, se sustenta que as especificidades do regime da responsabilidade contratual estão mais relacionadas com a natureza intrínseca das relações creditórias do que com o fenómeno vital de onde emergem[10]. Com efeito, a especificidade da responsabilidade obrigacional não se prende, ontologicamente, com a origem contratual ou legal das obrigações, mas com a circunstância de traduzir uma reacção à violação de um dever específico, isto é, de uma norma que continha, em si mesma, a prescrição do comportamento a adoptar ou a evitar, ao passo que o delito traduz a violação de um dever genérico, o qual apenas caso a caso pode ser concretizado (A. MENEZES CORDEIRO)[11].

Precisamente por esta razão tem sido sublinhada a imprecisão da classificação bipartida da responsabilidade civil em *contratual* e *extracontratual*, defendendo-se, em conformidade, melhor corresponder ao sentido daquela repartição as expressões responsabilidade *obrigacional* e *extraobrigacional*[12].

Nestes termos, é possível concluir-se que, no âmbito do Direito Civil, a violação dos direitos de crédito de origem legal não integra o conceito de ilicitude para efeitos de responsabilidade civil aquiliana, extraobrigacional ou, como comummente se continua a designar, extracontratual. Em conformidade, é ainda possível assentar em que a violação de deveres de prestar de fonte legal segue, no âmbito do Direito Civil, o regime próprio da responsabilidade civil obrigacional ou contratual.

Quanto às especificidades do regime da responsabilidade civil contratual em face do regime da responsabilidade civil extracontratual, retêm-se, agora, alguns dos seus traços de regime mais marcantes e as razões que lhes subjazem[13]:

---

[10] Nestes termos, cfr. J. ANTUNES VARELA, *Das Obrigações em Geral*, Vol. II, 4ª edição, 1990, pp. 97 e 98.

[11] Cfr. *Op. cit,*, p. 488.

[12] Nestes termos, por todos, cfr. I. GALVÃO TELLES, *Direito das Obrigações*, 6ª edição, Coimbra, 1989, p. 321; M. ALMEIDA COSTA, *op. cit.*, p. 493; J. ANTUNES VARELA, *op. cit.*, Vol. I, p. 519, nota 1; F. PESSOA JORGE, *Ensaio Sobre os Pressupostos da Responsabilidade Civil*, Reimpressão, Coimbra, 1995, p. 37, de acordo com o qual "quando se menciona o delito como fonte de obrigações, considera-se apenas o acto ilícito que consiste na violação de dever diverso de uma obrigação".

[13] Não se ignora que, para além dos três aspectos de regime mencionados no texto, existem outras particularidades que distinguem o regime da responsabilidade obrigacional

a) Presunção de culpa (art. 799.°, n.° 1, do CC): nas palavras de J. ANTUNES VARELA, fundamentam-na "(...) a consideração, tirada da experiência comum, de que o inadimplemento da obrigação é, em regra, culposo (devido a negligência) e a ideia de que o devedor está em melhores condições para alegar e provar os factos que tornam inimputável o não cumprimento do que o credor."[14]
b) Prazo de prescrição de 20 anos (art. 309.° do CC): resulta da menor necessidade de protecção da segurança jurídica do devedor no âmbito da responsabilidade contratual quando confrontada com a devida pelo lesante no âmbito do delito. Aqui, a indeterminação dos danos ressarcíveis e do dever jurídico violado demandam, a bem da previsibilidade das situações jurídicas, maior cautela na extensão do prazo do direito de indemnização;
c) A responsabilidade por facto de terceiro não depende da verificação do pressuposto da comissão (art. 800.°): dispensa-se, assim, uma relação de subordinação ou dependência entre o devedor e o seu auxiliar. Entendeu-se que não seria justo exonerar o devedor de responsabilidade quando o incumprimento " (...) provenha não de estranhos ao processamento da relação obrigacional mas de pessoas que legalmente representam o devedor ou que o devedor utiliza no cumprimento como seus auxiliares."[15]

3. A solução na perspectiva do Direito Administrativo

3.1. *Direitos de crédito dos particulares em face da Administração*

3.1.1. *Em geral*

Superado o modelo autoritário de Administração Pública, típico do Estado Liberal, no quadro do qual se entendia que o cidadão não era verdadeiramente titular de posições jurídicas de vantagem em face da

---

do da responsabilidade extraobrigacional. Sobre o ponto, cfr., por todos, M. ALMEIDA COSTA, *op. cit.*, pp. 496 e ss.

[14] *Op. cit.*, Vol. II, p. 97, nota 1.
[15] J. ANTUNES VARELA, *op. cit.*, Vol. II, pp. 97 e 98.

Administração, mas, quando muito, de uma pretensão a que a Administração agisse com base na lei, é hoje pacífico que, no quadro de um modelo de Administração Pública de matriz paritária – exigência constitucional do Estado Social de Direito –, o particular surge, nas suas relações com a Administração Pública, como titular de verdadeiros e próprios direitos subjectivos públicos, logo não podendo ser mais considerado como destinatário ou "súbdito" do poder. Com efeito, o advento do Estado Social, acompanhado da consagração de direitos sociais dos cidadãos nos domínios da saúde, da educação ou da segurança social, veio justamente demonstrar que as relações jurídicas que se estabelecem entre os particulares e a Administração não são necessariamente de supra-infra ordenação, podendo bem suceder ser a Administração a ocupar o lado passivo da relação jurídica, ficando, portanto, adstrita ao cumprimento de um conjunto de deveres em face dos particulares. Por outro lado, o estatuto constitucional dos cidadãos, titulares de direitos fundamentais em face dos poderes públicos, tornou dogmaticamente inviável a adopção de um modelo de Administração Pública e de Direito Administrativo inspirados na ideia de sujeição dos particulares ao poder administrativo[16].

É ainda pertinente lembrar, como tem sido avançado pela doutrina dos direitos subjectivos públicos, adoptada entre nós primeiramente por VASCO PEREIRA DA SILVA, não existir uma diferença estrutural ou de natureza entre os direitos subjectivos públicos e os direitos subjectivos descortináveis no contexto de relações jurídico-privadas[17]. O único elemento que os distingue vem a ser, afinal, o da natureza pública ou privada da entidade que figura no lado passivo da relação jurídica. Em bom rigor, como ensinou a teoria da norma de protecção, se de uma norma jurídica, cuja intencionalidade não seja unicamente a tutela do interesse público, mas também a de um interesse jurídico de um particular, se extrair um dever ao qual está adstrito outro sujeito de direito, pode dizer-se estar

---

[16] Para uma explicação profunda sobre a evolução da relação dos particulares com a Administração, apenas sinteticamente referida no texto, cfr., por todos, VASCO PEREIRA DA SILVA, *Em Busca do Acto Administrativo Perdido*, Coimbra, 1998, pp. 11 e ss.; *idem*, *O Contencioso Administrativo no Divã da Psicanálise*, 2ª edição, Coimbra, 2009, pp. 9 e ss.

[17] Cfr. *Em Busca do Acto Administrativo Perdido*, op. cit., p. 214; no mesmo sentido, cfr. PEDRO MACHETE, *Estado de Direito Democrático e Administração Paritária*, Coimbra, 2007, p. 489.

consagrado um direito subjectivo, independentemente da natureza pública ou privada da entidade destinatária desse dever.

Mais ainda – este ponto com especial relevância para o presente trabalho –, no contexto das relações jurídico-administrativas, como sucede, aliás, no âmbito do Direito Privado, os particulares podem ser titulares de direitos que apresentam uma diferente estrutura – os chamados direitos relativos ou de crédito e os direitos absolutos. No primeiro caso, a norma adstringe a Administração ao cumprimento de um dever de prestar – *obrigação em sentido técnico* –, o qual pode traduzir-se num específico dever de fazer, de não fazer, de tolerar ou de dar. São exemplos, entre outros, de direitos de crédito dos particulares em face da Administração os direitos a prestações sociais no âmbito da saúde, educação ou segurança social, o direito ao vencimento dos funcionários públicos, o direito à emissão de licença necessária ao exercício de determinada actividade económica, assim como os direitos de crédito fundados em contratos celebrados entre os particulares e a Administração[18]. Já em relação aos chamados direitos absolutos, ao invés de estar sujeita a um específico e determinado dever de prestar, cumpre apenas à Administração respeitar um dever genérico de não perturbação do exercício dos direitos pelos particulares, como sucede, por exemplo, com relação ao direito de propriedade.

A esta luz, não parece existir margem para duvidar que, no contexto das relações jurídico-administrativas, os particulares podem ser titulares de verdadeiros e próprios direitos de crédito em face da Administração, cuja natureza ou estrutura não se distingue daqueles que se podem divisar no âmbito das relações jurídico-privadas.

---

[18] Admitindo a existência de direitos de crédito no contexto das relações jurídico--públicas, cfr. VASCO PEREIRA DA SILVA, *Em Busca do Acto Administrativo Perdido, op. cit.*, pp. 214 e ss.; J. VIEIRA DE ANDRADE, *A Justiça Administrativa (Lições)*, 8ª edição, Coimbra, 2005, p. 73; o Autor designa estes direitos por direitos transitivos ou de natureza obrigacional; M. AROSO DE ALMEIDA, *O Novo Regime do Processo nos Tribunais Administrativos*, 4ª edição, 2005, pp. 122 e ss; M. AROSO SE ALMEIDA/ C. FERNANDES CADILHA, *Comentário ao Código de Processo nos Tribunais Administrativos*, 2ª edição, 2007, p. 212; PEDRO MACHETE, *Estado de Direito Democrático e Administração Paritária, op. cit.*, p. 527.

3.1.2. *A fonte dos direitos de crédito dos particulares em face da Administração*

No âmbito das relações jurídico-administrativas, os direitos de crédito dos particulares podem ter a sua origem na lei, no contrato público ou no acto administrativo. Assim, esquematicamente:

a) Sempre que uma norma jurídica vincule a Administração ao cumprimento de um específico dever de prestar em favor de um particular, encontra-se consagrado um direito de crédito de origem legal. A lei está aqui referida no sentido de norma jurídica, ou seja, englobando a lei ordinária, bem como as normas regulamentares. Para além das normas infraconstitucionais, é ainda possível pensar-se em deveres de prestar com origem em preceitos constitucionais, que, sendo imediatamente aplicáveis, se imponham sem mais à Administração. Por outro lado, não sendo possível, apenas a partir do texto constitucional, extrair o concreto dever de prestar que impenda sobre a Administração, sempre a interpretação das normas constitucionais, *maxime* as relativas a direitos fundamentais, será elemento decisivo de descoberta de direitos consagrados em normas meramente ordinárias.

b) Como é óbvio, a celebração de contratos públicos entre a Administração e os particulares comporta o surgimento de direitos de crédito dos particulares em face da Administração. Todavia, como se anunciou *supra* (ponto 1.), o presente estudo não se debruçará sobre a responsabilidade civil contratual em sentido próprio, ou seja, decorrente da violação de direitos de crédito fundados em contratos públicos.

c) Os direitos de crédito podem igualmente ter na sua origem a prática de um acto administrativo[19]. Assim sucederá quando a norma jurídica fizer depender de juízo valorativo próprio do poder administrativo a atribuição ao particular de uma posição de vantagem de natureza obrigacional. Nestes casos, só após o exercício dessa margem de decisão surgirá o direito na esfera jurídica do particular. Noutros casos, não é já a atribuição do direito que é deixada à liberdade de decisão da Administração, mas apenas

---

[19] Admitindo esta possibilidade, cfr. VASCO PEREIRA DA SILVA, *Em Busca do Acto Administrativo Perdido, op. cit.*, p. 231.

tão-só a extensão do seu conteúdo, para cujo preenchimento é competente a Administração no quadro dos limites da lei. Assim, neste último caso, pode dizer-se que a lei atribui um direito não imediatamente exequível, que carece de uma intervenção densificadora da Administração, de modo a poder tornar-se "líquido e certo" (J. VIEIRA DE ANDRADE)[20]. A norma do artigo 37.º, n.º 2, alínea e), do Código de Processo nos Tribunais Administrativos (CPTA) confirma precisamente o entendimento de acordo com o qual os direitos de crédito dos particulares em face da Administração podem ter na sua origem a prática de um acto administrativo, na medida em que aí se menciona expressamente a existência de deveres de prestar "que tenham sido constituídos por actos jurídicos praticados ao abrigo de disposições de direito administrativo"[21].

3.1.3. *O conteúdo dos direitos de crédito dos particulares em face da Administração*

Em primeiro lugar, deve dizer-se que o conteúdo dos direitos de crédito dos particulares em face da Administração tanto pode analisar-se na faculdade de exigir desta a realização de operações materiais, como a prática de actos jurídicos. Quanto à faculdade de exigir a realização de operações materiais, o conteúdo do direito dependerá da conformação da concreta relação jurídica existente entre o particular e a Administração, podendo consistir, a título de exemplo, na faculdade de exigir a realização de específica prestação social que não se traduza na prática de acto administrativo (*v.g.* pagamento de uma pensão; prestação de cuidados médicos; prestação de serviços de ensino). Por outro lado, se a satisfação da posição de vantagem atribuída por lei ao particular depender da prática de acto administrativo, então, a Administração está constituída na obrigação de praticar um acto administrativo com determinado conteúdo favorável, conteúdo este que resultará, de forma vinculada, directamente

---

[20] Trata-se dos direitos designados por J. VIEIRA DE ANDRADE, cfr. *op. cit.*, p. 75, como *direitos prima facie*, "cujo conteúdo não está perfeitamente determinado na lei, dependendo, para se tornarem «definitivos» (líquidos e certos) e exercitáveis, de uma concretização ou densificação por parte da autoridade administrativa".

[21] Neste sentido, cfr. M. AROSO DE ALMEIDA/ C. FERNANDES CADILHA, *op. cit.*, p. 213.

da lei. Na situação como a acabada de descrever, o direito de crédito do particular não surge, todavia, com a prática do acto administrativo, antes resultando a sua atribuição e o seu conteúdo directamente de norma jurídica que vincula a Administração a agir. Na verdade, nos casos em que se verifica a existência de um dever de praticar acto administrativo favorável com determinado conteúdo definido por lei, a prática do acto não traduz o momento fundador do direito do particular, representando antes, somente, uma forma legalmente prevista de cumprimento de uma obrigação favorável ao particular destinatário do acto. Como sublinhado no ponto anterior, o acto administrativo será o título constitutivo da obrigação apenas quando a lei reservar para o exercício da discricionariedade administrativa a tarefa de constituição e concretização dos direitos subjectivos dos particulares. Ora, nos casos em que não se verifica essa discricionariedade, o acto não cria o direito, limitando-se, pois, a traduzir-se em forma de cumprimento da obrigação anteriormente criada por lei[22].

Independentemente da modalidade de cumprimento em que se analise o conteúdo dos direitos de crédito dos particulares em face da Administração – realização de operações materiais ou prática de actos jurídicos –, importa ainda perceber em que medida a relativa indeterminação com que a lei prevê a constituição de alguns deveres que impendem sobre a Administração condiciona o conteúdo e até a própria existência dos *direitos de crédito administrativos*. A este respeito convém recordar que a relativa abertura de conceitos a que normalmente recorre a lei na tarefa de previsão de deveres de prestar de conteúdo legal não é, *a priori*, incompatível com a consagração de direitos de crédito. Assim, porque "quer nos actos jurídicos, quer nas disposições legais de que emergem as obrigações, individualiza-se, em geral, a prestação, indicando a espécie de actos a que pertence, sem se descer a minúcia de ordem técnica ou económica. Por tal motivo frequentemente a prestação é algo indeterminada em vários dos seus aspectos; diz-se, por exemplo, que o devedor deve «administrar», que deve «guardar» alguma coisa, que deve realizar certo

---

[22] Neste sentido, cfr. PEDRO MACHETE, *op. cit.*, p. 527, falando, a este propósito, na existência de um direito subjectivo material nas situações em que o particular tem direito a um acto com determinado conteúdo; em sentido contrário, cfr. M. AROSO DE ALMEIDA/ C. FERNANDES CADILHA, *op. cit.*, p. 212, entendendo que é a prática do acto administrativo que define, com autoridade pública, o direito aplicável em relação ao particular interessado.

negócio, etc." (M. GOMES DA SILVA)[23]. Semelhante indeterminabilidade da prestação não pode, portanto, *a priori*, significar, mesmo no domínio do Direito Administrativo, que a lei não consagrou um direito de crédito. Com efeito, a relativa indeterminabilidade da prestação não é, em si mesma, incompatível com a consagração do direito de crédito, a qual só poderá ficar comprometida nas situações em que a previsão do dever de prestar está condicionada ao exercício de juízos valorativos próprios do poder administrativo. Assim, o surgimento do direito de crédito, bem como a sua extensão, dependerão da circunstância de saber em que medida a lei pretendeu atribuir, de imediato e de forma vinculativa, determinada prestação ao particular ou, ao invés, reservou para a Administração o poder de criar e conformar o conteúdo desses direitos. O ponto resolver-se-á através da interpretação da norma jurídica, no sentido de distinguir, à luz do princípio da separação de poderes, quais os deveres que se podem extrair directamente da lei daqueles que estão irredutivelmente no âmbito da discricionariedade administrativa.

Todavia, mesmo nos casos em que, da interpretação da norma jurídica, resulte a verificação da existência de um espaço de discricionariedade, pode bem suceder que a evolução de uma concreta situação jurídica determine que, dentro das várias opções legalmente possíveis em abstracto, apenas uma delas se afigure legalmente viável à luz das circunstâncias concretas do caso. Este fenómeno, conhecido como "redução a zero da discricionariedade", pode significar que a evolução dos factos determine o surgimento de um concreto dever de prestar, de cujo cumprimento a Administração não se pode eximir (VASCO PEREIRA DA SILVA)[24].

Por outro lado, a estrutura do direito de crédito pode ainda variar consoante a lei preveja a consagração de uma obrigação de meios ou de resultado. Se o dever que impende sobre a Administração se traduzir na vinculação desta a um resultado ou a um fim, pode dizer-se que o direito está já consagrado independentemente da indeterminação legal em relação aos meios que a Administração escolherá para a prossecução da tarefa destinada à consecução do resultado legalmente exigido. Assim, nestes casos, é indiferente para a consagração do direito de crédito do

---

[23] Cfr. *O Dever de Prestar e o Dever de Indemnizar*, Lisboa, 1944, p. 7, falando, a este propósito, de um problema da estrutura e da extensão do dever de prestar.

[24] Neste sentido, cfr. *Em Busca do Acto Administrativo Perdido*, op. cit, p. 257.

particular a discricionariedade quanto aos meios, dado que o particular pode exigir judicialmente o fim legalmente previsto.

3.2. O regime da responsabilidade civil por violação de direitos de crédito dos particulares em face da Administração

3.2.1. Âmbito de aplicação objectivo do Regime da Responsabilidade Civil do Estado e demais Entidades Públicas

Debelado, em sentido afirmativo, o problema de saber em que medida as relações jurídico-administrativas comportam a existência de direitos de crédito (de fonte não contratual) dos particulares em face da Administração, explicitadas as correspondentes fontes e caracterizado o seu conteúdo típico, é tempo de perguntar qual o regime de responsabilidade civil aplicável à violação destes direitos. À primeira vista, desenham-se dois caminhos possíveis de resposta a esta indagação: admitir que a violação de direitos de crédito de origem não contratual segue o regime de responsabilidade civil extracontratual, definido no Regime da Responsabilidade Civil do Estado, ou entender que esta Lei apenas abarca no seu âmbito de aplicação objectivo a violação de deveres genéricos de abstenção, não tratando, pois, em geral, da violação de deveres de prestar específicos. Optar pelo entendimento manifestado em segundo lugar resolve, todavia, somente uma parte do problema, dado que permanece por responder qual o regime de responsabilidade civil aplicável. Antes de avançar para este ponto, é, portanto, decisivo saber se o Regime da Responsabilidade Civil do Estado abrange no seu âmbito de aplicação objectivo a violação de deveres de prestar específicos (de origem não contratual).

Cumpre dizer, desde logo, que a Lei não resolve o problema que se enfrenta. Com efeito, a propósito do seu âmbito de aplicação, a Lei limita-se a declarar, no n.º 1 do artigo 1.º, que rege "a responsabilidade civil extracontratual do Estado e das demais pessoas colectivas de direito público por danos resultantes do exercício da função legislativa, jurisdicional e administrativa". Por explicar permanece, pois, o sentido da expressão "responsabilidade civil extracontratual".

No seu sentido literal, a fórmula "responsabilidade civil extracontratual" sugere que ao Regime da Responsabilidade Civil do Estado não importariam apenas os ilícitos resultantes da violação de obrigações com fonte nos contratos. E, para o que agora importa, que lhe pertenceria a definição do regime do incumprimento das obrigações a cargo da Administração com origem na lei e no acto administrativo[25]. Para mais quanto a norma paralela do Código Civil, na linha da tradição legal, se integra na secção subordinada à epígrafe "responsabilidade por factos ilícitos".

Razões ponderosas aconselham, porém, outro entendimento.

À cabeça, porque, como *supra* sublinhado, a classificação bipartida da responsabilidade em contratual e extracontratual, por tecnicamente imprecisa, não pode ser entendida no seu sentido literal. Em bom rigor, o traço distintivo destes dois tipos de responsabilidade civil, que justifica o estabelecimento de regimes diferenciados, não é a natureza contratual ou extracontratual da obrigação violada, mas antes a natureza obrigacional ou não obrigacional do dever jurídico violado. Aceitar o contrário seria desvirtuar a identidade dos dois tipos de responsabilidade civil comummente reconhecidos pela doutrina e jurisprudência nacionais – responsabilidade obrigacional e extraobrigacional –, para além de corresponder à criação de um novo tipo de responsabilidade civil, dedicado, simultaneamente, à reparação dos danos decorrentes da violação de deveres de prestar específicos – obrigações em sentido técnico – e de deveres genéricos – deveres gerais de respeito – sem qualquer correspondência, repita-se, no fundamento que está na base da distinção entre aqueles dois tipos de responsabilidade civil.

Depois, porque, segundo se julga, a adopção pela novo Regime da Responsabilidade Civil do Estado da expressão "responsabilidade civil extracontratual" dever-se-á mais ao facto de o anterior regime jurídico em vigor – Decreto-Lei n.º 48051 – servir-se igualmente desta expressão, do que, propriamente, à vontade de exprimir uma opção consciente pela criação original de um novo tipo de responsabilidade civil, de contornos, pelo menos, dogmaticamente discutíveis. Ao que parece, na verdade, o

---

[25] Neste sentido, cfr. C. FERNANDES CADILHA, *op. cit.*, p. 119, integrando a violação de obrigações de agir no âmbito da norma do artigo 7.º do RRCEE; M. REBELO DE SOUSA/ A. SALGADO DE MATOS, *op. cit.*, p. 16, de acordo com os quais "a responsabilidade contratual decorre da violação de direitos de crédito resultantes do contrato. A responsabilidade extracontratual decorre da afectação de outros direitos subjectivos ou interesses legalmente protegidos."

legislador de 2008 foi sensível à opção terminológica adoptada pelo legislador de 1967, bem como, não se esqueça, pela própria Constituição de 1976 (cfr. art. 22.º).

São, pois, razões de natureza histórica que justificam a opção, ainda hoje, pela expressão "responsabilidade civil extracontratual". Todavia, o quadro dogmático em que se moveu o legislador do Decreto-Lei n.º 48051 e, por arrastamento, o legislador constituinte era – pode dizer-se – *insensível* ao problema da responsabilidade civil da Administração por violação de direitos de crédito de fonte não contratual. Com efeito, não pode olvidar-se que o legislador de 1967 tinha uma pré-compreensão quanto à natureza da relação jurídica entre o particular e a Administração, no contexto da qual não se aceitava a existência de verdadeiros direitos de crédito (de fonte não contratual) dos particulares em face da Administração. Diga-se, ainda, em abono desta tese, que o incumprimento dos deveres de prestar de fonte legal não merecia, à época, por parte do ordenamento jurídico-público, resposta equiparável à fornecida pelo Direito das Obrigações para situações de inadimplemento análogo. Basta pensar-se na insindicabilidade judicial da omissão de conduta devida pela Administração, que assentava na ideia de acordo com a qual os tribunais não podiam condenar a Administração.

Resulta do entendimento acabado de expor que o conceito de ilicitude inserto na norma do artigo 9.º abrange apenas a violação de direitos absolutos, na medida em que a violação de deveres de prestar específicos é matéria que não está compreendida no âmbito de aplicação objectivo do novo Regime da Responsabilidade Civil do Estado.

Em síntese, do exposto podem reter-se três conclusões: 1) a opção do legislador de 1967 pela expressão "responsabilidade civil extracontratual" não pretendeu manifestar a criação de um novo tipo legal de responsabilidade civil, simultaneamente dedicado à reparação dos danos decorrentes da violação de deveres de prestar específicos e de deveres gerais de abstenção, antes foi o resultado de uma pré-compreensão da relação do particular com a Administração, no contexto da qual não tinha relevância dogmática o problema da violação dos deveres de prestar de fonte não contratual; consequentemente 2) a violação de deveres de prestar não estava compreendida no âmbito de aplicação objectivo do Decreto-Lei n.º 48051; 3) o legislador do novo Regime da Responsabilidade Civil do Estado adoptou a expressão "responsabilidade civil extracontratual" em homenagem à tradição fundada no Decreto-Lei n.º 48051 e na Constituição de 1976 sem, no entanto, pretender englobar no âmbito de aplicação objectivo do novo diploma da responsabilidade civil do Estado a violação de deveres de prestar.

Esclarecida a questão relativa ao âmbito de aplicação do novo Regime da Responsabilidade Civil do Estado no sentido de esta não abarcar, em geral, a violação de deveres de prestar, permanece por responder qual o regime de responsabilidade civil aplicável à violação daqueles deveres. Para já, diga-se apenas existir, no âmbito do ordenamento jurídico-administrativo, lacuna legal, na medida em que não se vislumbra um conjunto de soluções normativas legais talhadas especificamente para a regulação do problema da responsabilidade civil obrigacional administrativa por violação de direitos de crédito de fonte não contratual.

3.2.2. Recurso às soluções do Código Civil

Em face da existência de lacuna legal, o intérprete deve procurar as soluções que melhor se adequam, dentro do espírito do sistema, à regulação dos casos omissos. Movido por este propósito, deve-se, desde já, procurar resposta para a regulação da responsabilidade civil obrigacional administrativa por violação de direitos de crédito de fonte não contratual nas normas do Código Civil cujo objecto é a responsabilidade civil obrigacional.

Em sede de pressupostos da responsabilidade civil, existe coincidência entre os previstos para a responsabilidade delitual e os contemplados para a responsabilidade obrigacional. Assim, a obrigação de indemnizar por incumprimento de dever de prestar exige a verificação simultânea da ilicitude do comportamento, da culpa do agente, do dano e do nexo de causalidade entre o facto ilícito e o dano. Todavia, apesar da identidade de pressupostos, verifica-se diferença assinalável entre os dois tipos de responsabilidade civil em matéria de ónus da prova dos pressupostos. Assim, desde logo, em relação ao pressuposto da culpa, no âmbito da responsabilidade civil obrigacional, ao contrário do que sucede no âmbito da responsabilidade extraobrigacional, está consagrada uma presunção de culpa do devedor. Ou seja, compete ao devedor demonstrar que o incumprimento da obrigação não se deveu a culpa sua.

Viu-se já qual o fundamento do estabelecimento desta presunção de culpa – "a consideração, tirada da experiência comum, de que o inadimplemento da obrigação é, em regra, culposo (devido a negligência) e a ideia de que o devedor está em melhores condições para alegar e provar os factos que tornam inimputável o não cumprimento do que o credor" (J. Antunes Varela)[26]. Ora, atendendo justamente às razões que estão na base desta opção legislativa, entende-se que a norma do artigo 799.º, n.º 1, do Código Civil, é igualmente aplicável ao regime da responsabilidade civil da Administração por violação dos direitos de crédito dos particulares com fonte na lei e no acto administrativo. Poder-se-á dizer, no entanto, que semelhante aplicação da norma do artigo 799.º, n.º 1, à violação dos deveres de prestar de fonte não contratual não terá relevância prática no âmbito da responsabilidade civil administrativa, na medida em que o artigo 10.º, n.º 2, do novo Regime da Responsabilidade Civil do Estado prevê igualmente uma presunção de culpa leve em relação à prática de actos jurídicos ilícitos. É certo, reconhece-se, que com respeito à prática de actos jurídicos, o recurso à norma do Código Civil não significa introdução de solução inovadora, mas o mesmo não poderá dizer-se com relação aos ilícitos consubstanciados no incumprimento de realização de operações materiais. Logo, a solução do Código Civil, por mais abrangente, favorece o ónus da prova da culpa do devedor.

Todavia, para além da presunção do pressuposto da culpa, discute-se, no âmbito da doutrina civilista, a questão de saber se, em sede de responsabilidade obrigacional, não estariam igualmente abrangidos pela presunção acolhida na norma do artigo 799.º, n.º 1, outros pressupostos da responsabilidade civil. Neste sentido, tem sido defendido que a norma do artigo 799.º, n.º 1, não se refere apenas à censurabilidade da conduta do devedor, incluindo também presunções relativas à existência do comportamento faltoso – presunção de ilicitude[27] – e ao nexo de causalidade entre o comportamento faltoso e os danos sofridos pelo lesado[28].

Independentemente da posição adoptada acerca da extensão da presunção contida na norma do artigo 799.º, n.º 1, é, pelo menos, pacífico que, uma vez demonstrada a existência do direito de crédito, o credor ficará eximido do ónus de provar a inexecução da obrigação, dado que, nos termos do artigo 342.º, n.º 2, do Código Civil, o cumprimento da

---

[26] *Das Obrigações em Geral*, Vol. II, *op. cit.* p. 97, nota 1.
[27] Neste sentido, cfr. M. Carneiro da Frada, *Contrato e Deveres de Protecção*, Coimbra, 1994, p. 191; A. Menezes Cordeiro, *op. cit.*, p. 486.
[28] Cfr. A. Menezes Cordeiro, *op. cit.*, p. 486. Contra, cfr. L. Menezes Leitão, *Direito das Obrigações*, Vol. II, Coimbra, 2002, p. 250.

obrigação, como facto extintivo do direito de crédito invocado, terá de ser demonstrado pelo devedor. À mesma conclusão se chega com apelo à norma do artigo 343.º do Código Civil, dado que, sendo o incumprimento um facto negativo, o credor não tem de provar a sua verificação. Nestes termos, parece que, seja pela via da interpretação do artigo 799.º, n.º 1, seja por força do funcionamento das regras de distribuição do ónus da prova (cfr. arts. 342.º, n.º 2; art. 343.º), caberá ao devedor o ónus de provar que realizou a prestação a que estava obrigado ou, por outras palavras, que não se verifica o pressuposto da ilicitude[29]. Assim, para além do ónus da prova da culpa, em sede de responsabilidade obrigacional, a ilicitude do comportamento do devedor encontra-se, à partida, demonstrada, cabendo, consequentemente, ao inadimplente provar que cumpriu a obrigação, ou seja, que satisfez o direito de crédito alegadamente violado. Embora com dúvidas, entende-se que a interpretação extensiva da norma do artigo 799.º, n.º 1, pode igualmente abarcar o ónus da prova do nexo de causalidade, como tem sido defendido por parte da doutrina civilista.

Para lá da matéria do ónus da prova dos factos que consubstanciam os pressupostos da responsabilidade civil, outras especificidades do regime da responsabilidade civil obrigacional parecem dever ser aplicadas no âmbito do Direito Administrativo. Assim, desde logo, em relação ao prazo de prescrição da obrigação de indemnizar, não se vislumbra motivo válido para aplicação do prazo prescricional mais curto de três anos acolhido no artigo 5.º do Regime da Responsabilidade Civil do Estado por remissão para o artigo 498.º do Código Civil. Com efeito, segundo se julga, a previsão de um prazo mais curto de prescrição do direito de indemnização deve-se, precisamente, à ideia de acordo com a qual, no domínio da responsabilidade delitual, a relativa incerteza quanto à determinação do dever genérico de não perturbação da esfera jurídica de terceiros não pode ser mantida, a bem da certeza e segurança jurídicas, para além do prazo razoável de três anos a partir do conhecimento do facto. Ora, o carácter concretizado do dever de prestar violado, no domínio da

---

[29] Neste sentido, cfr. I. GALVÃO TELLES, *op. cit.*, pp. 326 e 327; L. MENEZES LEITÃO, *Direito das Obrigações*, Vol. II, *op. cit.*, pp. 249 e 250; M. REBELO DE SOUSA/A. SALGADO DE MATOS, *op. cit.*, p. 46; como recordam estes Autores "os pressupostos da responsabilidade obrigacional têm menor autonomia entre si", justificando, normalmente, "a formulação de presunções judiciais de ilicitude e nexo de causalidade".

responsabilidade obrigacional, não reclama iguais necessidades de segurança, devendo prevalecer, consequentemente, o princípio da responsabilidade ao princípio da segurança. Em conformidade, entende-se que o prazo de prescrição da obrigação de indemnizar em sede de responsabilidade civil obrigacional administrativa é, à semelhança do sucedido na responsabilidade obrigacional em geral, de 20 anos (cfr. art. 309.º do C.C).

Finalmente, justifica-se ainda uma palavra acerca do regime de responsabilidade por facto de terceiro. Como sublinhado *supra* (cfr. ponto 2.1.), existem diferenças entre o regime da responsabilidade por facto de terceiro aplicável à responsabilidade aquiliana (cfr. art. 500.º do C.C) e o previsto para a responsabilidade obrigacional (cfr. art. 800.º do C.C). Assim, naquele exige-se uma relação de comissão, ou seja, de subordinação entre o comitente e o comissário, ao passo que neste essa relação de dependência é dispensada. Mas não é só. Tem sido defendido que, ao contrário do contemplado no âmbito do artigo 500.º, a responsabilidade do devedor pelo incumprimento da obrigação não depende da culpa do auxiliar ou representante legal de quem o devedor se serviu para o cumprimento da obrigação a que estava vinculado. De acordo com esta posição, o regime do artigo 800.º assenta numa ficção, na medida em que "ficciona o comportamento causador do dano na pessoa do devedor" (M. CARNEIRO DA FRADA), ou seja, como se tivesse sido este a incumprir. Logo, neste esquema, a imputação de danos é feita directamente à pessoa do devedor, não sendo necessária, como sucede no âmbito do artigo 500.º, a imputação primária dos danos ao comissário para, só depois, responsabilizar o comitente (dupla imputação)[30].

Não é o momento de emitir opinião acerca do alcance da relevância da culpa do auxiliar ou do representante legal em sede da responsabilidade do devedor por facto de terceiro. O ponto é controverso e não se vai procurar resolvê-lo neste pequeno estudo. Todavia, independentemente dessa opção, interessa sublinhar, para o que agora importa, ser mais conforme à lógica da responsabilidade obrigacional administrativa aplicar-se

---

[30] Cfr. M. CARNEIRO DA FRADA, *A responsabilidade objectiva por facto de outrem face à distinção entre responsabilidade obrigacional e aquiliana*, in Direito e Justiça, Vol. XII, Tomo I, 1998, pp. 301 e 302; PEDRO MÚRIAS, *A responsabilidade por actos de auxiliares e o entendimento dualista da responsabilidade civil*, in RFDUL, XXXVII, n.º 1, 1996.

à matéria da responsabilidade por facto de terceiro o esquema do artigo 800.º do que o do artigo 500.º ou mesmo a solução resultante dos artigos 7.º e 8.º do Regime da Responsabilidade Civil do Estado. Por uma razão simples: no âmbito da responsabilidade obrigacional, seja contratual ou não contratual, a obrigação vincula apenas a pessoa do devedor e não aqueles que este escolhe para o auxiliar no cumprimento da obrigação. Assim se compreende que não estando o auxiliar ou representante legal directamente obrigados em face do credor, não respondam perante este em razão da violação da obrigação. Contrariamente, no âmbito da responsabilidade aquiliana, comitente e comissário estão vinculados ao dever geral de respeito das posições jurídicas dos terceiros, o que explica que a obrigação de indemnizar seja, neste caso, solidária. Parece, em síntese, que a solução que melhor quadra com a natureza da responsabilidade obrigacional é a que resulta do artigo 800.º, dado não poder dizer-se que os terceiros de quem o devedor se serve para o auxiliar no cumprimento das obrigação são responsáveis pelo cumprimento de uma obrigação que não os vinculava directamente.

Isto dito, admito que existam, no âmbito da responsabilidade civil administrativa, algumas matizes à aplicação analógica da solução decorrente do artigo 800.º, em homenagem a princípios específicos do Direito Administrativo. Quer dizer-se, consentia que o legislador, no âmbito da responsabilidade obrigacional administrativa, optasse por um regime de solidariedade mais próximo do esquema do artigo 500.º do Código Civil ou da solução decorrente das normas dos artigos 7.º e 8.º do Regime da Responsabilidade Civil Extracontratual do Estado, na medida em que o regime da solidariedade da obrigação de indemnizar, para além de corresponder ao modelo da responsabilidade extraobrigacional, é igualmente expressão, no âmbito do Direito Administrativo, da opção constitucional por uma Administração Pública composta por um conjunto de funcionários responsáveis perante os cidadãos, assim como pode ser lida como uma decorrência dos princípios constitucionais da eficácia e eficiência da Administração Pública.

4. Conclusão

É tempo de finalizar. Neste último ponto, dar-se-á conta das principais conclusões, procurando responder ao problema que se enunciou no momento da abertura.

Em primeiro lugar, pode assentar-se em que a distinção entre responsabilidade civil obrigacional e extraobrigacional não é património exclusivo do Direito Privado, tendo pleno cabimento no âmbito do Direito Administrativo[31]. Assim, porque as razões que subjazem àquela separação e que estão na base das diferenças de regime apontadas – diferente estrutura dos direitos subjectivos violados e maior determinação do dever violado no âmbito da responsabilidade obrigacional – são válidas igualmente no âmbito do Direito Administrativo. Com efeito, também aqui existe diferença estrutural entre a violação de deveres de prestar específicos – obrigações em sentido técnico – e a violação do dever geral de respeito, assim como a maior determinação dos deveres de prestar ao quais a Administração se encontra vinculada justifica, do mesmo modo que sucede no âmbito do Direito Privado, o estabelecimento de um regime de responsabilidade civil de contornos específicos, o qual se mostra mais favorável ao lesado do que o previsto do domínio do delito.

Justamente, após breve alusão aos contributos que sobre o tema têm sido manifestados no seio da doutrina civilista, pôde declarar-se que o sentido da distinção entre responsabilidade contratual e extracontratual não reside na origem do direito violado, mas na natureza obrigacional ou não obrigacional do direito violado, independentemente do fenómeno vital de onde emerge o direito de crédito.

Depois, ficou claro que, fazendo apelo ao contributo da doutrina dos direitos subjectivos públicos, no âmbito das relações jurídico-administrativas, pode divisar-se a existência de direitos de crédito dos particulares em face da Administração, cuja natureza não se distingue daqueles que se descobrem no âmbito das relações jurídico-privadas.

Mais à frente, de forma esquemática, elencou-se as fontes de onde derivam os direitos de crédito dos particulares em face da Administração e precisou-se o conteúdo típico desses direitos de crédito, sublinhando-se que tanto pode consistir na realização de operações materiais, como na prática de actos administrativos de conteúdo favorável. Ainda nesse

---

[31] Note-se, aliás, que o legislador assumiu a existência desta diferença, optando por remeter o regime da responsabilidade contratual para as normas do Código Civil ao invés de optar por solução de cariz monista, que consistiria em submeter a violação das obrigações contratuais ao regime resultante do RRCEE. Neste sentido, cfr. M. REBELO DE SOUSA/A. SALGADO DE MATOS, *op. cit.* p. 45, fazendo referência ao artigo 325.º, n.º 4, do Código dos Contratos Públicos.

ponto, cuidou-se do problema da indeterminabilidade do conteúdo do dever de prestar, de forma a concluir que apenas e só quando a indeterminação da prestação estiver associada à consagração de um espaço de valoração própria do poder administrativo pode dizer-se não estar consagrado um direito de crédito dos particulares. No entanto, mesmo no caso de deveres cujo conteúdo esteja no âmbito da discricionariedade administrativa, deve-se ter presentes dois aspectos decisivos: se a discricionariedade, perante os factos concretos em presença, foi "reduzida a zero" e se a discricionariedade existe quanto aos meios ou se, do mesmo passo, acompanha igualmente os fins da actuação administrativa.

De seguida, identificou-se a existência de lacuna legal quanto ao regime da responsabilidade obrigacional da Administração por violação de direitos de crédito de fonte não contratual, na medida em que o Regime da Responsabilidade Civil Extracontratual do Estado pretendeu apenas regular a matéria da responsabilidade extraobrigacional, devendo-se a referência à "responsabilidade extracontratual" a uma tradição terminológica da doutrina portuguesa, cujo sentido não é o de optar por um regime unificado de responsabilidade civil por violação de deveres de prestar e, simultaneamente, de deveres genéricos de abstenção, o que seria, pelo menos, dogmaticamente discutível e sem correspondência na razão que subjaz à separação da responsabilidade civil em obrigacional e extraobrigacional. Neste sentido, interpretou-se o conceito de ilicitude inscrito na norma do artigo 9.º do Regime da Responsabilidade Civil do Estado no sentido de comportar apenas a violação de direitos subjectivos de natureza absoluta.

Finalmente, procurou-se preencher a lacuna identificada com recurso às soluções do Código Civil em matéria de regime da responsabilidade obrigacional. Assim, entendeu-se serem aplicáveis à responsabilidade obrigacional por violação de direito de crédito de fonte não contratual as seguintes soluções:

a) Presunção de culpa, de ilicitude e, embora com dúvidas, de nexo de causalidade, constantes da norma do artigo 799.º, n.º 1;
b) Prazo prescricional da obrigação de indemnizar de 20 anos (cfr. art. 309.º do C.C)
c) Regime de responsabilidade por facto de terceiro resultante do artigo 800.º.

Quanto à reposta à questão lançada de início – qual o regime da responsabilidade civil aplicável ao incumprimento do pagamento de um subsídio – resulta das conclusões precedentes, que seguirá o regime da responsabilidade obrigacional, cujas principais soluções têm assento no Código Civil. Todavia, embora não se tenha explorado o ponto, alguns aspectos desse regime podem igualmente resultar do Regime da Responsabilidade Civil do Estado, na medida em que correspondam à concretizações de princípios gerais da responsabilidade civil dos poderes públicos, cujo alcance esteja para além da divisão da responsabilidade civil em obrigacional e extraobrigacional. Pensa-se ser esse o caso em relação à matéria da culpa do serviço.

SISTEMAS DE CONTROLE JURISDICIONAL DA ADMINISTRAÇÃO E SUAS IMPLICAÇÕES NUMA PERSPECTIVA LUSO-BRASILEIRA

Timóteo Carneiro Ferreira[32]

> Sumário: **1.** Introdução; **2.** Sistemas Administrativos; **2.1.** Sistema do Contencioso Administrativo; **2.2.** Sistema de Jurisdição Única; **2.3.** Diferença dos sistemas administrativos britânicos e francês; **2.4.** Evolução dos sistemas; **3.** O sistema administrativo brasileiro; **3.1.** Processo Gracioso e Contencioso; **3.2.** Estrutura do Judiciário Brasileiro; **3.2.1.** Justiças: comum e especial; **3.2.1.1.** Justiça Comum; **3.2.1.2.** Justiça Especial; **3.2.2.** Competência penal versus competência civil; 3.2.3. Organograma; **3.2.4.** Justiça Comum Federal; **3.2.5.** Justiça Comum Estadual; **4.** O sistema administrativo português; **4.1.** Âmbito da jurisdição administrativa Portuguesa; **4.2.** Organização da jurisdição administrativa e fiscal e distribuição de competências entre os tribunais administrativos; **5.** Considerações finais; **6.** Referências bibliográficas.

1. Introdução

O presente trabalho visa apresentar um panorama histórico dos sistemas administrativos atuais, bem como a evolução do sistema adminis-

---

[32] Bacharel em Direito pela União Educacional do Planalto Central – UNIPLAC – Distrito Federal; Advogado inscrito na Ordem dos Advogados do Brasil seccional do DF; Mestrando em Direito Administrativo e Contratação Pública pela Universidade Católica Portuguesa (*Erasmus Mundus*).

trativo francês e inglês. Serão estabelecidas as principais diferenciações no que tange à organização administrativa, controle jurisdicional da Administração, direito regulador, execução das decisões administrativas, e por fim, quanto às garantias jurídicas dos particulares. Em seguida, demonstraremos, numa ótica evolutiva, uma *suposta* aproximação entre os sistemas de contencioso e de jurisdição única.

Nesse diapasão, a proposta da nossa pesquisa é propiciar uma reflexão crítica sobre os sistemas de controle judicial administrativo, confrontando-os numa perspectiva luso-brasileira.

Sob a ótica do direito comparado, verificar-se-ão as peculiaridades do controle judicial da Administração Pública de Portugal e do Brasil. Observaremos os institutos do contencioso administrativo português bem como sua organização judiciária administrativa, levando em conta a reforma do diploma contencioso de 2002/2004. No sistema de jurisdição única brasileira, demonstraremos sua estrutura judiciária de forma panorâmica e concisa, bem como a sua tramitação no seu aspecto orgânico, vertical e horizontal.

2. Sistemas administrativos

Entende-se por sistema de controle jurisdicional da Administração, o regime adotado pelo Estado para a correção dos atos administrativos ilegais ou ilegítimos praticados pelo Poder Público em qualquer dos seus departamentos de governo.

Vigoram, atualmente, dois sistemas bem diferenciados: o do contencioso administrativo, também conhecido como sistema francês, e o sistema judiciário ou de jurisdição única, conhecido por sistema inglês, ou britânico. Conforme entendimento de alguns doutrinadores, não convém classificar um sistema misto, pois embora nenhum país aplique um sistema de controle puro, seja através do controle judiciário, seja através de tribunais administrativos, o que caracteriza o sistema é a predominância da jurisdição comum ou da especial, e não a exclusividade de qualquer delas para a resolução contenciosa das questões correlatas à Administração.

2.1. Sistema do Contencioso Administrativo

O sistema do contencioso administrativo foi adotado na França, de onde se propagou para outras nações, principalmente da Europa. Antes da Revolução Francesa, os tribunais comuns insurgiam-se inúmeras vezes contra a autoridade real. Depois da Revolução, continuando nas mãos da antiga nobreza, esses tribunais foram focos de resistência à implantação do novo regime, das novas idéias, da nova ordem econômica e social. O poder político teve, pois, de tomar providências para impedir intromissões do poder judicial no normal funcionamento do poder executivo.

Neste contesto, a revolução de 1789, caracterizada pelo liberalismo e independência dos Poderes, pregada por Montesquieu, encontrou ambiente propício para separar a Justiça Comum da Administração, com o que atendeu não só ao desejo de seus doutrinadores como aos anseios do povo já descrente com tal ingerência judiciária nos negócios do Estado.

Separaram-se os Poderes, acarretando assim, uma interpretação peculiar de tal princípio, completamente diferente da que prevalecia até então na Inglaterra, e, extremando os rigores dessa separação, a Lei 16, de 1790, dispôs que as funções judiciárias seriam distintas e permaneceriam separadas das funções administrativas, não podendo os juízes, sob pena de prevaricação, perturbar, de qualquer maneira, as atividades dos corpos administrativos.

A Constituição de 1791 consignou que os tribunais não poderiam invadir as funções administrativas ou mandar citar, para que perante eles comparecessem, os administradores, por atos funcionais. Em 1799 foram criados os tribunais administrativos – que não eram verdadeiros tribunais; mas órgãos da Administração, em regra independentes e imparciais – incumbidos de fiscalizar a legalidade dos atos da Administração e de julgar o contencioso dos seus contratos e da sua responsabilidade civil.

Firmou-se, assim, na França o sistema do administrador juiz, vedando-se à Justiça Comum conhecer de atos da Administração, os quais se sujeitam à jurisdição especial do contencioso administrativo, que gravita em torno da autoridade suprema do Conselho de Estado (*Conseil d'État*), órgão vital do sistema francês. Essa orientação foi conservada na reforma administrativa de 1953, sendo mantida pela vigente Constituição de 1958.

A capacidade de intervenção da Administração Pública que se pretendia obter, levou o Conselho de Estado a considerar, ao longo do século XIX, que os órgãos e agentes administrativos não estariam na mesma posição que os particulares, pois ao exercerem funções de interesse público e utilidade geral, deveriam dispor de poderes de autoridade que lhes permitiam impor as suas decisões aos particulares. A tradicional distinção, nos países da família romano-germânica, entre direito público e direito privado permitiu facilmente o nascimento de um novo ramo do direito público, ao tempo definido em função dos poderes exorbitantes (*pouvoirs exorbitants*) que conferia à Administração Pública.

Na configuração orgânica atual do contencioso administrativo francês, o Conselho de Estado, no ápice da pirâmide da jurisdição especial, revê o mérito das decisões, como instância de apelação dos Tribunais Administrativos e dos Conselhos do Contencioso Administrativo das Colônias, e como instância de cassação, controla a legalidade das decisões do Tribunal de Contas, do Conselho Superior da Educação Nacional e da Corte de Disciplina Orçamentária.

Embora caiba à jurisdição administrativa o julgamento do contencioso administrativo, certas demandas de interesse da Administração ficam sujeitas à Justiça Comum desde que se enquadre em litígios decorrentes de atividades públicas com caráter privado, litígios que envolvam questões de estado e capacidade das pessoas e de repressão penal e, por fim, em litígios que se refiram à propriedade privada.

Como a delimitação da competência das duas Justiças está a cargo da jurisprudência, freqüentes são os conflitos de jurisdição, os quais são solucionados pelo Tribunal de Conflito, integrado por dois ministros de Estado, três conselheiros de Estado, e três membros da Corte de Cassação.

As atribuições do Conselho de Estado são de ordem administrativa e contenciosa, servindo ao governo na expedição de avisos e no pronunciamento sobre matéria de sua competência consultiva e atuando como órgão jurisdicional nos litígios em que é interessada a Administração, ou seus agentes.

2.2. *Sistema de jurisdição única*

O sistema judiciário ou de jurisdição única, também conhecido por sistema inglês, é aquele em que todos os litígios, sejam de natureza administrativa ou de interesses exclusivamente privados, submetem-se ao controle jurisdicional dos tribunais comuns (*courts of Law*). Na lógica deste controle, não faria sentido isentar os poderes públicos ao passo que nenhuma autoridade poderia invocar privilégios ou imunidades, existindo uma só medida de direitos para todos, somente uma lei para funcionários e não funcionários, um só sistema para o Estado e para os particulares.

A evolução desse sistema está intimamente relacionada com as conquistas do povo contra os privilégios e desmandos da Corte inglesa. Primitivamente, todo o poder de administrar e julgar concentrava-se na Coroa. Com o correr dos tempos cingiu se o poder de legislar (Parlamento) do poder de administrar (Rei). Mas permanecia com a Coroa o poder de julgar. O Rei era a fonte de toda justiça, levando o povo a sentir--se inseguro de seus direitos, dependentes da *graça real* na apreciação de suas reclamações. Continuaram as reivindicações populares, e em atendimento delas criou-se o Tribunal do Rei (King's Bench), que, por delegação da Coroa, passou a decidir as reclamações contra os funcionários do Reino, mas o fazia com a chancela real. Tal sistema era ainda insatisfatório, porque os julgadores dependiam do Rei, que os podia afastar do cargo e, mesmo, ditar-lhes ou reformar-lhes as decisões. Logo mais, passou o Tribunal do Rei a expedir em nome próprio ordens (*writs*) aos funcionários contra quem se recorria e mandados de interdições de procedimentos administrativos ilegais ou arbitrários. Dessas decisões tornaram-se usuais o *writ of certiorari*, para remediar os casos de incompetência e ilegalidade graves, o *writ of injunction*, remédio preventivo destinado a impedir que a Administração modificasse determinada situação, e o *writ of mandamus*, destinado a suspender certos procedimentos administrativos arbitrários, sem se falar no *writ of habeas corpus*, já considerado garantia individual desde a Magna Carta de 1215.

Do Tribunal do Rei, que só conhecia e decidia matéria de direito, passou-se para a Câmara Estrela (*Star Chamber*), com competência em matéria de direito e de fato e jurisdição superior sobre a Justiça de paz dos condados, e de cujas decisões cabia recurso para o Conselho Privado do Rei (*King's Council*).

Restava ainda a última etapa da independência da Justiça Inglesa. Esta adveio em 1701 com o *Act of Settlement*, que desligou os juízes do Poder real e deu-lhes estabilidade no cargo, conservando-lhes a competência para questões comuns e administrativas. Era a instituição do Poder Judicial independente do Legislativo (Parlamento) e do administrativo (Rei), com jurisdição única e plena para conhecer e julgar todo procedimento da Administração em igualdade com os litígios privados.

Esse sistema de jurisdição única trasladou-se para as colônias norte-americanas e nelas se arraigou tão profundamente que, proclamada a Independência (1775) e fundada a Federação (1787), passou a ser cânone constitucional (Constituição dos EUA, art. III, seção 2.ª).

Não existe, pois, no sistema anglo-saxônico, que é o da jurisdição única (da Justiça Comum), o contencioso administrativo do regime francês. Toda controvérsia, litígio ou questão entre particular e a Administração resolve-se perante o Poder Judiciário, que é o único competente para proferir decisões com autoridade final e conclusiva.

2.3. *Diferença dos sistemas administrativos britânicos e francês*

Sob uma perspectiva teórica original, não encontramos dificuldades em estabelecer a comparação entre os dois principais sistemas administrativos modernos.

De imediato, podemos afirmar que os sistemas de tipo britânico e de tipo francês têm em comum o fato de consagrarem ambos a separação de poderes e o Estado de Direito.

O problema da distinção entre os sistemas administrativos de tipo britânico e de tipo francês foram tratados principalmente pelos teóricos Albert Venn Dicey, professor britânico em Oxford, e Maurice Hauriou, professor em Toulouse. Ambos doutrinadores opuseram-se a respeito dos méritos e deméritos dos dois sistemas, cada um preferindo claramente – em atitude nacionalista – o sistema vigente, ou supostamente vigente, no seu próprio país.

Vejamos, então, nesta perspectiva, alguns traços específicos que distinguem os sistemas de jurisdição única com o do contencioso administrativo:

a) Quanto à organização administrativa, um é um sistema descentralizado, o outro é centralizado;

b) Quanto ao controle jurisdicional da Administração, o primeiro entrega-o aos tribunais comuns, o segundo aos tribunais administrativos. Na Inglaterra há, pois, unidade de jurisdição, na França existe dualidade de jurisdições;

c) Quanto ao direito regulador da Administração, no sistema de tipo britânico é o direito comum, que basicamente é direito privado, mas no sistema de tipo francês é o direito administrativo que é direito público;

d) Quanto à execução das decisões administrativas, o sistema de administração judiciária depende de sentença do tribunal, ao passo que o sistema de administração executiva atribui autoridade própria a essas decisões e dispensa a intervenção prévia de qualquer tribunal;
e) Enfim, quanto às garantias jurídicas dos particulares, a Inglaterra confere aos tribunais comuns amplos poderes de injunção face à Administração, que lhes fica subordinada como a generalidade dos cidadãos, enquanto a França só permite aos tribunais administrativos que anulem as decisões ilegais das autoridades ou as condenem ao pagamento de indenizações, ficando a Administração independente do poder judicial.

2.4. *Evolução dos sistemas*

Tal confronto foi estabelecido baseando-se na pureza teórica original de cada um dos modelos no momento histórico em que Dicey e Hauriou os descreveram. Mas tais sistemas não pararam no tempo, e a evolução ocorrida no século XX determinou uma aproximação relativa dos dois sistemas em alguns aspectos, senão vejamos os principais:

a) Em termos de organização administrativa, a administração britânica tornou-se mais centralizada do que era no final do século passado, dado o grande crescimento da burocracia central, criando vários serviços locais do Estado, e a transferindo as tarefas e serviços antes executados a nível municipal para órgãos de nível regional. A Administração francesa, por seu lado, foi gradualmente perdendo o caráter de total centralização que atingiu no império napoleônico, aceitando a autonómia dos corpos intermédios, a eleição livre dos órgãos autárquicos, uma certa diminuição dos poderes dos prefeitos e, bem recentemente, uma vasta reforma descentralizadora que transferiu numerosas e importantes funções do Estado para as regiões;
b) Relativamente ao controle jurisdicional da Administração, mantêm-se no essencial as diferenças de sistema que já foram analisadas. É certo que na Inglaterra surgiram, às centenas, os chamados *administrative tribunals*, e que na França aumentaram significativamente as relações entre os particulares e o Estado submetidas

à fiscalização dos tribunais judiciais. Mas só na aparência este duplo movimento constitui aproximação dos dois sistemas entre si, porque os *administrative tribunals* da Inglaterra, não são nada de semelhante aos *tribunaux administratifs* da França, e a administração inglesa continua basicamente sujeita ao controle dos tribunais comuns. Por seu turno, o aumento da intervenção dos tribunais judiciais nas relações entre a Administração e os particulares na França não significa que o controle da aplicação do Direito Administrativo tenha deixado de pertencer aí aos tribunais administrativos, mas apenas que cresceu muito o número de casos em que a Administração atua hoje em dia sob a égide do direito privado, e não à luz do direito público;

c) No tocante ao direito regulador da Administração, deu-se efetivamente certa aproximação entre os dois sistemas, na medida em que a transição do Estado liberal para o Estado social de Direito aumentou consideravelmente o intervencionismo econômico na Inglaterra e fez avolumar a função de prestação de serviços culturais, educativos, sanitários e assistenciais da Administração britânica, dando lugar ao aparecimento de inúmeras leis administrativas. Por outro lado, a Administração francesa teve de passar, em diversos domínios, a atuar sob égide do direito privado, o que sucedeu com as empresas públicas, obrigadas pela natureza da sua atividade econômica a funcionar nos moldes do direito comercial, e com os serviços públicos de caráter social e cultural, em muitos casos estatutariamente vinculados a agir nos termos do direito civil.

Mesmo verificando-se uma aproximação desses sistemas, observamos que o princípio fundamental que inspira cada um dos sistemas mencionados é diverso, muitas das soluções que vigoram num e noutro lado são diferentes, a técnica jurídica utilizada por um e por outro não é a mesma. Onde as diferenças se mantêm mais notórias são nos tribunais, cuja fiscalização se submete à Administração Pública – na Inglaterra os tribunais comuns, caracterizando a unidade de jurisdição, na França os tribunais administrativos, consubstanciando a dualidade de jurisdições.

3. O sistema administrativo brasileiro

O Brasil adotou, desde a instauração de sua primeira República (1891), o sistema da jurisdição única, ou seja, o do controle administrativo pela Justiça Comum. As Constituições posteriores (1934, 1937, 1946 e 1969) afastaram sempre a idéia de uma Justiça administrativa coexistente com a Justiça ordinária, trilhando, aliás, uma tendência já manifestada pelos mais avançados estadistas do Império, que se insurgiam contra o incipiente contencioso administrativo da época.

A orientação brasileira foi baseada no Direito Público Norte-Americano, que forneceu o modelo para a primeira Constituição Republicana Brasileira, adotando todos os postulados do *rule of law* e do *judicial control* da Federação Norte Americana.

Tal sistema, caracterizado pela diversificação entre a Justiça e a Administração, mostra-se inconciliável com o sistema contencioso administrativo, porque todos os interesses, quer do particular, quer do Poder Público, se sujeitam a uma única jurisdição conclusiva, a do Poder Judiciário. Isto não significa, evidentemente, que se negue à Administração o direito de decidir. O que se lhe nega é a possibilidade de exercer funções materialmente judiciais, ou judiciais por natureza, e de emprestar às suas decisões força e definitividade próprias dos julgamentos judiciários.

Para a correção judicial dos atos administrativos ou para remover a resistência dos particulares às atividades públicas a Administração e os administrados dispõem dos mesmos meios processuais admitidos pelo Direito Comum, e recorrerão ao mesmo Poder Judiciário uno e único – que decide os litígios de Direito Público e de Direito Privado. Este é o sentido da jurisdição única adotada no Brasil.

3.1. *Processo Gracioso e Contencioso*

Nos países que admitem a dualidade de jurisdição, ou seja, a existência de um contencioso administrativo ao lado da jurisdição comum é possível falar em dois tipos de processo administrativo: o gracioso e o contencioso.

No processo gracioso, os próprios órgãos da Administração são encarregados de fazer atuar a vontade concreta da lei, com vistas à consecução dos fins estatais que lhe são confiados e que nem sempre envolvem decisão sobre pretensão do particular. Pra chegar à prática do ato final pretendido pela Administração, pratica-se uma série de atos precedentes necessários para apuração dos fatos, averiguação da norma legal aplicável, apreciação dos aspectos concernentes à oportunidade e conveniência. Essa série de atos constitui o processo, que vai culminar com a edição de um ato administrativo. É nesse sentido que se fala em processo administrativo no direito brasileiro.

3.2. *Estrutura do Judiciário Brasileiro*

O sistema de jurisdição única do direito brasileiro está configurado no inciso XXXV, do artigo 5.º, do Título II, capítulo I, da Constituição Federal de 1988 (**CF/88**), senão vejamos: *a lei não excluirá da apreciação do Poder Judiciário lesão ou ameaça a direito.*

As regras do Poder Judiciário vêm previstas nos arts. 92 a 126 da Constituição Federal de 1988 (CF/88). Conforme esquematização do próximo item, pode-se afirmar que o Superior Tribunal Federal (**STF**) e os Tribunais Superiores (Superior Tribunal de Justiça – **STJ**, Tribunal Superior do Trabalho – **TST**, Tribunal Superior Eleitoral – **TSE** e Superior Tribunal Militar – **STM**) são órgãos de convergência, têm sede na Capital Federal (Brasília) e exercem jurisdição sobre todo o território nacional, nos termos do art. 92, § 2.º, da CF/88.

Denominam-se órgãos ou centros de convergência na medida em que cada uma das Justiças especiais da União (Trabalhista, Eleitoral e Militar), tem por cúpula seu próprio Tribunal Superior, que é o responsável pela última decisão nas causas de competência dessa Justiça, ressalvado o controle de constituionalidade que sempre cabe ao STF.

Na medida em que não pertencem a qualquer Justiça, podemos classificar o STF e o STJ (Tribunais da União) não só como órgãos de convergência, conforme já visto, mas, também, como órgãos de superposição. Isso porque embora não pertençam a qualquer Justiça, as suas decisões se sobrepõem àquelas da Justiça Federal comum, da Estadual e daquela do Distrito Federal e Territórios, ao passo que as decisões do STF se sobrepõem a todas as Justiças e Tribunais.

3.2.1. *Justiças: comum e especial*

Além dos órgãos de superposição (STF e STJ), temos as diversas Justiças, divididas em comum e especial (ou especializada).

3.2.1.1. Justiça Comum

a) Justiça Federal (Tribunais Regionais Federais e Juízes Federais – arts. 106 a 110 da CFB, Juizados Especiais Cíveis e Criminais conforme parágrafo único do art. 98 da CFB regulamentada pela lei 10.259/01);
b) Justiça do Distrito Federal e Territórios (Tribunais e Juízes do Distrito Federal e Territórios, organizados e mantidos pela União – arts. 21, XIII, e 22, XVII, que também criará os Juizados Especiais e a Justiça de Paz);
c) Justiça Estadual comum (ordinária) (art. 125 – juízos de primeiro grau de jurisdição, incluídos os Juizados Especiais – art. 98, I da CFB regulamentado pela lei 9.099/95 – e a Justiça de Paz – art. 98, II CFB; bem como os de segundo grau de jurisdição, compostos pelos Tribunais de Justiça).

3.2.1.2. Justiça Especial

a) Justiça do Trabalho (composta pelo Tribunal Superior do Trabalho – TST; Tribunais Regionais do Trabalho – TRTs; e pelos Juízes do Trabalho – Varas do Trabalho – arts. 111 a 116 da CFB);
b) Justiça Eleitoral (composta pelo Tribunal Superior Eleitoral – TSE; Tribunais Regionais Eleitorais – TREs; Juízes Eleitorais e Juntas Eleitorais – arts. 118 a 121);
c) Justiça Militar da União (Superior Tribunal Militar – STM e Conselhos de Justiça, Especial e Permanente, nas sedes das Auditorias Militares – arts. 122 a 124);
d) Justiça Militar dos Estados, do Distrito Federal e Territórios (Superior Tribunal de Justiça – STJ [vale lembrar que o STJ não é órgão da Justiça Militar estadual, no entanto, poderá julgar, dependendo do assunto, recursos interpostos em face de acórdãos do TJ ou TJM, quando instalado]; Tribunal de Justiça – TJ; ou

Tribunal de Justiça Militar – TJM, nos Estados em que o efetivo militar for superior a 20.000 integrantes e, em primeiro grau, pelos juízes de direito togados (juiz-auditor) e pelos Conselhos de Justiça, com sede nas auditorias militares – art. 125, §§ 3.º, 4.º e 5.º da CFB).

3.2.2. *Competência penal versus competência civil*

Dentre todas as Justiças acima apontadas, somente a Justiça do Trabalho não tem qualquer competência penal (julga e concilia apenas dissídios individuais e coletivos oriundos das relações trabalhistas).

A Justiça Militar Estadual (podendo ser ampliada para o Distrito Federal e Territórios), através de seus juízes-auditores togados poderá julgar as ações judiciais contra atos disciplinares militares de natureza civil, e não exclusivamente penal, o que ainda ocorre no âmbito da Justiça Militar Federal.

As demais, Federal, Eleitoral, Estaduais e do Distrito Federal e Territórios, têm tanto competência penal como civil.

3.2.3. *Organograma*

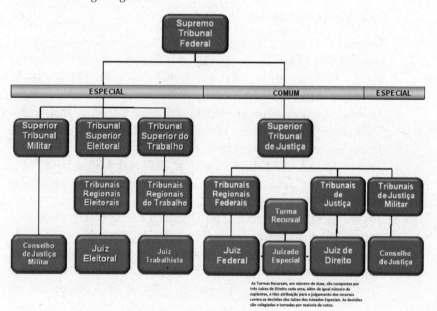

3.2.4. Justiça Comum Federal

São órgãos da Justiça Federal os Tribunais Regionais Federais e os Juízes Federais. Os Tribunais Regionais Federais compõem-se de, no mínimo, sete juízes, recrutados, quando possível, na respectiva região e nomeados pelo Presidente da República dentre brasileiros com mais de trinta e menos de sessenta e cinco anos, sendo um quinto dentre advogados com mais de dez anos de efetiva atividade profissional e membros do Ministério Público Federal com mais de dez anos de carreira de forma intercalada. Os demais, mediante promoção de juízes federais com mais de cinco anos de exercício, por antigüidade e merecimento, alternadamente.

Os Tribunais Regionais Federais podem funcionar descentralizadamente, constituindo Câmaras regionais, a fim de assegurar o pleno acesso do jurisdicionado à justiça em todas as fases do processo.

Compete aos Tribunais Regionais Federais processar e julgar, originariamente os juízes federais da área de sua jurisdição, incluídos os da Justiça Militar e da Justiça do Trabalho, nos crimes comuns e de responsabilidade, e os membros do Ministério Público da União, ressalvada a competência da Justiça Eleitoral, as revisões criminais e as ações rescisórias de julgados seus ou dos juízes federais da região, os mandados de segurança e os *"habeas-data"* contra ato do próprio Tribunal ou de juiz federal, os *"habeas-corpus"*, quando a autoridade coatora for juiz federal, os conflitos de competência entre juízes federais vinculados ao Tribunal. De igual forma, compete aos Tribunais Regionais Federais julgar, em grau de recurso, as causas decididas pelos juízes federais e pelos juízes estaduais no exercício da competência federal da área de sua jurisdição.

Por sua vez, aos juízes federais compete processar e julgar as causas em que a União, entidade autárquica ou empresa pública federal forem interessadas na condição de autoras, rés, assistentes ou oponentes, exceto as de falência, as de acidentes de trabalho e as sujeitas à Justiça Eleitoral e à Justiça do Trabalho. Compete-lhes também, as causas entre Estado estrangeiro ou organismo internacional e Município ou pessoa domiciliada ou residente no País, as causas fundadas em tratado ou contrato da União com Estado estrangeiro ou organismo internacional.

Também compete ao juízo federal os crimes políticos e as infrações penais praticadas em detrimento de bens, serviços ou interesse da União ou de suas entidades autárquicas ou empresas públicas, os crimes previstos em tratado ou convenção internacional, quando, iniciada a execução no País, o resultado tenha ou devesse ter ocorrido no estrangeiro, ou reciprocamente.

As causas relativas a direitos humanos nas hipóteses de grave violação de direitos humanos, o Procurador-Geral da República, com a finalidade de assegurar o cumprimento de obrigações decorrentes de tratados internacionais de direitos humanos dos quais o Brasil seja parte, poderá suscitar, perante o Superior Tribunal de Justiça, em qualquer fase do inquérito ou processo, incidente de deslocamento de competência para a Justiça Federal.

Seguindo ainda o rol exaustivo das competências do juízo federal contido na Constituição Federal Brasileira, compete ao juiz federal julgar os crimes contra a organização do trabalho e, nos casos determinados por lei, contra o sistema financeiro e a ordem econômico-financeira, bem como os *"habeas-corpus"*, em matéria criminal de sua competência ou quando o constrangimento provier de autoridade cujos atos não estejam diretamente sujeitos a outra jurisdição.

Também compete julgar os mandados de segurança e os *"habeas--data"* contra ato de autoridade federal, excetuados os casos de competência dos tribunais federais, os crimes cometidos a bordo de navios ou aeronaves, ressalvada a competência da Justiça Militar, os crimes de ingresso ou permanência irregular de estrangeiro, a execução de carta rogatória, após o *"exequatur"*, e de sentença estrangeira, após a homologação, as causas referentes à nacionalidade, inclusive a respectiva opção, e à naturalização e por fim a disputa sobre direitos indígenas.

Cada Estado, bem como o Distrito Federal, constituirá uma seção judiciária que terá por sede a respectiva Capital, e varas localizadas segundo o estabelecido em lei.

Os Tribunais Regionais Federais, atualmente, estão distribuídos em cinco regiões em todo o território nacional, os quais englobam os vinte e seis estados federados e o Distrito Federal. O Tribunal Regional Federal da 1ª Região abrange os estados do Acre, Amapá, Amazonas, Bahia, Distrito Federal, Goiás, Maranhão, Mato Grosso, Minas Gerais, Pará, Piauí, Rondônia, Roraima e Tocantins. O TRF da 2ª Região inclui os estados do Espírito Santo e Rio de Janeiro. Por sua vez, o TRF da 3ª Região, os estados de Mato Grosso do Sul e São Paulo. O TRF da 4ª Região comporta os estados do Pará, Rio Grande do Sul e Santa Catarina.

Por fim, a 5ª Região abrange os estados de Alagoas, Ceará, Paraíba, Pernambuco, Rio Grande do Norte e Sergipe.
Vejamos alguns dados estatísticos da Justiça Federal de 1.º Grau.

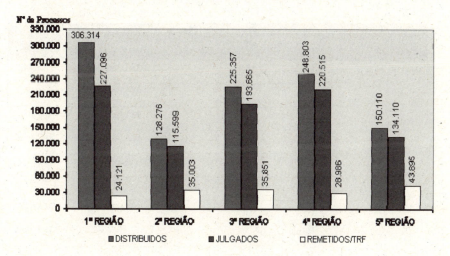

No plano do Tribunal Regional Federal da 1ª Região, segue a seguinte estatística:

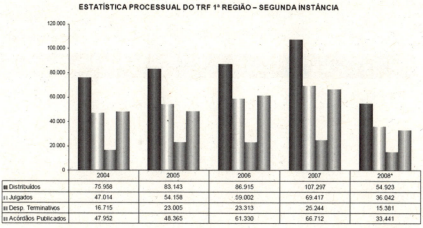

Ainda no plano estatístico da Justiça Federal, vejamos o quadro geral de habitantes por juiz do primeiro grau. Posição em 30 de março de 2008.

Região	Seção Judiciária	Nº de Juízes	Nº de Habitantes	Nº Habitantes por Juiz
1ª	Distrito Federal	52	2.383.784	45.842
	Acre	4	686.652	171.663
	Amazonas	10	3.311.026	551.838
	Amapá	6	615.715	102.619
	Bahia	62	13.950.146	225.002
	Goiás	34	5.730.753	168.552
	Maranhão	17	6.184.538	363.796
	Minas Gerais	105	19.479.356	185.518
	Mato Grosso	15	2.856.999	190.467
	Pará	19	7.110.465	374.235
	Piauí	14	3.036.290	216.878
	Rondônia	8	1.562.417	195.302
	Roraima	4	403.344	100.836
	Tocantins	5	1.332.441	266.488
Total		355	68.643.926	193.363

Região	Seção Judiciária	N° de Juízes	N° de Habitantes	N° Habitantes por Juiz
2ª	Rio de Janeiro	182	15.561.720	85.504
	Espírito Santo	32	3.464.285	108.259
Total		214	19.026.005	88.907
3ª	São Paulo	269	41.055.734	152.624
	Mato Grosso do Sul	19	2.297.981	120.946
Total		288	43.353.715	150.534
4ª	Rio Grande do Sul	139	10.963.219	78.872
	Paraná	110	10.387.378	94.431
	Santa Catarina	76	5.958.266	78.398
Total		325	27.308.863	84.027
5ª	Pernambuco	38	8.502.603	223.753
	Alagoas	11	3.050.652	277.332
	Ceará	37	8.217.085	222.083
	Paraíba	17	3.623.215	213.130
	Rio Grande do Norte	16	3.043.760	190.235
	Sergipe	8	2.000.738	250.092
Total		127	28.438.053	223.922

3.2.5. *Justiça Comum Estadual*

Os Estados organizarão sua Justiça, observados os princípios estabelecidos na Constituição Federal Brasileira, e nomeadamente ao princípio da simetria orgânica dos tribunais e da Federação.

A competência dos tribunais de vem definida na Constituição do Estado, sendo a lei de organização judiciária de iniciativa do Tribunal de Justiça.

Cabe aos Estados a instituição de representação de inconstitucionalidade de leis ou atos normativos estaduais ou municipais em face da Constituição Estadual.

A lei estadual poderá criar, mediante proposta do Tribunal de Justiça, a Justiça Militar estadual, constituída, em primeiro grau, pelos juízes de direito e pelos Conselhos de Justiça e, em segundo grau, pelo próprio Tribunal de Justiça, ou por Tribunal de Justiça Militar nos Estados em que o efetivo militar seja superior a vinte mil integrantes.

O Tribunal de Justiça, assim como os tribunais regionais federais, poderá funcionar descentralizadamente, constituindo Câmaras regionais, a fim de assegurar o pleno acesso do jurisdicionado à justiça em todas as fases do processo.

Viabilizando a efetiva prestação da tutela jurisdicional, o Tribunal de Justiça deverá instalar a justiça itinerante, com a realização de audiências e demais funções da atividade jurisdicional, nos limites territoriais da respectiva jurisdição, servindo-se de equipamentos públicos e comunitários.

Para dirimir conflitos fundiários, o Tribunal de Justiça proporá a criação de varas especializadas, com competência exclusiva para questões agrárias.

4. O sistema administrativo português

Portugal introduziu inicialmente o modelo francês de justiça administrativa, em 1832, através da legislação de Mouzinho da Silveira, na qual se proibia os tribunais comuns de julgarem a administração, bem como se instituía os *"Conselhos da Prefeitura"* e o *"Conselho de Estado"*, assistindo-se em simultâneo a uma lenta transição do sistema do administrador-juiz para o sistema dos tribunais Administrativos.

No âmbito da Constituição de 1933, manteve-se a lógica de justiça delegada, sendo que os Tribunais Administrativos configuravam-se como órgãos da administração, exercendo função jurisdicional.

Destarte o processo de constitucionalização aproximou o contencioso dos países europeus, conduzindo à abolição das fronteiras tanto entre os modelos francês e alemão como entre o sistema continental.

A reforma do Contencioso Administrativo de 2002/04 aproximou Portugal, por influência do modelo alemão, o direito administrativo com o de tipo britânico, nomeadamente pelo reforço dos poderes de controle dos tribunais administrativos sobre a Administração Pública.

O contencioso administrativo português foi objeto de uma importante reforma, introduzida pela Lei n.º 13/2002, de 19 de Fevereiro, que aprovou o novo Estatuto dos Tribunais Administrativos e Fiscais (ETAF), e pela Lei n.º 15/2002, de 22 de Fevereiro, que aprovou o Código de Processo nos Tribunais Administrativos (CPTA, alterado pela Lei n.º 4-A/ /2003, de 19 de Fevereiro). O novo Estatuto e o Código entraram em vigor em 1 de Janeiro de 2004.

Sucessivamente prometida e adiada ao longo de quase vinte anos, a reforma do contencioso administrativo era por todos reconhecida como absolutamente indispensável à plena instituição do Estado de Direito democrático em Portugal. Com efeito, o contencioso administrativo português ainda não tinha sido objeto, desde a instituição da democracia, da reforma profunda que se impunha. Tratou-se, pois, de dar resposta a uma necessidade que desde há muito era sentida, nos dois planos em que a questão se colocava.

a) *Em primeiro lugar, no plano da organização e funcionamento dos tribunais.*

Com efeito, o enorme crescimento da litigiosidade em matéria administrativa exigia que se procedesse à reorganização do quadro das competências dos respectivos tribunais, libertando os tribunais superiores das vastas competências de julgamento em primeira instância de que ainda dispunham e criando uma rede de tribunais administrativos de primeira instância que permitisse uma adequada cobertura do território nacional. Por outro lado, a reforma concretizou a tão aguardada transferência dos tribunais tributários para o Ministério da Justiça, incorporando-os na nova rede de tribunais, que passaram a ser tribunais administrativos e fiscais.

Em conexão com isto, a reforma introduziu soluções inovadoras nos domínios da organização interna dos tribunais e da disponibilização de novos meios de gestão de processos, com o que se visa obter maiores padrões de racionalidade e, por conseguinte, níveis mais elevados de eficácia e de eficiência no funcionamento deste setor da justiça.

b) *Em segundo lugar, no plano da regulação do regime processual.*

Com efeito, o regime processual do contencioso administrativo português permaneceu, no essencial, a um modelo francês, no recurso contencioso de anulação de atos administrativos. Por outro lado, era marcado pela existência de grandes limitações quanto aos meios de prova admissíveis em juízo e por um formalismo exacerbado, que dificultava o acesso à justiça, dando origem a um elevado número de decisões em que o tribunal não se chegava a pronunciar sobre o mérito das causas. Também neste plano, a reforma mostrava-se indispensável à concretização do direito à tutela judicial efetiva dos cidadãos perante os poderes públicos, princípio este que resulta do modelo jurídico-constitucional vigente em Portugal.

É nestes dois planos que se concretizou esta grande reforma, destinada, como se vê, a transformar, em aspectos decisivos, a justiça administrativa portuguesa, aproximando o sistema administrativo português com o britânico.

4.1. *Âmbito da jurisdição administrativa Portuguesa*

O novo Estatuto dos Tribunais Administrativos e Fiscais (ETAF), aprovado pela Lei n.º 13/2002, de 19 de Fevereiro, estabeleceu novos critérios de delimitação do âmbito da jurisdição administrativa que alteraram substancialmente o regime atual.

Pretendeu-se, sobretudo, clarificar os critérios de delimitação da jurisdição administrativa, objetivando facilitar o efetivo acesso à tutela jurisdicional dos interessados, evitando conflitos de competência que redundavam numa morosidade acrescida do funcionamento da Justiça.

O âmbito da jurisdição administrativa vem definido pelos critérios enunciados no artigo 4.º do ETAF, norma que atribui aos tribunais administrativos competência para:

a) *Competência para julgar atos pré-contratuais e contratos, praticados ou celebrados ao abrigo de normas de direito público (alíneas "e" e "f" do art. 4.º ETAF);*

O ETAF concede competência aos tribunais administrativos para julgar contratos celebrados entre pessoas coletivas de direito público, entre estas e pessoas coletivas de direito privado, ou ainda, entre diversas pessoas coletivas de direito privado, quando a natureza do contrato em causa seja administrativa, quando as partes contratuais sujeitem o contrato a um regime de direito público, quando se trate de um contrato de objeto passível de ato administrativo e quando o procedimento pré-contratual que antecede a celebração do contrato seja regulado por normas de direito público. Mantém-se a competência dos tribunais administrativos em função da natureza do contrato, mas acrescenta-se o critério da natureza do procedimento pré-contratual subjacente.

A competência dos Tribunais Administrativos é ainda alargada aos processos de impugnação de atos pré-contratuais constantes de procedimento pré-contratual regulado por normas de direito público. Salvaguardava-se, pois, a possibilidade de cumulação entre o pedido de impugnação de um destes atos com pedidos relativos ao contrato posteriormente celebrado (alínea "c" do n.º 2 do artigo 47.º CPTA).

b) *Competência para julgar pedidos de indenização fundados em responsabilidade extracontratual do Estado ou dos seus órgãos, funcionários, agentes ou servidores (alíneas "g", "h" e "i" do n.º 1 do art. 4.º ETAF).*

O ETAF acolheu duas inovações importantes nesta matéria. Atribui competência aos tribunais administrativos para julgar pedidos de indenização fundados em atos praticados no exercício das funções jurisdicional e legislativa, embora seja excluída a competência para os processos de impugnação dos atos causadores dos danos (alínea "a" do n.º 2 do art. 4.º), fato que só se justifica em virtude da plena autonomia das ações de impugnação face às ações de responsabilidade (n.º 1 do art. 38.º CPTA).

Quanto à responsabilidade fundada no exercício da função jurisdicional, optou-se por apenas incluir no âmbito da jurisdição administrativa a que resulte do funcionamento da administração da justiça (alínea "f" do n.º 1 do artigo 4.º ETAF). Assim, a responsabilidade do Estado e as correspondentes ações de regresso fundadas em erro judiciário, apenas se incluem no contencioso administrativo quando respeitem a fatos resultantes das atividades dos tribunais administrativos (alínea "a" do n.º 3 do artigo 4.º ETAF). Já quando se trate de averiguar acerca da responsabilidade do Estado pelo exercício da função jurisdicional motivada por erro judiciário em tribunais de outras ordens, serão competentes, em regra, os tribunais dessas mesmas ordens.

Por outro lado, o ETAF atribui competência a esta ordem de tribunais para julgar todos os pedidos indenizatórios fundados em responsabilidade extracontratual das pessoas coletivas públicas, eliminando o atual critério delimitador da natureza pública ou privada do ato de gestão que gera o pedido, causador de grandes incertezas na determinação do tribunal competente. São, igualmente, da competência dos tribunais administrativos as ações de responsabilidade civil extracontratual fundadas em atos praticados por sujeitos privados, sempre que estes sujeitos estejam submetidos ao regime da responsabilidade civil extracontratual do Estado pelo exercício da função administrativa, nos termos da respectiva lei substantiva.

Exclui-se do âmbito da jurisdição administrativa a competência para a fixação de indenização na seqüência de expropriação por utilidade pública, que se mantém nos tribunais comuns.

c) *Litígios entre pessoas coletivas de direito público e entre órgãos públicos (alínea "l" do n.º 2 do artigo 4.º ETAF).*

O ETAF prevê de forma clara e expressa a competência dos tribunais administrativos para a resolução de litígios entre pessoas coletivas de direito público e entre órgãos públicos, no âmbito dos interesses que lhes incumbe prosseguir. Trata-se de uma importante inovação, que surge no seguimento de novas linhas de entendimento do relacionamento entre entidades públicas, sendo cada vez mais freqüentes os litígios entre elas pelo fato de nem sempre prosseguirem interesses coincidentes.

d) *Execução de sentenças administrativas (alínea "n" do n.º 2 do artigo 4.º ETAF).*

Os tribunais administrativos passam a deter a competência plena e exclusiva para execução das suas próprias sentenças, pondo assim termo a um sistema dúbio e moroso, no que respeita ao processo executivo de sentenças administrativas. Esta inovação pressupõe a configuração de meios processuais verdadeiramente executivos no novo modelo de contencioso administrativo.

O ETAF excluiu do âmbito da jurisdição administrativa a apreciação de litígios resultantes de contratos de trabalho que não conferiam a qualidade de agente administrativo, mesmo que uma das partes seja uma pessoa coletiva pública (alínea *"d"* do n.º 3 do artigo 4.º ETAF). Excluiu também a fiscalização de atos materialmente administrativos praticados pelo Presidente do Supremo Tribunal de Justiça (alínea *"b"* do n.º 3 do artigo 4.º ETAF), e ainda, a fiscalização de atos materialmente administrativos praticados pelo Conselho Superior da Magistratura ou pelo respectivo Presidente (alínea *"c"* do n.º 3 do artigo 4.º ETAF).

4.2. *Organização da jurisdição administrativa e fiscal e distribuição de competências entre os tribunais administrativos*

O ETAF prevê a existência de um Supremo Tribunal Administrativo, do Tribunal Central Administrativo e de tribunais administrativos de círculo (art.ºs 11.º, 31.º e 39.º ETAF). O ETAF prevê ainda a possibilidade de o Tribunal Central Administrativo ser desdobrado em tribunais administrativos regionais (n.º 1 do art. 9.º ETAF), fato que fundamentou o Governo a criar o Tribunal Central Administrativo do Norte e o Tribunal Central Administrativo do Sul. Refira-se também a possibilidade de os tribunais administrativos de círculo serem agregados aos tribunais tributários, tal como sucedia já quanto aos tribunais administrativos e tributários do Funchal e de Ponta Delgada (n.º 2 do art. 9.º ETAF).

O Supremo Tribunal Administrativo assumiu a tarefa de funcionar como regulador do sistema, função adequada a uma instância suprema, competindo-lhe apreciar, em regra, questões de relevante importância jurídica ou social, nomeadamente:

a) Recursos para uniformização de jurisprudência fundados em oposição de acórdãos, cabendo a competência ao pleno da seção (art. 152.º CPTA e 25.º-1-b ETAF);

b) Recursos de revista de decisões do Tribunal Central Administrativo proferidas em segunda instância, quando esteja em causa uma matéria que, pela sua relevância jurídica ou social sejam de importância fundamental ou a admissão do recurso seja necessária para melhor aplicação do Direito. A competência para julgar estes recursos cabe à seção de contencioso administrativo (artigo 150.º CPTA e n.º 2 do artigo 24.º ETAF);

c) Recurso de revista *per saltum* de decisões de tribunais administrativos de círculo, quando o valor da causa seja superior a três milhões de euros e apenas sejam suscitadas nas alegações questões de direito, sendo a seção de contencioso administrativo a competente para apreciá-lo (artigo 151.º CPTA e n.º 2 do artigo 24.º ETAF);

d) Reenvio prejudicial de casos pendentes nos tribunais administrativos de círculo, quando se coloque perante estes tribunais uma questão de direito nova, que suscite sérias dificuldades e possa vir a colocar-se noutras situações. Compete ao pleno da seção julgar estes casos (artigo 93.º CPTA e n.º 2 do artigo 25.º ETAF);
e) Conflitos de jurisdição entre tribunais administrativos e tributários ou seções de contencioso administrativo ou tributário, cabendo ao plenário o respectivo julgamento (artigos 135.º e ss. CPTA e 29.º ETAF), bem como os conflitos de competência entre tribunais administrativos, devendo estes ser apreciados pela seção de contencioso administrativo (artigos 135.º e segs. CPTA e alínea *"h"* do n.º 1 do artigo 24.º ETAF).

A seção de contencioso administrativo do Supremo Tribunal Administrativo mantém, a título excepcional, algumas competências de primeira instância, fundamentadas no critério do autor do ato. Trata-se dos processos relativos a ações ou omissões materialmente administrativas do Presidente da República, Assembléia da República e seu Presidente, Conselho de Ministros, Primeiro-Ministro, Presidentes de tribunais supremos, Conselho Superior de Defesa Nacional, Conselho Superior dos Tribunais Administrativos e Fiscais e seu Presidente, Procurador-Geral da República e Conselho Superior do Ministério Público (n.º 1 do artigo 24.º ETAF). Cabe-lhe ainda o julgamento de todos os pedidos cumulados com o relativo à ação ou omissão do órgão em causa (alínea *"e"* do n.º 1 do artigo 24.º ETAF).

Novidades marcantes do novo regime são a previsão de alçadas para os tribunais administrativos, relevantes para efeitos de admissibilidade de recurso jurisdicional (artigo 6.º ETAF e n.º 1 do artigo 142.º CPTA), bem como, de regras para a determinação do valor das causas (artigos 31.º a 34.º CPTA). Estas regras relevam para efeitos de admissibilidade de recurso, mas também, para efeitos de determinação da forma de processo da ação administrativa comum (processo ordinário, sumário ou sumaríssimo, artigos 31.º, 35.º e 43.º CPTA). São ainda relevantes para, em ação administrativa especial, determinar se o caso é julgado por juiz singular ou em formação de três (art. 31.º CPTA).

As novas regras de distribuição de competências entre tribunais administrativos redundaram num alargamento muito significativo das competências e poderes dos tribunais administrativos de círculo, o que, por sua vez, determinou alterações ao nível da formação para julgamento destes mesmos tribunais. Assim, a regra segundo a qual as causas nos tribunais administrativos de círculo são julgadas por juiz singular é alterada, no sentido de se prever o julgamento por uma formação de três juízes, sempre que o processo consista numa ação administrativa especial e a causa tenha valor superior à da alçada do tribunal, (alínea "b" do n.º 2 do artigo 31.º CPTA e n.º 3 do artigo 40.º ETAF). Tratando-se de uma ação administrativa comum, apenas intervém o tribunal coletivo quando a forma de processo seja ordinária e as partes assim o requeiram (artigo 40.º ETAF).

Acresce que, nos tribunais administrativos de círculo, o julgamento pode ocorrer com a intervenção de todos os juízes do tribunal quando o respectivo presidente assim o entenda, em face de uma questão de direito nova, que possa ser colocada em futuros litígios (artigo 93.º CPTA).

Por fim, ressaltamos que tal reforma resultou no funcionamento de 16 (dezesseis) tribunais administrativos e fiscais de primeira instância no Continente e Ilhas, 02 (dois) tribunais centrais administrativos, o do Norte e o do Sul, e um Supremo Tribunal Administrativo, com sede em Lisboa, resultando uma maior distribuição geográfica dos tribunais, propiciando uma prestação mais eficiente da tutela jurisdicional administrativa.

Vejamos o organograma da jurisdição administrativa portuguesa:

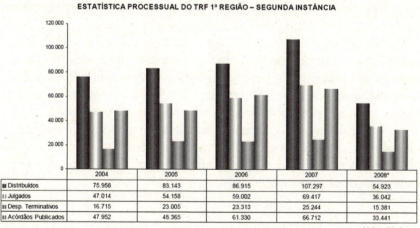

5. Considerações finais

Quanto aos sistemas administrativos de tipo Britânico e Francês, concluímos que houve, no correr da evolução, uma considerável aproximação, principalmente no que tange à organização administrativa, ao direito substantivo da Administração, ao regime da execução das decisões administrativas, e no rol de garantias jurídicas dos particulares.

Apesar da aproximação destes sistemas, as diferenças se mantiveram quanto ao tipo de controle jurisdicional da Administração, onde, na Inglaterra há unidade de jurisdição e na França, dualidade de jurisdições.

Em termos de sistema Administrativo, nomeadamente no seu controle judicial, Portugal e Brasil se diferem, respectivamente, tal como França e Inglaterra, sob os aspectos estruturais e orgânicos.

A razão de ser dos tribunais administrativos portugueses, conforme alguns doutrinadores defendem, atualmente não significa haver um privilégio de um foro privativo da Administração, mas sim, na vantagem de uma especialização material dos seus órgãos jurisdicionais.

Por sua vez, o fato de no Brasil se adotar o sistema de jurisdição única no controle judicial da Administração, não significa remetê-la sempre a normas materialmente privadas. Pois, embora regulada por diplomas substancialmente privados, a Administração tem poderes de autoridade para impor aos particulares as soluções de interesse público que forem indispensáveis salvaguardados em normas materialmente administrativas.

Pelas razões apresentadas no correr desta pesquisa, entendemos que a organização judiciária única brasileira se mostra mais simplificada ao submeter aos tribunais comuns o controle jurisdicional da Administração, e sob uma ótica pragmática, observamos que tal sistema se mostra financeiramente viável pelas proporções continentais de seu território. Contudo, ao analisar o sistema do contencioso administrativo português, embora se tratar de uma estrutura mais complexa, concluímos que a especialização da jurisdição administrativa pode resultar em uma justiça mais coerente e substancial no plano administrativo.

6. Referências bibliográficas

AMARAL, Diogo Freitas do. *Curso de Direito Administrativo.* 3ª Edição. Vol. I. Coimbra: Almedina, 2006.
—. *Curso de Direito Administrativo.* Vol. II. Coimbra: Almedina, 2007.
LENZA, Pedro. *Direito Constitucional Esquematizado.* 12ª Edição. São Paulo: Saraiva, 2008.
MEIRELLES, Hely Lopes. *Direito Administrativo Brasileiro.* 34ª Edição. São Paulo: Malheiros Editores, 2008.
PIETRO, Maria Sylvia Zanella di. *Direito Administrativo.* 18ª Edição. São Paulo: Atlas, 2004.

ANÁLISE DA POLÍTICA DE ISENÇÃO TRIBUTÁRIA DOS ENTES FEDERADOS NO BRASIL PARA ATRAÇÃO DE INVESTIMENTOS DE EMPRESAS À LUZ DO PRINCÍPIO DA IGUALDADE

Simon Riemann Costa e Silva[33]

Sumário: Introdução; **1.** Estudo sobre o princípio da igualdade; **1.1.** A evolução histórica do princípio da igualdade; **1.2.** Princípio da igualdade formal; **1.3.** Princípio da igualdade material; **1.3.1.** Princípio da igualdade enquanto correlação lógica entre opção normativa e objeto de alcance da norma; **1.3.2.** Princípio da igualdade enquanto instrumento de justiça material; **1.4.** Primeiras conclusões; **2.** Política de atração de investimentos privados por meio de benefícios fiscais; **2.1.** A atuação do Estado no domínio econômico; **2.2.** Atuação e intervenção estatal; **2.3.** A disputa por investimentos privados pelos entes federados no Brasil; **2.4.** Federalismo fiscal; **2.5.** Guerra Fiscal; **2.5.1.** Conceito; **2.5.2.** Mecanismos utilizados; **2.5.3.** Legislação; **2.5.4.** Jurisprudência; **3.** Análise da política de isenção tributária dos entes federados no Brasil para atração de investimentos de empresas à luz do princípio da igualdade; **3.1.** Distinção entre princípios e regras; **3.2.** Análise da política de isenção tributária face ao princípio da igualdade; **3.2.1.** Da relação de competição entre empresas enquanto elemento de comparação relativa; Conclusão; Bibliografia.

---

[33] Sócio do escritório de advocacia "Riemann & Fernandes Advogados Associados" em Goiânia, Goiás, Brasil. *Master of Laws* pela Universidade Católica Portuguesa e pela Universidade de Hanôver, Alemanha. Mestre em Direito pela Universidade de Coimbra. Correio eletrônico: simon@rfa.adv.br

Introdução

O presente estudo tem por escopo analisar a política de isenção tributária para atração de investimentos privados no Brasil sob a ótica do princípio da igualdade.

A atualidade da questão deve-se ao fato de que atualmente há uma prática generalizada de disputa por investimentos privados por parte dos entes federados brasileiros por meio de políticas de renúncia fiscal e outros incentivos não tributários. A discussão até o momento ateve-se aos dispositivos constitucionais que regulam tal matéria. No entanto é de todo evidente que tais práticas, baseadas em legislações específicas, acabam por realizar tratamentos distintos, privilegiados, a determinados grupos econômicos a despeito de outros. Assim, julga-se oportuno a análise da juridicidade de tais políticas à luz do princípio da igualdade.

Para tanto faz-se necessário um estudo detalhado dos fundamentos teóricos do princípio, realizando um excurso histórico do desenvolvimento teórico da igualdade, o que é feito logo no primeiro item.

No item seguinte estuda-se o que vem a ser o novo papel do Estado, seu processo de redimensionamento, a fim de situar o leitor no contexto em que se desenvolvem tais políticas de indução econômica. Assim, estuda-se brevemente este novo papel a que se propõe o Estado, passando-se em seguida à análise do sistema federal brasileiro para uma melhor compreensão das origens do que pode ser chamado de "federalismo não cooperativo", para adiante discorrer sobre a política de atração de investimentos por meio de renúncias fiscais gerando a chamada "guerra fiscal".

No terceiro item, já de posse dos elementos teóricos que balizam todos os institutos em discussão, será feita a análise da juridicidade de tais políticas à luz do princípio da igualdade, buscando confrontar o que vem ocorrendo na prática do dia-a-dia político com o mandamento constitucional.

Ao final será feita uma breve conclusão.

1. Estudo sobre o princípio da igualdade

1.1. *A evolução histórica do princípio da igualdade*

A consagração jurídica da igualdade entre os homens ocorreu com o movimento constitucionalista deflagrado no final do século XVIII, verificando-se em um primeiro momento no Vírginia Bill of Rights, que declarava: "all men are by nature equally free and independent and have certain inherent rights", de 12 de junho de 1776; na Constituição de Massachussets, de 02 de março de 1780 ("all men are born free and equal and have certain natural, essential and unaliable rights"); na Declaração dos Direitos do Homem de 1789 que preceituava: "les hommes naissent et demeurant libres et égaux en droits"; e posteriormente na clássica consagração na Déclaration des Droits de l'Homme et du Citoyen de 1793: "Tous les hommes sont égaux par la nature et devant la loi".[34]

Nas palavras de Maria da Glória Garcia, "a enunciação do princípio da igualdade acima referida, recolhe ou funde duas linhas de pensamento filosófico diferentes sobre o valor igualdade: por um lado, a que «agarra» toda a tradição aristotélica, fortificada ao longo da Idade Média, por outro, a que vai buscar ao pensamento racionalista e individualista dos séculos XVII e XVIII o seu húmus vivificador."[35]

O racionalismo fundamentou o momento histórico em que a sociedade se insurgiu contra os regimes absolutistas, que privilegiavam determinadas classes em detrimento de outras, que acabavam por arcar com os custos da manutenção de toda sorte de privilégios.

No entanto, das primeiras consagrações do princípio nas primeiras constituições até os dias atuais, a leitura que se faz e que se exige do princípio da igualdade sofreu uma verdadeira revolução, adquirindo contornos bem mais profundos e exigentes do que o dos anos da Revolução Francesa. Nas páginas que se seguem, cumpre-nos realizar este excurso histórico a respeito da construção do princípio tal qual o concebemos nos dias atuais.

---

[34] Cfr. GARCIA, Maria da Glória F.P.D.. *Princípio da igualdade: fórmula vazia ou fórmula "carregada" de sentido?*, in *Estudos sobre o princípio da igualdade*, Editora Almedina, Coimbra, 2005, p. 31.

[35] GARCIA, Maria da Glória F.P.D.. Op. cit., p. 32.

1.2. Princípio da igualdade formal

Em sua primeira acepção, o alcance do princípio da igualdade era limitado, não se comparando à complexidade de hoje, podendo dizer-se mesmo que se confundia com o princípio da prevalência da lei, em um momento de prestígio dos parlamentos, em que a igualdade realizava-se na observância dos preceitos normativos por parte de todos.

Nesta acepção, o princípio da igualdade se traduz numa igualdade perante a norma, numa igualdade puramente formal, tendo como destinatário o aplicador do direito, uma vez que do parlamento não se esperava nada além da elaboração de leis abstratas.[36]

Naturalmente, e sobretudo a partir de um olhar dos dias atuais, esta concepção da igualdade não poderia se sustentar por muito tempo. Ao se firmar na generalidade da lei, na observância perante a lei, fechavam-se os olhos ante às enormes desigualdades perante os homens, acentuando-se, ou ao menos, não corrigindo, a desigualdade inerente a uma sociedade baseada em torno da propriedade.

É emblemático o fato do Estado ausente dos anos liberais em que foi erigido o princípio, ter se tornado protagonista da realização da justiça social que a "mão invisível" de Adam Smith se recusou, ou não conseguiu, empreender. Neste contexto acentuam-se as normas de efeito concreto em uma sociedade cada vez mais técnica, que exige rapidez do Estado na regulamentação de situações novas que surgem com uma frequência cada vez maior. É o caso do que ocorre no Brasil, por exemplo, em que o poder executivo legisla por meio de medidas provisórias (que deveriam restringir-se às situações de relevância e urgência), e das agências reguladores, que pendem no organograma do poder executivo, gozam de independência administrativa (e por vezes financeira) e têm competência regulamentar.

Ademais, é de se sublinhar que ao longo dos últimos duzentos anos houve uma gradual corrosão do prestígio dos parlamentos, pertencendo mesmo a uma categoria do passado a presunção de sacralidade da lei.

Assim, aos poucos foi-se tornando de todo evidente que a igualdade perante a norma nada mais é do que perpetuar um *status quo* de desigualdades sociais. Era necessário retirar algo mais do princípio.

---

[36] Cfr. GARCIA, Maria da Glória F.P.D.. Op. cit., p. 38.

1.3. Princípio da igualdade material

1.3.1. Princípio da igualdade enquanto correlação lógica entre opção normativa e objeto do alcance da norma

A constatação de que a igualdade na razão que nos une e nos confere dignidade não significava igualdade nas demais dimensões da vida dos homens levou ao abandono gradual da noção absoluta de igualdade, consagrada na generalidade e abstração da lei, para se acentuar a nota da relatividade das relações sociais em que o princípio deverá ser ponderado. Com isto não se quer dizer que houve abandono da concepção da igualdade perante a norma, que é um dos mais caros valores do Estado moderno, mas tão somente uma evolução da concepção do princípio, em que aos valores anteriores agregam-se novos paradigmas de ponderação. "Em consequência do redescoberto carácter relativo da igualdade, a máxima «todos são iguais perante a lei» pode decompor-se em duas afirmações distintas: o igual deve ser tratado igualmente e o desigual, desigualmente, na medida exacta da diferença."[37]

Aparentemente adentra-se ao mérito da igualdade, buscando-se no justo a razão de ser da aplicação do princípio. Contudo, a partir do axioma enunciado não é possível extrair qual deverá ser o tratamento igualitário, uma vez que não há parâmetro do que vem a ser situações iguais e por igual razão, qual deverá ser o tratamento desigualitário. A circularidade do conceito, que a lugar nenhum leva, conduziu alguns autores a afirmarem que o princípio da igualdade seria uma fórmula vazia (*Leerformelcharakter*), "incapaz, consequentemente, de empreender qualquer tarefa de garantia contra excessos praticados no exercício do poder público", afirma Maria da Glória Garcia, em trabalho que desmonta de forma cabal esta tese.[38]

Todavia, a argumentação sobre a inutilidade do princípio da igualdade não prospera. Naturalmente não será qualquer conteúdo que o satisfará, sendo certo que o primeiro destinatário, o legislador, deverá ancorar-se em critérios de razoabilidade no momento de definir tais situações como iguais e outras como desiguais. Este é o primeiro plano do princípio,

---

[37] GARCIA, Maria da Glória F.P.D.. Op. cit., p. 42.
[38] GARCIA, Maria da Glória F.P.D.. Op. cit., p. 30.

o plano da elaboração normativa em que haverá a opção política por determinar-se o recorte de igualdade e desigualdade na relatividade das relações sociais.

A igualdade só pode ser apurada quando há a comparação entre, no mínimo, duas situações ou objetos para se apurar o elemento de comparação. A igualdade é relativa e nesta relatividade abstrai-se da realidade o denominador comum. Assim, por exemplo, se se quer empreender uma política pública de inclusão social daquele setor da sociedade economicamente desfavorecido, o denominador comum para se estabelecer a igualdade deverá ser a renda pessoal ou familiar. Será este o ponto a ser recortado, dentre outros tantos que caracterizam os homens, como estatura, local de nascimento, sexo... Neste diapasão, o legislador que tenciona legislar a respeito de políticas de inclusão social, deverá buscar um critério razoável ao se decidir por enquadrar este ou aquele setor entre os contemplados, igualando-os, e relegar outros a estarem fora do programa, desigualando-os em relação aos que serão assistidos. "Na verdade, a qualificação das situações como iguais implica um juízo, juízo que necessariamente envolve valores, seja de ordem jurídica, moral, estética, económica seja filosófica. A igualdade só vive, ou melhor, só pode viver, num mundo imerso em valores."[39]

O preenchimento do que vem a ser igual ou desigual estará sempre relacionado ao fim a que a norma deseja atingir e esta escolha estriba-se nos valores que presidem a sociedade em um dado momento, não podendo o legislador alhear-se destas circunstâncias sob pena de trair o mandato popular que lhe foi confiado. Não se trata de uma escolha aleatória.

Uma vez realizada a escolha política do que será considerado igual, deverá haver o tratamento igualitário, adentrando-se ao segundo plano do princípio, em que o tratamento de determinadas situações como iguais deverá estar relacionado ao fim da política pública que levou à determinação daquelas situações como iguais. Se se decide, por exemplo, que as novas empresas a instalar-se em uma determinada região geográfica gozarão de isenção sobre o IVA (ou ICMS, no Brasil), não significa que em outras situações da relação entre estas empresas e o Estado deverá haver necessariamente tratamento igual. "O que, no fundo, exige é que o critério adoptado não tenha sido escolhido arbitrariamente, o que, no

---

[39] GARCIA, Maria da Glória F.P.D.. Op. cit., p. 49.

fundo, exige é uma conexão entre o critério adoptado e a «ratio» do tratamento jurídico. (...) O que importa, para efeitos de obediência ao princípio, é que nos pontos de intersecção exista interdependência entre os planos, por outras palavras, coerência intrínseca entre previsão e consequência jurídica."⁴⁰

Neste sentido, para que haja respeito ao princípio da igualdade, a relação entre o critério estipulado e o fim almejado deverá ser *razoável e suficiente*, ou seja, o princípio da igualdade não orienta qual deverá ser a valoração, mas exige que haja uma relação lógica, razoável e suficiente para atingir o objetivo da política pública em questão.

Não se observando esta interdependência, ou, sendo esta insuficiente ou desrazoável, haverá a violação do princípio.

Cobrar coerência interna entre o elemento valorativo e o fim almejado é suficiente para que não haja arbitrariedades, no entanto, questiona-se se esta lógica interna é suficiente para cobrar justiça ao princípio.

A par do reconhecimento da importância desta construção teórica, que caminha a passos largos rumo à conceituação material do princípio, tem-se que a resposta é a de que apenas a cobrança de relação entre o elemento valorativo e o fim almejado passa ao largo de critérios de justiça. Não se questiona a relação intrínseca entre proibição de arbítrio e justiça, mas só aquela não é suficiente para a realização desta última.

"A crítica fundamental feita ao entendimento do princípio da igualdade como princípio negativo de controlo é a de que ele acredita que a justiça se contém na intenção do próprio tratamento jurídico, tal como os revolucionários acreditaram que ela se continha na generalidade da norma."⁴¹

Desta forma, segue-se a novas formulações teóricas acerca do princípio, que, além de sedimentar a importância da igualdade perante a norma, passando pela necessidade de correlação lógica entre o elemento valorativo no ato de legislar e o fim perseguido pela norma, avança no sentido de descer à planície das relações sociais, desiguais como elas são, para fazer com que a força normativa do princípio da igualdade realize justiça.

---

[40] GARCIA, Maria da Glória F.P.D.. Op. cit., p. 55 e 56.
[41] GARCIA, Maria da Glória F.P.D.. Op. cit., p. 63.

1.3.2. *Princípio da igualdade enquanto instrumento de justiça material*

Nesta terceira fase de sua evolução, o princípio da igualdade centra-se menos nos aspectos de conformação valorativa das situações que serão reputadas iguais, para focar-se nos fins a serem atingidos, para atentar-se à justiça da meta traçada, do fim almejado. "O princípio da igualdade adquire uma intenção normativa, correctora das tendências abusivas da liberdade de cada um, apresentando-se quer como programa de acção – realização de uma igualdade social –, quer como expressão da justiça material – realização da «ideia de Direito» – e, em qualquer dos casos, converte-se num limite interno da actividade do poder público."[42]

Assim, o princípio não poderá se alienar das desigualdades assentes nas relações sociais, trazendo para o seu núcleo um imperativo de conformação das forças sociais sob os cânones da justiça entre os homens. São os valores da justiça social que presidirão a conformação do núcleo da igualdade.

Quais são estes valores dependerá do estado civilizacional que se encontrar cada sociedade, que deverá pactuar acerca das bases em que se desenvolverão. Poderiam acordar, por exemplo, que a todos serão asseguradas as mesmas oportunidades para que busquem livremente melhores condições, sendo certo que ao final não haverá igualdade de condições entre todos, perdida logo nos primeiros metros da caminhada, ou, por outro turno, assegurar a igualdade final de condições, em que sociedade e Estado apoiam aqueles que não lograram êxito na renhida disputa por um lugar ao sol na sociedade moderna.

Seja como for, o certo é que não há como se determinar de antemão qual deverá ser o critério, qual será a valoração, porquê os valores vão cambiando ao longo dos tempos. Nesse sentido, Aristóteles anota que "Não é político fundar muito simplesmente a Constituição dum Estado sobre uma ou outra igualdade. É a experiência a prová-lo; nenhum Estado baseado neste princípio é duradouro. É fatal que, partindo dum erro capital e dum princípio viciado, se chega a más consequências;"[43]

---

[42] v, Maria da Glória F.P.D.. Op. cit., p. 64.

[43] ARISTÓTELES. *Tratado da Política,* Editora Europa-América, número 158, 1977, p. 151.

Desta forma, haverá alterações conceituais ao longo do tempo, ao longo de diferentes sociedades, de qual será a valoração que determinará quais situações são iguais e quais são desiguais, mas de qualquer forma haverá sempre o elemento constante de busca da realização da justiça material.

Chaïm Perelman[44], discorrendo sobre a noção de justiça, enumera o que seria suas seis possibilidades. Vejamos:

"1. *A chacun la même chose* (A cada qual a mesma coisa);
2. *A chacun selon ses mérites* (A cada qual segundo seus méritos);
3. *A chacun selon ses œuvres* (A cada qual segundo suas obras);
4. *A chacun selon ses besoins* (A cada qual segundo suas necessidades);
5. *A chacun selon son rang* (A cada qual segundo sua posição);
6. *A chacun selon ce que la loi lui attribue* (A cada qual segundo o que a lei lhe atribui)."

A partir deste rol, o autor afirma que haverá três caminhos a seguir. O primeiro afirma que não há nada em comum entre os seis enunciados; levando à segunda alternativa que seria escolher o único postulado correto; ou, buscar o elemento em comum, um denominador comum sempre presente em todos os axiomas. Este elemento comum seria o de que justo é tratar de forma igual aqueles que são iguais em relação a certa característica essencial. Está aí o elemento racionalizador a que aludimos anteriormente a propósito do segundo momento de evolução do princípio, a conexão entre a valoração e o fim almejado.

Mas a partir da terceira fase de evolução do princípio, pode-se debruçar sobre qual destas finalidades atinge o núcleo do que é considerado justo na atual escala de valores da sociedade. É de todo evidente que entre a primeira proposição (A cada qual a mesma coisa) e a quarta (A cada qual segundo suas necessidades), há uma concepção bastante distinta do que venha a ser justo. Poder-se-ia dizer que na primeira proposição, se não se ponderar as desigualdades existentes e conferir, a despeito delas, a todos a mesma coisa, perpetuaria uma situação de desigualdade de condições, o que já não se verifica na última hipótese ao determinar a cada qual segundo suas necessidades.

---

[44] PERELMAN, Chaïm. *Ethique et Droit*, Editions de L'Universite de Bruxelles, Bruxelas, 1990, p. 19.

A questão gira em torno da justiça material e não na equalização contida na hipótese normativa. "Toda norma é igualitária relativamente à característica essencial que adota na hipótese, mas pode ser criticada sob o ponto de vista dos princípios de justiça concreta que ignore."[45]

A noção de justo enquanto tratamento igual encontra-se também presente na obra de Aristóteles, em que o autor grego afirma que "Entre semelhantes, a honestidade e a justiça é ter cada um a sua oportunidade. Só isto conserva a igualdade. A desigualdade entre iguais e as distinções entre semelhantes são contra a natureza e, por conseguinte, contra a honestidade."[46]

Jorge Miranda[47] discorre sobre a dicotomia igualdade jurídico-formal, perante a lei, liberal, e a igualdade social, material, concreta, concluindo que não há que se falar em contraposição, contradição entre os dois conceitos e sim em uma evolução da concepção formal, programática a um conceito material preceptivo em que houve necessariamente a passagem pela primeira.

O sentido primário do princípio é negativo, em que se vedam arbitrariedades, "e trata-se também de proteger as pessoas contra discriminações". Já o sentido positivo cuida de tratar igualmente situações iguais e desigualmente as desiguais, apresentando-se ora como faculdade, ora como obrigação do legislador, levando em conta não só a realidade como ela é, mas, sobretudo, como deveria ser, concretizando uma igualdade através da lei. Segundo o autor, a Constituição Portuguesa não se limita a enunciar o princípio da igualdade, indo além e aplicando-o a situações concretas que o reclamam.

O jurista português anota três subprincípios do princípio da igualdade: necessidade, adequação e racionalidade. Os destinatários são os órgãos legislativos, os tribunais, a Administração, e, de forma menos abrangente, os particulares, nomeadamente as pessoas jurídicas. Por fim, dentre outras considerações, afirma que: *i)* o paradoxo de que as ações positivas de concretização da igualdade multiplicam os regimes jurídicos particulares; *ii)* a inconveniência de se opor a igualdade formal à material, assimilando-se-lhe à igualdade de nascimento "burguesa".

---

[45] GRAMSTRUP, Erik Frederico. *O Princípio da Igualdade,* tese de doutorado, São Paulo, 2003.

[46] ARISTÓTELES. Op. cit., p. 49.

[47] MIRANDA, Jorge. *Manual de Direito Constitucional*, Tomo IV, 3.ª Edição, Editora Coimbra, Coimbra, 2000, p. 201.

1.4. Primeiras conclusões

Do que foi discutido nas páginas anteriores podemos retirar algumas conclusões acerca do princípio da igualdade:

i) O primeiro ponto é o de que não se sustenta a teoria que atribui ao princípio uma simples fórmula vazia, passível de receber qualquer conteúdo;

ii) A denominada igualdade formal, igualdade perante a lei, representa uma cara conquista do Estado de direito. Antes de avançar aos aspectos de justiça material, que nortearão o princípio, há de se observar o denominado padrão de regularidade, ou seja, que a norma será aplicada imparcialmente a quem quer que seja;

iii) Avançando para uma conceituação material, é um imperativo de respeito ao princípio que haja correlação entre a valoração realizada para reputar determinadas situações iguais e o objetivo final a ser alcançado;

iv) Este objetivo final deve levar em conta a realização da justiça material, ponderando as desigualdades a serem superadas no seio das relações sociais, se valendo de critérios de razoabilidade e eficiência para balizar a política adotada;

v) A conclusão de que a igualdade se realiza quando ponderada de forma relativa nas relações sociais, procedendo a recortes jurídicos, leva o legislador a criar uma série de regimes especiais, particulares, em que a norma perde seu caráter de generalidade e, por mais paradoxal que seja, leva à construção de uma ordem pautada na discriminação de situações. Com fulcro nesta realidade é que se exige a correlação lógica entre o critério diferenciador e o tratamento distinto que prescreve.

Realizado este excurso teórico sobre o princípio da igualdade, chega o momento de ponderá-lo sobre as situações bastante concretas que são os incentivos fiscais às grandes empresas enquanto política de atração de investimentos. Interessa-nos analisar se estas políticas de discriminações positivas, ao contemplarem determinadas empresas com o direito à isenção tributária e até mesmo outros incentivos não tributários, atende aos pressupostos modernos do princípio da igualdade, tal qual o expusemos nas páginas anteriores.

Para tanto, se faz necessária uma contextualização do atual momento de redimensionamento estatal para explicar as suas modernas formas de atuação/intervenção econômica, para só depois adentrarmos na discussão sobre a denominada "guerra fiscal" e ao final fazer a devida ponderação à luz do princípio da igualdade.

2. Política de atração de investimentos privados por meio de benefícios fiscais

2.1. *A atuação do Estado no domínio econômico*

A atuação do Estado no domínio econômico é um pressuposto para o próprio funcionamento adequado dos mercados. "Sin Estado, no hay mercado."[48] É a forma de atuar que altera consoante o momento político. "O Estado moderno nasce sob a vocação de atuar no campo econômico. Passa por alterações, no tempo, apenas o seu modo de atuar, inicialmente voltado à *constituição* e à *preservação* do modo de produção social capitalista, posteriormente à *substituição* e *compensação* do mercado."[49]

Remontando à formação do Estado liberal burguês, constata-se um momento histórico em que a sociedade luta por resguardar um espaço em que as relações privadas floresceriam imunes ao arbitramento estatal e em que a manifestação livre da vontade seria o elemento basilar das relações jurídicas. "Pode afirmar-se que toda a estrutura política do século XIX vai construir-se como uma tentativa de conseguir a mais completa separação do Estado e da sociedade."[50] [51]

---

[48] ARIÑO ORTIZ, Gaspar. *Principios de Derecho Público Económico,* Tercera Edición Ampliada, Granada, Fundación de Estudios de Regulación, Colmares Editora, 2004, p. 5.

[49] GRAU, Eros Roberto. *A ordem econômica na Constituição de 1988*, 11.º Ed. São Paulo, Malheiros, 2006, p. 19.

[50] SOARES, Rogério Ehrhardt. *Direito Público e sociedade técnica*, Coimbra, Atlântida Editora, 1969, p. 40.

[51] A este propósito, Rogério Soares afirma que "Ao contrário do que aparece tão frequentemente nas representações revolucionárias da época seguinte, não é uma estrutura «feudal» o que significa o estado absoluto, mas uma organização fortemente centralizada, que conseguiu já dissolver todos os quadros em que a sociedade assumira uma dimensão política." SOARES, Rogério Ehrhardt. Op. cit., p. 43.

Havia a crença de que o egoísmo do indivíduo preocupado única e exclusivamente com o lucro, traria, em última instância, benefícios a toda a sociedade. Uma vez sendo coincidente o interesse geral com o individual, deve-se, então, dar plena liberdade de ação aos interesses privados[52].

No entanto, mesmo no auge da convicção deste ideário, o Estado não se absteve de atuar sobre o domínio econômico, no princípio por imperativos de ordem ética (*v.g.*, regulamentação de emprego de crianças); posteriormente tendo em vista a regulamentação do sistema de abastecimento de alimentos; a seguir, através de medidas tendentes a propiciar a livre concorrência, em decorrência do "aparecimento de unidades econômicas que assumiam destacada posição nos mercados, suficiente para lhes permitir a sua "regulamentação", em benefício próprio"[53]. Ademais, através da prestação de serviços públicos e da construção de obras públicas de infra-estrutura, o Estado "pavimentou" o caminho pelo qual pôde percorrer a iniciativa privada.

Mas mesmo que distorções, as chamadas falhas de mercado, não houvessem surgido, a intervenção do Estado na ordem econômica é um dado inexorável, uma condição intrínseca à própria lógica de trocas capitalistas. Neste sentido, Natalino Irti assevera que "o mercado não é uma instituição espontânea, natural – não é um *locus naturalis* – mas uma instituição que nasce graças a determinadas reformas institucionais,

---

[52] Nesse sentido, o teórico do liberalismo clássico Adam Smith afirma que "Todo indivíduo empenha-se continuamente em descobrir a aplicação mais vantajosa de todo o capital que possui. Com efeito, o que o indivíduo tem em vista é sua própria vantagem, e não a da sociedade. Todavia, a procura de sua própria vantagem individual natural ou, antes, quase necessariamente, leva-o a preferir aquela aplicação que acarreta as maiores vantagens para a sociedade. (...) orientando sua atividade de tal maneira que sua produção possa ser de maior valor, visa apenas a seu próprio ganho e, neste, como em muitos outros casos, é levado como que por uma mão invisível a promover um objetivo que não fazia parte de suas intenções. (...) Ao perseguir seus próprios interesses, o indivíduo muitas vezes promove o interesse da sociedade muito mais eficazmente do que quando tenciona realmente promovê-lo. Nunca ouvi dizer que tenham realizado grandes coisas ao país aqueles que simulam exercer o comércio visando ao bem público." ADAM SMITH. *A riqueza das nações*, Ed. Nova Cultural, 1996, São Paulo. Tradução de Luiz João Baraúna, apud TAMER, Sérgio Victor. *Fundamentos do Estado democrático e a hipertrofia do executivo no Brasil*, Sérgio António Fabris Editor, Porto Alegre, 2002. p. 81 e 82.

[53] GRAU, Eros Roberto. Op. cit., p. 26.

operando com fundamento em normas jurídicas que o regulam, o limitam, o conformam; é um *locus artificialis*."[54]

A necessidade de um comando único capaz de conferir certeza, previsibilidade, *calculabilidade*[55] ao sistema de trocas capitalistas, requer a intervenção do Estado no domínio econômico. Segundo Avelãs Nunes, esta intervenção "não poderá entender-se, com efeito, como uma *limitação* ou um *desvio* imposto aos próprios objectivos das empresas (particularmente das grandes empresas), mas antes como uma diminuição de riscos e uma garantia de segurança maior na prossecução dos fins últimos da acumulação capitalista."[56]

Portanto, a consolidação do moderno Estado capitalista não teria sido possível sem a intervenção estatal, que, como observado anteriormente, no princípio estava voltada à constituição e preservação do modo de produção social capitalista e posteriormente à substituição e compensação do mercado.

Este último passo, substituição e compensação do mercado, foi o momento de inflexão do Estado liberal ao Estado social, em que a intensificação da intervenção estatal é sobejamente conhecida.

A partir dos anos 30 do século passado, com a crise do Estado liberal, houve um processo de estruturação do chamado Estado social, que perdurou até meados dos anos 1970.

Sob o ponto de vista econômico imperou a doutrina keynesiana, caracterizada pela forte intervenção estatal, na busca pelo pleno emprego e a atuação em setores estratégicos da economia. Em sua dimensão social, o chamado Welfare State, ou Estado do bem-estar, chamou para si a responsabilidade de desenvolver políticas públicas na área social, provendo a população com os serviços de educação, saúde, previdência social, habitação, cultura, lazer, etc.[57]

---

[54] IRTI, Natalino. *L´ordine giuridico del mercato*, 3.º Ed. Roma, Laterza, 1998, *apud* GRAU, Eros Roberto. Op. cit., p. 30.

[55] WEBER, Max. *Economia y sociedad,* vol II, p. 238, *apud* GRAU, Eros Roberto. Op. cit., p. 32.

[56] AVELÃS NUNES. *Do capitalismo e do socialismo*, Coimbra, Atlântida Editora, 1972, p. 125, *apud* GRAU, Eros Roberto. Op. cit., p. 32.

[57] Cfr. ABRUCIO, Fernando Luiz. *O impacto do modelo gerencial na Administração Pública,* Cadernos ENAP, Editora Vera Lúcia Petrucci, Brasília, 1997, p. 07.

Apesar de este período ter sido marcado por uma grande prosperidade econômica, o certo é que a partir do último quartel do século XX o Estado social encontrou-se sob fogo cruzado.

Após as duas crises do petróleo (1973 e 1979), a economia mundial entrou em um período recessivo. As taxas de crescimento reduziram-se para a metade em relação ao que foram nos primeiros vinte anos após a Segunda Guerra Mundial e as taxas de desemprego aumentaram[58]. O déficit público tornou-se incontrolável e os cidadãos demonstraram insatisfação quanto à escalada da carga tributária, sobretudo por não virem uma melhoria nos serviços públicos que justificasse tamanha arrecadação.

Em meio a esta crise, chegou-se à conclusão de que o problema estava no Estado: "Assim, quando há uma crise importante no sistema, sua origem deverá ser encontrada ou no mercado, ou no Estado. A Grande Depressão dos anos 30 decorreu do mal funcionamento do mercado, a Grande Crise dos anos 80, do colapso do Estado Social do século vinte."[59]

Ao mesmo tempo o processo de globalização enfraqueceu o poder dos governos, que cederam cada vez mais aos interesses das grandes empresas. A este respeito, Milton Santos[60] afirma que "Nas condições atuais, e de um modo geral, estamos assistindo à não-política, isto é, à política feita pelas empresas, sobretudo as maiores. Quando uma grande empresa se instala, chega com suas normas, quase todas extremamente rígidas." A criação de mercados comuns entre países afigurou-se como outro fator de desconstrução de um modelo interventivo, na medida em que o monopólio estatal constitui-se um entrave à atuação dos privados.

Aliado a estes fatores, há que se ressaltar o notável progresso tecnológico que permitiu o compartilhamento de infra-estruturas de rede, tornando-se possível a competição, possibilitando a desconstituição de monopólios públicos na prestação de serviços, que, além de serem calcados em pressupostos ideológicos, eram, antes de tudo, fundados em imperativos de ordem técnica.

---

[58] Cfr. BRESSER PEREIRA, Luiz Carlos. *A reforma do Estado nos anos 90: lógica e mecanismos de controle*, Ministério da Administração Federal e Reforma do Estado, Brasília, 1997, p. 11.

[59] BRESSER PEREIRA, Luiz Carlos. Op. cit., 9.

[60] SANTOS, Milton. *Por uma outra globalização: do pensamento único à consciência universal*, 4ª Edição, Editora Record, Rio de Janeiro, 2000, p. 67 e 68.

Desta forma, em face de todas estas condicionantes, internas e externas, houve, sobretudo na década de 80, a nível político a chegada dos conservadores no poder, e a nível teórico a revolução conservadora em economia, fortemente anti-keynesiana[61]. Assim, formou-se o ambiente propício para implementar uma série de reformas na estrutura estatal.

Neste âmbito, de delimitação das funções estatais, cumpre, em um primeiro momento, identificar as áreas de atuação do Estado, que, conforme Bresser Pereira,[62] seriam três: as atividades exclusivas do Estado, como a atividade de legislar, punir, segurança interna, proteção externa, assegurar a ordem econômica garantindo os contratos e a propriedade, formular políticas na área econômica e social, etc.; as atividades de produção de bens e serviços para o mercado, como construção de infra-estrutura de transporte, sistema de telecomunicações, etc.; e as atividades na área social e científica, como saúde, educação, pesquisa científica, etc.

A partir desta compreensão, a proposta de reforma visa manter as atividades exclusivas a cargo do Estado; propõe a privatização das atividades de produção de bens e serviços; e, no que diz respeito às atividades sociais e científicas, haveria a sua transferência para o setor público não-estatal, ou terceiro setor, ou seja, fundações, associações, que não obstante não integrem a estrutura estatal, prosseguem o interesse público a despeito de preocupações meramente voltadas para o lucro dos indivíduos que as controlam. É certo que se trata de uma privatização de funções que outrora competiam ao Estado.

Assim, o Estado deixa de intervir diretamente na economia prestando diretamente serviços, passando a atuar apenas regulando o mercado, seja obrigando-o a adotar determinadas medidas, seja induzindo-o, convidando-o a optar livremente por determinados caminhos.

2.2. *Atuação e intervenção estatal*

Atuação estatal em sentido amplo compreende tanto a atuação do Estado em seu domínio próprio, por meio da regulação ou prestação de

---

[61] Cfr. FERREIRA, Eduardo Paz. *Direito da Economia*, AAFDL, Lisboa, 2001, p. 362 e 363.

[62] Cfr. BRESSER PEREIRA, Luiz Carlos. Op. cit., p. 21 a 31.

serviços públicos, quanto a intervenção em domínio reservado aos privados, no campo de atividade econômica em sentido estrito. Nesta seara, a presença estatal poderá ocorrer diretamente *no* domínio econômico, atuando como agente econômico ou, atuando *sobre* o domínio econômico, por meio de regulação normativa, seja dirigindo, seja induzindo o comportamento dos atores do mercado.

Eros Grau[63] realiza a seguinte classificação acerca da intervenção do Estado no domínio econômico: *i)* intervenção por absorção ou participação; *ii)* intervenção por direção; *iii)* intervenção por indução. Explica o autor que:

> *"por absorção, o Estado assume integralmente o controle dos meios de produção e/ou troca em determinado setor da atividade econômica em sentido estrito; atua em regime de monopólio. Quando o faz por participação, o Estado assume o controle de parcela dos meios de produção e/ou troca em determinado setor da atividade econômica em sentido estrito; atua em regime de competição com empresas privadas que permanecem a exercitar suas atividades nesse mesmo setor. No segundo e terceiro caso, o Estado intervirá sobre o domínio econômico, isto é, sobre o campo da atividade econômica em sentido estrito. Desenvolve ação, então, como regulador dessa atividade. Intervirá, no caso, por direção ou por indução. Quando o faz por direção, o Estado exerce pressão sobre a economia, estabelecendo mecanismos e normas de comportamento compulsório para os sujeitos da atividade econômica em sentido estrito. Quando o faz por indução, o Estado manipula os instrumentos de intervenção em consonância e na conformidade das leis que regem o funcionamento dos mercados."*

Atuando *sobre* o domínio econômico, exerce o Estado a regulação do mercado sem, contudo, atuar fisicamente, diretamente, por meio da Administração direta ou indireta, se valendo de instrumentos normativos que inauguram o ordenamento jurídico infra-constitucional, ora culminando sanções àqueles que não respeitarem o preceito normativo, ora estipulando incentivos àqueles que realizarem o estatuído no comando legal. Nas palavras de Egon Bockmann Moreira, a regulação "abrange

---

[63] GRAU, Eros Roberto. Op. cit., p. 148.

tanto a atividade regulatória repressiva (sanções negativas) como os incentivos e o fomento (Direito promocional)."[64]

Em qualquer das duas formas de intervenção, seja atuando diretamente no desenvolvimento de atividade econômica, por meio de empresas estatais, seja atuando através de regulação normativa, o fim almejado será sempre o mesmo, qual seja, dar um novo curso à rota do mercado que sem a atuação do Estado não seria possível. São, de fato, duas espécies do gênero intervenção no domínio econômico.[65]

No bojo desta reforma do Estado a que aludimos anteriormente, acentua-se sua atuação reguladora, em que se procura alargar os espaços de consensualidade entre interesses do Estado com os dos privados, em que há "o predomínio das normas de conteúdo positivo sobre as de conteúdo negativo; (...); a utilização crescente da via contratual e da via concertada, ao lado da imposição legal, para atingir os fins da política econômica."[66]

"Nessa linha de raciocínio, é próprio do papel do Estado procurar influir legitimamente nas condutas dos agentes econômicos, através de mecanismos de fomento – incentivos fiscais, financiamentos públicos, redução de alíquota de impostos –, sem que possa, todavia, obrigar a iniciativa privada à adesão. De fato, nos termos do art. 174 da Carta em vigor, o Estado exercerá funções de incentivo e planejamento, ´sendo este determinante para o setor público e indicativo para o setor privado`."[67]

Feita esta digressão sobre a evolução da atuação estatal na economia, contextualizando o instituto do incentivo fiscal nesta nova dimensão estatal, podemos avançar mais especificamente sobre os mecanismos de disputa por empresas entre entes federados no Brasil.

---

[64] MOREIRA, Egon Bockmann. *O Direito Administrativo contemporâneo e a intervenção do Estado na ordem econômica*, Revista Eletrônica de Direito Administrativo Econômico (REDAE), Salvador, Instituto Brasileiro de Direito Público, n.º 10, maio/junho/ /julho de 2007. Disponível na internet no sítio «www.direitodoestado.com.br/redade.asp». Acesso em 21 de setembro de 2007, p. 06.

[65] Cfr. MOREIRA, Egon Bockmann. Op. cit., p. 07.

[66] SANTOS, Antônio Carlos dos; GONÇALVES, Maria Eduarda; MARQUES, Maria Manuel Leitão. *Direito Econômico*, 5.º Ed. Coimbra, Almedina, 2004, p. 25 e 26.

[67] BARROSO, Luís Roberto. *A Ordem Econômica Constitucional e os Limites à Atuação Estatal no Controle de Preços*, in Temas de Direito Constitucional, Tomo II. Rio de Janeiro, Renovar, 2003, p. 64.

2.3. A disputa por investimentos privados pelos entes federados no Brasil

A compreensão dos diversos fatores inerentes à política de atração de empresas por meio de benefícios fiscais no Brasil passa pelo entendimento da estrutura federal do Estado brasileiro. O Brasil consagra nos artigos 1.º e 18.º de sua Constituição Federal um modelo federativo em que há três níveis de poderes políticos: a União, os Estados e os Municípios, em que cada ente goza de autonomia política, administrativa e financeira.

O federalismo pressupõe uma repartição complexa de poderes-deveres dentre as distintas esferas de poder, prevista rigidamente em uma constituição e assegurada por um tribunal constitucional.[68] O benefício mais evidente deste sistema é a desconcentração de poder em várias esferas, aproximando os centros decisórios da população, quando, naturalmente, a natureza das tarefas públicas assim o permitir. No entanto, há uma grande complexidade em realizar esta repartição de competências, sobretudo em um país como o Brasil, de dimensão continental e que enfrenta dificuldades de toda a sorte.

Dentre os vários problemas que assolam o federalismo brasileiro, podemos destacar dois. Um decorre do descompasso entre o vasto leque de obrigações assumidas pelos entes federados sem que haja recursos públicos suficientes, "criando-se uma defasagem entre as demandas e a oferta de serviços públicos, fenômeno que alguns autores denominam de *desequilíbrios verticais*."[69] Outro problema decorre da grande desigualdade regional, os chamados *desequilíbrios horizontais*. A fim de reverter tal quadro, a Constituição Federal de 1988 previu formas de compensação a estas regiões, através de fundos de participação, tanto de estados, quanto de municípios.[70]

---

[68] Segundo Celso Ribeiro Bastos, "A federação é, igualmente, a forma mais sofisticada de se organizar o poder dentro do Estado. Ela implica uma repartição delicada de competências entre o órgão do poder central, denominado "União", e as expressões das organizações regionais, mais freqüentemente conhecidas por "Estados-membros", embora, por vezes, seja usado, por igual forma, o nome província e, até mesmo, cantão." BASTOS, Celso Ribeiro. *Curso de Direito Constitucional*, Editora Saraiva, 21.º Edição, 2000, p. 282.

[69] CAMARGO, Guilherme Bueno de. *A Guerra fiscal e seus efeitos: autonomia x centralização*, in Conti, José Maurício (org.), *"Federalismo fiscal"*, Editora Manole, Barueri, São Paulo, 2004, p. 197.

[70] CAMARGO, Guilherme Bueno de. Op. cit., p. 198.

2.4. Federalismo fiscal

À descentralização do poder político e da estrutura administrativa segue-se a descentralização de tarefas públicas de prossecução do interesse público bem como sua contrapartida, ou seja, a competência para instituir e arrecadar tributos (ou vice-versa).

A partir destas duas premissas, busca-se analisar em que medida se dará a repartição da competência para exercer cada atividade, o que é de fulcral importância em um sistema federativo.

No que tange à repartição de competências para prestação de serviços públicos há estudos que apontam para uma melhor eficiência na prestação quanto maior for o grau de descentralização. Assim, tem-se que estes "devem ser conferidos à menor jurisdição que seja capaz de abranger as externalidades positivas e negativas geradas por aqueles serviços."[71] Esta formulação, denominada "teorema da descentralização de Oates", deve-se a Wallace E. Oates, consagrada em sua obra *Fiscal Federalism*[72].

Ao governo federal incumbirá aqueles serviços com externalidades significantes, cujo âmbito transcenda os limites territoriais dos demais entes federados[73]. Naturalmente, quanto maior a proximidade dos beneficiários do serviço, maior a percepção de suas necessidades, propiciando um atendimento mais "personalizado" ou "regionalizado", de forma a corrigir possíveis distorções que certamente viriam de decisões de cima para baixo.

Para fazer frente a estas obrigações faz-se necessário carrear aos cofres públicos locais os recursos suficientes, e neste particular adentramos à seara da competência tributária.

---

[71] GOLDBERG, Daniel K., *Entendendo o federalismo fiscal: uma moldura teórica multidisciplinar*, in Conti, José Maurício (org.), *"Federalismo fiscal"*, Editora Manole, Barueri, São Paulo, 2004, p. 22.

[72] OATES, Wallace E., *Fiscal federalism*, Hartcout, Brace, Jovanovich, New York, 1972.

[73] Cumpre transcrever assertiva de Ribeiro Bastos a respeito: "A regra de ouro poderia ser a seguinte: nada será exercido por um poder de nível superior desde que possa ser cumprido pelo inferior. Isso significa dizer que só serão atribuídas ao governo federal e ao estadual aquelas tarefas que não possam ser cumpridas senão a partir de um governo com esse nível de amplitude e generalização. Em outras palavras, o município prefere ao Estado e à União. O Estado, por sua vez, prefere à União." BASTOS, Celso Ribeiro. Op. cit., p. 285.

Goldberg articula a tese de Bird acerca do denominado "bom tributo" [74], sob a perspectiva da eficiência econômica, afirmando, dentre outros requisitos, que "A natureza do tributo deve tornar sua incidência efetiva de difícil "exportação" a outros entes federativos." Esta proposição aponta para um cenário difícil de equacionar no que diz respeito aos municípios, uma vez que o "bom tributo" deverá incidir sobre uma base "fixa", como, por exemplo, imposto territorial, ao passo que impostos sobre serviços não são recomendáveis, uma vez que estes são facilmente "exportáveis" para outro município. O mesmo se sucede em relação ao ICMS (Imposto sobre Circulação de Mercadorias e Serviços), de competência dos Estados-membros.

Esta mobilidade da base tributável ocasiona "(i) "guerra fiscal", que se traduz na queda global de arrecadação (o fenômeno da *race to the bottom*") e (ii) desperdício ou perda de riqueza na economia (*excess burden* ou *deadweight loss*)."[75]

Este é o denominado paradoxo do federalismo fiscal: por um lado busca-se eficiência conferindo a prestação de serviços ao menor ente federativo, por outro recomenda-se uma centralização da arrecadação tributária para evitar estes fenômenos mencionados, sobretudo a "guerra fiscal".

2.5. Guerra Fiscal

2.5.1. Conceito

A guerra fiscal consiste em uma competição entre entes federados, por meio de concessão de benefícios e renúncias fiscais, para a atração

---

[74] Os demais requisitos são: 1) A base tributária deve ser pouco manipulável para que se possa garantir aos entes locais alguma autonomia na fixação de alíquotas maiores sem que isto cause um deslocamento de contribuintes; 2) A arrecadação resultante do tributo ou tributos deve fazer frente às necessidades locais e ser suficientemente elástica (*buoyant*) (i.e., expandir-se na mesma proporção das despesas públicas); 3) As receitas tributárias devem ser estáveis e previsíveis; 4) A carga tributária deve ser percebida como razoavelmente "justa" pelos contribuintes; 5) O tributo deve ser administrável, e sua arrecadação visível aos contribuintes para que estes possam cobrar a administração no que diz respeito à sua adequada destinação (*accountability*). GOLDBERG, Daniel K.. Op. cit., p. 24.

[75] GOLDBERG, Daniel K.. Op. cit., p. 25.

de investimentos privados, em que há a nota da falta de cooperação federativa e da falta de coordenação por parte do poder central.

Uma composição de situações diversas tem favorecido o acirramento da disputa entre os entes federados por investimentos privados, dentre eles[76] *i*) a retomada de investimentos privados no Brasil a partir de 1993; *ii*) a autonomia concedida pela Constituição Federal aos entes sub-nacionais em matéria tributária e financeira, possibilitando políticas de atração de investimento através de renúncias fiscais dentro de sua esfera de competência; *iii*) não obstante tenha havido um incremento no investimento privado, houve aumento no desemprego, aumentando a pressão sobre a classe política dirigente para políticas de geração de empregos; *iv*) há que se ter em conta também o forte apelo político-eleitoral em função da instalação de grandes empresas, havendo a capitalização eleitoral por parte dos mandatários políticos; *v*) por fim há o argumento de que é preciso haver uma desconcentração industrial no Brasil, e que a política de benefícios fiscais é uma arma legítima de que se socorrem os estados--membros e municípios desfavorecidos em termos de infra-estrutura, qualificação de mão-de-obra...

2.5.2. *Mecanismos utilizados*

Como visto, atuam em busca do investimento privado tanto os estados quanto os municípios. O *modus operandi* varia consoante o caso concreto. As possibilidades municipais encontram-se na *i*) redução de alíquotas do Imposto sobre Serviços (ISS), no caso de municípios em regiões metropolitanas, periféricos às grandes cidades, para a atração de empresas prestadoras de serviços e *ii*) na concessão de benefícios não tributários, como a "doação de terrenos, instalação de infra-estrutura, além de benefícios tributários, como isenção de IPTU e amortização dos investimentos com a devolução integral ou parcial das parcelas relativas ao incremento gerado pela empresa beneficiada nos montantes recebidos pelo Município do Fundo de Participação – FPM."[77] [78]

---

[76] Cfr. CAMARGO, Guilherme Bueno de. Op. cit., p. 198.

[77] CAMARGO, Guilherme Bueno de. Op. cit., p. 205.

[78] O FPM (Fundo de Participação do Município) consiste em um mecanismo de repartição de receitas tributárias oriundas do Imposto de Renda e do Imposto sobre Produto Industrializado, arrecadados pela União (Governo Federal), com os municípios

A primeira modalidade é bastante discutível quanto à sua eficiência, uma vez que relatam os estudos a respeito que não há efetivo ganho por parte do município hospedeiro da empresa prestadora de serviços, já que esta limita-se a abrir um escritório, as vezes somente uma caixa postal, mantendo a efetiva prestação de serviços e todo o quadro de pessoal na sua cidade de origem, normalmente a grande cidade da região metropolitana. No segundo caso os investimentos são visíveis, restando a discussão acerca do custo/benefício para o município, uma vez que os montantes empenhados são elevados, e as isenções perduram por muitos anos.

No âmbito dos Estados a guerra fiscal se apresenta mais agressiva, tendo como instrumento de "barganha" o Imposto sobre Circulação de Mercadorias e Serviços (ICMS). Um método bastante utilizado é a concessão de prazos da ordem de 5, 10, 20 anos para o pagamento do imposto, muitas vezes sem juros nem correção monetária, ou mesmo a concessão de empréstimo subsidiado no valor do montante a ser pago em impostos.[79]

Analisando os benefícios concedidos a três grandes montadoras (Renault, Mercedez-Benz e General Motors), chega-se a números impressionantes. "No caso da Renault, o investimento total previsto é da ordem de R$ 1 bilhão e os benefícios concedidos à empresa alcançam R$ 353,7 milhões. Para a Mercedez-Benz foram direcionados incentivos da ordem de R$ 690,7 milhões, para um investimento total de R$ 695 milhões. Já para a General Motors se instalar no Rio Grande do Sul foram concedidos benefícios totais de R$ 759,6 milhões, contra um investimento projetado de R$ 600 milhões."[80]

Os benefícios concedidos pelos estados atingem, ou superam, a totalidade dos investimentos realizados pelas empresas. Como estas empresas já haviam se decidido por se instalar no Brasil, inegavelmente há uma perda de receita por parte do país. Quanto aos estados, tem-se que esperar o tempo para analisar quais os ganhos efetivos.

---

por imperativo normativo consagrada na Constituição da República Federativa do Brasil. Da mesma forma há o FPE (Fundo de Participação dos Estados) com vista a participarem da arrecadação dos mesmos tributos.

[79] CAMARGO, Guilherme Bueno de. Op. cit., p. 208.
[80] CAMARGO, Guilherme Bueno de. Op. cit., p. 214.

2.5.3. Legislação

O artigo 155, inciso XII, alínea g, da Constituição Federal brasileira, dispõe que cabe à lei complementar "regular a forma como, mediante deliberação dos Estados e do Distrito Federal, isenções, incentivos e benefícios fiscais serão concedidos e revogados."

A matéria é regulada pela Lei Complementar 24/75, recepcionada pela Constituição Federal de 1988, que veda expressamente a concessão de benefícios relativos ao ICMS, exceto mediante aprovação unânime dos Estados representados no âmbito do CONFAZ.

Não obstante a vedação legal, é generalizada a concessão de incentivos fiscais e outros incentivos não tributários às empresas para disputar o seu local de instalação sem a prévia aprovação unânime no âmbito do CONFAZ. O que vem se discutindo no Brasil é a alteração da sistemática de tributação do Imposto sobre Circulação de Mercadorias e Serviços, deixando de ser arrecadado no local de produção e portanto de origem da circulação, para incidir no local de consumo. Assim, não haveria como os Estados-membros oferecem isenções uma vez que o tributo seria cobrado no local onde o produto for consumido. A maioria dos Estados-membros se posiciona contra tal mudança, sobretudo aqueles menos desenvolvidos, sob o argumento de que esta é uma ferramenta para atrair investimentos, que, de outra maneira, tenderiam a se concentrar nos grandes centros já desenvolvidos. Afora esta questão de natureza política, há um aspecto de ordem técnica que é a extrema complexidade de se cobrar este tributo no local de consumo, exigindo um controle muito mais rigoroso por parte do fisco do que nos casos de arrecadação no local de produção.

Seja como for, o tributo continua sendo cobrado no local de produção e os estados continuam se valendo destes expedientes para atrair investimentos. Contudo, uma vez questionado perante o judiciário, este ato legislativo que concede tais benefícios sem a prévia aprovação no Conselho Fazendário, onde têm assento todos os Estados-membros, será de pronto declarado inconstitucional, como veremos a seguir.

2.5.4. Jurisprudência

Com fulcro neste dispositivo constitucional, e na legislação infra--constitucional, vem entendendo o Supremo Tribunal Federal que são inconstitucionais as normais estaduais que concedem benefícios fiscais sem a prévia anuência dos demais Estados no âmbito do Conselho Fazendário (CONFAZ). Segue ementa de decisão do STF:

19/04/2006 TRIBUNAL PLENO
AÇÃO DIRETA DE INCONSTITUCIONALIDADE 3.246-1 PARÁ
RELATOR: MIN. CARLOS BRITTO
REQUERENTE(S): PROCURADOR-GERAL DA REPÚBLICA
REQUERIDO(A/S): GOVERNADOR DO ESTADO DO PARÁ
REQUERIDO(A/S): ASSEMBLÉIA LEGISLATIVA DO ESTADO DO PARÁ

EMENTA: CONSTITUCIONAL. AÇÃO DIRETA DE INCONSTITUCIONALIDADE. IMPUGNAÇÃO DO INCISO I DO ART. 5.º DA LEI N.º 6.489/02, DO ESTADO DO PARÁ.

O dispositivo impugnado previu a possibilidade de concessão de incentivos fiscais aos empreendimentos arrolados no art. 3.º do diploma legislativo em causa. Ao fazê-lo, contudo, olvidou o disposto na letra "g" do inciso XII do § 2.º do art. 155 da Constituição Federal de 1988, o qual exige a prévia celebração, nos termos da Lei Complementar n.º 24/75, de convênio entre os Estados membros e o Distrito Federal. As regras constitucionais que impõem um tratamento federativamente uniforme em matéria de ICMS não representam desrespeito à autonomia dos Estados-membros e do Distrito Federal. Isto porque o próprio artigo constitucional de n.º 18, que veicula o princípio da autonomia dos entes da Federação, de logo aclara que esse princípio da autonomia já nasce balizado por ela própria, Constituição. Ação direta de inconstitucionalidade que se julga procedente para emprestar interpretação conforme ao inciso I do art. 5.º da Lei n.º 6.489/02, do Estado do Pará, de modo que se excluam da sua aplicação os créditos relativos ao ICMS que não tenham sido objeto de anterior convênio entre os Estados-membros e o Distrito Federal.

3. Análise da política de isenção tributária dos entes federados no Brasil para atração de investimentos de empresas à luz do princípio da igualdade

A par do específico preceito constitucional e de disposições infraconstitucionais referente aos incentivos fiscais, e de posse dos elementos teóricos que balizam o princípio da igualdade, bem como a noção prática e teórica acerca da denominada guerra fiscal no Brasil, propõe-se neste capítulo a análise da conformação jurídica destas políticas à luz do princípio da igualdade.

Em um primeiro momento convém analisar de que maneira será aplicado o princípio da igualdade ante a realidade concreta, discorrendo sobre a distinção entre princípios e regras.

3.1. *Distinção entre princípios e regras*

Princípios e regras, enquanto categorias de norma jurídica, podem ser distinguidos em vários aspectos.[81] Os princípios são normas com alto grau de generalidade, e devem ser interpretados como um *"mandato de optimización"*, o que significa que podem ser observados, cumpridos, em diferentes níveis, consoante a realidade fática e jurídica que molda o caso concreto. Alexy afirma que *"Los princípios ordenan que algo debe ser realizado en la mayor medida posible, teniendo en cuenta las posibilidades jurídicas y fáticas."*[82] Desta forma, havendo uma colisão entre princípios fundamentais, deverá haver um sopesamento de qual solução melhor atende ao interesse público, para decidir por uma ou outra alternativa, em que um princípio cede ao outro, sem que isto signifique a eliminação deste.

Já as regras obedecem a outra sistemática. Ao contrário dos princípios, têm um menor grau de generalidade, e só podem ser cumpridas ou não, não havendo que se falar em gradação em sua aplicação. Havendo colisão entre duas regras, uma será eliminada pela outra.

---

[81] Cfr. ALEXY, Robert. *Teoría de los Derechos Fundamentales*, Centro de Estudios Políticos y Constitucionales, Madrid, 2002, p. 82 e ss.

[82] ALEXY, Robert. Op. cit., p. 99.

Assim, há que se entender que o princípio da igualdade não paira alheio à realidade social que o cerca, ao contrário, sua observância é extremamente sensível ao estágio de desenvolvimento social, cultural, econômico e político da sociedade, havendo, certamente, diferentes níveis de observância de seu postulado.

3.2. Análise da política de isenção tributária face ao princípio da igualdade

Com o intuito de se aferir a conformidade da política de isenção tributária com o princípio da igualdade, convém confrontarmos os fatos a cada um dos momentos teóricos do princípio, que, como vimos, atuam de forma complementar.

Quanto ao primeiro ponto, igualdade formal, perante a lei, cremos que não há grande discussão. As normas são cumpridas por todas as empresas, tanto as que gozam dos benefícios, quanto as demais. Não há, ou pelo menos não há notícia, de casuísmos por parte da Administração Pública a fim de passar por cima de preceitos legais em favor de esta ou aquela empresa.

Quanto ao segundo desenvolvimento, ou seja, princípio da igualdade enquanto correlação lógica entre opção normativa e objeto de alcance da norma, pode-se afirmar que o objeto de alcance da norma é o desenvolvimento regional e a opção normativa é a concessão de isenção tributária às empresas que vierem a se instalar na região. Neste estágio há que se analisar se estes elementos são razoáveis e suficientes para atingir a meta traçada, qual seja, promover o desenvolvimento regional. Em princípio, quanto maior investimento privado maior será o desenvolvimento da região. Pode-se questionar se é razoável o aporte de montantes tão elevados, como vimos anteriormente, para a atração destas empresas, devendo o legislador fundamentar os possíveis progressos econômicos e sociais que advirão destas medidas.

No entanto, este é um cálculo demasiado complexo para se fazer no início das operações, necessitando-se de um maior espaço temporal para se analisar o real incremento gerado por tais investimentos. O parâmetro de comparação poderia ser, por exemplo, se este mesmo montante fosse investido em médias e pequenas empresas se não haveria um maior ganho econômico local.

A partir do atual estágio do princípio, princípio da igualdade enquanto instrumento de justiça material, pode-se questionar acerca dos aspectos de justiça material que se cobram presentes na igualdade. Questão importante cinge-se ao critério de escolha de quais empresas serão beneficiadas. Pode-se se questionar da justiça de se beneficiar novas empresas a instalar-se na região a despeito de outras que já vinham provendo o desenvolvimento regional há mais tempo sem cobrar nada em contrapartida do Estado. A este respeito, André Ramos Tavares[83] assevera: "É evidente que o Poder Público, responsável por assegurar a livre concorrência entre os particulares, que se reveste, no caso, inclusive, da categoria de princípio constitucional, não pode semear a odiosa discriminação que leva à competição desequilibrada entre os interessados. A conceder-se o benefício a uma nova empresa, por exemplo, do ramo automobilístico, teria de, necessariamente, estendê-lo àquelas já existentes. O fato de se tratar de uma nova empresa não se erige, no caso, em fator de discriminem suficientemente legítimo para propiciar o tratamento desigual. E, ainda que o fosse, seria, certamente, no sentido inverso, pois as empresas que já estão instaladas no Estado há mais tempo são, certamente, aquelas que mais contribuíram para o desenvolvimento econômico e social deste e, neste sentido, em comparação às novas empresas, seriam titulares do legítimo interesse de, em reconhecimento dos serviços prestados, obterem vantagens como aquela de que ora se cuida, de cunho fiscal. Mas nem uma nem outra hipótese se permite, porquanto o fator igualdade, no caso, fica também condicionado pelo princípio constitucional da livre concorrência."

É de todo razoável o argumento expendido. Beneficiar uma empresa nova a se instalar a despeito de outra que já vinha atuando na região é sancionar, punir, aqueles que há mais tempo acreditaram na região.

---

[83] TAVARES, André Ramos. *As tendências do Direito Público*, p. 140, apud TAVARES, André Ramos. *A intervenção do Estado no domínio econômico*, in CARDOZO, José Eduardo Martins; QUEIROZ, João Eduardo Lopes; SANTOS, Márcia Walquíria Batista dos (organizadores). *Curso de Direito Administrativo Econômico*, vol. II, Editora Malheiros, São Paulo, 2006, p. 191.

3.2.1. Da relação de concorrência entre empresas enquanto elemento de comparação relativa

Mas para se afirmar que há um tratamento desigual ao premiar aquela empresa que virá a se instalar, tem que haver um elemento que aponte qual é a igualdade relativa entre tais empresas que foi violada. Ou seja, tem-se que apontar um elemento razoável de equiparação entre elas para que possa haver a cobrança de tratamento igualitário.

Este elemento cremos ser o da relação de competição entre empresas. Havendo concorrência entre elas, há o elemento de igualdade e portanto deverão fazer jus a um tratamento igual por parte do Estado. Quaisquer outros recortes na realidade a fim de encontrar um denominador comum não serão suficientemente fortes para se cobrar um tratamento igualitário. Se são concorrentes, devem ser tratadas de forma igual. Qualquer tratamento que favoreça uma em detrimento de outra padecerá do vício da inconstitucionalidade.

Neste passo, é importante conceituar quando ocorre concorrência entre empresas. Na obra de D. G. Goyder[84] encontramos o seguinte conceito: "Concorrência é a relação entre qualquer número de empresas que vendem produtos ou serviços da mesma natureza, ao mesmo tempo, para um determinado grupo de clientes. Cada empresa fez a decisão comercial de colocar os seus produtos ou serviços no mercado, utilizando as suas instalações de produção e distribuição, que levará necessariamente a uma relação de disputa e rivalidade com outras empresas no mesmo mercado geográfico, cujos limites podem ser um simples centro comercial, uma cidade, uma região, um país, um grupo de países, toda a Comunidade Européia ou até mesmo todo o mundo."

---

[84] Tradução livre do seguinte original em inglês: "Competition is the relationship between any number of undertakings which sell goods or services of the same kind at the same time to an identifiable group of customers. Each undertaking having made a commercial decision to place its goods or services on the market, utilizing its production and distribution facilities, will by that act necessarily bring itself into a relationship of potential contention and rivalry with the other undertakings in the same geographical market, whose limits may be a single shopping precinct, a city, a region, a country, a group of countries, the entire European Community, or even the entire world." GOYDER, D. G.. EC Competition Law, Oxford EC Law Library, Third Edition, Oxford, 1998, p. 09.

O respeito à igualdade tributária é pressuposto do princípio da igualdade. Antônio J. Franco de Campos[85] observa: "A política de incentivos, contudo, não vem merecendo aplausos ou aplicação irrestrita. Como instrumento de intervenção, deverá ser deferida após cuidadoso estudo. A problemática liga-se ao cânone da igualdade tributária".

De posse do conceito de concorrência e tendo em vista o necessário respeito à justiça material que deverá presidir o princípio da igualdade, fica de todo evidente que é inconstitucional a concessão de incentivos fiscais a uma empresa para se instalar em uma região sem que se contemple sua concorrente. A relação de concorrência é, portanto, o elemento de referência para efeitos de análise da igualdade no caso de incentivos fiscais.

Conclusão

O presente estudo visou clarear minimamente a discussão em torno da chamada "guerra fiscal" e sua conformação ante o princípio constitucional da igualdade.

Vimos que o princípio cobra uma conformação aos cânones de justiça material, que deve haver uma justificação bastante razoável e suficiente para se justificar as políticas que culminarão em tratamento igual ou desigual de setores da sociedade por parte do Estado.

Que no caso dos incentivos fiscais deve haver estudos comprovando a razoabilidade dos montantes expendidos em prol das empresas para se caminhar rumo ao almejado desenvolvimento regional.

Que na valoração de quais empresas serão contempladas há que se ter um elemento que balize quais são iguais e quais são desiguais nas relações comerciais e que este elemento deverá ser o da competição entre elas. Se são concorrentes, se há competição entre elas, farão jus a um tratamento igualitário por parte do Estado. Isto implica em vedação de concessão de incentivos a empresas que vêm de "fora" a despeito das que já estão instaladas há mais tempo na região.

---

[85] DÓRIA, Antônio R. Sampaio. *Direito Constitucional Tributário e "Due Process of Law": Ensaio sobre o controle Judicial da Razoabilidade das Leis*, Ed. Forense, 2.º Ed., Rio de Janeiro, 1986, p. 132, *apud* TAVARES, André Ramos. Op. cit., p. 191.

A partir destas advertências, verifica-se a posição restritiva de alguns autores, como Aliomar Baleeiro, para quem "Nenhuma redução ou isenção fiscal, geograficamente restrita, pode ser votada pelo Congresso, a título de estímulo da produção em zonas atrasadas, sob qualquer pretexto".[86]

Naturalmente a posição do ilustre doutrinador é um tanto quanto restritiva, uma vez que é uma prerrogativa dos entes federados decidirem sobre suas políticas fiscais, feita a ressalva, claro, da necessária aprovação pelo CONFAZ nos casos de isenção de ICMS.

Concluindo, a par de todos os efeitos deletérios desta prática típica de um federalismo não cooperativo, analisando sob o prisma do respeito ao princípio da igualdade há que se ter em conta a suficiência e razoabilidade de tais incentivos para atingir o fim que é o desenvolvimento regional e, sobretudo, um critério justo de tratamento das empresas, que deverá pautar-se pelo princípio de que empresas concorrentes devem receber tratamento rigorosamente igual por parte do Estado, independentemente de já estarem instaladas ou não na região objeto do benefício.

Bibliografia

ABRUCIO, Fernando Luiz. *O impacto do modelo gerencial na Administração Pública.* Cadernos ENAP. Editora Vera Lúcia Petrucci, Brasília, 1997.

ALEXY, Robert. *Teoría de los Derechos Fundamentales.* Centro de Estudios Políticos y Constitucionales, Madrid, 2002.

ARIÑO ORTIZ, Gaspar. *Principios de Derecho Público Económico.* Tercera Edición Ampliada. Granada, Fundación de Estudios de Regulación, Colmares Editora, 2004.

ARISTÓTELES. *Tratado da Política.* Editora Europa-América, número 158, 1977.

BARROSO, Luís Roberto. *A Ordem Econômica Constitucional e os Limites à Atuação Estatal no Controle de Preços, in* Temas de Direito Constitucional, Tomo II. Rio de Janeiro, Renovar, 2003.

---

[86] BALEEIRO, Aliomar. *Limitações Constitucionais ao Poder de Tributar,* Editora Forense, 2.º Edição, Rio de Janeiro, 1960, p. 205, nota 44, *apud* TAVARES, André Ramos. Op. cit., p. 191.

BASTOS, Celso Ribeiro. *Curso de Direito Constitucional*. Editora Saraiva, 21.º Edição, 2000.

BRESSER PEREIRA, Luiz Carlos. *A reforma do Estado nos anos 90: lógica e mecanismos de controle*. Ministério da Administração Federal e Reforma do Estado, Brasília, 1997.

CAMARGO, Guilherme Bueno de. *A Guerra fiscal e seus efeitos: autonomia x centralização*, in Conti, José Maurício (org.), "Federalismo fiscal". Editora Manole, Barueri, São Paulo, 2004.

GARCIA, Maria da Glória F.P.D.. *Princípio da igualdade: fórmula vazia ou fórmula "carregada" de sentido?*, in Estudos sobre o princípio da igualdade. Editora Almedina, Coimbra, 2005.

GOLDBERG, Daniel K.. *Entendendo o federalismo fiscal: uma moldura teórica multidisciplinar*, in Conti, José Maurício (org.), "Federalismo fiscal". Editora Manole, Barueri, São Paulo, 2004.

GOYDER, D. G.. *EC Competition Law*. Oxford EC Law Library, Third Edition, Oxford, 1998.

GRAMSTRUP, Erik Frederico. *O Princípio da Igualdade*. Tese de doutorado, São Paulo, 2003.

GRAU, Eros Roberto. *A ordem econômica na Constituição de 1988*. 11.º Ed. São Paulo, Malheiros, 2006.

MIRANDA, Jorge. *Manual de Direito Constitucional*. Tomo IV. 3.º Edição, Editora Coimbra, Coimbra, 2000.

MOREIRA, Egon Bockmann. *O Direito Administrativo contemporâneo e a intervenção do Estado na ordem econômica*. Revista Eletrônica de Direito Administrativo Econômico (REDAE), Salvador, Instituto Brasileiro de Direito Público, n.º 10, maio/junho/julho de 2007. Disponível na internet no sítio «www.direitodoestado.com.br/redade.asp». Acesso em 21 de setembro de 2007.

OATES, Wallace E.. *Fiscal federalism*. Hartcout, Brace, Jovanovich, New York, 1972.

PERELMAN, Chaïm. *Ethique et Droit*. Editions de L´Universite de Bruxelles, Bruxelas, 1990.

SANTOS, Antônio Carlos dos; GONÇALVES, Maria Eduarda; MARQUES, Maria Manuel Leitão. *Direito Econômico*. 5.º Ed. Coimbra, Almedina, 2004.

SANTOS, Milton. *Por uma outra globalização: do pensamento único à consciência universal*. 4ª Edição, Editora Record, Rio de Janeiro, 2000.

SOARES, Rogério Ehrhardt. *Direito Público e sociedade técnica.* Coimbra, Atlântida Editora, 1969.

TAMER, Sérgio Victor. *Fundamentos do Estado democrático e a hipertrofia do executivo no Brasil.* Sérgio António Fabris Editor, Porto Alegre, 2002.

TAVARES, André Ramos. *A intervenção do Estado no domínio econômico, in* CARDOZO, José Eduardo Martins; QUEIROZ, João Eduardo Lopes; SANTOS, Márcia Walquíria Batista dos; (organizadores). *Curso de Direito Administrativo Econômico,* vol. II, Editora Malheiros, São Paulo, 2006.

4. Pelos Caminhos da Contratação Privada e Pública

4.1. Da Convenção de Roma ao Regulamento Roma I: A Lei Aplicável ao Contrato na Ausência de Escolha das Partes
   – Mestre Maria João Matias Fernandes

4.2. Perspectiva Luso-brasileira da Aplicação da Arbitragem nos Contratos Administrativos de Colaboração entre o Sector Público e o Privado
   – Mestre Camile Rosário

4.3. A Necessidade da Prestação de Garantias pelo Parceiro Público nos Contratos de Parcerias Público-Privadas – Comparação entre Regimes Jurídicos Brasileiro e Português
   – Mestre Kênia Teles

DA CONVENÇÃO DE ROMA AO REGULAMENTO ROMA I: A LEI APLICÁVEL AO CONTRATO NA AUSÊNCIA DE ESCOLHA DAS PARTES

Maria João Matias Fernandes[*]

§ 1.

Corresponde a visão divulgada compreensão de harmonia com a qual o Direito Internacional Privado se analisa em disciplina de cunho marcadamente autoral – num *Professonrecht* ou *droit savant*[1] – cujos cultores é legítimo, afiança-o *dictum* de W. L. Prosser, levar à conta de excêntricos cientistas a que pertence discorrer sobre matérias obscuras fazendo uso de jargão talqualmente impenetrável ou, quando menos, assaz brumoso[2]. As consequências de uma tal marginalidade não são poucas. Ou despiciendas. Avulta, entre todas, a que se relaciona com o facto de, em medida larga, critérios assistidos de força jurídica vinculativa persistirem sendo ignorados, mesmo por quem tem sobre si o dever da correspondente aplicação prática[3].

---

[*] Assistente da Escola de Lisboa da Faculdade de Direito da Universidade Católica Portuguesa

[1] Cfr. a epígrafe a que B. Oppetit subordinou o Curso que proferiu junto da *Académie de droit international de La Haye*, corria o ano de 1992.

[2] No original, "[c]onflicts law is a dismal swamp filled with quaking quagmires and inhabited by learned, but eccentric professors who theorise about mysterious matters in a strange and incomprehensible jargon [whereas] the ordinary court, or lawyer, is quite lost when engulfed and entangled in it." [cfr. "Interstate Torts", 51 (1953), *Michigan Law Review*, pp. 959 ss, p. 971].

[3] Cf., exemplificativamente, os dados vertidos no relatório português elaborado no quadro de estudo – Study JLS/C4/2005/3 – desenvolvido com relação à experiência

Presente a importância de oferecer resistência contra semelhante estado de coisas e meridianamente claro que o objectivo será tanto melhor servido quanto mais abundante e divulgada for a reflexão acerca dos problemas internacionalprivatísticos, as linhas subsequentes, enfrentando tema de Direito de Conflitos, tomam em mãos o exame das soluções que o denominado Regulamento «Roma I»[4] devota à determinação da lei aplicável ao contrato na falta de uma escolha pelas partes. Objectivo precípuo é o de colocar em evidência o contraste – pressuposto que algum – entre as pertinentes soluções do texto comunitário e as homólogas da Convenção de Roma de 1980 sobre a lei aplicável às obrigações contratuais[5], a qual o Regulamento substituirá[6]. Inerentemente, aquilatar

---

aplicativa do Regulamento «Bruxelas I» (Regulamento CE n.º 44/2001 do Conselho, de 22 de Dezembro de 2000, sobre competência judiciária, reconhecimento e execução de decisões em matéria civil e comercial, publicado no JO L 12 de 16 de Janeiro de 2000). Conjuntamente com os demais relatórios nacionais e um relatório geral, aquele relatório português encontra-se disponível em http://www.ec.europa.eu/civiljustice/news/whatsnew. Um tal estudo esteve na base do Relatório da Comissão ao Parlamento Europeu, ao Conselho e ao Comité Económico e Social Europeu, sobre a aplicação do Regulamento (CE) n.º 44/2001 do Conselho, relativo à competência judiciária, ao reconhecimento e execução de decisões em matéria civil e comercial, adoptado em 21 de Abril de 2009 e acessível em http://eur-lex.europa.eu/LexUriServ/LexUriServ.do?uri=COM:2009:0174:FIN:PT:PDF. Bem assim, na base do Livro Verde sobre a revisão do mesmo Regulamento que, na mesma data, aquela Comissão aprovou (cf. http://eur-lex.europa.eu/LexUriServ/LexUriServ.do?uri=COM:2009:0175:FIN:PT:PDF).

[4] Regulamento (CE) n.º 593/2008, do Parlamento Europeu e do Conselho de 17 de Junho de 2008 sobre a lei aplicável às obrigações contratuais (Roma I) (cf. JO L 177, de 4 de Julho, p. 6 ss).

[5] A Convenção sobre a lei aplicável às obrigações contratuais, aberta à assinatura, em Roma, em 19 de Junho de 1980, entrou em vigor, na ordem internacional, em 1 de Abril de 1991. A adesão da República Portuguesa à Convenção de Roma fez-se através da Convenção do Funchal de 18 de Maio de 1992, esta última aprovada para ratificação pela Resolução da Assembleia da República n.º 3/94 (D.R. n.º 28, I Série-A, de 3 de Fevereiro de 1994, pp. 520 ss) e ratificada pelo Decreto do Presidente da República n.º 1/94 (cf. o mesmo D.R., p. 520). A Convenção de Roma entrou em vigor, em Portugal, em 1 de Setembro de 1994 (cfr. Aviso n.º 240/94, D.R. n.º 217, I Série-A, de 19 de Setembro de 1994, p. 5610), sendo que, nos termos do seu artigo 17.º, a mesma é aplicável, em cada Estado contratante, aos contratos celebrados após a data de entrada em vigor nesse Estado.

[6] O Regulamento, aplicável aos contratos celebrados após 17 de Dezembro de 2009 (cf. o correspondente artigo 28.º), substitui, entre os Estados-Membros com excepção da Dinamarca, a Convenção de Roma (cf. o número 1 do artigo 24.º).

da distância que separa os dois instrumentos e, como se impõe, tomar posição acerca da bondade das soluções correspondentes.

Sejam duas especificações. A primeira, a de que a investigação se moverá, e tão-só, no quadro da disposição regulamentar – o artigo 4.º – que se ocupa da definição da disciplina internacionalprivatística dos contratos em geral, de fora ficando a consideração dos preceitos que no quadro do Regulamento vão dirigidos a alguns contratos em particular[7]. A segunda, a importar cerceamento acrescido do âmbito da análise, a de que atenção privilegiada será prestada ao papel que na economia daquele preceito é reservado à cláusula geral da conexão mais estreita.

§ 2.

Bem verdade que a autonomia da vontade na determinação do direito aplicável às obrigações procedentes de negócios jurídicos se constitui em princípio comum à esmagadora maioria dos sistemas[8], nem por isso podem ficar sem previsão as hipóteses em que, sem embargo da faculdade que lhes assiste, os contraentes não designam o estatuto regulador dos seus negócios. Ou aqueloutras em que a escolha feita não pode ser considerada válida. Assim como aquelas, enfim, de escolha referida apenas a uma das partes no contrato e de eleição versando duas ou mais leis não harmonizáveis de forma coerente. Dotam-se os sistemas, inerentemente, de critério ou critérios orientados à resolução do problema da escolha da lei sucessiva ou subsidiariamente aplicável.

É o que também faz, sem surpresa, o Regulamento (CE) n.º 593/2008, do Parlamento Europeu e do Conselho, sobre a lei aplicável às obrigações contratuais («Roma I»[9]), cuja adopção, em 17 de Junho, pôs fim ao processo de transformação da Convenção de Roma de 1980 num instrumento de direito comunitário[10]. Nova etapa no processo de comunitarização do

---

[7] Assim, os artigos 5.º (contratos de transporte), 6.º (contratos celebrados por consumidores), 7.º (contratos de seguro) e 8.º (contrato individual de trabalho).

[8] Cf., todavia e exemplificativamente, o artigo 9.º da Lei de Introdução ao Código Civil Brasileiro, aprovada pelo Decreto-Lei n.º 4.657, de 4 de Setembro de 1942.

[9] Cf. a nota 4.

[10] Subsequentemente ao lançamento, no final de 2002, de um Livro Verde relativo à transformação da Convenção de Roma de 1980 sobre a lei aplicável às obrigações

Direito Internacional Privado impulsionada pelo Tratado de Amesterdão[11], a conversão da referida Convenção num instrumento comunitário foi aproveitada como oportunidade em ordem à *modernização* dos correspondentes preceitos.

Não escapou ao propósito de *aggiornamento* a disciplina conflitual aplicável em face da ausência de uma *lex voluntatis*. Provê à hipótese o artigo 4.º do texto comunitário, o qual segue a via da inventariação de categorias contratuais e da associação, a cada uma, de lei acto contínuo aplicável na falta, ou a tanto monte, de escolha: lei reguladora do contrato de compra e venda de mercadorias é, na ausência de uma *electio iuris*, a lei do país em que o vendedor tem a sua residência habitual; estatuto do contrato de prestação de serviços é, dada a mesma omissão, a lei do país em que o prestador tem a sua residência habitual; e assim, de forma paralela, para as diferentes categorias contratuais retidas, a cada uma o Regulamento «Roma I» fazendo corresponder um direito aplicável [cf. o número 1, alíneas a) a h)][12]. Não resultam descurados, por outro lado, os contratos não contemplados no elenço esboçado pelo número 1; tão-pouco,

---

contratuais num instrumento comunitário e sua modernização [COM (2002) 650final] – tanto o Livro Verde como os contributos para o debate público por ele convocado estão disponíveis em www.europa.eu.int –, a Comissão submeteu, em Dezembro de 2005 e seguindo o procedimento previsto no artigo 251.º do Tratado CE, uma Proposta de Regulamento do Parlamento Europeu e do Conselho sobre a lei aplicável às obrigações contratuais (COM/2005/0650 final). Alicerçado sobre relatório da Comissão de Assuntos Jurídicos e sobre parecer da Comissão do Emprego e dos Assuntos Sociais, o Parlamento Europeu, reunido em sessão plenária de 29 de Novembro, adoptou Resolução legislativa por meio da qual aprovou a introdução de setenta alterações ao texto sugerido pela Comissão. Por seu turno, sessão do Conselho Justiça e Assuntos Internos ocorrida em 7 de Dezembro testemunhou a adesão política ao texto aprovado pelo Parlamento. Enfim, teve lugar, na data referida em texto – 17 de Junho de 2008 –, a adopção formal do novo acto.

[11] Acerca do tópico, cf., na doutrina nacional, L. LIMA PINHEIRO, "Federalismo e direito internacional privado: algumas reflexões sobre a comunitarização do DIP", *in Estudos de direito internacional privado: direito de conflitos, competência internacional e reconhecimento de decisões estrangeiras*, Coimbra, Almedina, 2006, pp. 331-356 (= *Cadernos de Direito Privado*, n.º 2, p. 3 ss).

[12] Ademais das referidas em texto, são contempladas as seguintes categorias: contrato levando por objecto um direito real sobre um bem imóvel ou o arrendamento de um bem imóvel, contrato de uso de um bem imóvel celebrado para uso pessoal temporário por um período máximo de seis meses consecutivos, franquia, distribuição, compra e venda de mercadorias em hasta pública e contratos relativos a instrumentos financeiros.

os contratos abrangidos por mais do que uma das alíneas a) a h), em relação àqueles como a estes regendo o número 2, de cujos termos deriva a atribuição de competência à lei do país onde o obrigado ao fornecimento da prestação característica reside habitualmente. Enfim, encerram o artigo duas disposições fazendo apelo à cláusula geral de conexão mais estreita. De harmonia com a primeira, vertida no número 3, a lei designada por uma das alíneas do número 1 ou, em alternativa, pelo número 2, não deve ser aplicada posto verificar-se que o contrato apresenta uma conexão manifestamente mais estreita com um outro país. De conformidade com a segunda, sedeada no número 4, o contrato é regulado pela lei do país com o qual apresenta a conexão mais estreita caso a lei competente não possa ser determinada nem em aplicação do número 1 nem do número 2.

Que fazer das soluções consagradas? Que méritos lhes assistem – ou que deméritos as sobrecarregam – no confronto com as homólogas da Convenção de Roma? Far-se-á valer, no que se segue, a tese de que as soluções retidas pelo artigo 4.º do Regulamento levam a melhor, do ponto de vista da sua bondade, sobre as recebidas pelo preceito homólogo da Convenção[13].

Seja, ancilar a essa demonstração, relance rápido sobre o artigo 4.º da Convenção de Roma, o qual parece aconselhável tornar presente ao espírito. Pois bem. Estribado em quadro de fundamentação a que preside a busca da melhor localização da relação contratual – da sua sede ou centro de gravidade –, o número 1 do artigo 4.º da Convenção dispõe no sentido de o contrato ser regulado pela lei do país com o qual apresenta a conexão mais estreita. Esclarecem, por seu turno, os números intermédios do mesmo dispositivo: em relação à generalidade dos contratos, que

---

[13] Em contrapartida, afigura-se assacável ao Regulamento a crítica de que este deixa inatendido o problema da articulação entre o artigo 6.º (contratos celebrados por consumidores) e normas de conflitos unilaterais contidas em Directivas. Bem assim, o reparo de que o mesmo não cobre o problema da determinação da lei aplicável à eficácia da cessão ou sub-rogação de um crédito perante terceiros. Assim como, mais ainda, o de que queda dele excluída a unificação das regras relativas aos contratos de seguros. O artigo 27.º do Regulamento – o qual faz impender sobre a Comissão o dever de apresentação de três relatórios e, se necessário, de propostas de alteração versando as áreas dos contratos de seguros, dos contratos celebrados por consumidores e da eficácia da cessão ou sub-rogação de um crédito perante terceiros – constitui prova bastante de que tão-pouco o legislador considera acabado o seu labor nesses domínios.

a conexão mais estreita se presume existente com o país onde a parte obrigada ao fornecimento da prestação característica tem, no momento da celebração do negócio, residência habitual, administração central ou estabelecimento (número 2); relativamente aos contratos cujo objecto consiste num direito real sobre um bem imóvel ou num direito de uso sobre um bem do mesmo tipo, que a conexão mais estreita se presume ser a que o negócio mantém com o país onde o imóvel se situa (número 3); finalmente, pelo que aos contratos de transporte de mercadorias se refere, que a conexão mais estreita se presume existente com o país no qual, ao tempo da celebração do acto, o transportador tem o seu estabelecimento principal, suposto coincidir, tal país, com aquele em que se situa seja o lugar da carga ou da descarga, seja, ainda, o estabelecimento principal do expedidor (número 4). Chega-se, enfim, ao último dos números do artigo 4.º. Estatui ele: por meio da sua primeira proposição, a *inaplicação* da doutrina vertida no número 2 quando a prestação característica do contrato não possa ser determinada; por meio da segunda, a *não admissão* das presunções dos números 2, 3 e 4 sempre que o contrato apresente uma conexão mais estreita com outro país.

§ 3.

Tal e qual o escrutínio dos comentários doutrinais, o exame das decisões proferidas pelos tribunais dos vários Estados onde ainda é direito vigente permite perceber que o artigo 4.º da Convenção de Roma tem sido objecto de leituras distintas quanto ao correspondente «programa normativo». Ocasião da dissonância reside no modo – distinto – como se entende compreender o "(...) mecanismo d'approximazione alla individuazione del diritto applicabile ai contratti pressuposto dall'art. 4 globalmente considerato"[14] ou, para continuar a pedir de empréstimo modos de expressão alheios, o "(...) *iter* logico che l'art. 4 chiama a seguire"[15].

---

[14] Cf. R. BARATTA, *Il collegamento più stretto nel diritto internazionale privato dei contratti*, Publicazioni dell'Istituto di diritto internazionale dell'Università di Roma, Milano, Giuffrè, 1991, p. 163.
[15] M. MAGAGNI, *La prestazione caratteristica nella Convenzione di Roma del 19 giugno 1980*, Milano, Giuffrè, 1989, p. 140.

Perfilam-se os seguintes dois entendimentos fundamentais:

De acordo com certa orientação de pensamento, o artigo 4.º da Convenção de Roma é, no seu conjunto – do *princípio ao fim* –, dominado pela cláusula geral de conexão mais estreita. Pois não é verdade que, de entrada, proclamação é feita do princípio da conexão mais estreita plasmado em claúsula geral? E não é também que a segunda proposição do número 5 vem a carimbar, reafirmando-o, igual critério? Mais. Não é exacto que, diferente de uma *Kannvorschrift*, a segunda proposição do número 5 individualiza comando cuja actuação prática, uma vez dados por verificados os pressupostos incluídos na hipótese normativa, não aparece confiada ao poder discricionário do aplicador nem é legítimo entender subordinada à actividade processual das partes? E não é ainda que toda a possibilidade de um juízo afirmador da reprodução, *in casu*, dos pressupostos recortados pela previsão normativa do artigo 4.º, número 5, segunda frase, vai condicionada a exame ponderado de todas as relevantes circunstâncias do caso, exame esse que, decerto abrangente dos elementos retidos nos números 2, 3 ou 4, a eles não se circunscreve?

Discorrem diferentemente todos quantos abraçam aproximação metodológica segundo a qual, na falta de uma *professio iuris* – ou a tanto monte –, caberia ao operador recorrer, a título de regra designativa da lei *prima facie* competente, a um dos critérios dos números 2 a 4, só excepcionalmente, e em virtude do número 5, podendo operar-se um «reenvio metodológico interno» – a expressão, feliz, é de L. CARRILLO POZO[16] – conducente, então, à investigação solicitada pelo número 1[17].

Afigura-se – do ponto pôde dar-se conta em outra oportunidade – que a razão assiste aos subscritores do ponto de vista primeiramente

---

[16] Cf. *El contrato internacional: la prestacion caracteristica*, Bolonia, Publicaciones del Real Colegio de España, 1994, p. 75.

[17] Em verdade, semelhante orientação de pensamento reveste diversos cambiantes pelo que, rigorosamente, importa distinguir ainda entre as tendências ou correntes em que se partilha. Essencialmente duas. Numa primeira filiam-se todos quantos, reivindicando para os números 2, 3 e 4 a natureza de presunções que se impõem até prova em contrário, sustentam que a respectiva ilisão constitui o objecto de um ónus de alegação e prova que recai sobre quem quer que intente contrariar, *in casu*, a respectiva *Richtigkeit*. Uma segunda é engrossada por todos quantos entendem que ao aplicador assiste a faculdade de desviar-se do caminho indicado pelas presunções sem dependência da invocação, por uma das partes, da segunda frase do número 5 do artigo 4.º.

explicitado[18]. Segundo se avalia, o artigo 4.º da Convenção de Roma é, no seu conjunto, dominado pela cláusula geral de conexão mais estreita. É dizer que, a despeito de uma construção não isenta de alguma dificuldade quanto ao modo como entre si se relacionam os diferentes elementos do preceito – e ambiguidade essa justamente responsável por que, pela literatura como pelos tribunais[19], o artigo 4.º venha sendo objecto de aproximações conflituantes ao ponto de recentemente sobre ele ter versado um pedido de decisão prejudicial submetido ao Tribunal de Justiça das Comunidades[20] –, é-se do aviso de que o artigo 4.º da Convenção de Roma é fonte de sistema em cujos quadros a determinação casuística da lei espacialmente mais próxima dos factos não opera por via correctiva.

---

[18] Cf. os Autores referidos em M.J. MATIAS FERNANDES, *A Cláusula de desvio no Direito de Conflitos. Das Condições de Acolhimento de Cláusula de Desvio Geral Implícita no Direito Português*, Almedina, Coimbra, 2007, pp. 176 e 177.

[19] No quadro da jurisprudência, constituem-se em paradigma de cada uma das aludidas aproximações conflituantes o aresto *Balenpers* do *Hoge Raad* neerlandês, por uma parte, e conjunto variado de decisões proferidas por tribunais ingleses, por outra. Assim é que, aí onde, tomando assento num dos extremos da escala e adoptando *compreensão rigificadora* do artigo 4.º, aquele alto tribunal afirmou que a lei do país da residência habitual do obrigado à prestação característica apenas não deve ser aplicada se, no caso de espécie, semelhante residência não apresentar o valor de *conexão real* (*geen reële aanknopingswaarde heeft*), os tribunais de além-Mancha, mesmo se com naturais *nuances*, são mais lestos na aplicação de lei distinta da designada por um dos números intermédios do artigo 4.º da Convenção – cf., ilustrativamente, *Definitely Maybe (Touring) Ltd. v. Marek Lieberberg Konzertagentur GmbH*, (2001) 1 *Weekly Law Reports*, 1745; *Ennstone Building Products Ltd. v. Stanger Ltd.*, (2002) 2 *All England Reports (Commercial Cases)* 479. Cf., outrossim representativa daquela aproximação rigificadora, a decisão proferida pelo *Hoge Raad* neerlandês em 17 de Outubro de 2008, no caso *Baros A.G. v. Embrica Maritima Hotelschiffe GmbH* (o texto do aresto é consultável em http://zoeken.rechtspraak.nl/resultpage.aspx?snelzoeken=true&searchtype=ljn&ljn=BE7201&u_ljn=BE7201.)

[20] Faz-se referência ao pedido de decisão prejudicial apresentado pelo *Hoge Raad* neerlandês, em 2 de Abril de 2008, a pretexto do caso *Intercontainer Interfrigo (ICF) SC v Balkenende Oosthuizer BV e Mic Operations BV*, pendente sob o n.º C-133/08. Para além do mais, inquiriu aquele alto tribunal nacional: "A excepção prevista no segundo período do n.º 5 do art. 4.º da Convenção de 1980 deve ser interpretada no sentido de que as presunções dos n.ºs 2, 3 e 4 da mesma Convenção só devem ser afastadas quando resultar do conjunto das circunstâncias que os critérios de conexão aí previstos não têm valor de conexão efectivo, ou também devem ser afastadas quando dessas circunstâncias resultar que há uma conexão predominante com um outro país?" (cf. JO C 158, de 21 de Junho de 2008, p. 10 ss).

Não são as razões que subjazem a um tal entendimento, porém, aquilo que agora, e sobremaneira, importa registar[21]. O ponto a merecer sublinhado é outro. O de que as soluções retidas pelo artigo 4.º do Regulamento de 2008 logram a eliminação das dificuldades associadas ao modo – não inequívoco – como entre si se relacionam os diferentes números do artigo 4.º da Convenção; o de que o sistema acolhido pelo artigo 4.º do Regulamento faz desaparecer a ocasião para as perplexidades e dúvidas suscitadas pela convivência difícil entre a regra sedeada no número inaugural do artigo 4.º da Convenção de Roma e as indicações constantes dos números imediatamente subsequentes. O facto, reconhecer-se-á, não é de somenos, inaceitável como é que ao aplicador seja deixada a opção indiferenciada – *à la carte*, apetece dizer – entre uma via metodológica fundada numa relativa margem de manobra na procura do direito espacialmente mais adequado ao caso, e uma outra essencialmente rígida e cujo eixo central são as presunções com assento nos números 2 a 4[22]: inculca-o já o carácter sistemático que é o de toda a disposição normativa, já a finalidade harmonizadora que de modo muito especial subjaz a todos os textos de direito uniforme.

Vai nesse efeito clarificador, assim, uma primeira e importante razão para o aplauso do artigo 4.º do Regulamento[23]. Não é a única. Ademais da *clarificação* lograda, merecedor de louvor é, acrescidamente, o *sentido* em que se processou a *clarificação*. A afirmação deixa-se justificar em dois andamentos.

---

[21] Para uma exposição destas, cf. M.J. MATIAS FERNANDES, *A Cláusula de Desvio no Direito de Conflitos. Das Condições de Acolhimento de Cláusula de Desvio Geral Implícita no Direito Português*, op.cit., 166-180.

[22] Já houve ocasião para ensaiar a demonstração de que – de resto, segundo lição razoavelmente divulgada – o mecanismo e a lógica das presunções jurídicas não quadram cabalmente à regra dos números 2, 3 e 4 do artigo 4.º da Convenção de Roma (cf. M.J. MATIAS FERNANDES, *A Cláusula de Desvio no Direito de Conflitos. Das Condições de Acolhimento de Cláusula de Desvio Geral Implícita no Direito Português*, op.cit., pp. 170-173. Assim se entendendo, apenas por facilidade de expressão – e porque o legislador convencional faz utilização efectiva do susbtantivo «presunção» e de formas verbais, como «presume-se», dele derivadas – se justifica a alusão, em texto, a «presunções».

[23] No mesmo sentido, cf. F. GARCIMARTÍN ALFÉREZ, "The Rome I Regulation: Much ado about nothing?", *The European Legal Forum. Forum iuris communis Europae*, 2-2008, I-61, I-79; R. WAGNER, "Der Grundsatz der Rechtswahl und das mangels Rechtswahl anwendbare Recht (Rom I – Verordnung)", *Praxis des internationalen Privat– und Verfahrensrechts*, 2008, 5, 377-386, 381.

Retém-se, em primeiro lugar, o reforço da segurança jurídica que resulta alcançado já por meio da eliminação da regra actualmente constante do número 1 do artigo 4.º da Convenção, já por mor da inerente promoção de critérios *hard and fast* ao papel de normas *prima facie* aplicáveis na falta de uma *electio iuris*. Leva-se presente, em particular, a (justa) vulnerabilidade do comando de aplicação da lei de conexão mais estreita ao reparo de harmonia com o qual se trata de regra consubstanciadora da dissolução da norma no princípio que lhe subjaz e, assim, vistas bem as coisas, de uma "não-regra" (F. K. JUENGER, G. KEGEL, R. MOURA RAMOS), simples "leerformel" (G. KEGEL) que, constituindo expressão de "impressionismo jurídico" (Y. LOUSSOUARN), "(...) in reality (...) mean[s] nothing except, perhaps, that the answer is not ready at hand." (H. JESSURUN D'OLIVEIRA). No dizer bem conhecido de F.K. JUENGER, de regra que, desprovida de conteúdo normativo próprio, se demite da oferta de solução e se circunscreve ao enunciado de problema[24].

Há mais. Outrossim determinante do aplauso e fundamento para a referência pretérita, de sentido elogioso, ao *sentido* em que se processou a *clarificação* é a circunstância de, tendo-se afastado do esquema abraçado pela Proposta de Regulamento pela Comissão apresentada, em Dezembro de 2005, ao Parlamento Europeu e ao Conselho[25], o legislador comunitário ter retido solução que lhe faculta o afastamento da lei *prima facie* competente caso resulte claramente do conjunto das circunstâncias que o contrato apresenta uma conexão manifestamente mais estreita com um país diferente do indicado pelos números 1 ou 2. À diferença daquele trabalho de preparação legislativa, o texto afinal adoptado – foram nisso determinantes o Conselho e o Parlamento Europeu, os quais reagiram com reservas bastas à Proposta da Comissão – inclui solução que,

---

[24] De *valor heurístico* da ideia de conexão mais estreita fala A. FERRER CORREIA (cfr. *Direito Internacional Privado. Alguns Problemas*, Coimbra, 1991, 2ª reimp., p. 102). Escreve o Autor: "É sem dúvida para a descoberta desse elemento de conexão óptimo que devemos tender em cada caso; simplesmente, nada ficamos a saber, só por empregarmos a mágica fórmula, acerca do que deva ser feito concretamente nesse sentido – acerca do tipo de razões que nos hão-de pôr no caminho certo disso a que precisamente se chamou o elemento ou factor de conexão mais significativo. E é esta a questão axial.".

[25] COM/2005/0650 final – COD 2005/0261, não publicado no Jornal Oficial mas disponível em http://eur-lex.europa.eu

disponibilizando margem de liberdade em proveito do aplicador, lhe consente reacção acaso, desmentindo o pressuposto de normalidade em que o legislador assentara, as especificidades de uma particular hipótese que à previsão do legislador escapou conduzirem a que a lei designada aplicável seja, afinal, uma com a qual a situação mantém uma conexão apenas ténue. Pressuposto, em termos universais, que o factor de conexão eleito pela regra de conflitos é, uma vez concretizado, referenciador do sistema de direito com o qual a situação mantém a conexão mais estreita, *quid iuris* apurando-se que os factos infirmam a verdade da designação conflitual por isso que, *in casu*, é com outra lei que se encontram muito mais fortemente conexionados? Vale a resposta já pré-anunciada: aí onde, no quadro do sistema vertido no artigo 4.º da Proposta da Comissão, nenhuma margem de liberdade assistia ao aplicador, este sendo, para o conjunto dos contratos previstos no número 1[26], conduzido à linear aplicação de uma das leis referida por alínea ali contida e todo o desvio aparecendo como interdito, sucede diferentemente que o número 3 do artigo 4.º do Regulamento de 2008 consente ao operador margem de discricionariedade no exercício da sua tarefa de determinação da lei subsidiariamente aplicável. Afigura-se solução totalmente aconselhada pela variabilidade da vida. Assim como, convergentemente, pelo confinamento da previsão humana a limites apertados. Reside na sua adopção a segunda razão para o elogio ao sentido em que se processou a clarificação operada pelo artigo 4.º do Regulamento[27].

§ 4.

Um processo de determinação da lei aplicável encabeçado por preceitos fixos. *Encabeçado*. Ademais de tais preceitos, mecanismo

---

[26] Eram contempladas as seguintes categorias: compra e venda, prestação de serviços, transporte, contrato levando por objecto um direito real sobre um bem imóvel ou um direito de uso de um bem imóvel, arrendamento para uso pessoal temporário por um período máximo de seis meses consecutivos, contrato sobre propriedade intelectual ou industrial, franquia e distribuição.

[27] Em sentido divergente, cf. O. LOPES PEGNA, "Il Rilievo del Collegamento Più Stretto Dalla Convenzione di Roma Alla Proposta di Regolamento «Roma I»", *Rivista di diritto internazionale*, 2006, 3, p. 756-782, p. 771.

possibilitador da introdução de uma correcção uma vez apurando-se a correspondente indispensabilidade face à inadequação do resultado produzido pela aplicação da regra *hard and fast*. Eis síntese rápida da estrutura afinal acolhida pelo artigo 4.º do Regulamento, por completo merecedora de aplauso. No breve apontamento que aqui deixamos, um lugar justificadamente destacado deve ser reservado àquele mecanismo.

Sem embargo de nomenclatura oscilante – a figura tem divulgadamente sido baptizada com denominação que, em conformidade com o sentido da esmagadora maioria das designações estrangeiras, encontra correspondência, no nosso idioma, na locução *cláusula de excepção* (*clause d'exception, Ausnahmeklausel, exceptieclausule, exception clause, cláusula de exceptión, clausola d'eccezione*) –, em causa está mecanismo corrector dos juízos conflituais cristalizados na letra das regras de conflitos que encontra justificação no propósito de assegurar que, em concreto, a avaliação de pretensão emergente de situação jurídico-privada internacional tenha lugar à luz de sistema que, pela sua posição relativamente aos factos, é o mais bem colocado para intervir. Espécie de «instância de verdade» das indicações conflituais alicerçadas sobre o princípio da conexão mais estreita, o seu escopo é o de assegurar que esta directriz localizadora não saia posta em crise pelas especificidades de uma particular hipótese que à previsão do legislador escapou. Como? Determinando o afastamento da lei individualizada pelo elemento de conexão *prima facie* retido pelo legislador; impondo a aplicação, no lugar dela, do direito com o qual, a despeito da previsão normativa geral e abstracta, os factos mantêm, *in casu*, a conexão mais significativa[28].

---

[28] A despeito de, consoante referido em texto, a figura ser divulgadamente baptizada com denominação que, em conformidade com o sentido da esmagadora maioria das designações estrangeiras, encontra correspondência, no nosso idioma, na locução *cláusula de excepção* e de, bem assim, também os internacionalprivatistas pátrios reservarem acolhimento privilegiado para a fórmula, acredita-se que a correspondente utilização resulta desabonada por par de razões. Começa-se por anotar que, fazendo emprego do complemento determinativo «de excepção», a *designatio communis doctorum* sugere que a solução desviante consistente em aplicar a *lei da conexão mais estreita* está para a *solução conflitual ordinária* como a *excepção* está para a *regra*. Ora, nada de mais enganador. Divisa-se relação de excepcionalidade aí onde para subcategoria dada vale regime valorativamente antagónico ao que se dispõe para categoria mais ampla a que aquela subcategoria se reconduz. Pois bem. Diferente de determinar a actualização de consequência jurídica de valoração contrária à que se desencadearia não fora a sua

Trata-se, consoante referido, de solução totalmente recomendada.

E, com efeito, dúvidas existissem quanto às virtualidades da actualização da cláusula de desvio no domínio das obrigações contratuais e dissipá-las-ia a consideração da experiência aplicativa levando por objecto o artigo 4.º da Convenção de Roma. Sejam, em apresentação breve e esquemática, conjunto de hipóteses que, recolhido a partir do labor de tribunais nacionais vários, põe em destaque os fundamentos da tese feita valer:

a) Contratos de compra e venda

Enfrentando a determinação do estatuto de contrato de compra e venda de um crédito garantido por hipoteca relativa a imóvel situado em França, o *Bundesgerichtshof* desconsiderou a aplicação da lei do Estado onde o vendedor, à data da celebração do contrato, tinha residência habitual. Fez valer, nesse sentido, que o contrato apresentava uma relação significativamente mais estreita com o direito francês: ademais de em França se situar o imóvel sobre que incidia a hipoteca que garantia o crédito, o contrato de venda, redigido em francês, havia sido lavrado por oficial público gaulês; também o preço fora acordado em francos franceses[29];

b) Contratos de prestação de serviços

Chamado a determinar a lei reguladora de um contrato tendo por objecto a prestação de serviços por arquitecto alemão, com residência habitual na Alemanha, relativo à concepção, ao desenho dos planos e à supervisão artística dos trabalhos de construção de casa a edificar em Chauvigny, França, Estado de que também era

---

intervenção, o mecanismo aprisionado na fórmula «cláusula de excepção» logra, isso sim, o *afinamento* da solução conflitual ordinária (ocioso afirmá-lo, afinamento justificado em face dos pólos representados pelas circunstâncias do caso, por uma parte, e pela teleologia imanente à regra de conflitos, por outra). Mais concorre para desaconselhar o *nomen iuris* examinando o salutar propósito de prevenir a confusão, por mais ténue possa ela ser, com instituto consagrado do Direito de Conflitos, a reserva ou excepção de ordem pública internacional. Para mais desenvolvimentos e, em particular, para uma explanação das razões por que, de entre as alternativas de designação perfiladas no horizonte, opta por reter-se a expressão «cláusula de desvio», cfr. M. J. Matias Fernandes, *A Cláusula de desvio no Direito de Conflitos. Das Condições de Acolhimento de Cláusula de Desvio Geral Implícita no Direito Português*, op. cit., pp. 69 ss.

nacional e onde residia habitualmente a contraparte, o *Tribunal de grande instance de Poitiers* sublinhou a inadequação da declaração de aplicabilidade da lei alemã da residência habitual do obrigado ao fornecimento da prestação característica do contrato por isso que, a par da sua nacionalidade, a residência habitual do arquitecto constituía o único elemento de ligação da situação à Alemanha. Por contraste, conectavam-a à França todos os demais. Assim, e não exaustivamente, o lugar da situação do imóvel, o lugar da execução do contrato, a residência habitual da contraparte, o idioma utilizado para a celebração dos contratos e a moeda estipulada para o pagamento[30];

c) *Contratos de arrendamento de imóvel celebrados para uso pessoal temporário, designadamente para finalidades de vilegiatura*
Não foram raras as ocasiões em que, chamados à determinação da lei reguladora da substância de contrato de arrendamento de imóvel celebrado para uso pessoal temporário, designadamente para finalidades de vilegiatura, tribunais nacionais fizeram valer que, situando-se o imóvel objecto do contrato em país distinto daquele em que as partes residem habitualmente, a lei deste último, enquanto direito com o qual o contrato apresenta a conexão mais estreita, deve receber aplicação[31];

d) *Contratos autónomos do ponto de vista estrutural mas funcionalmente interligados*
  a. Bloch c. Société Lima[32]
  Confrontado com a determinação da lei reguladora de contrato de garantia, a *cour d'appel de Versailles* fez valer a adequação

---

[29] A decisão do *Bundesgerichtshof*, proferida em 26 de julho de 2004, encontra-se publicada em *Praxis des internationalen Privat- und Verfahrensrecht*, 2005, pp. 345 ss.

[30] Cfr. *Revue critique de droit international privé* 90(4) 2001, pp..

[31] Assim, cf.: do*Tribunal civil de Marche-en-Famenne*, tribunal belga, a decisão de 26 de Fevereiro de 1986, *in Annuaire de droit de Liège* 33 (1988), pp. 100 ss; do *Bundesgerichtshof* alemão, as decisões de 12 de Outubro de 1989, *in Praxis des Internationalen Privat- und Verfahrensrecht*, 1990, pp. 318 ss, e de 9 de Julho de 1992, *in Praxis des Internationalen Privat- und Verfahrensrecht*, 1993, pp. 244 ss; do *Oberlandsgericht* de Köln, decisão de 12 de Setembro de 2000, *in Die Deutsche Rechtsprechung auf dem Gebiete des IPR*, 2000, n.º 26.

[32] Reprodução do aresto, proferido pela *cour d'appel de Versailles*, pode encontrar-se em *Revue critique de droit international privé*, 1991, pp. 745 ss, com a anotação de P. LAGARDE, e em *Journal du droit international*, 1992, pp. 125 ss, com a anotação de J. FOYER.

da correspondente subordinação ao estatuto da obrigação principal. Tanto, mesmo não sendo este estatuto fornecido pelo direito com o qual, em termos típicos, o contrato de garantia apresenta a conexão mais estreita (a saber, o direito do país onde o garante, parte obrigada ao fornecimento da prestação característica, reside habitualmente no momento da celebração do contrato). Não foram irrelevantes outras conexões que, ademais daquela – dada pelo estatuto do contrato garantido –, a situação mantinha com o direito transalpino: em particular, a verificação cumulativa de que, redigido em língua italiana, o contrato de garantia fora celebrado, em Itália, em proveito de credor com sede neste país[33];

b. Afirmando que não obstante em termos típicos um contrato celebrado com árbitro apresentar conexão mais estreita com o país onde aquele possui residência habitual, a mais alta instância austríaca colocou em evidência a inadequação de um tal resultado sempre que, como no caso de espécie, os diferentes árbitros residissem habitualmente em Estados distintos. Em conformidade, fez valer a conveniência de submeter todos e cada um dos contratos individualmente celebrados com os árbitros envolvidos num processo de arbitragem ao estatuto da arbitragem[34];

c. *Bank of Baroda v. The Vysya Bank Ltd*[35]
Chamado à determinação do direito regulador da relação entre um banco emitente de crédito documentário e um banco confirmador, a *Queen's Bench Division* sustentou que a prestação característica do contrato que origina aquela relação é a prestação de pagamento, a cargo do confirmador e contra a apresentação dos documentos estipulados, em proveito do (exportador) beneficiário. Situando-se em Inglaterra o estabelecimento

---

[33] Cf., com analogias óbvias, a decisão proferida pela *Civil Division* do *Court of Appeal*, em 21 de Dezembro de 2001, no caso *Samcrete Egypt Engineers and Contractors Sae v. Land Rover Exports Ltd*, [2002] *Commercial Law Cases* 533.

[34] Proferida pelo *Oberster Gerichtshof* em 28 de Abril de 1998, a decisão encontra-se publicada no *Zeitschrift für Rechtsvergleichung, Internationales Privatrecht und Europarecht*, 1998, pp. 259 ss.

[35] [1994] 2 *Lloyd's Law Reports* 87 (93).

através do qual o cumprimento dessa prestação teve lugar e, mais ainda, pertencendo outrossim ao direito inglês a regulação da relação entre o banco confirmador e o (exportador) beneficiário, o tribunal, com apoio na cláusula geral da conexão mais estreita, fez valer a conveniência de também a relação entre o banco emitente e o beneficiário ser adstrita à competência daquele direito. Em palavras do aresto, outro entendimento significaria que "(...) one and the same credit is here governed by two different laws, and that the applicable law varies according to the bank against which the beneficiary decides to enforce the credit.".

Mas não é apenas a experiência aplicativa levando por objecto o artigo 4.º da Convenção de Roma a dizer das vantagens associadas à conservação de mecanismo de salvaguarda no domínio das obrigações contratuais. Iluminam-nas, mais ainda, as soluções retidas, sempre no domínio contratual, por sistemas de Direito Internacional Privado de latitudes as mais variadas. Assim, já por aqueles que, numa expressão máxima da liberdade com que entendem dever abonar o aplicador, se cingem à estatuição da aplicação do direito que mantém com a situação a conexão mais estreita, já por aqueles que, certo não abandonando ao aplicador a missão de determinação da lei em concreto aplicável e destarte privilegiando um factor de conexão rígido, como quer que seja consentem em desvio quando se mostre que é com lei distinta da por aquele factor designada que a situação se encontra mais fortemente conexionada. Sem preocupações de exaustão, tomem-se os exemplos estadunidense[36], suíço[37], quebecano[38], chinês[39], coreano[40], russo[41], japonês[42] e, bem assim, o adve-

---

[36] Cf. o §188 do *Restatement of the Law Second* (1971).

[37] Cf. os artigos 15.º e 117.º da Lei Federal sobre o Direito Internacional Privado, de 18 de Dezembro de 1987.

[38] Cf. os artigos 3082.º e 3112.º do Livro X do Código Civil, aprovado em 18 de Dezembro de 1991.

[39] Cf. o artigo 126.º da Lei sobre Contratos aprovada, pelo Congresso Nacional Popular, em 15 de Março de 1999 e entrada em vigor a 1 de Outubro do mesmo ano.

[40] Cf. o número 1 do artigo 26.º da Lei 6 465, de 7 de Abril de 2001, a qual introduziu alterações, e rebaptizou, o diploma relativo aos Conflitos de Leis.

[41] Cf. os números 1, 2, 3 e 4 do artigo 1211.º do Código Civil russo, com as modificações e os aditamentos introduzidos em 2001.

niente da consideração da Convenção Interamericana sobre o Direito Aplicável aos Contratos Internacionais[43].

Importa, ainda assim, que das considerações expendidas não resulte ideia sem correspondência no aviso de quem por elas responde. Ou a impressão de que a signatária navega em mar de ilusão. O mecanismo da cláusula de desvio leva associados inconvenientes e encerra riscos: não há que negá-lo. A correspondente utilização comporta perigos: impõe-se reconhecê-lo. Pense-se na materialização das soluções conflituais. Ou no fomento da tendência para a maximização da aplicação da lei do foro[44]. Assim como, bem entendido, no aumento da imprevisibilidade (sempre) implicada no processo de determinação da lei aplicável às situações plurilocalizadas. São, todos, riscos associados – inequivocamente associados – ao manejo da cláusula de desvio. Isto reconhecido, ponto é existirem razões cuja suficiente tomada em consideração permite apoucar a severidade das ameaças divulgadamente acopuladas ao mecanismo.

Começa por que aceitar que a variabilidade da vida e a limitação da previsão humana impõem o alargamento, à área internacionalprivatística, de maleabilidade na aplicação da regra de conflitos não significa afirmar que a actualização da cláusula de desvio possa ter lugar incondicionada ou irrestritamente. Como bem nota P. HAY, "[t]he point is not (...) that there should be predictability or flexibility. The question is rather whether the flexibility that has been introduced is focused or is so unguided as to undermine legal security."[45]. Ora, da mesma maneira que a necessidade de um mecanismo como a excepção de ordem pública internacional não

---

[42] Cf. o número 1 do artigo 8.º da Lei n.º 10, de 1898, alterada pela Lei n.º 78, de 2006, a qual contém as *Regras Gerais sobre a Aplicação das Leis*.

[43] Cf. o artigo 9.º daquele instrumento, aprovado pela Quinta Conferência Especializada Interamericana sobre Direito Internacional Privado (C.I.D.I.P.), ocorrida, no México, D.F., em 17 de Março de 1994.

[44] Não por acaso, já se lhe aludiu como a uma «open invitation to a covertly result-selective choice of law» (Th. DE BOER). Assim como a um «lawyer' s paradise» (K. Nadelmann). Com a mesma ironia afirmam U. MAGNUS e P. MANKOWSKI que "(...) one could re-formulate the escape rule for practical purposes (or rather practitioners' purposes): if [it] leads to the application of the *lex fori*, it will be followed; if it does not, it will be disregarded (...)" [cit. (n.), p. 159].

[45] Cfr. "Flexibility versus Predictability and Uniformity in the Conflict of Laws. Reflections on Current European and United States Conflicts Law", *Recueil des cours de l'Académie de Droit International*, 226 (1991), pp. 281 ss, p. 361.

torna dispensável ou sequer acessória "a necessidade da indicação de critérios juridicamente fundamentados que sejam aptos a conter, dentro dos limites convenientes, a corrente do livre sentimento jurídico do aplicador do direito"[46], assim também o reconhecimento das virtualidades da cláusula de desvio deve ir de paralelo com a cautelosa subordinação da respectiva intervenção a pressupostos determinados – e, acrescente-se, exigentes. Na exacta medida em que assim deve suceder – enquanto, designadamente, se restrinja a intervenção da cláusula de desvio àquele conjunto de hipóteses no quadro das quais a persistência na aplicação da lei ordinariamente competente equivaleria a esvaziar de fundamento a pertinente regra de conflitos –, ser-se-á conduzido ao reconhecimento de que, se não logra ser eliminada, a margem de incerteza jurídica por ela implicada é, em todo o caso, limitada.

Bem verdade, o artigo 4.º do Regulamento não enveredou por solução tão exigente como a retida no número 1 do artigo 15.º da Lei de Direito Internacional Privado de Estado, a Suíça, já apelidada de *pátria da cláusula de desvio* (*Heimat der Ausweichklausel*)[47]. Nos termos desta disposição, a actualização do mecanismo vai subordinada: *Primeiro)* à verificação cumulativa de que a situação não apresenta senão uma conexão muito fraca com a ordem jurídica ordinariamente aplicável, enquanto mantém com outro direito uma conexão muito mais estreita; *Segundo)* à exigência de uma desproporção particularmente qualificada entre a fragilidade dos contactos que ligam a situação à lei designada pela regra de conflitos e a intensidade das ligações que ela apresenta com outra lei, não apenas a conexão muito fraca entre a situação e a lei *prima facie* aplicável havendo de revestir-se de carácter *notório* como a existência de uma relação muito mais estreita com outra ordem jurídica tendo de apresentar o mesmo carácter patente ou óbvio[48]. Sem acompanhar a exigência desta

---

[46] Cfr. J. BAPTISTA MACHADO, *Lições de Direito Internacional Privado*, 2ª ed., Almedina, Coimbra, 1982, p. 259.

[47] Cfr. E. JAYME, "Richterliche Rechtsfortbildung im Internationalen Privatrecht", *in Richterliche Rechtsfortbildung: Erscheinungsformen, Auftrag und Grenzen. Festschrift der Juristischen Fakultät zur 600-Jahr-Feier der RuprechtKarls-Universität Heidelberg*, hrsg. von den Hochschullehrem der Juristischen Fakultät der Universität Heidelberg, Heidelberg, Müller, 1986, pp. 567 ss, p. 573.

[48] É o seguinte o teor da disposição sob referência: "[l]e droit désigné (...) n'est pas applicable si, au regard de l'ensemble des circonstances, il est manifeste que la cause n'a

– não enveredando pela adopção de uma *two-pronged approach* –, a disposição regulamentar condiciona a intervenção da cláusula de desvio à verificação singela de que o contrato apresenta uma conexão manifestamente mais estreita com lei distinta da de competência normal. Assim fazendo, segue a via das soluções homólogas do Regulamento (CE) n.º 864/2007 do Parlamento Europeu e do Conselho, de 11 de Julho de 2007, sobre a lei aplicável às obrigações extracontratuais[49] – como aquela, e antes dela, também estas se cingem a subordinar o afastamento da lei *prima facie* aplicável à certificação de que a situação apresenta uma conexão manifestamente mais estreita com outra ordem jurídica[50]. Precipita-se na exigência deste carácter manifesto, como quer que seja, o propósito de marcar a distância para com solução como a que actualmente consta do número 5 do artigo 4.º da Convenção vigente.

Obtemperar-se-á que fórmula do tipo da reproduzida não se constitui, mesmo ela – entenda-se: posto que mais exigente do que a vertida na Convenção –, em remédio contra a insegurança. Ou em antídoto contra decisões em cujos quadros a actualização da cláusula de desvio redunda, segundo a bitola de olhar descomprometido, no desvirtuamento (mais ou menos velado) do perfil funcional do mecanismo. E, sem dúvida, não é qualquer das advertências desprovida de fundamento. Reconhece-o o realismo de U. MAGNUS e P. MANKOWSKI, para quem "[i]f a judge is determined to apply a certain law (mostly the lex fori) (…), he will find good enough a reason to do so."[51].

Destarte afastada qualquer tentação de olhar ingénuo que imputasse à consagração de fórmula *apertada* o condão da erradição de decisões instrumentalizadoras da figura, nem por isso, ou mesmo assim, se é

---

qu'un lien très lâche avec ce droit et qu'elle se trouve dans une relation beaucoup plus étroite avec un autre droit.". Vão decalcadas sobre a helvética as soluções retidas pelo artigo 3082.º do Código Civil do Quebeque, aprovado em 18 de Dezembro de 1991, e pelo artigo 19.º do Código belga de Direito Internacional Privado, aprovado em 16 de Julho de 2004.

[49] Cf. JO L 199, de 31 de Julho de 2007, p. 40 ss.

[50] Faz-se referência às soluções sedeadas nos artigos 4.º, número 2, 5.º, número 2, 10.º, número 4, 11.º, número 4, e 12.º, número 2, alínea c), do referido Regulamento (CE) n.º 864/2007.

[51] Cfr. "The Green Paper on a Future Rome I Regulation – on the Road to a Renewed European Private International Law of Contracts", *Zeitschrift für die vergleichende Rechtswissenschaft*, 103 (2004), 131 ss, p. 160.

irremediavelmente impressionado pelo acenar dos perigos associados ao manejo de cláusula de desvio.

À uma, pela mesma razão por que contra a aritmética nada prova um erro de adição[52].

Depois, porque não é impossível formar impressão optimista a partir do exame de muitas das decisões que, por exemplo com referência ao artigo 4.º da Convenção de Roma, fizeram emprego da cláusula geral da conexão mais estreita. Exemplo insistentemente brandido é o do célebre aresto *Balenpers*, uma decisão do *Hoge Raad* holandês muito frequentemente referida por ter colocado enfâse aturado no sublinhado de que é mister fazer-se *uso restritivo* da cláusula de desvio e, assim, no sublinhado de que a correspondente actualização só pode ocorrer quando o factor de conexão retido pela regra de conflitos não apresente, no caso de espécie, o *valor de conexão real* (*geen reële aaknnopingswaarde heeft*)[53]. Mas está longe de ser o único[54].

Enfim, porquanto parece ser que algumas daquelas ameaças merecem ser reduzidas às suas devidas importância e proporção. E não apenas porque sejam proporcionalmente contrabalançadas por resultados positivos que, do ponto de vista de outros interesses gerais que norteiam a conformação do sistema de Direito Internacional Privado, outrossim importa alcançar. Também por outras razões. Tome-se a insistentemente brandida incerteza jurídica. Sendo fora de causa que mecanismo como a cláusula de desvio representa um aumento da imprevisibilidade sempre implicada no processo de determinação da lei aplicável às situações «atravessadas por fronteiras» – é derivação imposta pelo facto de a cláusula de desvio não conter, em si mesma, uma medida objectiva que permita antecipar, com justeza, a oportunidade da respectiva actualização,

---

[52] Pede-se de empréstimo afirmação, célebre, de J. MARITAIN.

[53] Reprodução do aresto, já referido, pode encontrar-se em *Nederlandse Jurisprudentie*, 1992, no. 750, pp. 3251 ss, bem como em *Wochenübersicht der niederlandische Rechtsprechung*, 1992, no. 207. Para uma exposição dos factos subjacentes, cfr. M. J. MATIAS FERNANDES, *A Cláusula de desvio no Direito de Conflitos. Das Condições de Acolhimento de Cláusula de Desvio Geral Implícita no Direito Português*, op. cit., pp. 183-184. Ocioso afirmá-lo, razões anteriormente explicitadas levam a que, à diferença do tribunal holandês, não se veja no número 5 do artigo 4.º da Convenção de Roma a corporização de uma cláusula de desvio.

[54] Seja, adicionalmente e a título ilustrativo, a decisão escocesa proferida no caso *Caledonia Subsea Ltd. v. Micoperi*, publicada em *Scottish Law Times* 2002, 1022.

bem como pelo facto de a sua intervenção supor, da parte do aplicador, uma liberdade de avaliação incompatível com qualquer forma rígida –, sendo fora de causa, dizia-se, que mecanismo como a cláusula de desvio representa um aumento da imprevisibilidade implicada no processo de determinação da lei aplicável às situações plurilocalizadas, não é verdade suceder, em todo o caso, que o inconveniente da insegurança associado a cláusula de desvio não logra reproduzir a qualidade da incerteza aliada seja a uma orientação do tipo da do *Restatement*, seja às regras que se limitam a consagrar o princípio da proximidade plasmado em cláusula geral⁵⁵? E não é ainda que, consoante trazido à luz do dia pelos autores, o grau de insegurança associado à figura da cláusula de desvio propende a diminuir "(...) à medida que as decisões judiciais proferidas no uso do poder moderador que a[] mesma[] faculta[] ao julgador assumirem, por via da sua reiteração, a natureza de usos ou de costume jurisprudencial e os interessados puderem, por conseguinte, pautar por elas a sua conduta em casos futuros (...)"⁵⁶? Enfim, não ocorre mais que é o princípio da confiança a estar na base da figura da cláusula de desvio, a qual, "(...) além do mais, visa[] salvaguardar as legítimas expectativas das partes relativamente ao Direito aplicável, sempre que do conjunto das circunstâncias resultar que a situação *sub iudice* apresenta uma conexão mais estreita com uma ordem jurídica que não a designada pela regra de conflitos relevante"⁵⁷? Sucessão de respostas afirmativas legitima – impõe – conclusão fácil: que, diferente de mecanismo por meio do qual a flexibilização (necessária) das regras de conflitos é conseguida à custa de inte-

---

⁵⁵ Sublinhando o ponto, cfr. R. MOURA RAMOS, *Da Lei Aplicável ao Contrato de Trabalho Internacional*, Coimbra, Almedina, 1991, pp. 569-570.

⁵⁶ Cfr. D. MOURA VICENTE, *Da Responsabilidade Pré-Contratual em Direito Internacional Privado*, Coimbra, Almedina, 2001, pp. 532-533. Aludem os autores, a este propósito, a um *efeito mediato* ou *indirecto* da cláusula de desvio, analisável na elaboração, *modo legislatoris*, de *máximas* ou *modelos de decisão* que, redundando no aperfeiçoamento, afinamento ou desenvolvimento do direito legislado, têm como ponto de partida o agrupamento por casos típicos – o mesmo é dizer, a tipicização – das soluções relativas aos casos (atípicos) que originaram a intervenção de uma cláusula de desvio. Nas palavras felizes de E. JAYME, "[l]a clausola d'eccezione diventa cosí lo strumento di una Rechtsfortbildung istituzionalizzata." (cfr. "Formazione progressiva del diritto internazionale privato da parte dei giudici: l'esperienza americana e tedesca", *Contratto e Impresa*, 1988, 4, pp. 423 ss, p. 432).

⁵⁷ Cfr. D. MOURA VICENTE, op. cit., p. 49.

gral sacrifício dos valores da certeza e da previsibilidade, a cláusula de desvio, assim encarada como "(...) l'ultime remède, en cas d'iniquité flagrante que provoquerait l'application de la règle de conflit ordinaire"[58], "(...) revela-se um natural ponto de encontro entre as exigências dos sistemas jurídicos que privilegiam cada um [daqueles] pontos [: a flexibilização, por um lado, a certeza e previsibilidade, por outro] (...)"[59].

Seja referido, a final e a acrescer às considerações antecedentes, ser expectável que a possibilidade de intervenção por parte do Tribunal de Justiça das Comunidades permita a dilucidação de algumas das dificuldades que o manejo da figura possa suscitar. Mesmo sem dele oferecer desenvolvimentos, refira-se o ponto atinente ao que a terminologia de autora francesa refere como o *regime processual da cláusula de desvio*[60].

---

[58] Cfr. G. DROZ, "Regards sur le droit international privé compare. Cours general de droit international privé", *Recueil des cours de l'Académie de droit international de La Haye*, 229 (1991), pp. 9 ss, p. 93.

[59] Cfr. R. MOURA RAMOS (n.) p. 572.

[60] Faz-se referência a P. RÉMY-CORLAY, autora do estudo "Mise en oeuvre et régime procédural de la clause d'exception dans les conflits de lois", *Revue critique de droit international privé*, 92 (1), 2003, pp. 37 ss, onde a Autora retoma considerações já desenvolvidas em dissertação de doutoramento, esta não publicada, apresentada, em 1997 e sob o título *Étude critique de la clause d'exception dans les conflits de lois (Application en droit des contrats et des délits*, junto da Faculté de Droit et de Sciences Sociais de l'Université de Poitiers.

PERSPECTIVA LUSO-BRASILEIRA DA APLICAÇÃO DA ARBITRAGEM NOS CONTRATOS ADMINISTRATIVOS DE COLABORAÇÃO ENTRE O SETOR PÚBLICO E O PRIVADO

Camile Rosario

Introdução

A escolha do tema em tela veio da proximidade entre o ordenamento jurídico português e brasileiro, visto que é nas Ordenações Filipinas, introduzidas por Portugal no Brasil, que a arbitragem foi primeiramente prevista.

Hodiernamente, o instituto da arbitragem vem sendo utilizado com grande frequência nos ordenamentos jurídicos em geral para solucionar conflitos. Viu-se que este é uma forma célere, eficaz, muitas vezes menos onerosa do que custear um processo judicial que pode perdurar anos, além das partes litigantes terem a alternativa de escolher a quem irão confiar o litigio – aos árbitros.

De maneira analítica, menciona-se o pensamento de João Caupers[61] sintetizando o que representa a arbitragem no mundo moderno ao afirmar que *"o triunfo da arbitragem representa o fracasso dos juízes e o êxito dos peritos"*

No que concerne à utilização desse compromisso pelo Direito Administrativo, deve-se delimitar seu âmbito de aplicação, pois não é qualquer

---

[61] Caupers, João. *in* "A arbitragem nos litígios entre a administração pública e os particulares", CJA, n.º 18, 1999, p. 7.

conflito que permite a resolução por via arbitral, apenas os que versem sobre direitos disponíveis.

No Direito Administrativo português, a legislação é clara ao dizer que a arbitragem pode ser uma forma de solucionar questões que versem sobre contratos administrativos, responsabilidade civil extracontratual do Estado e em alguns atos administrativos revogáveis sem fundamento na sua invalidade.

Já no ordenamento jurídico-administrativo brasileiro esse instituto é previsto em Leis ordinárias, como a Lei de Concessão de Serviço Público, Lei de Licitação e Contratos Administrativos, Lei de Parceria Público-
-Privada etc, mesmo assim, de maneira insatisfatória.

Para este trabalho, será dado ênfase aos contratos administrativos de colaboração (concessão de serviço público, concessão de obra pública e parcerias público-privadas) para que possa ser efetuada de maneira mais concisa, a comparação entre os dois regimes jurídicos.

1. Breves considerações da aplicação da arbitragem no direito administrativo lusobrasileiro

Ao discorrer sobre o instituto da arbitragem no Direito Administrativo Lusobrasileiro, nota-se que, em termos constitutivos, legislativos, funcional, de competência, entre outros, Portugal e Brasil são muito distintos.

Em Portugal, após a reforma do Contencioso Administrativo de 2002, ao Direito Administrativo é reconhecida sua importância jurídica e processual, concedendo alçada aos tribunais administrativos[62], duplo grau de jurisdição, entre outras modificações.

Pelo vocábulo "tribunais administrativos" *supra* referido, nos ditames do professor VIEIRA DE ANDRADE[63], deve-se entender como "*os tribunais permanentes, que exercem uma competência de jurisdição compulsória, e os tribunais arbitrais, constituídos ad hoc por acordo das partes*".

---

[62] Como citação, VIEIRA DE ANDRADE, José Carlos. *A Justiça Administrativa*, 8.º ed., Coimbra: Almedina, 2006, p.141, "os tribunais administrativos e fiscais constituem, desde 1989, por decisão constitucional, uma categoria própria de tribunais, separada dos ditos <tribunais judiciais>, formando uma hierarquia cujo órgão superior é o Supremo Tribunal Administrativo".

[63] VIEIRA DE ANDRADE, J.C. *in* op.cit., p.143.

Face à evolução e efetiva existência destes tribunais, a legislação portuguesa encontrou-se forçada a elaborar códigos que regulassem seus funcionamentos, suas competências, composições, jurisdições, hierarquias, assim como a regulação do processo administrativo, prevendo o procedimento arbitral como uma das formas de resolução de conflito. Para isso, há o Código de Procedimento Administrativo (CPA), o Código de Processo nos Tribunais Administrativos (CPTA) e o Estatuto dos Tribunais Administrativos e Fiscais (ETAF) e o mais novo diploma legal denominado Código de Contratos Públicos (CCP), além dos diplomas avulsos.

Ao fazer referência ao Direito Administrativo brasileiro, em primeiro lugar há de esclarecer que não existem Tribunais Administrativos[64]. Por conseguinte, a inexistência de Códigos procedimentais em geral.

Uma vez que não há tribunal específico para dirimir tais conflitos administrativos, estes são encaminhados para os tribunais comuns, sendo submetidos às suas regras. Em termos legislativos procedimentais de caráter geral, o que esta República Federativa possui é a Lei da União de n.º 9.784/99 que, segundo CELSO ANTONIO BANDEIRA DE MELLO[65] "regula o processo administrativo no âmbito da Administração direta e indireta Federal, aplicando-se também a órgãos do Legislativo e do Judiciário quando no exercício de função administrativa(...) a lei em causa aplica-se apenas subsidiariamente aos processos administrativos específicos, regidos por leis próprias, que a elas continuarão sujeitos"

Ademais, esta lei não tem por objeto solucionar questões do contencioso administrativo quando entidades públicas são partes interessadas e sim, possui o caráter de proteção dos direitos dos administrados e ao melhor cumprimento dos fins da Administração.[66]

No que concerne ao instituto arbitral, não há menção em nenhuma legislação geral para a sua utilização na Administração Pública – antago-

---

[64] O órgão estatal competente para análise da legalidade dos contratos administrativos no Brasil é o Tribunal de Contas que pode ser da União ou do Estado, dependendo da abrangência do contrato em tela. Nota-se que o Tribunal de Contas da União possui instância superior ao dos Estados.
[65] BANDEIRA DE MELLO, Celso Antonio in "Curso de Direito Administrativo", 13ª ed., São Paulo: Malheiros, 2001, p.457.
[66] Conforme artigo 1.º da Lei 9.784 de 29 de Janeiro de 1999.

nicamente a LAV – somente constando referência em leis esparsas a seguir identificadas.

1.1. *Peculiaridades da Sentença Arbitral brasileira e portuguesa*

A sentença arbitral, independentemente de ter sido proferida por tribunal arbitral brasileiro ou português, apresenta natureza jurídica declaratória, constitutiva ou condenatória[67], quando está, respectivamente, interpretando um contrato administrativo, reconhecendo sua validade ou executando-o. Além de ser dotada de força de título executivo.

Como o tribunal arbitral no Direito português é equiparado a um tribunal comum, sua decisão – como se fosse de 1ª instância[68] – também é passível de recurso ordinário, para o seu reexame por órgãos hierarquicamente superiores. Assim, respeita-se o princípio processual do duplo grau de jurisdição, possibilitando, no caso do Direito Administrativo, a reapreciação da decisão pelo Tribunal Central Administrativo.

O prazo para a interposição desse recurso é de um mês a contar da notificação arbitral ou do depósito da decisão em tribunal judicial. Caso as partes autorizem a julgar o litígio segundo a equidade[69], não se poderá recorrer à alternativa de recurso ordinário, pois se baseia no entendimento de que se permitem o julgamento do conflito desta maneira, estão confiando ao conhecimento e experiência dos árbitros o entendimento da questão.

Ademais, as partes ao elaborarem a convenção de arbitragem, podem renunciar o direito ao recurso[70], fazendo da decisão proferida pelos árbitros coisa julgada.

---

[67] SILVA, João Roberto da. "Arbitragem: aspectos gerais da Lei n.º 9.307/96". Leme: LED, 2001, p. 69.

[68] Conforme redação do artigo 26.º, n.º 2 da LAV *"a decisão arbitral tem a mesma força executiva que a sentença do tribunal judicial de 1ª instância."*

[69] De acordo com a menção de Mário Bigotte Chorão, em citação na obra citada de ESQUIVEL, J.L., *in* "Os Contratos Administrativos e a Arbitragem". Coimbra: Almedina, 2004, p. 274, *"a equidade é definida como a justiça do caso particular".*

[70] Conforme redação do artigo 29.º da LAV "se as partes não tiverem renunciado ao recurso, da decisão arbitral cabem para o tribunal de relação os mesmos recursos que caberiam da sentença proferida pelo tribunal da comarca".

Existe, todavia, a eventualidade da impugnação da decisão arbitral, através do pedido de anulação desta. Esta pode ser anulada por tribunal judicial quando contiver algum dos fundamentos previstos no artigo 27.º da LAV

"a) não ser o litígio susceptível de resolução por via arbitral; b) ter sido proferida por tribunal incompetente ou irregularmente constituído; c) ter havido no processo de violação dos princípios referidos no artigo 16.º, com influência decisiva na resolução do litígio, d) ter havido violação do artigo 23.º, n.º 1, alínea f), 2 e 3; e) ter o tribunal conhecido de questões de que não podia tomar conhecimento, ou ter deixado de pronunciar-se sobre questões que devia apreciar"

Concluindo, a decisão arbitral no Direito lusitano prevê a eventualidade de recurso ordinário, desde que as partes não tenham convencionado a proibição de recorrer da sentença, além dos casos em que o tribunal tenha julgado segundo a equidade. Mesmo assim, em ambas as questões a sentença arbitral é sempre passível de ação anulatória, desde que existam os fundamentos supra mencionados.

No Direito brasileiro, não há a alternativa de recurso de uma decisão arbitral, sendo esta **irrecorrível**, apenas passível de anulação pelo Poder Judiciário caso seja eivada dos vícios contidos no artigo 32[71] da Lei de Arbitragem.

Por esse fato, existem críticas da aplicação da arbitragem no Brasil, uma vez que contraria o princípio do duplo grau de jurisdição. Todavia, a doutrina brasileira majoritária tenta rebater esta crítica afirmando que o fato de não haver recurso da sentença arbitral para o Poder Judiciário, não impede que haja recurso interno. Neste sentido, ROZANE DA ROSA CACHAPUZ[72], em sua monografia defende que:

---

[71] Conforme redação do artigo 32 da Lei de arbitragem " é nula a sentença arbitral se: I – for nulo o compromisso; II – emanou de quem não podia ser árbitro; III – não contiver os requisitos do artigo 26 desta lei; IV – for proferida fora dos limites da convenção de arbitragem; V – não decidir todo o litígio submetido à arbitragem; VI – comprovado que foi proferida por prevaricação, concussão ou corrupção passiva; VII – proferida fora do prazo, respeitado o disposto no artigo 12, inciso III desta lei; VIII – forem desrespeitados os princípios que trata o artigo 21, § 2 desta lei.

[72] CACHAPUZ, Rozane da Rosa. Arbitragem: alguns aspectos do processo e do procedimento na Lei 9.307/96. São Paulo: Direito, 2000, p. 202.

"Podem as partes, estabelecer na convenção de arbitragem a revisão por outros árbitros ou órgão arbitral da sentença arbitral. Os recursos internos, não dirigidos ao Poder Estatal, reforçam seu caráter de jurisdicionalidade. Em ocorrendo dúvida, contradição, omissão ou obscuridade, criou-se, à semelhança dos Embargos de Declaração do Código de Processo Civil, um procedimento para que o órgão arbitral possa corrigir os erros e/ou esclarecer, explicar os pontos necessários".

Se, contudo, a decisão emanada do juiz arbitral for viciada, cabe às partes recorrer ao Poder Judiciário, através da ação anulatória, para analisar as questões que acarretaram sua nulidade. Permitindo, assim, que haja ampla discussão da lide, tanto interna quanto perante o Poder Judiciário, não podendo falar de inconstitucionalidade da lei.

O intuito visado pela legislação brasileira de não permitir recurso ao órgão jurisdicional é o aumento da credibilidade do instituto arbitral, pois é por *animus* próprio que os litigantes escolhem este procedimento para solucionar suas desavenças.

2. A arbitragem e o direito administrativo brasileiro

De acordo com o supra examinado, diferentemente do que consta no Direito português, não há nenhum diploma legal geral brasileiro que discorra sobre o funcionamento da arbitragem nos litígios que têm como parte a Administração Pública. Existem apenas leis ordinárias que a prevêem como solução dos seus conflitos, remetendo sua aplicação ao disposto na Lei 9.307/96.

Para a melhor compreensão da evolução legislativa do instituto da arbitragem no ordenamento jurídico administrativo brasileiro, nada mais correto do que a remissão inicial ao Direito Privado.

Foi por influência principalmente dos artigos 851 ao 853 do Código Civil[73] que surtiu a redação do artigo n.º 1 da Lei de arbitragem brasileira.

---

[73] A redação do novo Código Civil, aprovado pela lei n.º 10.406 de 10 de Janeiro de 2001, em seu artigo 851 diz "é admitido compromisso judicial ou extrajudicial para resolver litígios entre pessoas que podem contratar". Fica expressa a possibilidade de

Da parte civilista fica então competente os ditames para regular a capacidade das pessoas para contratar, já para a parte processualista, a capacidade processual para a submissão à arbitragem.

No que tange o Direito brasileiro, influenciado por diversos ordenamentos jurídicos estrangeiros, está presente a dicotomia entre o Direito Público e o Privado. Todavia, consoante o pensamento de Selma LEMES[74], os conceitos e princípios jurídicos que orientam a interpretação do Direito transitam com muita facilidade de um ramo para outro em razão de sua própria unidade sistêmica. Continuando, cita como consolidação desse raciocínio MENEZES CORDEIRO[75]

> "perante um problema a resolver, não se aplica apenas a norma primacialmente vocacionada para a solução: todo o Direito é chamado a depôr. Por isso há que lidar com os diversos ramos do Direito, em termos articulados, com relevo para a Constituição – a interpretação deve ser conforme a Cosntituição, os diversos dados normativos relevantes e os próprios níveis instrumentais como o processo. A especialização dos juristas deve ser complementada com novas sínteses e conexões, que à realização do Direito, dêem todas as suas dimensões"

Fundamentando-se nesse preceito, cabe a sua interpretação perante o artigo n.º 1 da Lei de arbitragem sob o foco do Direito administrativo, no qual paira a dúvida se a Administração Pública pode ou não ser parte em um procedimento arbitral.

---

arbitrabilidade subjetiva tratada em capítulo anterior. O artigo 852 exprime "é vedado compromisso para a solução de questões de estado, de direito pessoal de família e de outras que não tenham caráter estritamente pessoal". Nesse artigo, restringe tal compromisso a bens disponíveis, como visto, a chamada arbitrabilidade objetiva. Finalmente, no artigo 853 "admite-se nos contratos a cláusula compromissória para resolver divergências mediante juízo arbitral, na forma estabelecida em lei especial". Assim, além de possibilitando a utilização da arbitragem, dá margem à publicação de uma lei específica para regulamentar essas condições.

[74] *in* op. cit., p.84.
[75] LEMES, S. *in* "Arbitragem na Administração Publica – Fundamentos Juridicos e Eficiencia Economica". Sao Paulo: Quartier Latin, 2007, p.84, citando MENEZES CORDEIRO, prefácio e tradução da obra de Claus – Wilhelm CANARIS, Pensamento sistemático e conceito de sistema na ciência do direito, Lisboa, Fundação Calouste Gulbenkian, 1989, p. CXI.

Pequena parte da doutrina mais conservadora como a jurista Lúcia Valle Figueiredo[76] acreditava ser inconstitucional a utilização da arbitragem quando a Administração Pública for parte interessada, mesmo que a Lei infraconstitucional a ela se refira expressamente, alegando que considerando ser o árbitro juiz de fato e de direito[77] e a sentença que proferir não fica sujeita a recurso ao Judiciário, implicaria violação ao artigo 5.º, XXXV[78] da Constituição Federal. Esse entendimento já foi abolido pelo Supremo Tribunal Federal[79], pois a sentença arbitral, quando lhe couber, poderá ser objeto de apreciação pelo Judiciário por meio de ação anulatória.

Outra crítica para a utilização do procedimento arbitral pelo Estado concerne no fato de não haver permissão expressa na Lei de arbitragem para tal. Se isso fosse propriamente aceite pela doutrina e jurisprudência, haveria um bloqueio para o bom funcionamento da função pública, pois, em melhores palavras Odete Medauar[80] ressalta que o princípio da legalidade não pressupõe que

> "o Estado só pode realizar atos ou medidas que a lei ordena (...) se predominasse como significado geral o princípio da legalidade paralisaria a Administração porque seria necessário um comando geral específico para cada ato ou medida editados pela Administração, o que é inviável."

Acrescentando a esse preceito, Selma Lemes[81] leciona que

> "toda atividade desempenhada e exercida pela Administração deve observar e derivar da lei, na sua acepção genérica e siste-

---

[76] Figueiredo, Lúcia Valle. *in* "Curso de Direito Administrativo. 7ª ed. São Paulo: Malheiros, 2004, p. 108.

[77] LEMES, S. *in* op. cit., reconhece ser o árbitro juiz de fato e de direito no caso concreto, mas nega ser ele autoridade administrativa, não o vinculando aos vícios constitucionais do artigo 5.º LXIX, LXX e LXXIII, que tratam especificamente de atos administrativos.

[78] Esse artigo tem como redação "a lei não excluirá da apreciação do Poder Judiciário lesão ou ameaça ao direito."

[79] Em 12 de Dezembro de 2001, com quatro votos contra e sete a favor, o STF decidiu pela constitucionalidade da cláusula compromissória no processo de Sentença Estrangeira n.º 5.206.

[80] Medauar, Odete. *in* "Direito Administrativo Moderno. 8ª ed., São Paulo: RT, 2004, p. 144.

[81] Lemes, S. *in* op.cit., p 97.

mática. Todavia, seguir o comando legal não significa atentar apenas à lei votada pelo Legislativo (...) mas observar todos os preceitos legais que norteiam o ordenamento legal a partir dos comandos constitucionais, valores e princípios jurídicos explícitos e implícitos, as normas que o Estado edita ao expedir decretos, resoluções etc."

Por essa razão, do mesmo modo que o artigo n.º 1 da Lei de arbitragem não exclui o Estado como parte num procedimento arbitral e o interpretando teleológica e sistematicamente consoante os princípio gerais do direito, a negação de sua submissão à arbitragem representaria uma ilegalidade[82], pela restrição da aplicação da lei, além de inconstitucionalidade, pois desrespeitaria princípios constitucionais basilares do Direito administrativo tais como o da razoabilidade, o da eficiência, da economicidade, do equilíbrio contratual etc.

Solucionada a divergência sobre a subsunção da Administração Pública ao procedimento arbitral, imprescindível se torna o estudo pormenorizado dos contratos administrativos passíveis de arbitragem.

2.1. A Arbitragem e os Contratos Administrativos de Colaboração no Brasil

Analisando historicamente a eleição da arbitragem[83] nos contratos administrativos firmados pelo Estado e particular, observa-se que esse instituto acompanha as concessões de obras e serviços públicos desde a sua origem por volta de 1850, ano em que o Código Comercial brasileiro passa a vigorar parcialmente.

---

[82] Nesse sentido, aduz CANOTILHO, J.J. Gomes in "Direito Constitucional. 4ª ed., Coimbra: Almedina, 1997, p. 721. a "lei deixa de ter em primeira linha uma função de ordem ou delimitação, para determinar principalmente medidas de conformação social e direcção económica."

[83] De caráter ilustrativo, citam-se algumas das principais concessões de serviço público na época do império, que previam o instituto da arbitragem como forma de dirimir conflitos possíveis futuros. Em 1869, na Província de São Paulo fio celebrado contrato de concessão, por 90 anos, para a Companhia Paulista de Estrada de Ferro de Jundiaí e Campinas, para a construção, uso e custeio de uma estrada de ferro que ligava essas duas cidades. A seguir, foi firmado outro contrato de concessão com a mesma empresa, para a construção de um ramal de estrada de ferro de Porto Ferreira a Descalvado.

Tendo em voga a prossecução do interesse público[84] de caráter geral, para o tema da arbitragem nos contratos administrativos, deve-se distinguir o interesse público primário do secundário. Os interesses públicos primários são indisponíveis e, por sua vez, os interesses públicos secundários têm natureza instrumental e existem para operacionalizar aqueles, com características patrimoniais e, por isso, são disponíveis e suscetíveis de apreciação arbitral.[85]

Após fazer a distinção entre o interesse público primário e secundário, ressalta-se que para obter os interesses finalísticos da Administração Pública (interesses e direitos derivados que se referem a direitos patrimoniais que têm repercussões econômicas), utilizam-se como um dos modos e instrumentos para operacionalizá-los os contratos administrativos.

Debruçando sobre o conceito de contratos administrativos[86] de caráter geral, salienta-se que são instrumentos que fixam, nas cláusulas contratuais pactuadas, as obrigações e direitos mútuos das partes, que apesar de contar com o elemento de supremacia estatal externado nas denomi-

---

[84] Conforme ensinamentos de BANDEIRA DE MELLO, C.A. " o que fica visível, como fruto destas considerações, é que existe, de um lado, o interesse individual, particular, atinente às conveniências de cada um no que concerne aos assuntos de sua vida particular – interesse, este, que é o da pessoa ou grupo de pessoas *singularmente considerados* –, e que, de par com isso, existe também o interesse igualmente pessoal destas mesmas pessoas ou grupos, mas que comparecem enquanto partícipes de uma coletividade maior na qual estão inseridos (...) donde, o interesse público deve ser conceituado como o interesse resultante do conjunto dos interesses que os indivíduos pessoalmente têm quando considerados em sua qualidade de membros da sociedade e pelo simples fato de o serem." in "Curso de Direito Administrativo" 13 ed., Sao Paulo: Malheiros, 2001, p. 57-58. Enquadrando essa definição para os contratos administrativos, aponta-se que o Estado tem sempre o dever de beneficiar a coletividade, ainda que reflexamente. Sendo assim, sempre que a Administração participar de uma avença, deve ter como foco o interesse coletivo, que nem sempre é o seu próprio.

[85] Pode-se também invocar, para esclarecer o campo de aplicação da arbitragem nas questões afetas ao Estado, a distinção entre atos de império (indisponíveis) e atos de gestão (passíveis de arbitragem).

[86] Para JUSTEN FILHO, M. *in* "Curso de Direito Administrativo". 2.ª ed. Sao Paulo: Saraiva, 2006, contrato administrativo "*é um acordo de vontades destinado a criar, modificar ou extinguir direitos e obrigações, tal como facultado legislativamente e em que uma das partes, atuando no exercício da <u>função administrativa</u>, é investida de competências para inovar <u>unilateralmente</u> as condições contratuais e em que se assegura a intangibilidade da equação econômico-financeira original.*"

nadas "cláusulas exorbitantes", não impedem que, para os dissensos referentes às questões patrimoniais, a arbitragem possa ser a forma capaz e idônea de solução de controvérsias.[87]

2.1.1. Arbitragem nos contratos de concessão em geral

A inclusão da possibilidade de emprego de mecanismos privados para resolução de disputas decorrentes ou relacionadas aos contratos de concessão de serviços públicos precedidos ou não de obras, consoante disposto no artigo 23-A, incluído pela Lei n.º 11.196/05[88] [89], que altera a Lei n.º 8.987/95, representa importante mudança de paradigma a regular o moderno direito administrativo brasileiro, em que se procura novas formas de gestão pública que melhor se coadunem com os atuais papéis atribuídos ao Estado.

Verifica-se, assim, por coerência e justiça, uma mudança de postura e tratamento em relação aos particulares, seus parceiros, que são considerados colaboradores da Administração. Neste diapasão, o legislador procurou estabelecer um equilíbrio entre os direitos e deveres da Administração e os direitos e deveres do parceiro privado, determinando a inserção, nos contratos de concessão de serviços públicos, na categoria de cláusula essencial a eleição de foro (artigo 23, inciso XV da Lei de Concessões) e a arbitragem (artigo 23-A da mesma lei), haja vista ser a celeridade e especialidade um dos principais atributos desta forma extrajudiciária de solução de controvérsias, e que representa importante fator de otimização do contrato administrativo.

Note-se que a inserção de cláusulas que, a bem do interesse público atendem aos interesses tanto da administração como do particular, foi objeto de análise de Themístocles CAVALCANTI[90] ao enfatizar que

---

[87] Segundo linha pedagógica de LEMES, S. *in* op. cit., p. 135.

[88] Por razões temporais, uma vez que a Lei de PPP´s a seguir citada foi anterior – e pilar – a modificação da Lei de Concessões no que tange à arbitragem, a questão da legalidade em sua aplicação será debatida oportunamente.

[89] Apenas como informação, a alteração da Lei de Concessão de Serviço Público no tocante à possibilidade da utilização da arbitragem expressamente em seu artigo 23-A, teve como matriz a Lei das Parcerias Público-Privadas.

[90] RDA 45/517 Apud Eros Roberto GRAU, "Da Arbitrabilidade de Litígios envolvendo Sociedades de Economia Mista e da Interpretação de Cláusula Compromissória", Revista de Direito Bancário, do Mercado de Capitais e da Arbitragem, 18/401, out./dez.2002.

"(...) parece-me que a administração realiza muito melhor os seus fins e a sua tarefa, convocando as partes que com ela contratarem, a resolver as controvérsias de direito e de fato perante o juízo arbitral, do que denegando o direito das partes, remetendo-as ao juízo ordinário ou prolongando o processo administrativo, com diligências intermináveis."

A Lei de concessão de serviço público ao dispor como cláusula essencial nos contratos de concessão às questões referentes ao foro e ao modo de solução das divergências contratuais pela arbitragem está ampliando e esclarecendo o previsto no artigo[91] 54 da Lei n.º 8.666/93, tudo sob o manto constitucional, haja vista o disposto nos artigos 173, parágrafo 1.º, inciso II e 175, parágrafo único, inciso I da Constituição Federal.

Adverte Diogo de Figueiredo MOREIRA NETO[92], que com o advento da Lei n.º 8.987/95 nenhum questionamento mais pode pairar quanto ao uso da arbitragem e que o legislador erigiu em cláusulas essenciais, portanto obrigatórias, o modo de solucionar amigavelmente controvérsias pela arbitragem, salientando que

"(...) o importante é ter-se patenteado um reconhecimento inequívoco da Lei, este sim, bem definido, de que há sempre um campo de interesses patrimoniais disponíveis dentro do qual a arbitragem não é apenas aceitável, porém, mais que isso, recomendável como alternativa ao litígio judicial. E neste ponto reside a inovação oportuna e modernizadora introduzida pelo legislador brasileiro."

Neste sentido, não resta a menor dúvida da necessidade de os contratos de concessão disporem sobre a arbitragem quando a negociação ou a conciliação, utilizadas prévia e preferencialmente, não lograram dissipar a controvérsia.

---

[91] Redação do artigo 54 da Lei 8.666/93 "os contratos administrativos de que trata esta Lei regulam-se pelas suas cláusulas e pelos preceitos de direito público, aplicando-se-lhes, supletivamente, os princípios da teoria geral dos contratos e as disposições de direito privado."

[92] Diogo de Figueiredo MOREIRA NETO in "Arbitragem nos Contratos Administrativos", RDA 209/88, jul./set. 1997. No mesmo sentido verificar Adilson de Abreu DALLARI, "Arbitragem na Concessão de Serviço Público", Revista Trimestral de Direito Público, 13/7, 1996.

Com efeito, verifica-se que o objetivo do legislador ao incluir a solução extrajudicial de controvérsias foi de contrabalançar as necessidades do Estado e os interesses do particular, procurando firmar a igualdade jurídica entre as partes, priorizando a composição amigável e a arbitragem que, com mais propriedade, se coadunam com os objetivos do contrato de concessão (contrato de colaboração).

Nesta linha as formas extrajudiciárias de solução de conflitos inaugurada com a Lei n.º 8.987/95, artigo 23, inciso XV (e futuramente a inclusão expressa da utilização da arbitragem no artigo 23-A), passaram a ser incluídas nas legislações posteriores, aprimorando a aplicação do instituto da arbitragem em legislações específicas[93].

Conclui-se, portanto, que os contratos de concessão de serviços públicos, não apenas podem estabelecer a solução de controvérsias por arbitragem, como devem assim proceder. O Edital e o contrato de concessão ao obrigatoriamente disporem nas denominadas cláusulas essenciais sobre a negociação, conciliação, mediação e arbitragem, poderiam, por exemplo, estabelecer que as divergências referentes às compensações ou indenizações decorrentes das modificações dos serviços contratados, por razões de interesse público, atrasos imputáveis ao concedente durante o período da construção etc; enfim, as controvérsias surgidas quanto à interpretação ou aplicação do contrato e que representassem ônus ao concessionário seriam submetidas a uma Comissão de Conciliação e Arbitragem, que observaria um regulamento próprio disposto previamente pelo poder concedente, fundamentando-se nos princípios jurídicos presentes na conciliação e na arbitragem, que prevêem a igualdade de tratamento das partes, o direito ao contraditório e a independência e imparcialidade dos árbitros e conciliadores.

Em suma, é um imperativo imposto pelo legislador que, ao assim proceder, teve como fundamento propiciar às partes, quando factível, modo célere de solução de controvérsias e, em consequência, dar efetividade aos princípios de direito aplicáveis no campo obrigacional, tais como a boa fé, evitar locupletamento ilícito etc, cuja vertente pública se reflete no equilíbrio econômico-financeiro dos contratos que firmam com os particulares.

---

[93] Nesse sentido, é mister ressaltar a Lei que regulou os contratos de concessão da ANATEL (Agência Nacional de Telecomunicação), da ANP (Agência Nacional de Petróleo), da ANEEL (Agência Nacional de Energia Elétrica), entre outras, as quais prevêem a utilização da arbitragem como modo de solucionar dissensos.

2.1.2. Arbitragem nas Parcerias Público-Privadas

O tratamento enaltecedor das Parcerias Público-Privadas (PPP) neste trabalho, no que abarca a relação jurídica entre Arbitragem e o Direito Administrativo brasileiro é primordial, visto que a Lei 11.079/04 foi a pioneira[94] neste sentido ao abordar tal assunto.

No âmbito doutrinário e jurisprudencial, entende-se que as PPP nada mais são do que contratos de concessão de serviço público precedidos ou não de obras, com algumas peculiaridades. Sendo assim, graças à essa previsão houve muitas inovações, por exemplo, a alteração do procedimento licitatório, o aumento de garantias para o concessionário e a permissão da utilização do meio arbitral para resolução de discórdias, remetendo esse procedimento ao que consta na legislação federal específica de arbitragem. Por conseguinte, houve a permissão da aplicação de todos os artigos e peculiaridades previstos na Lei 9.307/96, desde que respeitado o interesse público e o direito indisponível da Administração Pública.

A necessidade de tratamento explícito no que concerne a permissão do instituto arbitral veio para sanar inúmeras divergências legislativas anteriores, além do tema da infração do princípio da legalidade em sua aplicação.

Remetendo a um breve apanhado histórico, após a promulgação da Lei de Concessões em 1995, inúmeras legislações específicas sobre concessões de serviços públicos possibilitaram a utilização do instituto arbitral.

A título exemplificativo, cita-se a Lei das Concessões no setor das Telecomunicações[95], em seu artigo 93, inciso XV, o qual prevê que os contratos de concessão devem indicar o foro e o modo para solução extrajudicial dos conflitos que porventura venham a surgir em decorrência das relações contratuais. A diferença entre este dispositivo legal e a Lei de Concessões reside na denominação dada ao instituto: "solução amigável" nesta e "solução extrajudicial" naquela.

A Lei do Petróleo[96], em seu artigo 43, inciso X, foi além, ao prever, expressamente, a possibilidade da arbitragem internacional como uma das cláusulas essenciais do contrato.

---

[94] Antes da publicação dessa Lei Federal, já existiam leis estaduais esparsas que previam a utilização do instituto arbitral. A Lei das PPP surgiu pela necessidade de julgamentos em instância superior (Federal) de dissídios estaduais, unificando e regulamentado essas legislações ordinárias.
[95] Lei n.º 9.472 de 16 de Julho de 1997.
[96] Lei n.º 9.478, de 6 de Agosto de 1997.

A Lei que autoriza a criação do Mercado Atacadista de Energia Elétrica (MAE)[97], por sua vez, em seu artigo 2.º previa, igualmente, o instituto da arbitragem no contexto dos contratos administrativos. Revogada com o advento da Lei[98] que trata da comercialização de energia elétrica, manteve-se a possibilidade da utilização do citado instituto por empresas públicas e pelas sociedades de economia mista, suas subsidiárias ou controladas, titulares de concessão, permissão e autorização, conforme disposto em seu artigo 4.º, parágrafos 5.º e 6.º.

Quando da elaboração da norma acima citada, houve uma preocupação do legislador não apenas em prever, expressamente, a arbitragem como meio de solução de controvérsias nos contratos administrativos que envolvessem a Câmara de Comercialização de Energia Elétrica (CCEE), mas também em definir quais seriam os direitos disponíveis acerca do tema, ou seja, houve uma preocupação com a questão da arbitrabilidade objetiva.

O Novo Código Civil de 2002, já mencionado, dedicou um capítulo ao compromisso arbitral – capítulo XX – admitindo-o, seja judicial seja extrajudicial, para resolver litígios entre pessoas capazes de contratar. Em seu artigo 852, veda o compromisso com temas que tenham por objeto questões de estado, de direito pessoal de família e de outras que não tenham caráter estritamente patrimonial. Vê-se, portanto, que o citado diploma legal não proibiu expressamente a submissão da Administração ao instituto da arbitragem.

Com relação ao tema, cabe destacar que, recentemente, o Governo Federal submeteu à consulta pública proposta de elaboração de uma nova lei de contratações de bens e serviços pela Administração Pública para substituir a Lei n.º 8.666/93, que prevê a arbitragem nos contratos administrativos no parágrafo 2.º do artigo 136, com a seguinte redação

"Artigo 136. Conforme o caso, devem constar do termo de contrato cláusulas que disponham sobre:

[...]

§ 2.º Os contratos da Administração podem prever meios para solução extrajudicial de conflitos, inclusive por juízo arbitral."

---

[97] Lei n.º 10.433 de 24 de Abril de 2002.
[98] Lei n.º 10.848 de 15 de Março de 2004.

De outra sorte, a proposta da Emenda Constitucional de n.º 29, que mais tarde deu origem à Emenda Constitucional n.º 45/04, sobre a Reforma do Poder Judiciário, previa, em sua redação original, a proibição, pela Administração, da utilização da arbitragem nos contratos internacionais:

"Artigo 11. O artigo 98 passa a vigorar com a seguinte redação:

Art. 98 [...]

§ 1.º Ressalvadas as entidades de direito público, os interessados em resolver seus conflitos de interesse poderão valer-se de juízo arbitral, na forma da lei."

Felizmente a citada Emenda, quando em vigência, deixou de trazer tal proibição, na medida em que foi acolhida proposta do Senador Romeu Tuma do estado de São Paulo, derrubando a proibição imposta às entidades de direito público de recorrer à arbitragem, incluída pelo Governo no projeto de Parceria Público-Privada (PPP). Tal proibição seria um retrocesso na legislação brasileira, já que seria posto de lado um mecanismo alternativo de solução de controvérsias adotado no contexto da sociedade tanto nacional como internacional.

Verifica-se, portanto, que, apesar das divergências até então apontadas, houve significativo avanço na legislação brasileira acerca da arbitragem, interna ou internacional, no sentido de permiti-la para a resolução de conflitos que envolvam direitos patrimoniais disponíveis no contexto dos contratos administrativos, tendo em vista, inclusive, a preocupação com o princípio da legalidade.

Contudo, o ordenamento jurídico brasileiro ainda carece de norma que venha a regular o tema, criando uma permissão genérica à utilização da arbitragem nos contratos celebrados pela Administração Pública, pois ambas as legislações federais (Lei de Concessões e Lei das PPP) permitem a convenção de arbitragem, porém remetendo à Lei de Arbitragem.

3. A arbitragem e o direito administrativo português

Ao tratar da arbitrabilidade subjetiva[99], o Direito português delimita a aplicação da arbitragem nos contratos administrativos, quando, ao explanar sobre a cláusula compromissória no artigo 188.º do Código do Procedimento Administrativo diz que "*é válida a cláusula pela qual se disponha que devem ser decididas por árbitros as questões que venham a suscitar-se entre as partes num contrato administrativo*" (grifei).

Para não suscitar dúvidas no que engloba o termo contrato administrativo, o mesmo Códex, em seu capítulo III, artigo 178.º, n.º 2

"são contratos administrativos, designadamente, os contratos de:
a) Empreitadas de obras públicas;
b) Concessão de obras públicas;
c) Concessão de serviços públicos;
d) Concessão de exploração de domínio público;
e) Concessão de uso privativo de domínio público;
f) Concessão de exploração de jogos de fortuna ou azar;
g) Fornecimento contínuo;
h) Prestação de serviços para fins de imediata utilidade pública."

No que cinge a aplicação da arbitragem no âmbito da Administração Pública portuguesa, sobre a Reforma do Contencioso Administrativo de 2002, José Carlos VIEIRA DE ANDRADE[100] aponta a ampliação da aplicação da arbitragem

"não apenas aos contratos administrativos, mas a quaisquer contratos, desde que esteja em causa a aplicação de normas de direito público administrativo, e, mais importante ainda, (..) a apreciação de actos administrativos relativos à respectiva execução. (..) prevê-se ainda – e esta é a maior novidade da Reforma de 2002 – a arbitragem para as questões relativas a actos administrativos <que possam

---

[99] O termo arbitrabilidade significa a possibilidade de ser submetido à arbitragem. Divide-se em arbitrabilidade objetiva e arbitrabilidade subjetiva. A primeira engloba a arbitragem comercial, a mais utilizada. Geralmente aplicada entre pessoas jurídicas de direito privado. Todavia, a arbitrabilidade subjetiva, BOSCO LEE, J. *In* "Arbitragem Comercial Internacional nos paises do Mercosul. Curitiba: Jurua, 2002, p. 51, refere-se a possibilidade de um Estado ou de uma entidade pública celebrar uma convenção de arbitragem.

[100] VIEIRA DE ANDRADE, J. C., *in* op. cit., p.152.

ser revogados sem fundamento na sua ilegalidade nos termos da lei substantiva > (..) exceptuam-se, então, da arbitragem os actos irrevogáveis por determinação legal, os actos constitutivos de direito ou interesses legalmente protegidos que sejam indisponíveis e os actos constitutivos para a Administração de obrigações legais ou de direitos irrenunciáveis. Pelo contrário, admitir-se-á arbitragem quando estejam em causa actos favoráveis precários ou constitutivos de direitos disponíveis, bem como actos desfavoráveis que não resultem de lei imperativa".

Sem discussões acerca dessa questão, é o Código de Processo nos Tribunais Administrativos que discorre sobre arbitragem de forma mais pormenorizada, criando um título próprio para o Tribunal Arbitral e centros de arbitragem, o qual merece desenvolvimento minucioso.

Para além do que prevê o Código de Procedimento Administrativo, o CPTA, no seu artigo 180.º, enumera as possibilidades de utilização do procedimento arbitral não só nos contratos administrativos, como também nas questões de responsabilidade civil extracontratual[101] e nas questões relativas a atos administrativos que possam ser revogados sem fundamento na sua invalidade.

Não obstante, destaca-se o inciso n.º 1 do mesmo artigo, com a seguinte redação *"sem prejuízo do disposto em lei especial, pode ser constituído tribunal arbitral (...)"*.

Assim, conclui-se que, seja qual for a matéria em discussão (a qual pode ser diversa da indicada nas alíneas *a) b) c)* do n.º 1 do artigo 180.º do CPTA), a mesma será ainda susceptível de apreciação por um tribunal arbitral sempre que a lei expressamente[102] o preveja ou se trate de litígio de natureza privada, e desde que as partes assim o convencionem (por via de uma cláusula compromissória ou compromisso arbitral). Não há,

---

[101] Na redação do artigo 180.º, n.º 1, alínea *b* do CPTA, quando trata de responsabilidade extracontratual do Estado, deve ser interpretado em conjunto com o artigo 185.º que exclui a possibilidade de ser objeto de compromisso arbitral a responsabilidade civil por prejuízos decorrentes de atos praticados no exercício da função política e legislativa ou da função jurisdicional.

[102] Saliente-se que há situações que, a arbitragem é inclusive obrigatória, ou seja, funciona como um tribunal arbitral necessário, como é o caso do artigo 258.º do Decreto-Lei n.º 59/99 (Regime Jurídico das Empreitadas de Obras Públicas) a seguir estudado.

portanto, fundamento para excluir da jurisdição arbitral (jurídico-administrativa) determinadas questões de direito administrativo; ressalve-se apenas os conflitos que envolvam direitos indisponíveis, já considerados.

De outra sorte, é o artigo 182.º do mesmo códex que exige especial atenção, ao exprimir que *"o interessado que pretenda recorrer à arbitragem no âmbito dos litígios previstos no artigo 180.º pode exigir à Administração a celebração de compromisso arbitral, nos termos da lei."* (direito à outorga do compromisso arbitral).

A questão que aqui se coloca é a de saber se o poder referido naquele preceito representa um direito potestativo[103] que permita ao interessado, pela simples declaração dirigida à Administração constituir esta no dever de celebrar o compromisso arbitral. Nesse sentido, há uma divisão da doutrina em se pronunciar se existe ou não um direito potestativo do interessado em exigir que a Administração celebre compromisso arbitral, nos termos da lei. Coloca-se em debate qual a lei que esse artigo se refere.

Em outros pontos do regime jurídico da arbitragem o CPTA procede a remissões similares para a "lei", que, na ausência de um diploma legislativo de direito administrativo sobre esta matéria, só pode ser a atual lei geral sobre arbitragem – a LAV –, nesta sede aplicável com as necessárias adaptações.

Aliás, a necessidade de se proceder *às devidas adaptações* vem expressamente prevista no n.º 1 do artigo 181.º do CPTA (procedendo o n.º 2 do mesmo preceito e do artigo 186.º do CPTA à concretização de algumas adaptações necessárias), o que só se explica por se tratar de uma remissão para a LAV, não fazendo sentido se se tivesse em vista uma futura lei que viesse regulamentar os casos omissos da arbitragem de conflitos de natureza jurídico-administrativa.

O fato de em alguns pontos o legislador remeter expressamente para a «lei sobre a arbitragem voluntária» e, neste ponto, se limitar a referir tão-só «nos termos da lei» não parece ser um fator decisivo na interpretação do preceito.

Nesse diapasão, fica clara a existência de uma grande divergência legislativa. Se o artigo em tela faz referência à *"possibilidade de exigir"*

---

[103] Por direito potestativo entende-se "o poder conferido a determinadas pessoas de introduzirem uma modificação na esfera jurídica de outras pessoas (criando, modificando ou extinguindo direitos), sem a cooperação destas".

que o Estado celebre compromisso arbitral, remetendo esse direito do interessado à aplicação da Lei Voluntária, fere-se o objetivo principal desta lei – a submissão das partes à arbitragem desde que convencionado **voluntariamente**.

Ademais, é interpretada com fundamento na hipersuficiência da Administração Pública e a hiposuficiência do interessado (geralmente do setor privado). No entanto, nem sempre essa afirmação é correta.

Essa interpretação importaria resultados desproporcionados e injustos e até de constitucionalidade duvidosa, como, por exemplo, um litígio no âmbito de um contrato de empreitada estabelecido entre uma empresa de construção civil, com significativo poder económico e financeiro, e um órgão administrativo com poucos recursos financeiros. Por motivos relacionados a execução de um contrato, a empresa, baseando-se no artigo 182.º do CPTA, o utiliza, obrigando a Administração Pública celebrar um compromisso arbitral. A empresa, investida de forte poder económico, contrata juristas *especialistas* na matéria de arbitragem, sem estar condicionada pelos elevados encargos que a constituição de um tribunal arbitral acarreta. Sendo evidente a significativa desproporção entre os recursos económicos das partes, será defensável que o órgão administrativo, parte mais "fraca" do ponto de vista financeiro, esteja obrigada a celebrar o compromisso arbitral?

Sublinha-se que não se pode olvidar que em qualquer contrato administrativo, seja ele de parceria ou não, o alvo será sempre a prossecução do interesse público, nesse caso ferido por não respeitar o equilíbrio económico-financeiro contratual.

Assim, a insuficiência de meios pecuniários da Administração, terá repercussão em todos os encargos decorrentes da arbitragem, nos quais se inclui, por exemplo, a contratação de técnicos especializados na desavença.

Mister seria, a possibilidade da aplicação do artigo 20.º[104] da Constituição da República Portuguesa, de modo a garantir o acesso ao direito e tutela jurisdicional efetiva.

Todavia, a lei do apoio judiciário não tem aplicação na jurisdição arbitral voluntária, pois a mesma tem o seu campo de ação limitado aos

---

[104] Com redação "inciso n.º 1: a todos é assegurado o acesso ao direito e aos tribunais para defesa dos seus direitos e interesses legalmente protegidos, não podendo a justiça ser denegada por insuficiência de meios económicos."

tribunais judiciais previstos na respectiva lei orgânica, não sendo aplicável aos tribunais arbitrais (os quais como se mencionou, têm natureza privada).

De resto, considerando que à arbitragem regulada no CPTA e aplicado o disposto no artigo 5.º da LAV, nos termos do qual «a remuneração dos árbitros e dos outros intervenientes no processo, bem como a sua repartição entre as partes, deve ser fixada na convenção de arbitragem ou em documento posterior subscrito pelas partes, a menos que decorra dos regulamentos de arbitragem escolhidos nos termos do art. 15.º» e, por um argumento de identidade de razão, a lei do apoio judiciário também não poderá ser aplicada aos conflitos jurídico-administrativos submetidos a um tribunal arbitral. Razão por que entende ser legítimo que a Administração recuse o recurso à arbitragem, designadamente com fundamento na insuficiência de verba; neste caso, sempre poderão resolver a discórdia nos tribunais administrativos.

Ademais, um suposto estado de sujeição da parte administrativa, a existir, violaria os princípios da igualdade entre as partes, da proporcionalidade e da justiça também por permitir ao particular interessado impor à Administração, unilateralmente, a adoção de uma conduta, nesse caso a celebração do compromisso arbitral, o que conduziria a uma hierarquização da vontade e posição das partes, remetendo a da Administração para um patamar inferior.

Conforme previsão no ordenamento jurídico lusitano, um dos pontos de extrema importância é o que consta no artigo 186.º do CPTA, com a seguinte redação

"1– As decisões proferidas por tribunal arbitral podem ser anuladas pelo Tribunal Central Administrativo com qualquer dos fundamentos que, na lei sobre arbitragem voluntária, permitem a anulação da decisão do árbitro.

2– As decisões proferidas por tribunal arbitral também podem ser objecto de recurso para o Tribunal Central Administrativo, nos moldes em que a lei sobre arbitragem voluntária prevê o recurso para o tribunal de Relação, quando o tribunal arbitral não tenha decidido segundo a equidade". (grifei)

Isto é, a arbitragem em geral, não só a arbitragem no Direito Administrativo, prevê recurso ao Tribunal hierarquicamente superior, uma vez que se equipara ao tribunal de 1ª instância, desde que não tenha sido decidido de acordo com a equidade.

Como exemplo de aplicação da convenção arbitral, está o Regime Jurídico de Empreitadas de Obras Públicas, que a institui em seus artigos 253.º e seguintes, inclusive a forma de funcionamento do Tribunal arbitral. No entanto, há uma crítica ao artigo 258.º, n.º 2, o qual estabelece que caso o litígio seja submetido à arbitragem, os árbitros **sempre** julgarão de acordo com a equidade[105].

3.1. *A Arbitragem e os Contratos Administrativos de Colaboração em Portugal*

Por questões didáticas e para que fosse possível efetuar comparação entre os ordenamentos jurídicos brasileiro e português, optou-se enfocar os contratos administrativos de colaboração – em especial as concessões – de maneira que o direito brasileiro trata desse tema em legislações específicas, conforme já observado.

Em Portugal, com a publicação da Lei de Arbitragem Voluntária em 1986 e a permissão do Estado celebrar convenções de arbitragem se autorizados por lei especial ou se o objeto do litígio diz respeito à relações de direito privado, muitas leis ordinárias posteriores vieram tratar deste ponto. Consequentemente, a entrada em vigor do Código de Processo nos Tribunais Administrativos abarcou genericamente o tema, mas mesmo assim deixando a desejar.

VIEIRA DE ANDRADE[106], nesse sentido aduz que
"os numerosos diplomas legais da última década do século anterior que aprovaram as bases das *concessões de obras e serviços públicos* impunham sistematicamente o recurso à arbitragem para a resolução em primeira instância dos diferendos entre o Estado e o concessionário."

Nota-se que os contratos de concessões em geral foram "peças chaves" para que houvesse a efetiva preocupação legal da permissividade do instituto arbitral quando a Administração Pública for uma das partes no litígio.

---

[105] Com o advento do Novo Codigo dos Contratos Públicos, o RJEOP foi revogado; uma grande inovação daquele diploma legal, foi a omissão da possibilidade de julgamento pelos árbitros, num procedimento arbitral, de acordo com a equidade.
[106] VIEIRA DE ANDRADE, J. C. *in* op. cit., p. 149.

3.1.1. Arbitragem nos contratos de concessão em geral

Em conformidade com o descrito sobre concessão em geral e da ausência de abordagem das concessões de serviços públicos até a publicação do atual Código dos Contratos Públicos[107], inicialmente faz-se necessária a interpretação do Regime Jurídico das Empreitadas de Obras Públicas (RJEOP) – Decreto-Lei 59/99 que regula as concessões de obras públicas – e a arbitragem.

Consoante o contencioso dos contratos celebrados entre o concedente e o concessionário, essa lei julga competente, desde que acordado pelas partes, a submissão do litígio a um tribunal arbitral[108].

Limita, todavia, a apreciação quer dos tribunais administrativos, quer dos arbitrais, as discórdias decorrentes da interpretação, validade ou execução do contrato[109] (remetendo ao previsto no artigo 4.º, inciso 1, alínea *f*) do ETAF).

O que tem sido objeto de críticas e discussões desse diploma no concernente ao envio da desavença para um Tribunal arbitral, é a **obrigatoriedade** dos árbitros julgarem sempre segundo a equidade[110] [111].

---

[107] No que concerne a este tema, deve-se tecer alguns comentarios acerca do novo Código dos Contratos Públicos. Com a imposição das seguidas diretivas comunitárias por parte da União Européia, Portugal se viu compelido a adotá-las em seu ordenamento jurídico. Assim, a transposição das diretivas 2004/18 e 2004/17, do Parlamento Europeu e do Conselho, foi a "ocasião justa para mudar um sistema que não produzia os melhores resultados e cuja necessidade de mudança se tornou incontornável". Não apenas transpõe as diretivas comunitárias, mas tem também o escopo de abranger a regulaçao de todos os procedimentos até então dispostos em legislações esparsas, concentrando-os e sobre eles dispondo. Aplica-se a todo e qualquer contrato que as entidades adjudicantes possam celebrar, qualquer que seja sua designação ou natureza. Trata-se de um sistema binário cuja estrutura são dois pilares: um sobre a formação dos contratos (procedimentos a cumprir para se celebrar um contrato), outro sobre sua execução. Estas tratam as regras imperativas ou supletivas que integram o regime substantivo dos contratos públicos e conformam as relaçoes jurídicas contratuais.

[108] Artigo 253, n.º 2 do RJEOP.

[109] Artigo 254, n.º 1 do RJEOP.

[110] Nesta linha de pensameno, entende-se que o julgamento segundo a equidade permite aos árbitros tomar em consideração as circunstâncias do caso concreto, decidindo com liberdade, de acordo com razões de conveniência, de oportunidade e de justiça concreta, sem subordinação às leis vigentes.

[111] Redação do artigo 258, inciso 2 "o tribunal arbitral será constituído e funcionará nos termos da lei, entendendo-se, porém, que os árbitros julgarão sempre segundo a equidade."

A decisão baseada na oportunidade e conveniência, ou seja, no sentido discricionário vem sido abundantemente utilizada nos procedimento arbitrais que visam ao regime jurídico do direito privado[112]. Não obstante, no âmbito do Direito Público, sofre inúmeras retaliações.

Na disposição em tese, está-se diante de um julgamento baseado em princípios gerais e ao bom entendimento do árbitro, afastando o âmbito da legalidade na decisão. Nota-se que não é supletivamente, e sim exclusivamente, a aplicação da equidade.

Ainda no que tange essa questão, Paulo OTERO[113] aduz que

"admite, inclusivamente, a actuação de equidade *contra legem*, de tal maneira que se poderia falar numa «abertura ou disponibilidade do controlo judicial da actuação administrativa pela própria Administração Pública (...) pela implícita disponibilidade do Direito aplicável ao julgamento do litígio que a opção pela arbitragem envolve, mandando-se julgar segundo a equidade: a Administração decide sobre o Direito que a vai julgar e os termos como deverá ser aplicado.»"

Quando o legislador vinculou a aplicação da arbitragem segundo a equidade, não houve uma preocupação deste em salientar os parâmetros do que consiste essa possibilidade. Surgiu o problema de até onde pode se chegar sem ferir o princípio da legalidade administrativa.

José Luís ESQUÍVEL[114] justificando a escolha do legislador sobre o critério obrigatório da equidade, acredita que

"(...) o papel atribuído à arbitragem segundo a equidade, quer no RJEOP, quer na generalidade dos contratos administrativos, está essencialmente relacionado com questões de natureza técnica ou de apuramento de quantias monetárias devidas entre as partes que as normas de Direito positivo em geral regulam, mas que, perante as

---

[112] De acordo com permissão constante no artigo 4.º do Código Civil, os tribunais só podem resolver segundo a equidade: quando haja disposição legal que o permita; quando haja acordo das partes e a relação jurídica não seja indisponível e quando as partes tenham previamente convencionado o recurso à equidade, nos termos aplicáveis à cláusula compromissória.

[113] OTERO, P. *in* "Legalidade e Administração Pública. O sentido da Vinculação Administrativa a Juridicidade. Coimbra: Almedina, 2003, p. 1063.

[114] ESQUÍVEL, J. L. *in* op.cit., p. 288-289.

especificidades do caso concreto, revelam momentos de inoperacionalidade, carecendo, então, da intervenção de tipo adaptativo ou correctivo dos árbitros."

Mais uma vez, frisa-se que quando há o recurso ao julgamento segundo a equidade[115], não se é permitido a interposição de recurso ordinário, podendo apenas impetrar ação anulatória se a decisão for eivada de vícios.

No atual Código dos Contratos Públicos, ao tratar dos Contratos administrativos em geral[116], permite a aplicação da arbitragem quando existente a resolução do mesmo. Esse entendimento aplica-se subsidiariamente aos contratos de concessão de serviços públicos e obras públicas.

3.1.2. Arbitragem nas parcerias público-privadas

No que atina ao Regime Geral das Parcerias Público-Privadas, nota-se que pela prossecução do interesse público, busca-se maneiras mais viáveis pelo Estado de realizar um eficiente serviço público, que é seu dever, através de parcerias com o privado, coadunando seus interesses[117].

Com a implementação do Decreto-Lei n.º 86/2003 alterado pelo Decreto-Lei n.º 141/2006, por implementação deste ao primeiro diploma, repara-se na presença da viabilidade de um tribunal arbitral, inclusive na regulação do acompanhamento dos processos arbitrais[118], salientando que deve haver comunicação ao Ministro das Finanças e da tutela setorial a ocorrência desse fato.

---

[115] Em síntese, acredita-se que se deve aplicar a arbitragem segundo a equidade de forma restritiva para que não haja violação aos princípios da legalidade, da separação dos poderes, da supremacia do interesse público, entre outros. Deve-se objetivar a sua utilização de maneira complementar, interpretativa da norma de direito já existente. Caso não sejam observadas tais restrições e o árbitro venha a decidir conforme a oportunidade e a conveniência administrativa (segundo o poder discricionário), este tribunal obterá prerrogativas que nem mesmo os tribunais administrativos permanentes possuem, podendo ser alvo de sentença anulatória.

[116] Artigo 330 do Código dos Contratos Públicos.

[117] Mesmo com o advento do Novo Código dos Contratos Públicos, houve a manutenção do regime jurídico sobre PPP's. Todavia, naquele diploma legal, houve a menção de algumas características, em especial sobre o procedimento arbitral nas PPP's, como a título exemplificativo, regras de fiscalização para o seu bom funcionamento.

[118] Artigo 14 – E do Decreto-Lei 141/2006.

Além disso, no artigo 2.º, n.º 4 faz remissão a outros instrumentos de regulação jurídica das relações de colaboração entre o setor público e o privado, mencionando os contratos de concessão de obras públicas e de serviços públicos.

Recorda-se que as PPP nada mais são do que concessões com alguma peculiaridades, aplicando-se, assim, supletivamente o regulamento que abrange os contratos de concessão.

Conclusão

A expansão do consensualismo na Administração Pública vem acarretando a restrição de medidas de cunho unilateral e impositivo a determinadas áreas.

Ao analisar o referido trabalho, fica demonstrado que o instituto da arbitragem vem sendo utilizado de forma mais corriqueira em diversos ordenamentos jurídicos. Pelo fato das partes litigantes serem munidas de *autonomia* no que concerne desde a escolha dos árbitros até a escolha do direito a ser aplicado; a forma com que deve ser constituída a convenção arbitral; o prazo para a sentença ser proferida; a possibilidade ou não de recurso, faz-se como que o procedimento arbitral se equipare ao judicial, mas com todos os pormenores selecionados pelos litigantes para aquele caso concreto.

No Direito Administrativo propriamente dito, ao considerar os princípios da igualdade das partes, da legalidade, da finalidade, entre outros, não há porque afastar a aplicação da arbitragem dos conflitos em que entidades públicas façam parte, desde que não fira a supremacia do interesse coletivo. Uma vez atingindo o objetivo almejado de forma mais simplificada e menos onerosa para o Estado, este meio deve ser consagrado.

Constata-se na legislação portuguesa, que o Direito Administrativo lusitano já aderiu a este instituto, explicitando em seus códigos a alternativa para a aplicação do instituto arbitral em substituição ao procedimento judicial convencional.

Para o Direito brasileiro, a utilização da arbitragem como meio de solucionar conflitos no Direito Administrativo, deve ser vista como a forma mais conveniente, pois é sabido que não há Tribunais Administrativos e os litígios decorrentes deste ramo são julgados pelo tribunal comum, que não tem conhecimento específico para tal.

Resultado desta afirmação foi a criação de uma Legislação que prevê a parceria entre o setor público e o privado, a qual tem um artigo que dispõe, como forma de solução de litígios provenientes entre estes setores, a arbitragem.

Essa Lei é apenas o marco inicial da utilização da arbitragem no Direito Administrativo brasileiro, mas como já vem provida de sucesso na sua aplicação, este instituto vem sendo cada vez mais adotado em legislações supervenientes.

O estudo em questão teve por objetivo aprofundar a utilização da arbitragem em um ramo do Direito que está em pleno desenvolvimento. Por se tratar da área de direito que visa ao interesse público especialmente, tem de ser aplicada com certa cautela, de forma supletiva. Também, conforme *supra* citado, é um setor do Direito que há pouco obteve sua autonomia, estando em constante mutação e ainda em fase de adaptação aos institutos de Direito em geral.

Adverte-se que nos dois regimes jurídicos enfatizados ainda há precariedade de uma lei específica para o assunto, existindo ainda apenas diplomas gerais para sua regulamentação.

Referências Bibliográficas

AFONSO DA SILVA, José. *Curso de Direito Constitucional Positivo*. 18ª ed., São Paulo: Malheiros, 2001.

ARIÑO ORTIZ, Gaspar. *El retorno a lo privado: ante una nueva encrucijada histórica*. Madrid: Universidad Autónoma de Madrid, 1999.

BANDEIRA DE MELLO, Celso António. *Curso de Direito Administrativo*. 13ª ed., São Paulo: Malheiros, 2001.

_____, *Discricionariedade e Controle Jurisdicional*. 2ª ed., São Paulo: Malheiros, 2000.

_____, *Elementos de Direito Administrativo*. 2ª ed. São Paulo: Revista dos Tribunais, 1988.

_____, *Conteúdo Jurídico do Princípio da Igualdade*. 3ª ed., São Paulo: Malheiros, 2000.

BASSO, Maristela. *Contratos Internacionais do Comércio*. 3ª ed.. Porto Alegre: Livraria do Advogado, 2002.

BOTELHO DA SILVA, Manuel. *Arbitragem voluntária: a hipótese da relatividade da posição do árbitro perante o direito de conflitos de fonte estatal*. Coimbra: Almedina, 2004.

BRASIL. Lei n.º 9.307 de 23 de Setembro de 1996. Dispõe sobre arbitragem.

_____, Lei n.º 8.666 de 21 de Junho de 1993. Regulamenta o art. 37, XXI, da Constituição Federal, institui normas para licitações e contratos da Administração Pública e dá outras providências.

_____, Lei n.º 8.987 de 13 de Fevereiro de 1995. Dispõe sobre o regime de concessão e permissão da prestação de serviços públicos previsto no art. 175 da Constituição Federal, e dá outras providências.

_____, Lei n.º 9.074 de 07 de Julho de 1995. Estabelece normas para outorga e prorrogações das concessões e permissões de serviços públicos e dá outras providências.

_____, Lei n.º 11.079 de 30 de Dezembro de 2004. Institui normas gerais para licitação e contratação de parceria público-privada no âmbito da administração pública

BULOS, Uadi Lammêgo. *Constituição Federal Anotada*. 5ª ed., São Paulo: Saraiva, 2003.

CACHAPUZ, Rozane da Rosa. *Arbitragem: alguns aspectos do processo e do procedimento da Lei n.º 9.307/96*. Leme: Direito, 2000.

CANOTILHO, J.J. Gomes. *Direito Constitucional*. 4ª ed., Coimbra: Almedina, 1997.

CASSESE, Sabino. *La arena pública: nuevos paradigmas para el Estado*. Buenos Aires: Abeledo Perrot, 2003.

CAUPERS, João. *Introdução ao Direito Administrativo*. 8ª ed., Lisboa: Âncora, 2005.

COELHO, João Miguel Galhardo. *Arbitragem Voluntária*. 2ª ed., Coimbra: Almedina, 2006.

ESQUÍVEL, José Luís. *Os Contratos Administrativos e a Arbitragem*. Coimbra: Almedina, 2004.

ESTORNINHO, Maria João. *Requiem pelo contrato administrativo*. Coimbra: Almedina, 1990.

FERRAZ, Sérgio; DALLARI, Adilson Abreu. *Processo Administrativo*. São Paulo: Malheiros, 2001.

FIGUEIREDO, Lúcia Valle. *Curso de Direito Administrativo*. 7ª ed. São Paulo: Malheiros, 2004.

FRANÇA, Maria Adelaide de Campos. *Comentários à Lei de licitações e contratos da Administração Pública*. São Paulo: Saraiva, 2000.

FREITAS DO AMARAL, Diogo; QUADROS, Fausto de; VIEIRA DE ANDRADE, José Carlos. *Aspectos Jurídicos da Empreitada de Obras Públicas*. Coimbra: Almedina, 2002.

FREITAS DO AMARAL, Diogo. *Curso de Direito Administrativo.* 2ª ed., Coimbra: Almedina, 2006.
GARCEZ, José Maria Rossani. *Técnicas de Negociação. Resolução Alternativa de Conflitos: ADRS, Mediação, Conciliação e Arbitragem.* Rio de Janeiro: Lumen Júris, 2002.
GONÇALVES, Fernando, e tal. *O novo Código de Processo nos Tribunais Administrativos.* 2ª ed, Coimbra: Almedina, 2004.
GROPALLI, Alessandro. *Introdução ao Estudo do Direito.* 3ª Ed. Coimbra: Coimbra, 1978.
GUETTIER, Christophe. *Droit des contrats administratifs.* Paris: Presses Universitaires de France, 2004.
JUSTEN FILHO, Marçal. *Curso de Direito Administrativo.* 2ª ed., São Paulo: Saraiva, 2006.
LEE, João Bosco. *Arbitragem Comercial Internacional nos países do Mercosul.* Curitiba: Juruá, 2002.
LEMES, Selma. *Arbitragem na Administração Pública – Fundamentos Jurídicos e Eficiência Econômica.* São Paulo: Quartier Latin, 2007.
LIGNIÈRES, Paul. *Partenariats Publics Privés.* Paris: Litec, 2000.
MEDAUAR, Odete. *Direito Administrativo Moderno.* 11ª ed. São Paulo: RT, 2007.
MEIRELLES, Hely Lopes. *Licitação e contrato administrativo.* 7ª ed. São Paulo: Revista dos Tribunais, 1990.
MENEZES CORDEIRO, António. *Contratos Públicos: subsídios para a dogmática administrativa, com exemplo no princípio do equilíbrio financeiro.* Coimbra: Almedina, 2007.
MOREIRA, Egon Bockmann. *Processo Administrativo – Princípios Constitucionais e a Lei 9.784/99.* São Paulo: Malheiros, 2000.
MUJALLI, Walter Brasil. *A nova lei de arbitragem.* Leme: Direito, 1997.
Parizatto, João Roberto. *Comentários a Lei n.º 9.307/96. Revogação dos Artigos 101, 1.072 a 1.102 do Código de Processo Civil.* Leme: Direito, 1996.
PEREIRA DA SILVA, Vasco. *Em Busca do Acto Administrativo Perdido.* Coimbra: Almedina, 1998.
OLIVEIRA, Ana Perestrelo. *Arbitragem de Litígios com Entes Públicos.* Coimbra: Almedina, 2007.
PESTANA, Márcio. *Direito administrativo brasileiro.* Rio de Janeiro: Elsevier, 2008.
PORTUGAL, Lei n.º 31 de 29 de Agosto de 1986. Institui a Arbitragem Voluntária.

_____, Decreto-Lei n.º 6 de 31 de Janeiro de 1996. Aprovou o Código de Procedimento Administrativo.

_____, Lei n.º 15 de 22 de Fevereiro de 2002. Aprovou o Código de Processo nos Tribunais Administrativos.

_____, Lei n.º 107/D de 31 de Dezembro de 2003. Segunda alteração ao Estatuto dos Tribunais Administrativos e Fiscais.

_____, Decreto-Lei n.º 59 de 02 de Março de 1999. Regula o Regime Jurídico das Empreitadas de Obras Públicas.

RICHER, Laurent. *Droit des contrats administratifs*. 5ª ed. Paris: LGDJ: Paris, 2006.

RIVERO, Jean; WALINE, Jean. *Droit Administratif.* 21ª ed. Paris: Dalloz, 2006.

ROQUE, Sebastião José. *Arbitragem: a solução viável*. São Paulo: Ícone, 1997.

SÉRVULO CORREIA, José Manuel. *Legalidade e Autonomia Contratual nos Contratos Administrativos*. Coimbra: Almedina, 2003.

STRENGER, Irineu. *Contratos Internacionais do Comércio*. 3ª ed., São Paulo: LTr. 1998.

_____, *Relações Internacionais*. São Paulo: LTr, 1998.

TALAMINI, Eduardo; JUSTEN, Mónica Spezia. *Parcerias Público-Privadas: um enfoque multidisciplinar*. São Paulo: RT, 2005.

VICENTE, Dário Moura. *Da arbitragem comercial internacional. Direito aplicável ao mérito da causa*, Coimbra: Coimbra, 1990.

VIEIRA DE ANDRADE, José Carlos. *A justiça administrativa*. 8ª ed., Coimbra: Almedina, 2006.

A NECESSIDADE DA PRESTAÇÃO DE GARANTIAS PELO PARCEIRO PÚBLICO NOS CONTRATOS DE PARCERIAS PÚBLICO-PRIVADAS: COMPARAÇÃO ENTRE OS REGIMES JURÍDICOS BRASILEIRO E PORTUGUÊS

Kênia Menezes Teles do Nascimento

1. Introdução – Importância das garantias frente aos riscos inerentes aos contratos de Parcerias Público-Privadas

As Parcerias Público-Privadas (PPPs) surgiram com o escopo de solucionar a falta de recursos públicos necessários para a realização de infra-estruturas importantes para a sociedade. Este tipo de contratação se consagrou como um modelo de eficiência na construção de obras e obtenção de serviços de qualidade, representando *uma alternativa interessante para viabilizar empreendimentos de maneira eficiente e eficaz*[119].

A responsabilidade de exploração é uma característica fundamental das PPPs e é o que as diferencia dos contratos de concessão normais, o que implica particularidades especiais de financiamento. A partir do momento em que o parceiro privado é responsabilizado também pela exploração do empreendimento, além da construção deste, há um comprometimento em todo o ciclo de vida do projeto, o que exige um primor pela qualidade desde o início da execução da obra para que não

---

[119] Brito, Barbara Moreira Barbosa e Silveira, António Henrique Pinheiro. *Parceria público-privada: compreendendo o modelo brasileiro*. Revista do Serviço Público. Brasília, Março de 2005. P. 17.

tenha de sofrer na sua operacionalização em decorrência de má estrutura funcional, já que a sua remuneração está vinculada à exploração do negócio.

A lógica do risco de exploração requer um envolvimento global do projecto, repartindo-se os riscos não só de construção, mas também de procura e disponibilidade. O que, em outras palavras, quer dizer que os mecanismos de remuneração estão vinculados à exploração, de modo que o parceiro privado tenha interesse em continuar com o contrato. Isto requer um financiamento inicial mais avultado e uma recuperação do investimento apenas a longo prazo, com a soma *dos cash flows* provisionais.

Para o sucesso deste projecto, mister se faz que os envolvidos prevejam os riscos e determinem a responsabilidade sobre cada um deles, para que, assim, possam ser geri-dos e mitigados ao máximo.

Deste modo, os riscos de construção, de exploração, de produção e de fornecimento são normalmente atribuídos ao parceiro privado, assim como os riscos financeiros ficam a cargo dos financiadores que possuem maior capacidade de administrar contingências relacionadas a taxas de juros e alterações cambiais, ficando, por exemplo, os riscos políticos a cargo do parceiro público que precisa encontrar meios para minorar efeitos negativos de possíveis mudanças ideológicas.

Esse tipo de contratação, por causa do risco envolvido e da longa maturidade, demanda projectos caros, pede financiamento de grande escala e requer contratos complexos envolvendo o parceiro público, o parceiro privado e os financiadores. Desta teia complexa de deveres, direitos e obrigações recíprocas há a necessidade de crédito entre os contratantes, de modo que um confie no outro e tenha garantias do cumprimento do contrato.

Dado o valor envolvido nos contratos de parcerias público-privadas, os financiadores precisam de garantias de que vão receber pelo investimento realizado, daí decorre sua relevância. As garantias prestadas pelo parceiro privado perante os financiadores são as tradicionais do direito civil, nomeadamente garantias bancárias, fiança, hipoteca, penhor, entre outros. O concessionário presta ainda garantias ao concedente, que, normalmente, tanto perante a legislação brasileira como portuguesa, são a caução e a garantia bancária, podendo ainda haver outras espécies.

Do mesmo modo, o parceiro público precisa ser fiável e demostrar confiabilidade perante os contraentes, haja vista ser fundamental para o bom desempenho do projecto o adimplemento pontual das suas obrigações, sem o qual não seria possível por parte do parceiro privado cumprir com os seus deveres, pois precisa receber do concedente para poder pagar aos financiadores.

Assim, há várias maneiras de o parceiro público, promotor do projecto, garantir suas obrigações perante os parceiros privados e os financiadores. É dessa responsabilidade patrimonial que trata este trabalho, procurando fazer uma comparação entre as garantias prestadas pelo Estado Brasileiro e o Estado Português.

2. Garantias

As garantias nos contratos de parcerias público-privadas possuem uma lógica diferente dos que envolvem os tradicionais créditos, porque não diz respeito à concessão de crédito a uma pessoa (física ou jurídica), mas sim ao financiamento de um projecto, nos moldes de um *project finance*.

E o *project finance* encontra-se centrado no risco e não no crédito, porque financia um projecto que gera fluxo de caixa próprio capaz de cobrir o investimento realizado. Desta feita, o importante é garantir que o fluxo de caixa gere retornos que justifiquem o esforço financeiro empregado. Desse modo, percebe-se por que as garantias no sistema de *project finance*, no qual estão inseridos os contratos de parceria público-privada, se aplicam com o intuito de minimizar os riscos envolvidos na operação e não simplesmente cobrir um crédito.

2.1. *Modelos de Garantias no* **project finance**

A Professora Gabriela Figueiredo Dias[120], ao abordar as garantias em *project finance*, explica a evolução sofrida pelas garantias neste sistema em que o esquema de garantias tradicionais, reais e pessoais, dá lugar a uma estrutura de garantias alternativas, nomeadamente contratuais.

Ela classifica as garantias em três espécies: *full recourse, non– recourse e limited– recourse*. A primeira exige dos promotores do projecto,

---

[120] DIAS, Gabriela Figueiredo. *Project finance* – Primeiras Notas. Coimbra: Editora Almedina, 2004, p. 153 a 156.

neste caso do parceiro público, uma prestação obrigatória de garantias reais e pessoais. Trata-se aqui de uma forma tradicional de garantir a dívida, afectando bens específicos ou expandindo a responsabilidade patrimonial, comprometendo bens de terceiros.

Conforme MARTINEZ e PONTE *"na eventualidade de o devedor não cumprir de forma voluntária a obrigação a que estava adstrito, permite--se que o credor proceda à satisfação coativa do seu crédito, mediante a execução do património do faltoso[121]"*.

Os autores, baseados nos artigos 817 e seguintes do Código Civil Português, referiam-se à garantia geral das obrigações em que há uma responsabilização patrimonial dos bens do devedor. Nesse sentido, o credor procura se informar da solvabilidade do devedor, para saber se convém a concessão do crédito e a que taxas, na medida em que quanto maior o risco de descumprimento também maior serão as taxas de juros a serem cobradas.

No entanto, quando se trata de património público, há ainda o impasse da impenhorabilidade dos bens, de modo que no sistema tradicional de contratação deveria o credor buscar a satisfação dos seu créditos nos trâmites judiciais normalmente morosos. Isso implicaria um risco de se ter de esperar anos em lentos processos judiciais, o que nem sempre se está disposto a correr, de forma que aqueles que se arriscam cobram um preço a mais para compensar tal insegurança.

Para isso, muitos Estados optaram pela lógica adoptada no modelo *full recourse* de garantia das dívidas, constituindo garantias especiais para a satisfação dos créditos dos credores, com o objectivo de atrair o capital, tornando simpática a contratação.

Esse modelo é usado principalmente por países e empresas com pouca credibilidade no mercado, que precisam sinalizar seu interesse em cumprir com o contrato. Como não possuem um nível de credibilidade confortável aos investidores, necessitam prestar garantias para poderem obter financiamento a baixos custos.

---

[121] MARTINEZ, Pedro Romano e PONTE, Pedro Fuzeta. *Garantias de Cumprimento.* Coimbra: Editora Almedina, 5ª edição, 2006, p. 13.

2.2. Full-recourse e garantias prestadas no regime jurídico Brasileiro

O Brasil, à época da feitura da Lei 11.079, de 30 de dezembro de 2004, passava por uma transição política que preocupava alguns analistas, demonstrando certa insegurança financeira. Por isso preferiu adotar o modelo tradicional de garantia de dívidas.

No ano de 2004, quando a Lei das PPPs entrou em vigor, o Brasil era considerado perante os investidores um país com riscos de insolvência. Diante disto o legislador, ao procurar atrair investidores, criou uma série de garantias especiais de modo a permitir maior concorrência e, consequentemente, obter um menor preço, com fins de alcançar a almejada eficiência e viabilizar empreendimentos por meio das parcerias. Pode-se dizer que o modelo brasileiro de garantias é coincidente com o sistema do *full-recourse*.

Desta feita, está regulamentado na Legislação Brasileira sobre as PPPs, Lei 11.079 de 30 de dezembro de 2004, um Capítulo Especial, Capítulo III, prevendo garantias mediante as quais as obrigações pecuniárias contraídas pela Administração Pública serão asseguradas.

Estabelece o art. 8.º da citada lei:

Art. 8.º As obrigações pecuniárias contraídas pela Administração Pública em contrato de parceria público-privada poderão ser garantidas mediante:
I – vinculação de receitas, observado o disposto no inciso IV do art. 167 da Constituição Federal;
II – instituição ou utilização de fundos especiais previstos em lei;
III – contratação de seguro-garantia com as companhias seguradoras que não sejam controladas pelo Poder Público;
IV – garantia prestada por organismos internacionais ou instituições financeiras que não sejam controladas pelo Poder Público;
V – garantias prestadas por fundo garantidor ou empresa estatal criada para essa finalidade;
VI – outros mecanismos admitidos em lei.

Nota-se que o legislador lançou mão de garantias reais como a vinculação de receitas, assim como de garantias pessoais como a prestada por organismos internacionais ou instituições financeiras. Assenta-se, ainda, que este rol não é taxativo, apenas exemplificativo, como indica o inciso VI.

Observa-se que a grande novidade diz respeito à garantia enumerada no inciso V, considerada a garantia mais importante, porque constitui uma entidade privada com fim específico de garantir determinado projecto, concebido no formato de PPP.

Os artigos 16 a 21 da Lei das PPPs regulamentam especificamente esta garantia, estabelecendo o seguinte:

O Fundo Garantidor de Parcerias Público-Privadas – FGP será criado com o objectivo de prestar garantia de pagamento de obrigações pecuniárias assumidas pelos parceiros públicos federais em virtude das parcerias público-privadas. O Fundo tem natureza privada e património próprio separado do património dos cotistas, estando sujeito a direitos e obrigações próprios.

O FGP será criado, administrado, gerido e representado judicial e extrajudicialmente pelo Banco do Brasil, instituição financeira controlada pela União, o qual deverá deliberar sobre a gestão e alienação dos bens e direitos do FGP, zelando pela manutenção de sua rentabilidade e liquidez.

O seu património é formado por bens e direitos realizados pelos cotistas, por meio da integralização de cotas e pelos rendimentos obtidos com sua administração. O limite global do FGP é de R$ 6.000.000.000,00 (seis bilhões de reais) e pode ser realizado em dinheiro, títulos da dívida pública, bens imóveis dominicais, bens móveis, inclusive acções de sociedade de economia mista federal excedentes ao necessário para manutenção de seu controle pela União, bens de uso especial ou de uso comum desafectados e outros direitos com valor patrimonial. Estes bens e direitos serão avaliados por empresa especializada, que emitirá laudo fundamentado.

O FGP responderá por suas obrigações com os bens e direitos integrantes de seu património. As garantias serão prestadas proporcionalmente ao valor da participação de cada cotista. Não responderá este por qualquer obrigação do Fundo, a não ser pela integralização das cotas que subscrever.

A garantia se limita ao valor actualizado líquido do projecto e pode ser prestada na forma aprovada pela assembleia dos cotistas, nas seguintes modalidades: fiança, sem benefício de ordem para o fiador; penhor de bens móveis ou de direitos integrantes do património do FGP, sem transferência da posse da coisa empenhada antes da execução da garantia; hipoteca de bens imóveis do património do FGP; alienação fiduciária, permanecendo a posse directa dos bens com o FGP ou com agente fiduciário por ele contratado antes da execução da garantia; outros contratos que produzam efeito de garantia, desde que não transfiram a titularidade ou posse directa dos bens ao parceiro privado antes da execução da garantia; garantia, real ou pessoal, vinculada a um património de afectação constituído em decorrência da separação de bens e direitos pertencentes ao FGP.

O FGP poderá, ainda, prestar contragarantias a seguradoras, instituições financeiras e organismos internacionais que garantirem o cumprimento das obrigações pecuniárias dos cotistas em contratos de parceria público-privadas.

Em caso de inadimplemento, os bens e direitos do Fundo poderão ser objecto de constrição judicial e alienação para satisfazer as obrigações garantidas. O parceiro privado poderá accionar a garantia relativa a débitos constantes de facturas emitidas e ainda não aceitas pelo parceiro público, desde que, transcorridos mais de 90 (noventa) dias de seu vencimento, não tenha havido sua rejeição expressa por ato motivado. No entanto, no caso de crédito líquido e certo, constante de título exigível aceito e não pago pelo parceiro público, a garantia poderá ser accionada pelo parceiro privado a partir do 45.º (quadragésimo quinto) dia do seu vencimento.

A quitação pelo parceiro público de cada parcela de débito garantido pelo FGP importará exoneração proporcional da garantia. Somente após a quitação da totalidade dos débitos garantidos ou liberação das garantias pelos credores, depois de prévia deliberação da assembleia dos cotistas, poderá haver dissolução do Fundo.

O Brasil alcançou os fins almejados com a criação de garantias especiais por parte do Poder Público, mostrou-se merecedor de crédito, mais do que isso, permitiu a realização de empreendimentos com custo benefício vantajosos para a sociedade que recebeu as infra-estruturas necessárias e conferiu uma mais valia aos empreendedores do projecto e aos financiadores que obtiveram retorno esperado pelo investimento.

Com este tipo de iniciativa, o Brasil tem conquistado paulatinamente a confiança dos investidores, mostrando-se um país bastante confiável e com solvência, o que lhe possibilitou, no dia 30 de abril de 2008, subir um degrau no *rating* da agência de classificação de risco Standard &

Poor's (S&P) conquistando o *investment grade*, com classificação BBB, que nada mais é do que um título de confiança perante o mercado.

2.3. *Garantias* non-recourse e limited-recourse, *o regime jurídico Português*

O modelo *non-recourse,* como o próprio nome indica, é o oposto do anteriormente citado (*full-recourse*). Neste arquétipo não há nenhuma responsabilização patrimonial por parte dos promotores do projecto, estes não têm de prestar qualquer garantia real, pessoal ou contratual. Conforme DIAS[122] (...) há *"uma absoluta e rigorosa separação e independência do projecto em relação à pessoa e ao património dos seus promotores"*, o que leva a crer que o projecto deve possuir indícios de grande rentabilidade e sustentabilidade para dar tamanha segurança aos seus empreendedores e financiadores.

Não tão radical, mas um meio termo dos dois modelos, também considerado sistema de garantias mistas é o que pode se dizer do modelo Português que mais se parece com o *limited-recourse.* Isso porque, apesar de o regime jurídico Português não prever nenhuma garantia especial ao cumprimento do contrato de parceria público-privada, ele, na medida em que impõe obrigações contratuais a cargo do parceiro público, como pagar o preço do contrato, disponibilizar bens patrimoniais, proceder ao reequilíbrio financeiramente do contrato, entre outros cria garantias a favor do parceiro público, que as repassará aos financiadores.

Essa é a característica do *limited-recouse,* que, apesar de não exigir garantias especiais, requer a utilização de garantias acessórias para acentuar os riscos do projecto, impondo, por exemplo, obrigações contratuais. Isso emana da característica própria deste tipo de financiamento, que decorre da soma dos fluxos de caixa provisionais. A garantia principal é o controle dos riscos para que o projecto seja saudável, possibilitando gerar, como previsto, uma remuneração satisfatória aos envolvidos.

O *limited-recourse* é o sistema mais utilizado em *project finance,* conforme Dias representa 72% dos casos. Mas *"só é aceito pelos finan-*

---

[122] DIAS, Gabriela Figueiredo. *Project finance* – Primeiras Notas. Coimbra: Editora Almedina, 2004, p. 154.

ciadores quando há uma grande garantia implícita no projecto advinda do fluxo de caixa, destinado a satisfazer o reembolso e a remuneração do crédito" [123].

Este é o modelo que mais se encaixa com o sistema de garantias prestado na legislação portuguesa, haja vista não encontrar nenhuma garantia específica nem no Regime Jurídico das Parcerias Público-Privadas, nem no actual Código de Contratos Públicos, tampouco nos contratos já celebrados pela Estado Português, como no contrato de concessão regido pela Resolução do Conselho de Ministros 134-A/2004.

Não é porque o Decreto-Lei 86, de 26 de abril de 2003, nada previu de garantia específica a ser prestada pelo parceiro público, que não haja neste regime jurídico garantias capazes de atrair investidores. Pelo contrário, seguinte os moldes de *project finance*, o Decreto-Lei criou mecanismos que garantem a sustentabilidade das parcerias.

Numa lógica de garantias contratuais, o poder público Português procura resguardar-se de incompatibilidades económicas e financeiras que possam inviabilizar o projecto ou torná-lo ineficiente ou maléfico.

Para isso, designou órgão específico com o intuito de avaliar a viabilidade do projecto, assim como fiscalizar os procedimentos e a adequada alocação do risco de modo a atribuir a responsabilidade pelo investimento e exploração ao parceiro privado.

Também é responsável por analisar se o modelo de parceria apresenta uma expectativa de obtenção de remuneração adequada aos montantes investidos e ao grau de risco em que incorrem os financiadores, sempre procurando maior eficiência técnica e operacional, e racionalidade financeira; além de verificar se o contrato está bem estruturado de modo a evitar modificações unilaterais, ou outras circunstâncias que possam gerar novas obrigações que necessitem da reposição do equilíbrio financeiro, como futuras indenizações.

Mais do que preocupada em criar uma normatização fiável aos olhos dos investidores, parece que o objectivo do Decreto-Lei é resguardar a própria administração de um projecto que possa vir a sobrecarregar as contas públicas.

Isso porque, sendo Portugal um país com alto nível de confiança perante o mercado, possui o segundo melhor grau de confiabilidade no

---

[123] Idem, p. 157.

rating da agência de classificação de risco Standard & Poor's (S&P), categoria "AA", seria improvável a sua inadimplência neste tipo de projecto, motivo pelo qual tem preferido ficar com os prejuízos decorrentes da sua má administração – como o que ocorreu nos contratos SCUT – do que pôr em dúvida o seu grau de confiança no mercado, que traria agravos muito maiores.

3. Conclusão

As Parcerias Público-Privadas são um excelente mecanismo de maximização de atracção de capital privado para a promoção de empreendimentos públicos com fim de viabilizar obras e serviços públicos.

As PPPs são realizadas numa lógica de *project finance* em que o projecto se auto financia, na medida em que gera fluxo de caixa positivo capaz de cobrir os custos do empreendimento. No entanto, precisa de agentes capazes de viabilizar e financiar o projecto que envolve valores muito vultuosos e que implica uma teia de relações e contratos complexos que precisam ser bem geridos para alcançar o seu fim.

O Estado, que busca parceiros que lhe proporcionem o melhor custo benefício, arma-se de uma série de mecanismos para o bom funcionamento da parceria. Para encontrar o melhor consorte, cria situações de concorrência objectivando atrair capital a baixo custo de financiamento.

A principal forma de incentivar o investidor é proporcionar-lhe boas margens de retornos, o que envolve de forma directa o risco. Sem a garantia de cumprimento das obrigações por parte do promotor do projecto, não há possibilidade de chamar financiamento barato, pois quanto maior o risco, maior a remuneração esperada pelo investidor.

Há diversos riscos envolvendo a concessão e é necessária uma política clara de alocação destes de modo a responsabilizar quem melhor possa geri-los. O parceiro público se compromete a cumprir uma série de obrigações que nem sempre parecem confiáveis aos olhos do financiador, principalmente quando este promotor tem históricos de descumprimento ou se mostra com pouca solvabilidade.

Existem inúmeras formas de mostrar-se confiável, criando garantias de cumprimento do contrato. Essas garantias podem ser as tradicionais do direito civil ou garantias acessórias decorrentes do próprio contrato.

Os contraentes escolhem o melhor tipo de garantia conforme o risco em que desejam incorrer, ou conforme o grau de fiabilidade do promotor. O Brasil, com níveis desfavoráveis de confiança, optou pelo modelo *full--recouse,* dando garantias reais e pessoais passíveis de cobrir praticamente toda a dívida, melhor maneira que encontrou para captar capital a baixos custos de financiamento.

Portugal, por sua vez, por ter a vantagem de ser classificado no mercado internacional como um país cumpridor das suas obrigações, preferiu adoptar o sistema *limited-recourse* em que não utiliza o modo tradicional de garantias de créditos, mas sim o formato mais adequado para o *project finance* que são de garantias contratuais.

Bibliografia

BOCCACCINA, Denise; NICACIO Adriana e GANTOIS, Gustavo. *Grau de Investimento: O Brasil tem a força.* Revista Istoé Dinheiro n.º 553 – ano11, 07 de maio de 2008.

BRITO, Barbara Moreira Barbosa e SILVEIRA, António Henrique Pinheiro. *Parceria público-privada: compreendendo o modelo brasileiro.* Revista do Serviço Público. Brasília, março de 2005.

COMISSÃO DAS COMUNIDADES EUROPEIAS, *Livro Verde sobre as Parcerias-Público-Privadas e o Direito Comunitário em Matéria de Contratos Públicos e Concessões.* Bruxelas, 2004.

Decreto-Lei 47.344, de 25 de novembro de 1966.

Decreto-Lei 86, de 26 de abril de 2003.

Decreto-Lei 18, de 29 de janeiro de 2008.

DIAS, Gabriela Figueiredo. *Project finance – Primeiras Notas.* Coimbra: Editora Almedina, 2004, p. 116 a 160.

Lei 11.079, de 30 de dezembro de 2004.

MARTINEZ, Pedro Romano e PONTE, Pedro Fuzeta. *Garantias de Cumprimento.* Coimbra: Editora Almedina, 5ª edição, 2006.

MOREIRA, Vital. *Administração Autônoma e Associações Públicas.* Coimbra: Coimbra Editora, 1997.

Resolução do Conselho de Ministros n. 17-A/2000.

Resolução do Conselho de Ministros n. 134-A/2004.

SIMÕES, Jorge Abreu. *Manual Prático das Parcerias Público-Privadas. As Parcerias Público-Privadas no Sector da Saúde.* Sintra: NPF Publicações, 2004.

Artigos:

BINENGOJM, Gustavo. *As Parcerias Público-Privadas (PPPs) e a Constituição*. Disponível na Internet: http://www.mundojuridico.adv.br. Acesso em 08 de maio de 2008.

TOGNOLA, Fábio Maluf. *As Garantias nas Parcerias Público-Privadas*. Disponível na Internet: http://www.lopespinto.com.br. Acesso em 18 de abril de 2008.

5. Pelos Novos Caminhos do Direito da Responsabilidade Civil

5.1. A Responsabilidade pelos Vícios do Bem Locado e a Possibilidade de o Locatário Demandar o Fornecedor do Bem na Locação Financeira: Análise Comparativa entre o Direito Português e o Brasileiro
– Mestre Miguel Burnier da Silveira

5.2. Responsabilidade Civil das Transportadoras Aéreas em Vôos Internacionais: Um Estudo Comparado entre Brasil e Portugal
– Mestre Beatriz Roland

5.3. Responsabilidade Extracontratual do Estado por Violação de Directiva Comunitária não Transposta
– Mestre Régis Dudena

A RESPONSABILIDADE PELOS VÍCIOS DO BEM LOCADO E A POSSIBILIDADE DE O LOCATÁRIO DEMANDAR O FORNECEDOR DO BEM NA LOCAÇÃO FINANCEIRA: ANÁLISE COMPARATIVA ENTRE O DIREITO PORTUGUÊS E O DIREITO BRASILEIRO

MIGUEL BURNIER DA SILVEIRA[1]

SUMÁRIO: 1. Introdução; 2. Desenvolvimento da Locação Financeira; 2.1. Origem Histórica; 2.2. Definição; 3. Vantagens da Locação Financeira; 4. Desvantagens da Locação Financeira; 5. Natureza Jurídica da Locação Financeira; 6. As relações entre o Locador e o Locatário; Vícios do Bem Locado; 6.1. Direito Português; 6.2. Direito Brasileiro; 7. As relações entre o Locatário e o Fornecedor; 7.1. Direito Português; 7.2. Direito Brasileiro; 8. Conclusão; 9. Bibliografia.

1. Introdução

Um dos maiores problemas enfrentados actualmente pelos empresários para o aumento da produtividade, e o consequente aumento da competitividade de seus produtos e serviços, é certamente o financiamento.

---

[1] Doutorando em Direito Internacional pelo Institut de Hautes Etudes Internationales et du Développement. Mestre (LL.M. Eur.) em Direito Europeu pela Universidade Católica Portuguesa e pela Leibniz Universität Hannover – Programa Erasmus Mundus. Bacharel em Direito pela Pontifícia Universidade Católica do Rio de Janeiro. Advogado no Rio de Janeiro.

Para atender a essa demanda empresarial, existem diversos tipos de contratos, sendo que os empresários devem escolher aquele que seja mais adequado ao seu negócio.[2] Neste contexto, a locação financeira não só se apresenta como uma importante opção, mas também como uma opção que vem sendo largamente utilizada em mercados nacionais e internacionais.

Contudo, os investidores não estariam dispostos a suprir a demanda empresarial de crédito, principalmente com relação a clientes que ainda não estabeleceram um histórico financeiro que justificasse tal financiamento, caso não existisse uma garantia segura ao cumprimento do contrato. Sendo assim, é possível afirmar que uma das fontes modeladoras do contrato de locação financeira foi "o desejo do concedente de crédito de se garantir contra a hipótese de incumprimento por meio do direito de propriedade."[3]

Sem dúvida, os interesses dos futuros locatários e dos futuros locadores influenciaram a formação do contrato em questão. Entretanto, nem todos os países possuem uma legislação que regule por completo as questões envolvidas no contrato de locação financeira e tal situação pode resultar em algumas sensíveis diferenças de tratamento com relação às partes envolvidas, como será visto neste trabalho.

O presente trabalho analisará a operação de locação financeira, comentando brevemente seu desenvolvimento histórico e abordando algumas das vantagens e desvantagens atribuídas a este instituto. Analisar-se-á a seguir a natureza jurídica da locação financeira, observando como o contrato é classificado pela doutrina e como as três principais figuras envolvidas se conectam.[4]

---

[2] SAAVEDRA, José Leyva. *Contratos de Financiamiento Empresarial*. Lima: Revista de Derecho y Ciencia Política, Vol. 58 (n.º 1 – n.º 2), 2000. p. 250. Além da locação financeira, o autor lista outras opções, relativamente recente, dos empresários, tais como: *factoring*, securitização, *currency swaps*, *interest rate swaps*, entre outros.

[3] PINTO DUARTE, Rui. *Escritos sobre* Leasing *e* Factoring. 1ª ed. Cascais: Principia, 2001. p. 164.

[4] É importante mencionar que, neste trabalho, utilizar-se-á a expressão "fornecedor do bem" ou apenas "fornecedor" para se referir tanto àquele que celebra, com o locador, o contrato de compra e venda como também àquele que celebra, com a mesma parte contratual, o contrato de empreitada. Sendo assim, as três figuras envolvidas na operação de locação financeira serão referidas neste trabalho como: locatário, locador e fornecedor do bem.

Por fim, serão abordadas as questões da responsabilidade pelos vícios do bem locado e da possibilidade de o locatário demandar judicialmente o fornecedor do bem, de acordo com o Direito Português e com o Direito Brasileiro.

2. Desenvolvimento da Locação Financeira

A locação financeira, que actualmente tem seus aspectos contratuais regulados, na ordem jurídica portuguesa, pelo Decreto-Lei n.º 149/95, de 24 de Junho, entre outros diplomas legais[5], é conhecida na Europa simplesmente por *leasing*, apesar de nos Estados Unidos da América ser chamada de *financial leasing*.[6]

É interessante notar que o legislador português, ao introduzir o instituto da locação financeira em Portugal através do Decreto-Lei n.º 135/79, de 18 de Maio[7], afirma no preâmbulo deste diploma que traduz a palavra inglesa *leasing* pela expressão "locação financeira". Entretanto, a mencionada palavra inglesa é derivada do verbo *to lease* e tal verbo é associado ao instituto do Direito inglês semelhante ao instituto do arrendamento no Direito português, o que poderia induzir o leitor desatento ao erro de considerar a locação financeira equivalente ao arrendamento.[8] Sendo assim, é comum referir-se à locação financeira em Portugal através da locução adjectiva *leasing* financeiro, reportando-se a uma das modalidades de *leasing* e delimitando-se melhor sua definição.[9]

---

[5] Além do citado Decreto-Lei n.º 149/95, de 24 de Junho (com as alterações do Decreto-Lei n.º 30/2008, de 25 de Fevereiro, Decreto-Lei n.º 265/97, de 2 de Outubro, rectificado através da Declaração de rectificação n.º 17-B/97, de 31 de Outubro, e do Decreto-Lei n.º 285/2001, de 3 de Novembro), ver também: Decreto-Lei n.º 298/92, de 31 de Dezembro (e suas alterações) e Decreto-Lei n.º 72/95, de 15 de Abril (com as alterações do Decreto-Lei n.º 285/2001, de 3 de Novembro, e Decreto-Lei n.º 186/2002, de 21 de Agosto).

[6] MOITINHO DE ALMEIDA, José Carlos. *A Locação Financeira (Leasing)*. Lisboa: Separata do Boletim do Ministério da Justiça n.º 230, 1973. p. 5.

[7] O Decreto-Lei n.º 135/79, de 18 de Maio, foi revogado e substituído pelo Decreto-Lei n.º 103/86, de 19 de Maio, sendo que este foi revogado e substituído pelo Decreto-Lei n.º 72/95, de 15 de Abril.

[8] Para uma análise completa do desenvolvimento e da noção de locação financeira ver, entre outros, PINTO DUARTE, Rui. *Escritos sobre* Leasing *e* Factoring. op. cit., p. 10 e ss.

[9] Vale notar que existem diversas modalidades de *leasing*. Contudo, por limite de espaço, este trabalho não objectiva analisar tais modalidades. Para uma descrição completa

2.1. *Origem Histórica*

Apesar de alguns autores tentarem buscar as origens da locação financeira na Babilónia,[10] é praticamente unânime na doutrina portuguesa e internacional que a forma actual do instituto de locação financeira surgiu por volta de 1950, nos Estados Unidos da América.[11] Grande parte dos autores concorda também que a primeira sociedade constituída evidentemente para a prática do *leasing* financeiro foi a United States Corporation, fundada por M.D.P. Boothe Junior em 1952[12], quando este empresário da indústria alimentícia recebeu uma encomenda das forças armadas norte-americanas que superava a sua capacidade de produção.[13] Contudo, é possível verificar que no século XIX já eram realizados "contratos de locação financeira" versando sobre bens móveis, como o praticado, em 1877, pela companhia de telefones Bell. É necessário afirmar que apesar desta fórmula inicial ter sido seguida posteriormente pela IBM e pela Remington-Rand, o volume de negócios não era muito significativo e, na maioria dos casos, o *leasing* era feito pelo fabricante do produto, sem deixar qualquer escolha ao consumidor.[14]

Na Europa, o *leasing* surge em 1961, com a actuação da sociedade American Industrial Leasing Itália, aparecendo posteriormente, em 1962,

---

ver, entre outros: PINTO DUARTE, Rui. *Escritos sobre* Leasing *e* Factoring. *op. cit.*; e LEITE DE CAMPOS, Diogo. *A Locação Financeira*. Lisboa: Lex, 1994.

[10] Sobre um estudo histórico do desenvolvimento do *leasing*, ver: MANCUSO, Rodolfo de Camargo. *Leasing*. 3ª ed. São Paulo: Editora Revista dos Tribunais, 2002. p. 22 e ss.

[11] MOITINHO DE ALMEIDA, José Carlos. *A Locação Financeira (Leasing)*. *op. cit.*, p. 5. É importante ressaltar, conforme afirma PINTO DUARTE, que "o *financial leasing*, tal como é caracterizado pelos autores norte-americanos, é uma figura mais lata do que a nossa locação financeira, já que aqueles não exigem que o locador seja uma empresa financeira, nem que o locatário tenha direito a adquirir o bem, findo o prazo locativo, embora também não excluam esta possibilidade." PINTO DUARTE, Rui. *Escritos sobre* Leasing *e* Factoring. *op. cit.*, p. 18.

[12] PINTO DUARTE, Rui. *Escritos sobre* Leasing *e* Factoring. *op. cit.*, p. 17-18.

[13] CORRÊA DA FONSECA, Priscila Maria Pereira. *O Contrato de "Leasing"*. In: *Novos Contratos Empresariais*, Coordenador: Carlos Alberto Bittar. São Paulo: Revista dos Tribunais, 1990. p. 98. Para maiores detalhes sobre as operações de M.D.P. Boothe Junior, ver COILLOT, Jacques. *O leasing francês ou crédit-bail*. Rio de Janeiro: Revista Forense, vol. 71, n. 250, 1975. p. 444.

[14] LEITE DE CAMPOS, Diogo. *A Locação Financeira*. *op. cit.*, p. 45.

em França. Vale notar que, em França, o instituto foi logo regulado pela Lei n.º 66.455, de 2 de Julho de 1966, nomeando o instituo em tela de *crédit-bail*.[15] Logo em seguida, a Bélgica regulamentou a locação financeira através de dois Decretos Reais datados de 10 de Novembro de 1967, denominando a actividade de *location-financement*. Em Itália, o *leasing* financeiro, regulamentado pela Lei n.º 183, de 2 de Março de 1976, recebe um nome similar, sendo baptizado de *locazione finanziaria* e, em Espanha, tal actividade passa a ser denominada de *arrendamiento financiero*, de acordo com a disciplina estabelecida pelo Decreto-Lei Real n.º 15/77, de 25 de Fevereiro.[16] Já na Alemanha, as primeiras sociedades de *leasing* aparecem em 1962, por iniciativa das instituições financeiras, sendo que, por sua falta de regulamentação no ordenamento jurídico alemão, a jurisprudência e a doutrina o qualificaram como um contrato atípico cuja intencionalidade económica se deduz do conteúdo jurídico do contrato.[17] Fica claro que as legislações europeias tentaram encontrar um termo adequado ao instituto uma vez que, como afirmado anteriormente, a tradução directa do termo em inglês não seria o mais apropriado, considerando o fato de que não reflectiria as características básicas da locação financeira.[18]

Em Portugal, a primeira referência à locação financeira foi feita por C.A. MOTA PINTO, em sua obra intitulada de "Uma Nova Modalidade Jurídica de Financiamento: O *Leasing*" e datada de 1967. Nesta obra, o mencionado autor caracterizava o instituto da locação financeira como uma forma de crédito, chamando atenção para o fato de resultar numa figura jurídica nova.[19] Já MOITINHO DE ALMEIDA, em sua obra sobre locação financeira, datada de 1973, afirmava que apesar de já ser praticado em outros países europeus, a prática significativa do *leasing* era desconhecida em Portugal, atribuindo tal desconhecimento à falta de regime

---

[15] MOITINHO DE ALMEIDA, José Carlos. *A Locação Financeira (Leasing). op. cit.*, p. 6. Sobre as críticas à terminologia *crédit-bail*, ver COILLOT, Jacques. *O leasing francês ou credit-bail. op. cit.*, p. 446 e ss.
[16] PINTO DUARTE, Rui. *Escritos sobre* Leasing *e* Factoring. *op. cit.*, p. 24.
[17] VICÉNT, Eduardo Chuliá e ALANDETE, Teresa Beltrán. *Aspectos Jurídicos de los Contratos Atípicos*. III. Barcelona: José Maria Bosch Editor, 1998. p. 13-14.
[18] VICÉNT, Eduardo Chuliá e ALANDETE, Teresa Beltrán. *Aspectos Jurídicos de los Contratos Atípicos. op. cit.*, p. 20.
[19] Cfr. PINTO DUARTE, Rui. *Escritos sobre* Leasing *e* Factoring. *op. cit.*, p. 26-27.

jurídico claro sobre o instituto e ao fato da mentalidade empresarial portuguesa estar ainda muito assentada no conceito de propriedade.[20] O instituto em questão foi somente regulado no ordenamento jurídico português pelo Decreto-Lei n.º 135/79, de 18 de Maio, e pelo Decreto-Lei n.º 171/79, de 6 de Junho, recebendo o nome de locação financeira.[21]

No Brasil, a primeira experiência de *leasing* foi feita pela sociedade Rent-a-Maq, em 1967.[22] Contudo, o instituto só foi regulado em 12 de Setembro de 1974, pela Lei n.º 6.099[23], sendo denominado de arrendamento mercantil[24]. O assunto ainda foi regulamentado pelo Banco Central do Brasil através da Resolução n.º 351, de 17 de Novembro de 1975.[25] Cabe mencionar que, em 25 de Setembro de 1970, foi fundada a Associação Brasileira das Empresas de Leasing – ABEL, com o intuito de representar suas associadas no fortalecimento do instituto, inclusive contribuindo para a criação e o aperfeiçoamento da citada legislação sobre o instituto.[26]

---

[20] MOITINHO DE ALMEIDA, José Carlos. *A Locação Financeira (Leasing). op. cit.,* p. 7.

[21] Conforme mencionado, os Decretos-Leis n.º 135/79, de 18 de Maio, e n.º 171/79, de 6 de Junho foram revogados. Actualmente, a matéria é regulada pelo Decreto-Lei n.º 149/95, de 24 de Junho (com as alterações do Decreto-Lei n.º 265/97, de 2 de Outubro, rectificado através da Declaração de rectificação n.º 17-B/97, de 31 de Outubro, e do Decreto-Lei n.º 285/2001, de 3 de Novembro), Decreto-Lei n.º 298/92, de 31 de Dezembro (e suas alterações) e Decreto-Lei n.º 72/95, de 15 de Abril (com as alterações do Decreto-Lei n.º 285/2001, de 3 de Novembro, e Decreto-Lei n.º 186/2002, de 21 de Agosto).

[22] MATTOS NETO, Antonio José de. *Novos Contratos Nominados:* "Leasing" e "Franchising". Macapá: Tribunal de Justiça do Estado do Amapá; n. 5, 1995. p. 33.

[23] A Lei n.º 6.099, de 12 de Setembro de 1974, foi alterada pela Lei n.º 7.123, de 26 de Outubro de 1983.

[24] O termo arrendamento mercantil foi muito criticado pela doutrina, uma vez que a designação já era designada para caracterizar o arrendamento mercantil imobiliário de finalidade comercial ou industrial. Alguns ainda defenderam uma fórmula aportuguesada da expressão inglesa – *lisingue* – contudo tal termo não foi adoptado. Ver: MANCUSO, Rodolfo de Camargo. *Leasing. op. cit.,* p. 19. A Resolução n.º 2.309/96 refere-se a locação financeira como arrendamento mercantil financeiro, para diferenciar da outra modalidade de arrendamento mercantil, o arrendamento mercantil operacional.

[25] A actual resolução do Banco Central do Brasil que trata do tema é a Resolução n.º 2.309, de 28 de Agosto de 1996.

[26] Para maiores informações sobre a associação, ver www.leasingabel.com.br (visitado em 10 de Fevereiro de 2009).

2.2. Definição

O Decreto-Lei n.º 149/95, de 24 de Junho, que regula o contrato de locação financeira, estabelece que: "Art. 1.º (Noção) – Locação financeira é o contrato pelo qual uma das partes se obriga, mediante retribuição, a ceder à outra o gozo temporário de uma coisa, móvel ou imóvel, adquirida ou construída por indicação desta, e que o locatário poderá comprar, decorrido o período acordado, por um preço nele determinado ou determinável mediante simples aplicação dos critérios nele fixados."

Com base nesta definição legal, é possível extrair as principais características da locação financeira. Assim como na locação regulada pelo artigo n.º 1022.º do Código Civil Português, existe a obrigação de ceder o gozo de uma coisa, tal gozo é temporário e retribuído e o locador continua a ser o proprietário da coisa locada. Contudo, diferentemente da locação do Código Civil, na locação financeira o objecto do contrato é adquirido ou construído por indicação do locatário, o locatário tem o direito de comprar a coisa locada após o decurso do prazo contratual e o preço desta compra deve ser determinado no contrato de locação financeira ou determinável de acordo com os critérios fixados em tal instrumento.[27]

A definição legal de locação financeira em Portugal segue o entendimento de outros países europeus sobre a matéria, nomeadamente França, Bélgica e Itália. Contudo, é importante ressaltar que tal definição é mais restrita do que o entendimento internacional do *leasing*, mesmo se considerada apenas a modalidade conhecida por *leasing* financeiro. Tal res-

---

[27] A definição estabelecida no artigo 1.º do Decreto-Lei n.º 149/95, de 24 de Junho, é praticamente igual à definição feita pelo artigo 1.º do Decreto-Lei n.º 135/79 e pelo artigo 1.º do Decreto-Lei n.º 171/79. É interessante notar que praticamente todas essas características haviam sido identificadas por MOITINHO DE ALMEIDA já em 1973 ao afirmar que: "(...) é a operação pela qual certa empresa adquire bens de equipamento ou imóveis para a instalação de empresas comerciais ou industriais, por indicação destas, dando-os em locação mediante o pagamento de um aluguer ou renda. Findo o prazo convencionado, o locatário pode optar pela aquisição da propriedade, satisfazendo o preço estabelecido, por continuar a locação, sujeita agora a um aluguer ou renda menos elevada, ou pela restituição das coisas locadas." Cfr. MOITINHO DE ALMEIDA, José Carlos. *A Locação Financeira (Leasing). op. cit.,* p. 5.

trição resulta das características impostas às sociedades locadoras e da obrigatoriedade de existência do direito do locatário de compra do bem por um preço pré-estabelecido.[28]

Além disso, deve-se levar em consideração que devido ao fato do contrato de locação financeira ter tido uma origem e construção pragmática, principalmente nos países anglo-saxónicos, muitos têm dificuldade de compreender a figura, pois misturam a função financeira com as características jurídicas do instituto.[29] Desta forma, para evitar maiores dificuldades na compreensão da definição de locação financeira aqui exposta, a natureza jurídica deste instituto será brevemente analisada no item 5 deste trabalho.

3. Vantagens da Locação Financeira

O contrato de locação financeira pode oferecer diversas vantagens para as figuras nele envolvidas. Tais vantagens serão brevemente analisadas a seguir para que o mencionado instituto seja melhor delimitado.

Primeiramente, é importante esclarecer que a locação financeira permite um financiamento de cem por cento do investimento. Essa característica representa uma grande vantagem quando comparada aos empréstimos bancários, uma vez que nestes, normalmente, o financiamento chegaria no máximo a oitenta por cento do valor do investimento. Assim, no contrato de locação financeira, a locatária pode imediatamente usufruir do bem sem ter que desembolsar, inicialmente, qualquer quantia em dinheiro na sua aquisição.[30] Desta forma, a locatária fica com a opção de investir seu próprio capital em outros sectores de sua actividade, tais como, aquisição de matérias-primas e melhoria na comercialização de seus produtos,[31] pois o empresário conta com uma maior disponibilidade de capital circulante devido a sua não imobilização.[32] Além disso, uma

---

[28] PINTO DUARTE, Rui. *Escritos sobre Leasing e Factoring. op. cit.*, p. 29.

[29] LEITE DE CAMPOS, Diogo. *Locação Financeira (Leasing) e Locação*. Lisboa: Revista da Ordem dos Advogados, Ano 62, 2002. p. 762.

[30] SAAVEDRA, José Leyva. *Contratos de Financiamiento Empresarial. op. cit.*, p. 262.

[31] MOITINHO DE ALMEIDA, José Carlos. *A Locação Financeira (Leasing). op. cit.*, p. 6.

[32] BULGARELLI, Waldirio. *Contratos Mercantis*. 10ª ed. São Paulo: Editora Atlas S.A., 1998. p. 371.

vez que a locação financeira se apresenta como uma alternativa em relação ao crédito bancário, tal contrato resulta em uma redução do endividamento das sociedades, em especial com relação aos bancos.[33]

O contrato em questão também representa uma maior flexibilidade com relação à escolha das características do bem e às condições de pagamento, uma vez que a locatária pode negociar directamente com o locador e estabelecer, por exemplo, a data de pagamentos de acordo com seu fluxo de caixa e consequentemente a duração do contrato. Além disso, a celebração do mencionado contrato é muito mais célere quando comparada com a dos contratos tradicionais de crédito, já que estes se caracterizam por um conjunto de normas predefinidas objectivando garantir o futuro empréstimo, enquanto aquele se apresenta, na prática, como uma operação estabelecida com maior rapidez pelas próprias características do contrato[34], em especial pelos menores encargos incorridos na realização dos contratos e pela garantia da locadora "que mantém a qualidade de proprietária dos bens adquiridos (...)."[35] Revela-se assim uma das principais vantagens para o locador, ou seja, a manutenção do direito de propriedade sobre o bem, o qual é objecto do contrato de locação financeira.[36]

Além disso, alguns autores defendem que o contrato de locação financeira permitiria uma maior autonomia financeira por parte das locatárias, pois tais entidades poderiam aumentar sua capacidade produtiva sem ter que, para compra de novos equipamentos, recorrer a emissões de novas acções ou títulos de crédito, ou ficarem sujeitas à ingerência dos credores no funcionamento da empresa.[37] Tal característica pode representar uma grande vantagem para pequenas sociedades, principalmente aquelas que tem seu controle detido por uma só família, já que nestes casos a manutenção da autonomia é, normalmente, essencial.[38] O contrato

---

[33] ROMANO MARTINEZ, Pedro. *Contratos Comerciais – Apontamentos*. 1ª ed. Cascais: Principia, 2001. p. 60.

[34] SAAVEDRA, José Leyva. *Contratos de Financiamiento Empresarial. op. cit.*, p. 262-263.

[35] MOITINHO DE ALMEIDA, José Carlos. *A Locação Financeira (Leasing). op. cit.*, p. 6.

[36] ROMANO MARTINEZ, Pedro. *Contratos Comerciais – Apontamentos. op. cit.*, p. 61.

[37] SAAVEDRA, José Leyva. *Contratos de Financiamiento Empresarial. op. cit.*, p. 263.

[38] MOITINHO DE ALMEIDA, José Carlos. *A Locação Financeira (Leasing). op. cit.*, p. 6.

em questão permitiria também uma melhor gestão dos recursos financeiros das locatárias, nomeadamente no que diz respeito aos débitos a longo prazo.[39]

O contrato de locação financeira permite ainda um acompanhamento eficiente do processo tecnológico, uma vez que com relação a bens em que o avanço tecnológico pode resultar em uma rápida desvalorização e desactualização, tais como computares e outros bens electrónicos, a substituição destes é facilitada pela possibilidade de não optar pela aquisição de tais bens ao final do contrato de locação financeira.[40] Alguns ainda afirmam que, particularmente com relação a equipamentos, o contrato de locação financeira permitiria a um empresário manter, dentro de sua actividade empresarial e pelo tempo necessário, todos os bens essenciais para sua produtividade, uma vez que a vida económica do bem é dissociada de sua vida física.[41]

Vale notar ainda que para o fornecedor do bem, o contrato de locação financeira representa um sistema seguro para a venda de seus produtos. Tal segurança é obtida através da redução não só do risco de inadimplemento por parte do comprador, como também da necessidade de se oferecer condições especiais de venda, uma vez que tal venda é efectuada através da celebração do contrato de compra e venda entre o fornecedor e o locador, e desde este momento, transfere-se a propriedade do bem para o locador.[42]

---

[39] ROMANO MARTINEZ, Pedro. *Contratos Comerciais – Apontamentos. op. cit.,* p. 60.

[40] ROMANO MARTINEZ, Pedro. *Contratos Comerciais – Apontamentos. op. cit.,* p. 60.

[41] VICÉNT, Eduardo Chuliá e ALANDETE, Teresa Beltrán. *Aspectos Jurídicos de los Contratos Atípicos. op. cit.,* p. 25. É interessante notar que VICÉNT e ALANDETE determinam em quais situações o *leasing* seria vantajoso, afirmando o seguinte: "*el leasing aparece como particularmente ventajoso en situaciones como las siguientes: – recursos propios insuficientes que imposibilitan la renovación o adquisición de bienes de equipo necesarios; por el leasing se evita la inmovilización de fondos de equipos. – Stock de bienes de equipo cuyas características los hacen proclives a una obsolencia repentina (tecnología avanzada). – Negativa a un aumento de capital frente a una necesidad creciente de inversiones. – Cuando se ha obtenido un crecimiento significativo gracias a una buena gestión. – Nuevas empresas con buenas expectativas de futuro y con recursos propios escasos. – Profesionales que inician su actividad y no poseen capital o recursos para la primera inversión.*"

[42] VICÉNT, Eduardo Chuliá e ALANDETE, Teresa Beltrán. *Aspectos Jurídicos de los Contratos Atípicos. op. cit.,* p. 28.

Por fim, é possível afirmar que a maior vantagem do contrato de locação financeira em relação aos tradicionais instrumentos de financiamento é sua flexibilidade e aparente simplicidade, permitindo que as partes ajustem tal instrumento para que atenda aos seus interesses particulares.[43]

4. Desvantagens da Locação Financeira

Apesar de praticamente todos os autores mencionarem as vantagens da locação financeira, não são muitos os que também discorrem sobre suas desvantagens.

Primeiramente, o contrato de locação financeira é oneroso para o locatário visto que frequentemente a taxa de juros deste contrato excede a taxa de juros que seria cobrada em um contrato de mútuo.[44] Sendo assim, o locatário acaba desembolsando um elevado preço em decorrência do contrato de locação financeira, quando consideradas as retribuições periódicas e as taxas de juros.[45]

É importante ressaltar que o locatário, apesar de pagar um alto preço pelo bem, não possui a total disponibilidade do mesmo, uma vez que não é proprietário deste bem.[46] Somente após o exercício da opção de compra, ao final do contrato de locação financeira, o locatário poderia dispor totalmente do bem em questão. Além disso, o locatário teria menor consistência patrimonial, reduzindo a possibilidade de se recorrer ao crédito bancário devido a menor disponibilidade do seu activo.[47]

Outra desvantagem para o locatário seria o risco de desapossamento do bem, caso o contrato de locação financeira não seja regularmente cumprido, somado ao possível pagamento das rendas vincendas ou de um

---

[43] CUMING, Ronald C. C. *Model Rules for Lease Financing: A Possible Complement to the UNIDROIT Convention on International Financial Leasing*. Roma: Uniform Law Review, NS – Vol. III, 1998. p. 377.

[44] MOITINHO DE ALMEIDA, José Carlos. *A Locação Financeira (Leasing)*. op. cit., p. 7.

[45] ROMANO MARTINEZ, Pedro. *Contratos Comerciais – Apontamentos*. op. cit., p. 61.

[46] ROMANO MARTINEZ, Pedro. *Contratos Comerciais – Apontamentos*. op. cit., p. 61.

[47] VICÉNT, Eduardo Chuliá e ALANDETE, Teresa Beltrán. *Aspectos Jurídicos de los Contratos Atípicos*. op. cit., p. 30-31.

montante indemnizatório, uma vez que é comum a existência de cláusulas para tais fins nos contratos em questão.[48]

BULGARELLI, ao analisar as desvantagens do *leasing* no Brasil, chega a intitular o subitem sobre o assunto de "A falácia do leasing", argumentando que as desvantagens do instituto não foram devidamente estudadas pelos doutrinadores, uma vez que praticamente não incidem sobre os empresários e sim sobre os consumidores. Este autor afirma que o *leasing* poderia ser considerado uma prática apropriada nos países que dispõem de capital sobressalente e que, por esta razão, estariam em busca de oportunidades de investimentos. Contudo, nos países em que há "falta aguda e crônica de recursos financeiros", como ocorre no Brasil, tal instituto não seria adequado, pois as desvantagens seriam tantas que transformariam o *leasing* em "uma verdadeira falácia".[49] BULGARELLI conclui que um dos aspectos mais chocantes do *leasing* em um país em desenvolvimento seria a transferência dos altos custos dessa operação aos consumidores, devido ao aumento de preço dos produtos.[50]

Além disso, existe o risco de recolocação no mercado dos bens dados em locação financeira, caso o contrato em questão seja resolvido antecipadamente. Vale lembrar que tal risco corre por conta do locador, uma vez que o bem, objeto do contrato de locação financeira, representa a própria garantia do locador, e tal bem permanece como propriedade deste durante a vida do contrato. Por esta razão, recomenda-se sempre aos locadores que na aquisição dos bens a serem dados em locação financeira, estes sejam sempre os mais estandardizados possíveis, visto que, desta forma, aumenta-se a probabilidade de se encontrar um novo usuário, caso a recolocação deste bem seja necessária no futuro.[51] Alguns autores ainda listam como outras desvantagens para o locador, os efeitos desfavoráveis da inflação, da obsolescência do bem e o próprio custo elevado de financiamento, considerando que não existe desembolso inicial para esse tipo de operação.[52]

---

[48] VICÉNT, Eduardo Chuliá e ALANDETE, Teresa Beltrán. *Aspectos Jurídicos de los Contratos Atípicos*. op. cit., p. 31.
[49] BULGARELLI, Waldirio. *Contratos Mercantis*. op. cit., p. 371-372.
[50] BULGARELLI, Waldirio. *Contratos Mercantis*. op. cit., p. 371-372.
[51] MOITINHO DE ALMEIDA, José Carlos. *A Locação Financeira (Leasing)*. op. cit., p. 7.
[52] VICÉNT, Eduardo Chuliá e ALANDETE, Teresa Beltrán. *Aspectos Jurídicos de los Contratos Atípicos*. op. cit., p. 30.

5. Natureza Jurídica da Locação Financeira

A natureza jurídica da locação financeira está longe de ser uma questão pacífica na doutrina e jurisprudência internacional. Existem discussões acerca de qual relação, seja ela de locação, de compra e venda ou de financiamento, deveria prevalecer na determinação da natureza jurídica do instituto.

Alguns autores defendem que o contrato de locação financeira teria a natureza jurídica de um contrato especial de arrendamento de coisa, argumentando ainda que a unidade contratual do instituto não seria desvirtuada pela inclusão de cláusulas que o conformassem com um arrendamento com finalidade financeira ou pela inclusão de uma opção de compra.[53] Já MOITINHO DE ALMEIDA afirmou que o contrato de locação financeira seria um "negócio misto, com elementos da locação, da venda e do mútuo, sendo os relacionados com este último sem dúvida os dominantes e que explicam o afastamento de certas regras do primeiro."[54] Este autor afirma ainda que embora a locação seja o instrumento chave da estrutura do contrato, ou seja, a base técnica sobre a qual o contrato se assenta, o financiamento dominaria o seu aspecto funcional, uma vez que os bens são adquiridos conforme as orientações do locatário.[55] O aspecto apontado por MOITINHO DE ALMEIDA é crucial para a análise das relações entre locador e locatário e entre locatário e fornecedor, conforme será visto nos itens 6 e 7 deste trabalho.

MANCUSO, analisando o contrato de locação financeira dentro do sistema jurídico brasileiro, afirma que apesar deste contrato ter várias prestações obrigacionais nele encerradas, tais como locação, venda futura e eventual e operação financeira, a sua causa é única, o financiamento de bens de produção. Desta forma, o contrato em questão teria uma "tríade obrigacional" mas seria afectado por uma finalidade só, fazendo com que

---

[53] VICÉNT, Eduardo Chuliá e ALANDETE, Teresa Beltrán. *Aspectos Jurídicos de los Contratos Atípicos. op. cit.,* p. 19.

[54] MOITINHO DE ALMEIDA, José Carlos. *A Locação Financeira (Leasing). op. cit.,* p. 13.

[55] MOITINHO DE ALMEIDA ressalta ainda que "[o]s elementos da compra e venda inseridos na locação financeira não são sempre os mesmos", variando de acordo com bens móveis não sujeitos a registo, bens móveis sujeito a registos e com bens imóveis. Cfr. MOITINHO DE ALMEIDA, José Carlos. *A Locação Financeira (Leasing). op. cit.,* p. 13.

o mesmo seja classificado como um contrato complexo. Assim, pelo fato deste contrato conter elementos obrigacionais de diversas origens, mas harmonizados pela mesma causa, ele pode ser considerado um contrato misto.[56]

É interessante notar que MANCUSO, citando Philomeno Joaquim da Costa, que também considerava o contrato de *leasing* como um contrato complexo, afirma que "deve apurar-se em que fase surge o conflito. Verifica-se nessa fase qual era a prestação que mais importava. Pela prestação que mais importava, fica-se sabendo qual dos contratos componentes deve ser ressaltado. Ele ressaltado, aplicam-se os seus princípios."[57] MANCUSO concorda com essa posição afirmando que inicialmente destaca-se o papel financeiro da operação, já durante o prazo contratual evidencia-se a relação locatícia, e no final do contrato, caso seja exercida a opção de compra e venda pelo locatário, sobressai-se a compra e venda. Desta forma, com relação à hermenêutica contratual, MANCUSO defende que apesar dessa técnica se aproximar da teoria da absorção[58], apresenta vantagens sobre esta, pois permite a identificação da fase em que surgiu o conflito.[59]

---

[56] MANCUSO, Rodolfo de Camargo. *Leasing. op. cit.,* p. 42 e ss. MANCUSO, analisando o contrato de *leasing*, afirma que os contratos típicos são aqueles que se encaixam nas figuras legalmente previstas; que os contratos atípicos são os contratos que se formam fora do enquadramento feito pela lei; e que os contratos mistos são os contratos típicos em que foram acrescentados, ou subtraídos, elementos e que, por conta dessa alteração, o tipo originário foi descaracterizado. O autor afirma ainda que a "unidade de causa" é a principal característica dos contratos mistos e o que justamente diferencia esses contratos dos contratos coligados, apesar de ambos serem espécies dos contratos atípicos. MANCUSO conclui que os diversos elementos unidos nos contratos mistos formariam uma nova figura, enquanto nos contratos coligados, cada elemento novo manteria sua singularidade.

[57] MANCUSO, Rodolfo de Camargo. *Leasing. op. cit.,* p. 48.

[58] Sobre os métodos de interpretação, que podem ser aplicados para os contratos mistos, ver ORLANDO GOMES. *Contratos*, 17ª ed. Rio de Janeiro: Forense, 1997. p. 114-116. De acordo com ORLANDO GOMES, a teoria da combinação sugere que os diversos elementos que foram o contrato sejam separados, aplicando-se a cada um desses elementos suas próprias regras específicas. Já a teoria da absorção, levando em consideração que todo contrato tenha um elemento preponderante, propõe que os elementos secundários sejam interpretados de acordo com a forma de interpretação do elemento preponderante. Por fim, a teoria da aplicação analógica visa a aplicação das regras de interpretação do contrato típico mais aproximado ao contrato analisado.

[59] MANCUSO, Rodolfo de Camargo. *Leasing. op. cit.,* p. 48-49. MANCUSO, utilizando as cinco fases do contrato de *leasing* identificadas por José Maria Martins Oviedo, resume

Já BULGARELLI discorda do entendimento de MANCUSO, afirmando que este propõe a aplicação de uma teoria que poderia se chamar de "teoria da decomposição contratual" e que entraria em conflito com a unidade do contrato de locação financeira. BULGARELLI afirma que seria "mais aceitável a qualificação entre nós como contrato misto, na sua conformação, cujo elemento preponderante é, sem dúvida, a locação, até que seja devidamente tipificado pelo ordenamento legal."[60] BULGARELLI, comentando o entendimento de ORLANDO GOMES sobre a natureza jurídica do *leasing* e as dificuldades do seu enquadramento nas figuras nominadas, afirma ainda que o contrato em tela é um contrato autónomo e tipificado, mas que também traz elementos de contratos conhecidos e nominados. Por esta razão e neste aspecto, o contrato de locação financeira poderia ser classificado como contrato misto, de acordo com o entendimento de BULGARELLI.[61]

Com relação à doutrina portuguesa, ROMANO MARTINEZ defende que a locação financeira seria um contrato autónomo, e que apesar de situado entre a compra e venda e a locação, seria distinto destes contratos. Este autor afirma ainda que se pode inclusive considerar que a locação financeira começou a se enquadrar numa estrutura contratual mista, mas que com o passar do tempo resultou em um novo tipo contratual, se tornando autónoma.[62]

LEITE DE CAMPOS apresenta um interessante estudo com os mais diversos entendimentos sobre a natureza jurídica do contrato de locação financeira, analisando desde o contrato de compra e venda em que o utente seria o fiel depositário, passando pelo contrato de crédito, contrato de locação e chegando até o contrato misto. LEITE DE CAMPOS afirma ainda que o contrato de locação e o contrato de compra e venda são contratos independentes, contudo quando inseridos no contexto de locação finan-

---

tais momentos da seguinte forma: "a) operação preparatória ou proposta do usuário; b) operações essenciais, tais como o acordo de vontade; c) operação complementar ou compra do bem; d) entrega e o arrendamento efetivo; e) a tríplice opção do arrendatário."

[60] BULGARELLI, Waldirio. *Contratos Mercantis. op. cit.*, p. 377. Vale lembrar que o contrato de locação financeira, no Brasil, foi regulado pela Lei n.º 6.099/74, que apesar de teoricamente dispor apenas do tratamento tributário, tratou de diversos aspectos do contrato em tela, inclusive de seu *nomen juris*, denominando-o de arrendamento mercantil.

[61] BULGARELLI, Waldirio. *Contratos Mercantis. op. cit.*, p. 377.

[62] ROMANO MARTINEZ, Pedro. *Contratos em Especial*. 2ª ed. Lisboa: Universidade Católica Editora, 1996. p. 311.

ceira, não podem ser analisados separadamente. Esses dois contratos estariam coligados através de um final comum, ou seja, o funcionamento de cada uma das relações contratuais está intimamente ligado ao cumprimento da outra. Tal conexão justificaria o vínculo existente entre o utente e a relação entre o locador e o fornecedor do bem.[63] Esta importante conclusão será retomada adiante, na análise das relações entre as três figuras no contrato de locação financeira.

Pires defende uma posição semelhante ao declarar que a operação de locação financeira é complexa, envolvendo dois contratos distintos, o de compra e venda e o de locação financeira propriamente dito, afirmando ainda que tal operação possui uma "unidade funcional com relevância jurídica". E sendo assim, o locador estabeleceria a mediação entre o locatário e o fornecedor, conectando os dois contratos distintos, uma vez que o contrato de compra e venda é realizado justamente para cumprir com as obrigações assumidas no contrato de locação financeira.[64]

Por fim, vale mencionar que Pinto Duarte afirma que no Direito Português a análise da natureza jurídica do mencionado instituto é facilitada pela possibilidade de comparação entre tipos contratuais normativos, já que os todos os contratos envolvidos estão previstos na lei. Desta forma, tendo o Direito Português em mente, Pinto Duarte conclui que o núcleo do contrato de locação financeira corresponde a uma locação, e a tal núcleo é acrescido um contrato-promessa unilateral sobre a coisa locada.[65]

---

[63] Leite de Campos, Diogo. *A Locação Financeira. op. cit.,* p. 141. Leite de Campos conclui que numa análise estrutural, o contrato de locação financeira contém elementos da compra e venda e elementos da locação, sendo assim um contrato nominado misto.

[64] Pires, José Maria. *Direito Bancário. 2 Vol – As Operações Bancárias.* Lisboa: Editora Rei dos Livros, 1995. p. 253.

[65] Pinto Duarte, Rui. *Escritos sobre* Leasing *e* Factoring. *op. cit.,* p. 82-83. É importante ressaltar que Pinto Duarte, em sua análise sobre o contrato de locação financeira, à luz do Direito Português, afirma que entre a parte do contrato em questão que se aproxima de uma locação e o contrato-promessa unilateral existe uma relação de "dependência funcional" e sendo assim, a locação financeira seria uma união ou coligação de contratos, e não um contrato misto. Apesar da questão sobre se o contrato de locação financeira acumula, no mesmo contrato, elementos de vários negócios, formando uma nova figura, ou se liga vários contratos entre si por um nexo funcional ser interessante, não é objectivo deste trabalho analisar todos os aspectos da discussão sobre a natureza jurídica do instituto em tela.

6. As relações entre o Locador e o Locatário – Vícios do Bem Locado

As relações entre o locador e o locatário, em especial os aspectos relativos aos vícios do bem locado, serão abordadas a seguir, analisando--se inicialmente como a questão é tratada pelo Direito Português, e posteriormente como a mesma questão é vista pelo Direito Brasileiro.

6.1. *Direito Português*

A questão sobre os vícios do bem locado no contrato de locação financeira no Direito Português foi simplificada pela regulamentação da questão. Actualmente, o contrato em questão é regulado pelo Decreto-Lei n.º 149/95, de 24 de Junho, sendo que o seu artigo 12.º trata justamente desta questão. Tal artigo determina: "Art. 12.º (Vícios do bem locado) – O locador não responde pelos vícios do bem locado ou pela sua inadequação face aos fins do contrato, salvo o disposto no artigo 1034.º do Código Civil."

Está claro que, de acordo com o Direito Português, o locador não responderia pelos vícios do bem locado ou pela sua inadequação com relação aos fins pretendidos pelo locatário. Vale lembrar que o artigo 1034.º do Código Civil considera como contrato não cumprido caso o locador, actuando como proprietário legítimo do bem, não o for, ou seja, o locador não pode afirmar que tem o direito e a faculdade de proporcionar o gozo da coisa quando na verdade não o tiver. Sendo assim, apesar do locador normalmente não ser um profundo conhecedor das características do bem locado por ter apenas uma função de financiador da operação – e aqui se apresenta uma das razões para sua irresponsabilidade em relação aos vícios do bem locado – este locador certamente conhece o seu direito e será responsabilizado nos casos previstos pelo artigo 1034.º do Código Civil.

PINTO DUARTE discorrendo sobre as divergências entre as normas específicas à locação financeira e o regime geral da locação afirma que "(a) isenção de responsabilidade do locador resulta, certamente, das circunstâncias de não ser ele o produtor ou o construtor da coisa e, o que é mais importante, de normalmente, nem sequer a conhecer, por não chegar a detê-la, já que a sociedade de locação financeira está remetida a uma função meramente financeira, sendo limitada a sua intervenção à prestação de fundos para a operação."⁶⁶ O mesmo autor afirma ainda que outras peculiaridades resultam justamente dessa característica especial da participação do locador apenas como mero financiador, tais como, a liberação do locador, em um contrato de locação financeira, com relação aos custos de transporte, seguro, montagem, instalação e reparação da coisa.[67]

MOITINHO DE ALMEIDA ressalta que os bens são adquiridos de acordo com as indicações do utente. Este autor, ao explicar a formação do contrato de locação financeira, afirma que quando uma empresa necessita de determinado equipamento ou imóvel, procura no mercado tal bem, entra em contacto com o fornecedor, informando-se do preço e características, e optando pela locação financeira, contacta a empresa de *leasing* para obter uma proposta de financiamento.[68] Sendo assim, o *leasing* permite a obtenção de um financiamento e, apesar da locação ser à base técnica sobre a qual o contrato de locação financeira se assenta, conforme foi visto na análise da natureza jurídica deste contrato, as características peculiares da forma pela qual o contrato é formado impedem a aplicação de determinadas normas específicas do regime geral de locação, especialmente aquelas com respeito a vícios da coisa locada e sua falta de adequação aos fins pretendidos pelo locatário. Nas palavras deste autor:

---

[66] PINTO DUARTE, Rui. *Escritos sobre* Leasing *e* Factoring. *op. cit.,* p. 65. É importante mencionar que de acordo com o artigo 2, n.º 2, alínea a), do Decreto-Lei n.º 383/89, de 6 de Novembro, que transpôs para a ordem jurídica portuguesa a Directiva n.º 85/374/ /CEE, de 25 de Julho de 1985, aquele que no exercício de sua actividade comercial importar, para fins de locação financeira, produtos do exterior para dentro da Comunidade Europeia será equiparado a produtor e será responsabilizado por danos causados por defeitos de tais produtos. Ressalta-se que o Anexo III, referente ao artigo 23.º, alínea c), do Tratado sobre a criação do Espaço Económico Europeu – EEE, firmado na cidade do Porto, em 2 de Maio de 1992, ampliou a aplicação do artigo 3.º, n.º 2, da referida Directiva Comunitária, que, para efeitos do Tratado do EEE, passou a abranger todo o Espaço Económico Europeu. Assim, aquele que importar, com o objectivo de realizar uma locação financeira, produtos para dentro do EEE, também será responsabilizado por danos causados por defeitos de tais produtos.

[67] PINTO DUARTE, Rui. *Escritos sobre* Leasing *e* Factoring. *op. cit.,* p. 66-67. É interessante notar que PINTO DUARTE demonstra diversas divergências entre o regime da locação financeira e o da locação em geral, chamando atenção para uma das características singulares da locação financeira – o fato do direito de propriedade do locador permitir que o locatário tenha, do ponto de vista económico, o domínio do bem, normalmente durante toda a vida útil de tal bem.

[68] MOITINHO DE ALMEIDA, José Carlos. *A Locação Financeira (Leasing). op. cit.,* p. 17.

"(...) mal se compreenderia que a empresa de *leasing* garantisse a adequação do equipamento ou do imóvel ao fim para que é destinado quando a oportunidade da sua aquisição foi decidida pelo locatário."[69]

LEITE DE CAMPOS chama atenção para o fato de que caso o bem seja fornecido pelo locador, este responderá por tal bem perante o locatário. Contudo, o mesmo autor ressalta que normalmente o locador tem apenas um papel financeiro, e sendo assim, não responde pelos vícios ou pela inadequação da coisa.[70] Desta forma, é possível concluir que a função da locação financeira é propiciar financiamento, uma vez que o locador, quando adquire um bem, não pretende o aproveitamento de suas qualidades, mas sim que tal bem sirva de garantia aos pagamentos realizados pelo locatário.[71] Com essa função em mente, fica claro que a responsabilidade com relação aos vícios da coisa não pode recair sobre o locador.

6.2. *Direito Brasileiro*

A questão sobre vícios do bem locado não é tão simples de se resolver no Brasil, como em Portugal, uma vez que a Lei 6.099/74 trata apenas dos aspectos tributários e operacionais do arrendamento mercantil. Vale lembrar ainda que as leis tributárias não podem "alterar a definição, o conteúdo e o alcance de institutos, conceitos e formas de direito privado", de acordo com o artigo 110.º, do Código Tributário Nacional,[72] e, portanto, entende-se a ausência de dispositivos específicos sobre o tema.

---

[69] MOITINHO DE ALMEIDA, José Carlos. *A Locação Financeira (Leasing). op. cit.*, p. 14. O autor afirma ainda que: "Celebrado o contrato de locação financeira entendem a doutrina e a jurisprudência francesas que, entre a empresa de *leasing* e o locatário, existe uma relação de mandato com vista à escolha e aquisição dos bens a que o contrato se refere. Na verdade, é em regra o utente a pessoa capaz de apreciar as características do material a adquirir e destinado à satisfação de necessidades próprias e, por outro lado, a empresa de *leasing* desliga-se, assim, da garantia do locador quanto à adequação e defeitos da coisa locada." MOITINHO DE ALMEIDA, José Carlos. *A Locação Financeira (Leasing). op. cit.*, p. 18.

[70] LEITE DE CAMPOS, Diogo. *Locação Financeira (Leasing) e Locação. op. cit.*, p. 765. Este autor ainda afirma que "[s]e o locador se comportar como um "normal" locador, então será responsável perante o locatário."

[71] PINTO DUARTE, Rui. *Escritos sobre* Leasing *e* Factoring. *op. cit.*, p. 167.

[72] O artigo em questão do Código Tributário Nacional estabelece que: "Art. 110. A lei tributária não pode alterar a definição, o conteúdo e o alcance de institutos, conceitos

É importante mencionar que a Resolução do Banco Central do Brasil n.º 2.309/96, em seu artigo 7.º, que determina os elementos mínimos que o contrato de locação financeira deve conter, estabelece que dentre "as demais responsabilidades que vierem a ser convencionadas" deve-se constar disposição que regule os "ônus advindos de vícios dos bens arrendados". Contudo, mais uma vez, o órgão não tem competência para legislar sobre direito privado, dessa vez, de acordo com o artigo 22.º, inciso I, da Constituição Federal do Brasil,[73] e sendo assim, o artigo 7.º da citada resolução não estabelece qualquer detalhe sobre a disposição contratual que regule questões relativas aos vícios do bem locado.

MANCUSO afirma que os primeiros comentaristas do *leasing* no Brasil defendiam a irresponsabilidade do locador perante os vícios ocultos do bem locado. O mesmo autor, baseando-se na doutrina de Luiz Mélega, afirma que a instituição financeira exerceria uma função de simples intermediário, já que o bem foi adquirido segundo as indicações do locatário e tal circunstância impede que se impute qualquer responsabilidade ao locador financeiro.[74] É possível perceber que neste momento a doutrina brasileira utilizava o mesmo argumento da doutrina portuguesa, chegando a mesma conclusão.

Já BULGARELLI, representando uma voz dissonante na doutrina brasileira, defende que existe independência contratual entre os contratos envolvidos na operação de *leasing*, apesar de reconhecer que o contrato entre locador e locatária está apenas referido, e não vinculado ou coligado, ao contrato de compra e venda entre locador e fornecedor do bem. Este autor afirma ainda que, por causa dessa independência do contrato de *leasing*, "a arrendatária poderá voltar-se contra a arrendadora, em caso de vícios ocultos, não obstante as dignas opiniões contrárias, já que a arrendadora se compromete a entregar o bem, que será aceito pela arrendatária desde que se encontre em perfeito estado e sem vícios aparentes. A arrendatária é estranha à procedência do bem, terceiro no negócio de aquisição

---

e formas de direito privado, utilizados, expressa ou implicitamente, pela Constituição Federal, pelas Constituições dos Estados, ou pelas Leis Orgânicas do Distrito Federal ou dos Municípios, para definir ou limitar competências tributárias."

[73] Tal artigo estabelece que: "Art. 22. Compete privativamente à União legislar sobre: I – direito civil, comercial, penal, processual, eleitoral, agrário, marítimo, aeronáutico, espacial e do trabalho; (...)"

[74] MANCUSO, Rodolfo de Camargo. *Leasing*. op. cit., p. 202.

desse bem."⁷⁵ Entretanto, conforme indicado pelo próprio BULGARELLI, essa posição não é a maioritária no Brasil.

CORRÊA DA FONSECA, argumentando que como a locadora adquiriu o bem de acordo com especificações do locatário, defende que, em caso de vícios do bem locado e "no silêncio do contrato, tais ônus são sempre da arrendatária, a qual tem sempre direito regressivo contra o vendedor."⁷⁶ MANCUSO, por sua vez, ressalta que normalmente a locatária, ao receber o bem, o vistoria, posteriormente assinando um "Termo de Recebimento e Aceitação" que, segundo o autor, ajudaria a concentrar nesta parte contratual as possíveis consequências de eventuais vícios do bem locado, sendo também comum a estipulação de cláusula contratual atribuindo a responsabilidade desses vícios à locatária. CORRÊA DA FONSECA e MANCUSO ressaltam uma importante diferença entre a legislação brasileira e a portuguesa. Enquanto em Portugal, o locador é sempre irresponsável em relação aos vícios do bem locado,⁷⁷ conforme visto no item anterior, no Brasil, o contrato poderia dispor de forma diferente, atribuindo tal responsabilidade à pessoa escolhida pelas partes.

7. As relações entre o Locatário e o Fornecedor

As relações entre o locatário e o fornecedor do bem serão analisadas a seguir, enfatizando-se a possibilidade, ou não, do locatário exercer os direitos relativos ao bem contra o fornecedor de tal bem. Da mesma forma adoptada no item anterior, analisar-se-á primeiramente como a questão é vista pelo Direito Português, e posteriormente pelo Direito Brasileiro. É interessante notar que esta questão é intimamente relacionada com a questão da irresponsabilidade do locador pelos vícios da coisa, como será demonstrado a seguir.

---

⁷⁵ BULGARELLI, Waldirio. *Contratos Mercantis*. op. cit., p. 377.
⁷⁶ CORRÊA DA FONSECA, Priscila Maria Pereira. *O Contrato de "Leasing"*. op. cit., p. 108.
⁷⁷ Salvo o disposto no artigo 1034.º do Código Civil, de acordo com o artigo 12.º do Decreto-Lei n.º 149/95.

7.1. Direito Português

A questão sobre a possibilidade do locatário exercer todos os direitos relativos ao bem locado contra o fornecedor de tal bem está actualmente regulada pelo artigo 13.º do Decreto-Lei n.º 149/95, de 24 de Junho, que determina o seguinte: "Art. 13.º (Relações entre o locatário e o vendedor ou o empreiteiro) – O locatário pode exercer contra o vendedor ou o empreiteiro, quando disso seja caso, todos os direitos relativos ao bem locado ou resultantes do contrato de compra e venda ou de empreitada."

Do contrato de locação financeira emergem três tipos de relações. A primeira entre o locador e o locatário, regulada pelo Decreto-Lei n.º 149/95, a segunda entre o locador e o fornecedor do bem, de acordo com o contrato de compra e venda, e a última entre o locatário e o fornecedor do bem. Nesta relação, de acordo com o mencionado artigo 13.º, o locatário pode assumir o papel de comprador ou de dono da obra, conforme seja o caso.[78]

É importante mencionar que apesar do locador participar dos dois contratos – o contrato de compra e venda e o contrato de locação financeira propriamente dito – o locatário e o fornecedor não celebram entre si qualquer tipo de contrato. Contudo, conforme explicado na análise da natureza jurídica do contrato em tela, existe uma "unidade funcional" nesta operação, uma vez que os objectos de ambos os contratos coincidem.[79]

LEITE DE CAMPOS explica ainda que existe um vínculo do locatário à relação entre o locador e o fornecedor do bem, sendo que este vínculo é manifestado na escolha prévia do bem, feita pelo locatário. Sendo assim, como o locador comprou o bem, segundo instruções do locatário e com a finalidade única de dar em locação financeira a este, "o locatário terá de se dirigir ao vendedor do bem (que é só parte no contrato de compra e venda com o locador) para o responsabilizar pelos defeitos da coisa."[80] O bem comprado pelo locador não será por ele utilizado, e na maioria

---

[78] ROMANO MARTINEZ, Pedro. *Contratos em Especial. op. cit.,* p. 312.

[79] PIRES, José Maria. *Direito Bancário. 2 Vol – As Operações Bancárias. op. cit.,* p. 254.

[80] LEITE DE CAMPOS, Diogo. *A Locação Financeira. op. cit.,* p. 140.

dos casos, o locador nem chegará a o deter materialmente, e sendo assim, existe necessariamente uma conexão entre o locatário e o fornecedor do bem.[81]

Desta forma, de acordo com o Direito Português, fica claro que, apesar do locatário não ter qualquer relação contratual directa com o vendedor, existe um vínculo entre ambos. Tal vínculo permite que o primeiro demande judicialmente o segundo, exercendo direitos que nor malmente seria de competência daquele que de facto celebrou o contrato de compra e venda com o vendedor, nomeadamente, direitos de competência do locador.

7.2. Direito Brasileiro

Assim como a questão sobre vícios do bem locado, a possibilidade de o locatário demandar directamente o fornecedor do bem na locação financeira não foi regulada pela legislação brasileira. Contudo, alguns doutrinadores já se pronunciaram sobre o tema, conforme será visto a seguir.

PENALVA SANTOS, discorrendo sobre o caso do locatário não estar satisfeito com o bem, conclui que o "fabricante é, em princípio, *tertius* frente ao arrendatário" e sendo assim, "cabe ao arrendatário exigir do arrendador as providências a serem tomadas pelo fabricante quanto aos defeitos no bem entregue para arrendamento, contudo pode ser estipulada a permissão ao arrendatário para entrar em contato direto com o fabricante, especialmente quando as condições do equipamento forem estritamente especificadas (...)."[82] O mesmo autor, tratando ainda das responsabilidades das pessoas envolvidas no contrato de locação financeira,

---

[81] PINTO DUARTE, Rui. *Escritos sobre* Leasing *e* Factoring. *op. cit.*, p. 53. PINTO DUARTE, analisando o desenvolvimento doutrinário em relação à conexão do locatário ao fornecedor do bem, dedica-se a questões relativas à "teoria do mandato". Entretanto, o próprio autor alerta que "na lei portuguesa o quadro é bem diverso", pois o artigo 12.º e 13.º do Decreto-Lei n.º 149/95, de 24 de Junho, regulam a matéria. Apesar disso, PINTO DUARTE ressalva que não é clara a definição de quais direitos poderiam ser exercidos pelo locatário com base no artigo 13.º do mencionado decreto.

[82] PENALVA SANTOS, Joaquim Antonio de Vizeu. *Direito Comercial: Estudos*. Rio de Janeiro: Forense, 1991. p. 60.

afirma que se "contiver o contrato cláusula (...) pela qual o fabricante seria diretamente responsável perante o arrendatário, contra ele deve ser ajuizada a ação ou feita a reclamação."[83] Este autor afirma ainda que o locatário sub-roga-se nos direitos do locador contra o vendedor, em certos casos.[84]

Sobre essa questão, KONDER COMPARATO defende que, em caso de vícios do bem locado, o locatário somente poderia demandar judicialmente o fornecedor do bem se actuasse em conjunto com o locador, ou seja, seria um caso de litisconsórcio necessário fundado na comunhão de interesses.[85] MANCUSO também prevê a possibilidade do locatário litigar com o locador em litisconsórcio activo, contudo, este autor entende que tal litisconsórcio seria facultativo, pois a exigência de litigância conjunta no pólo activo é excepcional, "devendo sempre resultar da lei ou da natureza da matéria (...)."[86] Desta forma, o locatário poderia exercer os direitos relativos ao bem ou ao contrato de compra e venda ou de empreitada directamente contra o fornecedor do bem.

MANCUSO, baseando-se novamente na doutrina de Luiz Mélega, afirma ainda que "o fato de não se aplicarem as normas que regem os vícios redibitórios nas relações entre a instituição financeira e a empresa utilizadora do equipamento não significa, porém, que tais regras não se apliquem sobre vícios redibitórios perante o vendedor do material"[87]. Evidencia-se mais uma vez a estreita conexão entre os dois temas principais abordados neste trabalho – a irresponsabilidade do locador perante o bem locado e a possibilidade de o locatário demandar directamente do fornecedor do bem.

---

[83] PENALVA SANTOS, Joaquim Antonio de Vizeu. *Direito Comercial: Estudos. op. cit.*, p. 60.
[84] PENALVA SANTOS, Joaquim Antonio de Vizeu. *Direito Comercial: Estudos. op. cit.*, p. 36.
[85] KONDER COMPARATO, Fábio. *O Contrato de Leasing*. São Paulo: Revista dos Tribunais – RT, vol. 389, 1968. p. 12.
[86] MANCUSO, Rodolfo de Camargo. *Leasing. op. cit.*, p. 210.
[87] MANCUSO, Rodolfo de Camargo. *Leasing. op. cit.*, p. 202. É importante mencionar que caso o contrato de locação financeira seja classificado como produto ou serviço abrangido pela Lei 8.078, de 11 de Setembro de 1990, vulgarmente conhecida como Código de Defesa do Consumidor, não seria possível a exclusão de responsabilidade do locador, pois, de acordo com o artigo 7.º deste diploma legal, todos os envolvidos, de algum modo, nas relações de consumo respondem solidariamente. Além disso, o artigo

8. Conclusão

Pode-se dizer que, após quase 30 anos da entrada em vigor da primeira lei portuguesa sobre locação financeira, a história deste instituto em Portugal é uma história bem-sucedida.[88] O mesmo pode ser afirmado com relação ao Brasil, apesar da legislação brasileira sobre a locação financeira não ser completa, pois trata basicamente dos seus aspectos tributários.

Neste trabalho, buscou-se demonstrar como a triangulação entre locatário, locador e fornecedor do bem possibilitou o surgimento de uma nova técnica de financiamento que reúne aspectos de diferentes negócios jurídicos.[89] A locação financeira representa uma forma de financiamento relativamente nova e uma importante alternativa aos tradicionais canais bancários de crédito, especialmente utilizada para a aquisição de bens necessários à produção e que consegue evitar uma custosa e improdutiva imobilização do capital.[90]

O trabalho analisou as relações entre o locador e o locatário, tratando em especial da questão da responsabilidade do locador por vícios do bem locado, tanto no Direito Português, quanto no Direito Brasileiro. Posteriormente, as relações entre locatário e fornecedor do bem foram analisadas, ficando claro que tais relações estão intimamente conectadas às relações entre locador e locatário. Especial atenção foi dada à possibilidade de o locatário demandar directamente o fornecedor do bem, e assim como no tema anterior, o tratamento dessa questão não é inteiramente similar nos dois ordenamentos jurídicos abordados.

Fica claro que, apesar do instituto da locação financeira possuir elementos caracterizadores que permitem identificá-lo nos mais distintos sistemas legais, pequenas diferenças no tratamento legislativo da operação em questão podem resultar em algumas, ou muitas, diferenças para

---

25.º da mesma lei veda "a estipulação contratual de cláusula que impossibilite, exonere ou atenue a obrigação de indenizar" e, sendo assim, a cláusula de exoneração de responsabilidade em um contrato de *leasing* seria ineficaz, caso o mesmo seja abrangido pela Lei 8.078/90.

[88] PINTO DUARTE, Rui. *Escritos sobre* Leasing *e* Factoring. op. cit., 192.

[89] BITTAR, Carlos Alberto. *Contratos Comerciais*. 4ª ed. Rio de Janeiro: Forense Universitária, 2005. p. 96.

[90] SAAVEDRA, José Leyva. *Contratos de Financiamiento Empresarial*. op. cit., p. 251.

as partes envolvidas. A comparação entre o Direito Português, que buscou uma completa regulamentação sobre a matéria, e o Direito Brasileiro, que legislou parcialmente sobre a questão, revela tal fato.

9. Bibliografia

BITTAR, Carlos Alberto. *Contratos Comerciais*. 4ª ed. Rio de Janeiro: Forense Universitária, 2005.

BULGARELLI, Waldirio. *Contratos Mercantis*. 10ª ed. São Paulo: Editora Atlas S.A., 1998.

COILLOT, Jacques. *O leasing francês ou crédit-bail*. Rio de Janeiro: Revista Forense, vol. 71, n.º 250, 1975.

CORRÊA DA FONSECA, Priscila Maria Pereira. *O Contrato de "Leasing"*. In: Novos Contratos Empresariais, Coordenador: Carlos Alberto Bittar. São Paulo: Editora Revista dos Tribunais, 1990.

CUMING, Ronald C. C. *Model Rules for Lease Financing: A Possible Complement to the UNIDROIT Convention on International Financial Leasing*. Roma: Uniform Law Review, NS – Vol. III, 1998.

ETCHEVERRY, Carlos Alberto. *Perecimento do bem no contrato de leasing*. Porto Alegre: AJURIS, 1990.

FERNANDES, João. *O novo regime contabilístico da locação financeira*. Lisboa: Fisco, a. 6, n.º 63-64, Mar./Abr.1994.

GOMES, Luiz Roldão de Freitas. *Propriedade de fato?*. Rio de Janeiro: Revista da EMERJ, vol. 7, n.º 25, Jan./Mar. 2004.

KONDER COMPARATO, Fábio. *O Contrato de Leasing*. São Paulo: Revista dos Tribunais – RT, vol. 389, 1968.

LEITE DE CAMPOS, Diogo José Paredes Leite de. *Tendencias atuais do 'leasing' no direito europeu*. Rio Janeiro: Arquivos dos Tribunais de Alçada, n.º 31, Jan./Mar. 1998.

LEITE DE CAMPOS, Diogo. *A Locação Financeira*. Lisboa: Lex, 1994.

LEITE DE CAMPOS, Diogo. *Locação Financeira (Leasing) e Locação*. Lisboa: Revista da Ordem dos Advogados, ano 62, 2002.

MANCUSO, Rodolfo de Camargo. *Leasing*. 3ª ed. São Paulo: Editora Revista dos Tribunais, 2002.

MARQUES, J. P. Remédio. *Locação financeira restitutiva (sale and lease-back) e a proibição dos pactos comissórios: negócio fiduciário, mútuo e acção executiva*. Coimbra: Boletim da Faculdade de Direito, 2001.

MATTOS NETO, Antonio José de. *Novos Contratos Nominados:* "Leasing" *e* "Franchising". Macapá: Tribunal de Justiça do Estado do Amapá, n.º 5, 1995.
MOITINHO DE ALMEIDA, José Carlos. *A Locação Financeira (Leasing).* Lisboa: Separata do Boletim do Ministério da Justiça n.º 230, 1973.
NETO, Abílio. *Contratos Comerciais: Legislação, Doutrina e Jurisprudência.* 2ª ed. Lisboa: Ediforum, 2004.
ORLANDO GOMES. *Contratos,* 17ª ed. Rio de Janeiro: Forense, 1997.
PENALVA SANTOS, Joaquim Antonio de Vizeu. *Direito Comercial: Estudos.* Rio de Janeiro: Forense, 1991.
PINTO DUARTE, Rui. *Escritos sobre* Leasing *e* Factoring. 1ª ed. Cascais: Principia, 2001.
PINTO DUARTE, Rui. *Tipicidade e Atipicidade dos Contratos.* Coimbra: Almedina, 2000.
PINTO, José Alberto Pinheiro. *Implicações fiscais e financeiras do lease--back.* Lisboa: Fisco, n.º 41, Abr., 1992.
PIRES, José Maria. *Direito Bancário. 2 Vol – As Operações Bancárias.* Lisboa: Editora Rei dos Livros, 1995.
ROMANO MARTINEZ, Pedro. *Contratos Comerciais – Apontamentos.* 1ª ed. Cascais: Principia, 2001.
ROMANO MARTINEZ, Pedro. *Contratos em Especial.* 2ª ed. Lisboa: Universidade Católica Editora, 1996.
SAAVEDRA, José Leyva. *Contratos de Financiamento Empresarial.* Lima: Revista de Derecho y Ciencia Política, Vol. 58 (n.º 1 – n.º 2), 2000.
THORNTON, Rosy. *Enforceability of leasehold convenants: more questions than answers.* Legal studies, Aberystwyth, vol. 11, n.º 1, Mar., 1991.
ULPH, Janet. *Sale and Lease-Back agreements in a world of title relativity: Michael Gerson (Leasing) Ltd v Wilkinson and State Securities Ltd.* The modern law review. Oxford, vol. 64, n.º 3, Maio, 2001.
VALENTE, J. Rosado. *Locação Financeira.* 2ª ed. Coimbra: Minerva, 1994.
VICÉNT, Eduardo Chuliá e ALANDETE, Teresa Beltrán. *Aspectos Jurídicos de los Contratos Atípicos.* III. Barcelona: José Maria Bosch Editor, 1998.

A RESPONSABILIDADE CIVIL DAS TRANSPORTADORAS AÉREAS EM VÔOS INTERNACIONAIS: UM ESTUDO COMPARADO ENTRE BRASIL E PORTUGAL

Beatriz da Silva Roland

Introdução

O transporte aéreo de pessoas e bagagens tem recebido atenção especial por parte dos operadores do direito desde o início do século XX, com os primeiros vôos de monoplanos. Desde então, houve um desenvolvimento exponencial nesta modalidade de transporte que propiciou grandes vantagens para os seus usuários. Como em qualquer atividade de massa e de risco, o seu crescimento também causou um aumento nos problemas que podem surgir em conseqüência das possíveis falhas na execução desta.

Este crescimento do transporte em geral juntamente com os problemas advindos do seu risco propiciaram duas grandes conseqüências jurídicas: modificaram o modo de se encarar a responsabilidade civil e, no que diz respeito ao transporte aéreo, suscitaram a redação de inúmeras convenções internacionais, tais como aquelas relativas ao Sistema de Varsóvia – Haia[91] (CVPH), que foram atualizadas pela Convenção

---

[91] A saber: Convenção de Varsóvia de 1929, Protocolo de Haia de 1955, Convenção de Guadalajara de 1961, Protocolo da Guatemala de 1971, Protocolos Adicionais de Montreal n.ºs 1, 2, 3 e 4 de 1975.

de Montreal de 1999, assim como de diplomas comunitários[92] e de direito interno[93].

Como a vigência da Convenção de Montreal de 1999, doravante CM, é recente – em Portugal está em vigor desde 4 de novembro de 2003 e no Brasil, desde o dia 19 de julho de 2006, há, principalmente no Brasil, muitas questões envolvendo a aplicação da novel Convenção. De plano, deve ser ressaltado que a CM somente é aplicável em sede de transporte aéreo internacional, tanto em Portugal como no Brasil. Em segundo lugar, parte-se do pressuposto que, no Brasil, a CM derrogou o Código de Defesa do Consumidor, doravante CDC, naquilo que a CM regula, por força do critério de solução de antinomias, em que, sendo duas leis especiais, a mais recente prevalece.

O presente estudo abordará problemas relativos à recusa de embarque, cancelamento de vôos, atrasos e mudança de classe de vôo, assim como lesões corporais e morte.

1. Recusa de Embarque, Cancelamento de Vôos, Atrasos e Mudança de Classe de Vôo

1.1. *Recusa de embarque*

Apesar da sua índole inovadora, a CM não instituiu qualquer disposição acerca da recusa de embarque do passageiro por motivo de sobrereserva, ou *overbooking*. A recusa de embarque caracteriza-se pela aceitação, pela transportadora, de um número de passageiros superior à capacidade física da aeronave[94] e pode configurar como cumprimento

---

[92] Regulamento (CE) n.º 2027/97, Regulamento (CE) n.º 889/2002, Regulamento (CE) n.º 295/91 e Regulamento (CE) n.º 261/2004, dentre outros.

[93] Especificamente no caso brasileiro: Decreto n.º 16.983 de 22 de julho de 1925 (revogado), sobre normas básicas para os serviços de navegação aérea; Decreto n.º 20.914 de 6 de janeiro de 1932 (revogado), regulamentando a execução dos serviços aeronáuticos civis; Código Brasileiro do Ar de 8 de junho de 1938 (revogado); Código Brasileiro do Ar de 18 de novembro de 1966 (revogado); Código Brasileiro de Aeronáutica de 19 de dezembro de 1986 (em vigor), em conjunto com as portarias editadas pelo Departamento de Aviação Civil (DAC) e o Novo Código Civil de 11 de janeiro de 2002. Em Portugal, é vigente o Decreto-Lei no 321/89, ainda que com aplicabilidade muito restrita.

[94] Cf. BUSTI, *Contratto di Transporto Aereo*, 2001, p. 483. Uma definição legal do termo "vôo sobrerreservado" encontra-se no art. 2.º.d) do Regulamento (CE) n.º 295/91:

defeituoso ou como incumprimento total da prestação, dependendo das circunstâncias do caso concreto.

Em relação a Portugal, por força da legislação comunitária, os passageiros que partem de um aeroporto situado em um Estado-Membro da EU assim como aqueles que partem de um aeroporto situado num país terceiro com destino a um aeroporto situado num Estado-Membro, sempre que o vôo seja operado por uma transportadora aérea comunitária[95] estão sujeitos ao Regulamento (CE) n.º 261/2004, que estabelece os direitos mínimos destes em caso de recusa de embarque.

Para terem direito aos benefícios do regulamento[96] os passageiros devem ter reserva confirmada para o vôo em questão, apresentando-se com a antecedência estabelecida por escrito ou, não sendo indicada qualquer hora, até 45 minutos antes da hora de partida publicada (art. 3.º.2.a) ou que tenham sido transferidos por uma transportadora aérea ou um operador turístico do vôo para o qual tinha reserva para outro vôo, independentemente do motivo (art. 3.º.2.b)[97]. O Regulamento aplica-se, igualmente, à transportadora contratual e àquela de fato (art. 3.º.5)[98].

---

um vôo em que o número de passageiros detentores de uma reserva confirmada e que se apresentem ao registo nos prazos e condições requeridos exceda o número de lugares disponíveis.

[95] Regulamento (CE) n.º 261/2004 Art. 2.c): *"Transportadora comunitária", uma transportadora aérea titular de uma licença de exploração válida concedida por um Estado-membro de acordo com o disposto no Regulamento (CEE) n.º 2407/92 do Conselho, de 23 de julho de 1992, relativo à concessão de licenças às transportadoras aéreas.*

[96] Estão excluídos do âmbito de aplicação do regulamento os passageiros com viagens gratuitas – à exceção dos bilhetes emitidos no âmbito de um programa de passageiro freqüente ou de outro programa comercial de uma transportadora aérea ou de um operador turístico – ou com tarifa reduzida não disponível, direta ou indiretamente, ao público (art. 3.º.3).

[97] Regulamento (CE) n.º 261/2004 art. 3.º: *2. O disposto no n.º 1 aplica-se aos passageiros que: a) Tenham uma reserva confirmada para o voo em questão e, salvo no caso de cancelamento a que se refere o artigo 5.º, se apresentarem para o registo: – tal como estabelecido e com a antecedência que tenha sido indicada e escrita (incluindo por meios electrónicos) pela transportadora aérea, pelo operador turístico ou pelo agente de viagens autorizado, ou, não sendo indicada qualquer hora, – até 45 minutos antes da hora de partida publicada; ou b) Tenham sido transferidos por uma transportadora aérea ou um operador turístico do voo para o qual tinham reserva para outro voo, independentemente do motivo.*

[98] Regulamento (CE) n.º 261/2004 art. 3.º.5: *O presente regulamento aplica-se a qualquer transportadora aérea operadora que forneça transporte a passageiros*

Determina o Regulamento (CE) n.º 261/2004 que, antes de recusar o embarque de qualquer passageiro, deve a transportadora apelar para voluntários que aceitem ceder suas reservas a troco de benefícios acordados entre as partes (art. 4.º.1 e 2)[99]. A estes voluntários devem ser oferecidos, pelo menos, o reembolso do preço de compra total do bilhete num prazo de sete dias e um vôo de regresso para o primeiro ponto de partida; ou o re-encaminhamento para o seu destino final na mesma data ou em data posterior, da conveniência do passageiro, sujeito à disponibilidade de lugares (art. 8.º)[100].

---

abrangidos pelos n.ºs 1 e 2. Sempre que uma transportadora aérea operadora, que não tem contrato com o passageiro, cumprir obrigações impostas pelo presente regulamento, será considerado como estando a fazê-lo em nome da pessoa que tem contrato com o passageiro.

[99] *Regulamento (CE) n.º 261/2004 art. 4.º: 1. Quando tiver motivos razoáveis para prever que vai recusar o embarque para num voo, uma transportadora aérea operadora deve, em primeiro lugar, apelar a voluntários que aceitem ceder as suas reservas a troco de benefícios, em condições a acordar entre o passageiro em causa e a transportadora aérea operadora. Acrescendo aos benefícios a que se refere o presente número, os voluntários devem receber assistência nos termos do artigo 8.º 2. Se o número de voluntários for insuficiente para permitir que os restantes passageiros com reservas possam embarcar, a transportadora aérea operadora pode então recusar o embarque a passageiros contra sua vontade.*

[100] *Regulamento (CE) n.º 261/2004 art. 8.º: 1. Em caso de remissão para o presente artigo, deve ser oferecida aos passageiros a escolha entre: a) – O reembolso no prazo de sete dias, de acordo com as modalidades previstas no n.º 3 do artigo 7.º, do preço total de compra do bilhete, para a parte ou partes da viagem não efectuadas, e para a parte ou partes da viagem já efectuadas se o voo já não se justificar em relação ao plano inicial de viagem, cumulativamente, nos casos em que se justifique, – um voo de regresso para o primeiro ponto de partida; b) O reencaminhamento, em condições de transporte equivalentes, para o seu destino final, na primeira oportunidade; ou c) O reencaminhamento, em condições de transporte equivalentes, para o seu destino final numa data posterior, da conveniência do passageiro, sujeito à disponibilidade de lugares. 2. A alínea a) do n.º 1 aplica-se igualmente aos passageiros cujos voos fazem parte de uma viagem organizada, salvo quanto ao direito a reembolso quando este se constitua ao abrigo da Directiva 90/314/CEE. 3. Sempre que uma cidade ou região for servida por vários aeroportos e uma transportadora aérea operadora oferecer aos passageiros um voo para um aeroporto alternativo em relação àquele para o qual tinha sido feita a reserva, a transportadora aérea operadora deve suportar o custo da transferência do passageiro desse aeroporto alternativo para o aeroporto para o qual a reserva tinha sido feita, ou para outro destino próximo acordado com o passageiro.*

Caso a recusa de embarque seja inevitável, os passageiros que permanecerem em terra têm direito à assistência do art. 8.º e do art. 9.º[101], que determina o oferecimento a título gratuito de refeições e bebidas, assim como alojamento em hotel, caso necessário, e o transporte entre o aeroporto e o hotel, duas chamadas telefônicas, mensagens via fax ou correio eletrônico, com especial atenção às pessoas com mobilidade reduzida e às crianças não acompanhadas. Esses passageiros também têm direito à indenização prevista no art. 7.º.1, assim determinada[102]:

Valor da indenização[103]	Distância do vôo
250 €	até 1.500 km (todos os vôos)
400 €	+ de 1.500 km (vôos intracomunitários) entre 1.500 km – 3.500 km (outros vôos)
600 €	todos os outros vôos ainda não abrangidos

---

[101] Regulamento (CE) n.º 261/2004 art. 9.º: *1. Em caso de remissão para o presente artigo, devem ser oferecidos a título gratuito aos passageiros: a) Refeições e bebidas em proporção razoável com o tempo de espera; b) Alojamento em hotel: – caso se torne necessária a estadia por uma ou mais noites, ou – caso se torne necessária uma estadia adicional à prevista pelo passageiro; c) Transporte entre o aeroporto e o local de alojamento (hotel ou outro). 2. Além disso, devem ser oferecidas aos passageiros, a título gratuito, duas chamadas telefónicas, telexes, mensagens via fax ou mensagens por correio electrónico. 3. Ao aplicar o presente artigo, a transportadora aérea operadora deve prestar especial atenção às necessidades das pessoas com mobilidade reduzida e de quaisquer acompanhantes seus, bem como às necessidades das crianças não acompanhadas.*

[102] Regulamento (CE) n.º 261/2004 art. 7.º: *1. Em caso de remissão para o presente artigo, os passageiros devem receber uma indemnização no valor de: a) 250 euros para todos os voos até 1500 quilómetros; b) 400 euros para todos os voos intracomunitários com mais de 1500 quilómetros e para todos os outros voos entre 1500 e 3500 quilómetros; c) 600 euros para todos os voos não abrangidos pelas alíneas a) ou b). Na determinação da distância a considerar, deve tomar-se como base o último destino a que o passageiro chegará com atraso em relação à hora programada devido à recusa de embarque ou ao cancelamento.*

[103] Regulamento (CE) n.º 261/2004 art. 7.º.3: *A indenização referida no n.º 1 deve ser paga em numerário, através de transferência bancária eletrônica, de ordens de pagamento bancário, de cheques bancários ou, com o acordo escrito do passageiro, através de vales de viagem e/ou outros serviços.*

O art. 7.º.2[104] determina uma atenuante de responsabilidade ao prever que no caso do re-encaminhamento do art. 8.º, a transportadora aérea pode reduzir a indenização do art. 7.º.1 em 50%, se a hora de chegada não exceder a hora de chegada programada originalmente em:

Tempo	Distância do vôo
2 horas	até 1.500 km (todos os vôos)
3 horas	+ de 1.500 km (vôos intracomunitários) entre 1.500 km – 3.500 km (outros vôos)
4 horas	todos os outros vôos não abrangidos

Esta indenização tarifada é um exemplo de responsabilidade com dano presumido, que é uma evolução ainda mais pronunciada da responsabilidade objetiva. Neste caso, a indenização tarifada paga pela transportadora aos passageiros é baseada em valores mínimos e não impede que estes venham a recorrer aos tribunais com pedido de indenização suplementar, como previsto no art. 12.º.1[105]; estão excluídos dessa possibilidade os passageiros voluntários que trocaram suas reservas a troco de benefícios, como disposto no art. 12.º.1[106].

Infelizmente, no Brasil não há legislação específica acerca do *overbooking*; algumas companhias aéreas, inclusive, alegam que esta prática é permitida de acordo com a Portaria 957/GM5/89 art. 11 do

---

[104] Regulamento (CE) n.º 261/2004 7.º: 2. *Quando for oferecido aos passageiros reencaminhamento para o seu destino final num voo alternativo nos termos do artigo 8.º, cuja hora de chegada não exceda a hora programada de chegada do voo originalmente reservado: a) Em duas horas, no caso de quaisquer voos até 1500 quilómetros; ou b) Em três horas, no caso de quaisquer voos intracomunitários com mais de 1500 quilómetros e no de quaisquer outros voos entre 1500 e 3500 quilómetros; ou c) Em quatro horas, no caso de quaisquer voos não abrangidos pelas alíneas a) ou b), a transportadora aérea operadora pode reduzir a indemnização fixada no n.º 1 em 50 %.*

[105] Regulamento (CE) n.º 261/2004 art. 12.º.1: *O presente regulamento aplica-se sem prejuízo dos direitos dos passageiros a uma indemnização suplementar. A indemnização concedida ao abrigo do presente regulamento pode ser deduzida desta indemnização.*

[106] Regulamento (CE) n.º 261/2004 art. 12.º.2: *Sem prejuízo dos princípios e normas relevantes do direito, incluindo a jurisprudência, o n.º 1 não se aplica aos passageiros que voluntariamente tenham aceite ceder a sua reserva nos termos do n.º 1 do artigo 4.º.*

DAC[107]. Entretanto, a jurisprudência tem refutado esta tese com base na prevalência do CDC[108]. Na realidade, a tendência jurisprudencial é de tratar esta prática com mais gravidade para o lesante em termos de indenização, pois esta traduz-se em desrespeito ao interesse do passageiro[109/110] em virtude de benefícios puramente econômicos.

---

[107] Portaria 957/GM5/89 do DAC art. 11: *Quando o usuário portador de bilhete com reserva confirmada deixar de embarcar no horário a que tem direito, em razão de preterição ou excesso de passageiros, deverá ser acomodado pela empresa em outro vôo, próprio ou de congênere, no prazo máximo de 4 horas após a partida da aeronave.* Parágrafo único. *Se o usuário concordar em viajar em outro vôo do mesmo dia ou do dia seguinte, a empresa transportadora deverá proporcionar-lhe facilidades de comunicação, hospedagem e alimentação em locais adequados, bem como transporte de e para o aeroporto, se for o caso.*

[108] Cf. REsp 481931/MA, onde o relator determina em seu voto: "O autor promoveu ação de indenização contra a ré porque, por duas vezes, em Fortaleza e em São Luís, foi impedido de embarcar no vôo para o qual adquirira bilhete por ter a companhia aérea vendido maior número de passagens do que o permitido pela capacidade da aeronave (*overbooking*). O r. acórdão recorrido afirmou que o impedimento de embarque em razão da prática do *overbooking* não é causa de dano indenizável, mas comportamento permitido pela legislação. Tenho que esse fundamento aceito pela r. Câmara não se sustenta diante do que consta do CDC, uma vez que há evidente descumprimento do contrato celebrado entre a empresa aérea e seu passageiro, mediante a emissão da passagem. No caso dos autos, o autor não foi embarcado no vôo previsto e isso certamente lhe trouxe transtorno, como é da experiência comum. Ao que consta, não embarcou no mesmo dia. Houve violação ao disposto no art. 22, § único, do CDC, que deveria ter sido aplicado e não o foi. A situação é de atraso de vôo, hipótese seguidamente examinada neste Tribunal, conforme se vê dos precedentes citados pelo recorrente, causa de dano indenizável. A fundamentação do r. acórdão, calcado em depoimento de um aeroviário que informou ter o passageiro chegado com atraso ao aeroporto, refere-se apenas a um dos fatos, quando são dois os motivos que fundamentam o pedido do autor.Posto isso, conheço do recurso, pela alínea *a*, e dou-lhe provimento, para julgar procedente em parte o pedido, deferindo ao autor a indenização correspondente a R$ 6.000,00. Custas pela ré, que pagará honorários de 15% sobre o valor da condenação. É o voto".

[109] Neste sentido, são sensatos os argumentos do Ministro Relator no REsp 488715/SP: "No que diz com o valor do dano moral, o entendimento que hoje predomina neste Tribunal é no sentido de que em casos tais é cabível o conhecimento do especial, quando exagerada ou irrisória a indenização arbitrada, seja por ofensa ao dispositivo de lei que trata da responsabilidade civil do causador do dano, seja por divergência jurisprudencial. No caso, a recorrente demonstrou de modo suficiente o dissídio, pelo que conheço do recurso. A quantia deferida, de 100 salários mínimos para cada um dos cinco autores, sendo quatro menores de idade, destoa dos valores ordinariamente escolhidos para a reparação do dano em situação como a dos autos. A viagem de Miami para o Brasil foi

1.2. Cancelamento do vôo

A CM não prevê qualquer disposição para os casos de cancelamento do vôo. Em Portugal, deve se recorrer ao Regulamento (CE) n.º 261/2004 e no Brasil, ao CDC e ao Código Civil de 2002.

Prevê o Regulamento (CE) n.º 261/2004 que no caso de cancelamento do vôo, os passageiros têm direito ao já mencionado reembolso ou re-encaminhamento do art. 8.º, aliado à assistência do art. 9.º quanto a refeições e bebidas gratuitas em proporção razoável ao tempo de espera e também aos meios de comunicação do art. 9.º.2, igualmente transcritos anteriormente. Os casos de cancelamento são regulados no art. 5.º[111].

---

interrompida porque os passageiros não conseguiram embarcar no avião da ré, embora a sua bagagem fosse despachada, e foram obrigados a permanecer na sala de outra companhia aérea, pois não dispunham de visto para permanecer nos EEUU, e depois de mais de dez horas adquiriram passagens em outra empresa, só então iniciando a viagem de retorno. Atendendo aos nossos precedentes, tenho que a importância de R$ 6.000,00, corrigidos a partir de hoje, atende à necessidade de reparação dos danos extrapatrimoniais sofridos pelos autores. Para isso considero que o atraso decorreu do mau procedimento atribuído à empresa, que preferiu o *overbooking* a respeitar o interesse e a expectativa de seus passageiros, ao constrangimento pelo despacho da bagagem, à permanência em sala isolada no aeroporto estrangeiro e à necessidade de aquisição de passagens em outra empresa.Posto isso, conheço em parte do recurso e dou-lhe parcial provimento, a fim de reduzir para R$ 6.000,00 a indenização devida a cada um dos autores".

[110] Com uma verba indenizatória idêntica àquela do acórdão precedente, temos o REsp 628828/RJ: "Registre-se que o impedimento de vôo em virtude de overbooking, por si só, já é capaz de ensejar a reparação por danos morais. Relativamente ao quantum estipulado a título de danos morais, assiste razão à recorrente, porquanto revela-se exagerado e desproporcional à situação fática aludida. Com efeito, esta Turma tem em geral admitido valores mais modestos para situações semelhantes, evitando o enriquecimento ilícito da ofendida. Portanto, considero, data venia, elevada a condenação em cem salários mínimos. Tendo em vista as peculiaridades da espécie, em que existente overbooking, tendo a recorrente aguardado longamente tanto na Argentina quanto na imprevista conexão nos Estados Unidos, inclusive acarretando retenção sob vigilância de autoridades locais, fixo a condenação em R$ 6.000,00".

[111] Regulamento (CE) n.º 261/2004 art. 5.º: *1. Em caso de cancelamento de um voo, os passageiros em causa têm direito a: a) Receber da transportadora aérea operadora assistência nos termos do artigo 8.º; e b) Receber da transportadora aérea operadora assistência nos termos da alínea a) do n.º 1 e do n.º 2 do artigo 9.º, bem como, em caso de reencaminhamento quando a hora de partida razoavelmente prevista do novo voo for, pelo menos, o dia após a partida que estava programada para o voo cancelado, a assistência especificada nas alíneas b) e c) do n.º 1 do artigo 9.º; e c) Receber da transpor-*

Caso um novo vôo seja previsto para o dia seguinte da partida original, os passageiros também têm direito a alojamento em hotel e o transporte entre o aeroporto e o hotel (art. 5.º.1.b).

O direito à indenização do art. 7.º é mantido; contudo a transportadora pode valer-se do cumprimento do dever de informação como meio de defesa para exonerar-se da indenização nos seguintes termos:
  a. se houver informado aos passageiros do cancelamento com pelo menos duas semanas de antecedência da hora original de partida (art. 5.º.1.c.i), ou
  b. se houver informado aos passageiros do cancelamento entre duas semanas e sete dias de antecedência da hora original de partida, oferecendo-lhes um reencaminhamento para um vôo com partida até duas horas antes da hora originalmente programada e chegada até quatro horas depois da hora originalmente programada (art. 5.º.1.c.ii), ou
  c. se houver informado aos passageiros do cancelamento menos de sete dias de antecedência da hora original de partida, oferecendo-lhes um reencaminhamento para um vôo com partida até uma hora antes da hora originalmente programada e chegada até duas horas depois da hora originalmente programada (art. 5.º.1.c.iii).

No Brasil, as conseqüências do cancelamento de um vôo, seja ele doméstico ou internacional, são determinadas pela letra do CDC e do CC.

---

tadora aérea operadora indemnização nos termos do artigo 7.º, salvo se: i) tiverem sido informados do cancelamento pelo menos duas semanas antes da hora programada de partida, ou ii) tiverem sido informados do cancelamento entre duas semanas e sete dias antes da hora programada de partida e se lhes tiver sido oferecido reencaminhamento que lhes permitisse partir até duas horas antes da hora programada de partida e chegar ao destino final até quatro horas depois da hora programada de chegada, ou iii) tiverem sido informados do cancelamento menos de sete dias antes da hora programada de partida e se lhes tiver sido oferecido reencaminhamento que lhes permitisse partir até uma hora antes da hora programada de partida e chegar ao destino final até duas horas depois da hora programada de chegada. 2. Ao informar os passageiros do cancelamento, devem ser prestados esclarecimentos sobre eventuais transportes alternativos. 3. A transportadora aérea operadora não é obrigada a pagar uma indemnização nos termos do artigo 7.º, se puder provar que o cancelamento se ficou a dever a circunstâncias extraordinárias que não poderiam ter sido evitadas mesmo que tivessem sido tomadas todas as medidas razoáveis. 4. O ónus da prova relativamente à questão de saber se e quando foi o passageiro informado do cancelamento, recai sobre a transportadora aérea operadora.

O cancelamento de um vôo deve ser entendido como um caso de inadimplemento contratual, e a transportadora responde objetivamente pelos danos materiais e morais causados aos passageiros, sem qualquer teto indenizatório, sendo excluída a sua responsabilidade somente em virtude de força maior ou fato exclusivo da vítima.

1.3. *Atrasos*

A CM, em seu art. 19.º[112], refere-se aos atrasos no transporte aéreo de passageiros, bagagens e mercadorias, determinando responsabilidade subjetiva com culpa da transportadora. Assim, excluem a responsabilidade da transportadora a prova da diligência devida do art. 19.º, assim como a cláusula geral de exclusão e atenuação por fato exclusivo ou culpa concorrente da vítima do art. 20.º[113].

A diligência devida[114], comumente estabelecida na fórmula "se provar que ela ou os seus trabalhadores ou agentes adotaram todas as medidas que poderiam razoavelmente ser exigidas[115] para evitar o dano ou

---

[112] CM art. 19.º: *A transportadora é responsável pelo dano resultante de atraso no transporte aéreo de passageiros, bagagens ou mercadorias. Não, obstante, a transportadora não será responsável pelo dano resultante de atraso se provar que ela ou os seus trabalhadores e agentes adoptaram todas as medidas que poderiam razoavelmente ser exigidas para evitar o dano ou que lhes era impossível adoptar tais medidas.*

[113] CM art. 20.º: *Se provar que foi negligência ou outro acto doloso ou omissão da pessoa que reclama a indemnização, ou da pessoa de quem emanam os direitos da primeira, que causou ou contribuiu para o dano, a transportadora será total ou parcialmente exonerada da sua responsabilidade perante o requerente na medida em que tal negligência, acto doloso ou omissão causou ou contribuiu para o dano. Qdo a indemnização por motivo de morte ou lesão corporal de um passageiro é reclamada por terceiro, a transportadora será igualmente total ou parcialmente exonerada de sua responsabilidade na medida em que provar que foi negligência ou outro acto doloso ou omissão do passageiro que causou ou contribuiu para o dano. O presente artigo aplica-se a todas as disposições em matéria de responsabilidade de presente convenção, incluindo o n.º 1 do art. 21.º.*

[114] Cf. PONET, *Le Transport Aérien, 1986*, p. 116.

[115] No transporte aéreo, a diligência devida tem origem ainda na CV de 1929. Na redação original, utilizou-se o termo "medidas necessárias", que suscitou grande polêmica na jurisprudência quanto à sua definição. Há duas correntes jurisprudenciais majoritárias de interpretação – a restritiva e a extensiva. A primeira exige do transportador a

que lhes era impossível adotar tais medidas", deve ser tomada no seu sentido "normativo"[116] do termo; i.e., no esforço exigível para obter o cumprimento de um dever. Da redação do artigo, extraímos a conclusão que há uma presunção de responsabilidade da transportadora e que a ela incumbe o *onus probandi*; pela utilização do advérbio "razoavelmente" também podemos concluir que a diligência devida é aquela do bom pai de família.

Para o atraso de passageiros, o limite estabelecido pela CM é de 4.150 DSE[117] por passageiro, como determinado no artigo 22.º.1[118], limite este que pode ser afastado mediante conduta culposa da transportadora, seus trabalhadores ou agentes, de acordo com o art. 22.º.5[119], em um caso

---

prova da causa exata do dano (sem ela, o transportador não pode alegar a exoneração do art. 19.º) e que ele e seus prepostos tomaram todas as medidas necessárias e possíveis para evitar justamente a causa do dano. Na interpretação extensiva, adotada pelo texto da CM, exige-se que o transportador prove que ele e seus prepostos tomaram todas as medidas necessárias, normais e razoáveis que lhe possibilitasse a execução normal e não-danosa do contrato, sem a necessidade de demonstração de culpa.

[116] PESSOA JORGE, *Ensaio sobre os Pressupostos da Responsabilidade Civil*, 1999, pp. 76-77, refere-se a três possíveis concepções para a idéia de "diligência" (subjetiva, normativa e objetiva), destacando que o plano normativo é aquele que interessa ao Direito; para o autor, a diligência normativa é "o grau de esforço exigível para determinar e executar a conduta que representa o cumprimento de um dever".

[117] Nos anos 1960 – 1970, uma crise monetária internacional criou um descompasso entre o preço oficial do ouro e seu preço de mercado. Assim, com a especulação, o ouro deixa de ser confiável como padrão para conversão em moedas. Como os diplomas do Sistema de Varsóvia – Haia tinham como medida o franco-ouro, a OACI propôs a substituição do franco-poincaré pelos Direitos de Saque Especiais (DSE) por meio de diversos protocolos. O DSE é "una moneda hibrida formada por el valor ponderado de las cinco monedas más fuertes, calculado de acuerdo com la fórmula específica prevista por el citado organismo (FMI)" (VALDIVIA, *La Responsabilidad del Transportista Aéreo en la Unión Europea*, 2002, pp. 18-19). A proporção da cesta das cinco moedas é: dólar americano (40%), euro (32%), iene japonês (17%) e libra esterlina britânica (11%).

[118] CM art. 22.º.1: *No transporte de pessoas, em caso de dano causado por atraso, conforme especificado no art. 19.º, a responsabilidade da transportadora está limitada a 4.150 direitos de saque especiais por passageiro.*

[119] CM art. 22.º.5: *As disposições previstas nos n.ᵒˢ 1 e 2 não são aplicáveis se se provar que o dano resultou de acto ou omissão da transportadora, seus trabalhadores ou agentes, cometido com a intenção de causar dano ou de forma imprudente e com consciência de que poderia provavelmente ocorrer dano; caso tal acto ou omissão tenha sido cometido por um trabalhador ou agente, deve igualmente ser provado que o trabalhador ou agente agia no exercício de suas funções.*

não de atenuação ou exclusão da responsabilidade, mas o contrário, no seu agravamento. Lembramos que a culpa, na redação do artigo 22.º. 5 ("com consciência de que poderia provavelmente ocorrer dano"), deve ser apreciada *in abstracto*, bastando para sua configuração a conduta temerária do agente, i.e. da omissão da conduta devida por este[120].

Entretanto, a CM não determina a duração do atraso, fazendo com que o montante da indenização seja determinado ou por acordo entre as partes ou pelo juízo do litígio. Tal omissão recebeu duras críticas doutrinárias que viu na CM uma possibilidade de solucionar algumas questões polêmicas do Sistema de Varsóvia – Haia[121].

Já o Regulamento (CE) n.º 261/2004 prevê medidas predeterminadas para atrasos compreendidos por um período de tempo específico, a saber, de acordo com o art. 6.º.1[122] e 2:

Tempo de atraso	Distância do vôo	Medidas a serem tomadas
2 horas ou mais	até 1.500 km (todos os vôos)	oferecimento a título gratuito de refeições e bebidas, assim como alojamento em hotel, caso necessário, e o transporte entre o aeroporto e o hotel, duas chamadas telefônicas, mensagens via fax ou correio eletrônico
3 horas ou mais	+ de 1.500 km (vôos intracomunitários) entre 1.500 km – 3.500 km (outros vôos)	
4 horas ou mais	todos os outros vôos não abrangidos	além das medidas anteriores, o reembolso do preço de compra total do bilhete num prazo de sete dias e um vôo de regresso para o primeiro ponto de partida

---

[120] Cf. Pessoa Jorge, *op. cit.*, p. 69.

[121] Cf. Comenale Pinto, "La Responsabilità del Vettore Aereo dalla Convenzione di Varsavia del 1929 alla Convenzione di Montreal del 1999", 2002, p. 102.

[122] Regulamento (CE) n.º 261/2004 art. 6.º: *1. Quando tiver motivos razoáveis para prever que em relação à sua hora programada de partida um voo se vai atrasar: a) Duas horas ou mais, no caso de quaisquer voos até 1500 quilómetros; ou b) Três horas ou mais, no caso de quaisquer voos intracomunitários com mais de 1500 quilómetros e no de quaisquer outros voos entre 1500 e 3500 quilómetros; ou c) Quatro horas ou mais, no caso de quaisquer voos não abrangidos pelas alíneas a) ou b), a transportadora aérea operadora deve oferecer aos passageiros: i) a assistência especificada na alínea a) do n.º 1 e no n.º 2 do artigo 9.º, e ii) quando a hora de partida razoavelmente prevista for, pelo menos, o dia após a hora de partida previamente anunciada, a assistência especificada nas alíneas b) e c) do n.º 1 do artigo 9.º, e iii) quando o atraso for de, pelo menos, quatro horas, a assistência especificada na alínea a) do n.º 1 do artigo 8.º.*

O Regulamento (CE) n.º 261/2004 prevê a exoneração de responsabilidade da transportadora do pagamento de indenização se esta provar que o cancelamento ou o atraso ocorreram em virtude de circunstâncias extraordinárias que não poderiam ter sido evitadas mesmo que tivessem sido tomadas todas as medidas razoáveis (art. 5.º. 3)[123].

As circunstâncias extraordinárias do Regulamento (CE) nº 261/2004 podem ser encontradas no considerando (14)[124], que menciona algumas a título exemplificativo: instabilidade política, condições meteorológicas incompatíveis com a realização do vôo, riscos de segurança, falhas inesperadas para a segurança do vôo e greves que afetem o funcionamento da transportadora aérea. Deve-se fazer duas ressalvas em relação ao texto:
 a) no que pese o referido considerando abranger o Regulamento como um todo, entendemos que as excludentes mencionadas acima não têm qualquer vínculo com a questão da sobrereserva, que tem natureza meramente econômico-administrativa, e
 b) há referência direta à CM; entretanto, a responsabilidade da transportadora em caso de morte ou lesão corporal até 100 000 DSE não é elidida por circunstâncias extraordinárias, mas somente por fato exclusivo da vitima. Acima deste valor é que entendemos ser cabível a análise de força maior.

Entretanto, o entendimento aqui perfilhado é que essas excludentes devem ser analisadas com prudência, com base no caso concreto. O *Tribunal de Commerce de Paris* decidiu – a nosso ver, acertadamente – em 9 de janeiro de 1979, com confirmação da *Cour d´Appel de Paris*, em 16 de abril de 1980, que a responsabilidade da transportadora não poderia

---

[123] Regulamento (CE) no 261/2004 art. 5.º: *3. A transportadora aérea operadora não é obrigada a pagar uma indemnização nos termos do artigo 7.º, se puder provar que o cancelamento se ficou a dever a circunstâncias extraordinárias que não poderiam ter sido evitadas mesmo que tivessem sido tomadas todas as medidas razoáveis.*

[124] *(14) Tal como ao abrigo da Convenção de Montreal, as obrigações a que estão sujeitas as transportadoras aéreas operadoras deverão ser limitadas ou eliminadas nos casos em que a ocorrência tenha sido causada por circunstâncias extraordinárias que não poderiam ter sido evitadas mesmo que tivessem sido tomadas todas as medidas razáveis. Essas circunstâncias podem sobrevir, em especial, em caso de instabilidade política, condições meteorológicas incompatíveis com a realização do voo em causa, riscos de segurança, falhas inesperadas para a segurança do voo e greves que afectem o funcionamento da transportadora aérea.*

ser elidida sob a alegação de força maior por instabilidade política. A Corte entendeu que como a transportadora efetuava vôos regulares entre Paris e Beirute, ela não poderia ignorar a guerra civil naquele país, não havendo a característica necessária de inevitabilidade e da imprevisibilidade da força maior[125].

A influência dos fatores meteorológicos adversos como eximentes de responsabilidade deve, igualmente, ser sopesada *in casu*, analisada conjuntamente com o local de ocorrência e também com o atual estado da técnica. Neste sentido, um fenômeno natural, por si só, não é apto para elidir a responsabilidade. O que o encaminha para a caracterização de força maior é a sua anormalidade associada à irresistibilidade[126].

Afigura-se sólido o entendimento que a rapidez é subordinada à segurança[127]. Ressalte-se, contudo, que casos de atraso ou cancelamento do vôo por falha mecânica da aeronave ou por necessidade de manutenção da aparelhagem não caracterizam a força maior, sendo relacionados ao risco da atividade e plenamente previsíveis, não sendo possível aqui vislumbrar a exclusão da responsabilidade da transportadora[128].

No julgado *Air France c. Lamour* 1972 RFDA 47 (Cass. 10 Nov. 1971), o vôo foi adiado em função de uma greve com prévio conhecimento da transportadora. O Tribunal considerou que havia ocorrido uma quebra contratual e o passageiro teve direito à indenização para além dos limites do art. 22.º da Convenção de Varsóvia de 1929 modificada pelo

---

[125] Cf. PONET, *op. cit.*, p. 120.

[126] MORSELLO, *Responsabilidade Civil no Transporte Aéreo,* 2006, p. 319, resume bem esta questão: "Tendo em vista o princípio da prevenção, em cotejo com aparelhagem apta à detecção dos fenômenos supradescritos, no âmbito da evolução do estado da técnica no ramo aeronáutico, impõe-se ao comandante da aeronave evitá-los, porquanto se tornaram previsíveis. Por via de conseqüência, não subsistirá a força maior extrínseca, na hipótese de dano derivado de referidas condições, quando detectáveis previamente, afigurando-se factível a tomada de medidas preventivas eficazes, de modo a elidir a irresistibilidade, ínista à referida eximente. Por outro lado, ainda que prevista, mas não se afigurando possível, de acordo com as circunstâncias objetivas, a tomada de medidas preventivas eficazes, em cotejo com evento irresistível, a eximente subsistirá".

[127] Cf. PONET, op. cit., p. 118.

[128] Cf. RT 799/242, cuja ementa determina: É dever do transportador aéreo providenciar a manutenção e a conservação de suas aeronaves, de molde a prevenir defeitos ou quebras que venham a ensejar atrasos de vôo, razão pela qual eventuais falhas mecânicas no avião não constituem motivo de força maior, apto a excluir a responsabilidade objetiva do transportador pelos danos causados a passageiro pelo atraso em vôo doméstico.

Protocolo de Haia de 1955[129]. Assim, se a greve foi empreendida pelos próprios funcionários da empresa, cabia a esta tomar providências necessárias para que os serviços prestados não fossem afetados. Caso contrário, entendemos que é caso de cumprimento defeituoso da prestação ou até mesmo de inadimplemento e, portanto, suscetível de gerar a obrigação de indenizar.

No Brasil, por sua vez, não há legislação contendo medidas obrigatórias para as transportadoras aéreas em caso de atraso[130]. Entretanto, as cortes brasileiras têm decidido no sentido que fato de manutenção imprevista na aeronave[131] não elide a responsabilidade da transportadora uma vez que constitui fortuito interno[132]. Ademais, há diversos julgados em que as transportadoras não conseguiram fazer prova de que tomaram todas as medidas necessárias ou que lhes era impossível tomá-las[133].

---

[129] Cf. GOLDHIRSH, *The Warsaw Convention Annotated: A Legal Handbook*, 2000, p. 108. Atualmente, em virtude do considerando n.º 7 do Regulamento (CE) n.º 261/2004, à primeira vista, a transportadora não seria considerada responsável, pois a greve de trabalhadores está elencada como uma circunstância extraordinária eximente de responsabilidade da companhia aérea. Discutiremos este assunto em detalhes posteriormente.

[130] No Brasil, para transporte doméstico, há previsão legislativa de ressarcimento de dano material quando o atraso exceder quatro horas[130], sendo facultado ao passageiro o embarque em outra aeronave para o mesmo destino, ou o reembolso do preço pago pelo bilhete. Em atrasos com tempo inferior a quatro horas, a tendência das cortes é de desconsiderar o cabimento do ressarcimento por danos morais, como se depreende do REsp 594570/SP, cuja ementa observa: O atraso de menos de duas horas no vôo, com espera em aeroporto dotado de boa infra-estrutura, com hospedagem em bom hotel, boa alimentação e transporte, afasta a caracterização de dano moral, não passando de mero percalço, dissabor passageiro ou contratempo a que estão sujeitas as pessoas em sua vida cotidiana.

[131] Cfr.REsp 257100/SP, em cujo voto, o Ministro Relator afirma que a exculpação, de que houve problema técnico ligado à aeronave não é causa de exoneração de responsabilidade do transportador, porquanto é fato previsível e conexo ao transporte.

[132] Cfr. REsp 304705/RJ, cuja ementa observa: Processo civil. Apelação. Responsabilidade civil. Transporte aéreo. Relação de consumo. Atraso no vôo. Dano material, indenização devida. Tratando-se de responsabilidade contratual objetiva, à luz do Codecon, deve a empresa aérea indenizar o dano material, traduzido no pagamento de hospedagem não usufruída, em decorrência de atraso de 48 horas do vôo, eis que provado o nexo da causalidade. Pane na aeronave. Fortuito interno. Não exoneração do dever de ressarcimento. É sabido que o fortuito interno é o fato que se liga à organização da empresa, relacionando-se com os riscos da atividade desenvolvida pelo transportador. Assim sendo, a suposta ocorrência de fortuito interno não é suficiente para exonerar a companhia aérea do dever de indenizar.

[133] Cfr., dentre outros, REsp 293118/SP; REsp 223939/SP; REsp 197808/SP, REsp 253552/SP, REsp 219094/SP e REsp 218433/SP.

Em termos jurisprudenciais brasileiros, temos uma enorme variedade de casos onde se reclamam danos materiais e danos morais. Há julgados que consideram a aplicabilidade da indenização tarifada das convenções internacionais[134] – no caso de danos empreendidos antes da entrada em vigor da CM. Há outros que ponderam que os limites indenizatórios das convenções internacionais são meros indicativos em se tratando de danos materiais, e determinam a indenização em moeda nacional corrente por força do CDC[135/136]. Assim sendo, os valores por esta apresentados possuem natureza meramente indicativa, sem comportar qualquer força vinculante para as cortes brasileiras.

É também de se notar que o STJ tem o valor de 332 DSE como parâmetro[137] de indenização por dano moral em virtude de atraso[138].

---

[134] Cfr. REsp. 157.561/SP, cuja ementa determina: TRANSPORTE AÉREO DE PASSAGEIROS: ATRASO DE VÔO INTERNACIONAL. LIMITE INDENIZATÓRIO. Proposta ação de indenização contra empresa aérea, motivada por atraso no transporte de passageiros em vôo internacional, aplicam-se os limites indenizatórios fixados nos arts. 19 e 22(3) da Convenção de Varsóvia, modificados pelo Protocolo de Haia e vigentes no Brasil, por força dos Decretos 20.704/31 e 56.463/65. No caso, os limites de indenização por atraso de vôos previstos no Adicional n.º 3 à Convenção de Varsóvia, ainda, não têm aplicação no âmbito do direito interno e externo. Recurso conhecido e provido em parte.

[135] Cfr. REsp. 257100/SP, cuja ementa determina que: TRANSPORTE AÉREO INTERNACIONAL. ATRASO. VALOR DA INDENIZAÇÃO. A jurisprudência vem admitindo que em caso de atraso do vôo, sem prova de outro dano além do transtorno decorrente da demora (no caso, de nove horas), o valor da indenização pode corresponder a 332 DES, que correspondem a 5.000 Francos *Poincaré* (arts. 19 e 22 da Convenção de Varsóvia, com as modificações da Convenção de Haia e Protocolos 1 e 2 de Montreal). As normas internacionais vieram a debate porque o pedido foi formulado em Francos *Poincaré* e o valor da indenização foi definido tendo em conta os parâmetros nelas mencionados, que servem como valores estimativos da indenização, mas não como limites máximos. A superveniência do texto constitucional, assegurando a indenização do dano moral sem restrições quantitativas, e do Código de Defesa do Consumidor, consagrando a indenização plena dos danos causados pelo mau funcionamento do serviço, na relação de consumo, como é o caso, garantem ao lesado indenização em valores reais, sem teto previamente definido a favor do transportador.

[136] No mesmo sentido, REsp 575486/RJ.

[137] Há um caso interessante na jurisprudência brasileira (REsp 480617/SP), em que um avião da British Airways, em um vôo de São Paulo a Londres, já se encontrava na cabeceira da pista quando retornou ao setor de embarque com problemas nos freios. Durante uma hora e trinta minutos técnicos fizeram a manutenção na parte inferior da aeronave, com os passageiros embarcados. Em seguida, o avião direcionou-se para uma área distante do embarque e o comandante iniciou uma série de testes com a aeronave,

1.4. Mudança de classe de vôo

A CM nada menciona sobre a colocação do passageiro numa classe de vôo diferente daquela originalmente acordada em contrato. Na UE, o Regulamento (CE) n.º 261/2004 determina que se, por qualquer motivo, a transportadora colocar o passageiro numa classe superior àquela para que o bilhete foi adquirido, ela não pode exigir qualquer pagamento suplementar (art. 10.º.1)[139]. Entretanto, caso ocorra o contrário, i.e., a colocaçao numa classe inferior àquela para qual o bilhete foi adquirido, deve a transportadora proceder ao reembolso no prazo de sete dias, nas seguintes condições do art. 10.º.2[140]:

---

incluindo um teste com as turbinas em potência máxima, ocasionando gritaria generalizada entre os passageiros, e que em um segundo momento, houve pânico em virtude de uma forte compressão seguida de um forte solavanco ocasionando, mais uma vez, gritaria generalizada a bordo da aeronave, que retornou ao ponto de embarque. A autora solicitou à tripulação para sair do avião, sendo impedida pelos comissários, que passaram a servir o jantar em terra. Somente após o jantar, foi permitido aos passageiros saírem do avião e o vôo, efetivamente, não se realizou. A autora pleiteou junto aos tribunais danos morais no valor de 10.000 salários mínimos, acrescidos de R$ 640,00 relativos à multa pela desistência do curso de inglês que faria na Inglaterra. Os danos materiais foram denegados e os danos morais foram fixados em 332 DSE por atraso no vôo, por ser o parâmetro de indenização do STJ. Note-se que o Tribunal desconsiderou todas circunstâncias que envolveram o incidente, sendo extremamente tímido na condenação da empresa-ré.

[138] Cfr. REsp 221215/SP: CIVIL. AÇÃO DE INDENIZAÇÃO. ATRASO DE VÔO (24 HORAS). DANO MORAL. CDC. VALOR. I. Após o advento do Código de Defesa do Consumidor, as hipóteses de indenização por atraso de vôo não se restringem às situações elencadas na Convenção de Varsóvia, o que, de outro lado, não impede a adoção de parâmetros indenizatórios nela ou em diplomas assemelhados estabelecidos. II. Inobstante a infra-estrutura dos modernos aeroportos ou a disponibilização de hotéis e transporte adequados, tal não se revela suficiente para elidir o dano moral quando o atraso no vôo se configura excessivo, a gerar pesado desconforto e aflição ao passageiro, extrapolando a situação de mera vicissitude ou contratempo, estes plenamente suportáveis. III. Ressarcimento fixado em parâmetro razoável, no equivalente a 332 DES (antigos 5.000 francos poincaré), compatível com a situação descrita no acórdão estadual. No mesmo sentido, REsp 307049/RJ, REsp 219964/SP e REsp 219094/SP.

[139] Regulamento (CE) n.º 261/2004 art. 10.º: 1. *Se colocar um passageiro numa classe superior àquela para que o bilhete foi adquirido, a transportadora aérea operadora não pode exigir qualquer pagamento suplementar.*

[140] Regulamento (CE) n.º 261/2004 art. 10.º: 2. *Se colocar um passageiro numa classe inferior àquela para a qual que o bilhete foi adquirido, a transportadora aérea operadora reembolsa no prazo de sete dias, de acordo com as modalidades previstas no*

Valor do reembolso	Condições
30% do preço do bilhete	vôos até 1500 km
50% do preço do bilhete	vôos intracomunitários com mais de 1500km todos os outros vôos entre 1500 e 3000 km
75% do preço do bilhete	todos os vôos não abrangidos acima

No Brasil, tampouco há qualquer disposição que regule a matéria. Entretanto, podemos considerar que a colocação do passageiro em classe superior àquela contratada por motivos de interesse da transportadora, no que pese francamente favorável ao consumidor, não pode estar atrelada a qualquer espécie de cobrança suplementar. Já a situação inversa configura cumprimento defeituoso da prestação, ensejando responsabilidade civil objetiva pelo vício do serviço que, por sua vez, gera para a transportadora a obrigação de indenizar o passageiro pelos danos causados. O dispositivo que regula a matéria, o CDC art. 20[141], prevê três possibilidades alternativas à escolha do passageiro, que, a nosso ver, no caso em tela teriam os seguintes contornos:

a) a reexecução do serviço – entendemos que ainda que o passageiro tenha aceitado o transporte em classe inferior, esta alternativa obrigaria à transportadora a oferecer novo bilhete para o mesmo trajeto e na classe originalmente estipulada, na data de conveniência do passageiro;

---

n.º 3 do artigo 7.º: a) 30 % do preço do bilhete para todos os voos até 1500 quilómetros; ou b) 50 % do preço do bilhete para todos os voos intracomunitários com mais de 1500 quilómetros, com excepção dos voos entre o território europeu dos Estados-Membros e os departamentos ultramarinos franceses, e para todos os outros voos entre 1500 e 3500 quilómetros; ou c) 75 % do preço do bilhete para todos os voos não abrangidos nas alíneas a) ou b), incluindo os voos entre o território europeu dos Estados-Membros e os departamentos ultramarinos franceses.

[141] *CDC art. 20: O fornecedor de serviços responde pelos vícios de qualidade que os tornem impróprios ao consumo ou lhes diminuam o valor, assim como por aqueles decorrentes da disparidade com as indicações constantes da oferta ou mensagem publicitária, podendo o consumidor exigir, alternativamente e à sua escolha: I – a reexecução dos serviços, sem custo adicional e quando cabível; II – a retituição imediata da quantia paga monetariamente atualizada, sem prejuízo de eventuais perdas e danos; III – o abatimento proporcional do preço.*

b) a restituição da quantia paga, sem prejuízo de eventuais perdas e danos – esta alternativa seria possível somente se o passageiro recusasse o embarque em classe inferior, permanecendo em terra. A transportadora teria que devolver não somente o valor integralmente pago pelo bilhete, mas teria que arcar igualmente com os danos materiais e morais do evento; e
c) o abatimento proporcional do preço – neste caso, o passageiro aceitaria o embarque na classe inferior, mas a transportadora devolveria proporcionalmente o valor pago da classe efetivamente voada.

2. Lesões Corporais e Morte

Na UE, e especificamente em Portugal, a responsabilidade civil das transportadoras aéreas em caso de lesões corporais e morte é regulada tanto pela CM[142] quanto pelo Regulamento (CE) n.º 2027/97. No Brasil, como vimos, as disposições da CM são aplicadas em sede de transporte aéreo internacional; já para os transportes aéreos domésticos, aplicamos o CDC, o CC e o CBA. Entretanto, há aspectos específicos do assunto que devem ser lembrados antes de prosseguirmos com nossa análise.

Como a responsabilidade civil da transportadora no caso de morte ou lesão corporal de passageiros tem natureza contratual, há uma controvérsia doutrinária em Portugal no que diz respeito à indenização por danos morais. O posicionamento doutrinário mais correto se mostra favorável à reparação de danos morais oriundos do contrato de transporte por três motivos: pela aplicação aos casos de responsabilidade objetiva pelo

---

[142] Para BRAGA, *A Reparação do Dano Moral na Responsabilidade Civil Extracontratual*, 2005, p. 194, "o regime de responsabilidade civil, em caso de morte ou lesão corporal resultante do transporte aéreo de passageiros, de acordo com a Convenção de Montreal, obedece aos seguintes princípios: a) da informação aos passageiros dos direitos indenizatórios em caso de acidente, especialmente se existir, no caso, limite indenizatório quanto aos danos corporais; b) da reparação integral do dano ao passageiro, com a abolição de todos os limites de responsabilidade em caso de dano corporal, incluindo a morte; c) da responsabilidade objetiva pelos danos, até um montante equivalente a 100 000 euros – Direito Especial de Levantamento; d) de garantia das indemnizações através da existência de seguro; e) de liquidação antecipada (disponibilização de adiantamentos) face aos danos verificados".

risco da atividade, onde cabível, das regras atinentes à responsabilidade aquiliana do art. 499.º[143] do Código Civil Português, que, por seu turno, prevê indenização por danos morais oriundos de fatos ilícitos no seu art. 496.º[144]; pela aplicação da Lei n.º 24/96, a Lei de Defesa dos Consumidores, doravante LDC, arts. 3.º f)[145] e 12.º, n.º 1[146] – quando o contrato de transporte for um contrato de consumo – que prevê expressamente a indenização por danos patrimoniais e não patrimoniais por prestação defeituosa do serviço; e, por último, a Constituição da República Portuguesa, em seu art. 60.º, n.º 1[147], estabelece que a reparação de danos em geral é um direito do consumidor.

Já no Brasil, em sede de transporte internacional, há a questão da interpretação extensiva ou restritiva da CM para os casos de danos morais. Para os primeiros, que é o nosso caso, a CM engloba a questão dos danos morais por duas vias:

a) o dano morte enseja responsabilidade civil com indenização por dano moral e material para os detentores dos direitos da vítima e
b) as lesões corporais englobam as lesões físicas e psíquicas, o que inclui os danos morais.

Já para aqueles que interpretam a CM restritivamente, esta não abrange a responsabilidade civil por danos morais, o que não impede a sua indenização, uma vez que são regulados pelo CDC e previstos expressamente em sede constitucional, por força do art. 5.º, V[148].

---

[143] CCP art. 499.º: *São extensivas aos casos de responsabilidade pelo risco, na parte aplicável e na falta de preceitos legais em contrário, as disposições que regulam a responsabilidade por factos ilícitos.*

[144] CCP art. 496.º: *1. Na fixação da indemnização deve atender-se aos danos não patrimoniais que, pela sua gravidade, mereçam tutela do direito.*

[145] LDC art. 3.º: *O consumidor tem direito: (...) f) À prevenção e à reparação dos danos patrimoniais ou não patrimoniais que resultem da ofensa de interesses ou direitos individuais homogêneos, colectivos ou difusos.*

[146] LDC art. 12.º, n.º 1: *O consumidor tem direito à indemnização dos danos patrimoniais e não patrimoniais resultantes do fornecimento de bens ou prestação de serviços defeituosos*

[147] CRP art. 60.º, n.º 1: *Os consumidores têm direito à qualidade dos bens e serviços consumidos, à formação e à informação, à protecção da saúde, da segurança e dos seus interesses económicos, bem como à reparação de danos.*

[148] CF/88 art. 5.º, V – *é assegurado o direito de resposta, proporcional ao agravo, além da indenização por dano material, moral ou à imagem.*

Assim sendo, no transporte aéreo internacional, entende-se que a CM é aplicável em responsabilidade civil por danos materiais e morais, tanto no Brasil[149] como em Portugal. Naquele, o CDC e o CC complementam a CM naquilo que não os antagoniza, valendo o mesmo para a LDC em relação a este.

2.1. Pressupostos de Justificativa da Responsabilidade Civil das Transportadoras Aéreas

A CM, especificamente no seu art. 17.º.1[150], determina os pressupostos concorrentes de responsabilidade da transportadora. Além da exigência desses, concorrem paralelamente os pressupostos de aplicabilidade do art. 1.º deste diploma[151], quais sejam: transporte internacional de pessoas, bagagem ou mercadorias, efetuado por aeronave, a título oneroso ou gratuito, sendo que, no caso de transporte gratuito, este deve ser empreendido por empresa de transporte aéreo. Os pressupostos de responsabilidade do art. 17.º.1. são:
a) ocorrência de morte ou lesão corporal;
b) a vítima deve ser um passageiro;
c) a ocorrência de um acidente e
d) ocorrência a bordo da aeronave ou durante uma operação de embarque ou desembarque.

A primeira questão que surge a partir da leitura do texto da CM, é a questão da lesão corporal. Durante a vigência da CV, em inúmeras ocasiões foi discutida a questão da inserção das lesões psíquicas como causadoras de danos morais submetidos à aplicabilidade deste diploma. A tendência jurisprudencial predominante nos países da *common law*[152]

---

[149] Para os vôos internos, caso específico do Brasil, prevalecem as disposições do CDC, do NCC e do CBA contanto que estejam em harmonia com o CDC

[150] Art. 17.º.1: *A transportadora só é responsável pelo dano causado em caso de morte ou lesão corporal de um passageiro se o acidente que causou a morte ou lesão tiver ocorrido a bordo da aeronave ou durante uma operação de embarque ou desembarque.*

[151] CM art. 1.º.1: *A presente convenção aplica-se a todas as operações de transporte internacional de pessoas, bagagens ou mercadorias em aeronave efectuadas a título oneroso. A presente convenção aplica-se igualmente às operações gratuitas de transporte em aeronave efectuadas por uma empresa de transportes aéreos*

[152] GOLDHIRSH, *op. cit.*, pp. 76-7, cita uma série de julgados neste sentido.

tem sido orientada no sentido de considerar que as lesões psíquicas são compensáveis somente se tiverem origem em uma lesão corporal que, por sua vez, deve ter como causa um acidente[153]. Neste sentido, as lesões corporais são interpretadas como sendo restritas às lesões físicas e as lesões psíquicas que ensejam ressarcimento por danos morais não têm qualquer autonomia em relação às primeiras. O entendimento que prevalece tanto em Portugal como no Brasil é que a lesão corporal é qualquer ofensa a saúde, esta entendida holisticamente, como o conjunto físico e psíquico do indivíduo.

Ademais, para aqueles que compartimentalizam as lesões corporais ao seu aspecto meramente físico, como a CM não proíbe as indenizações por danos morais, estes são indenizáveis por força das legislações nacionais.

Vimos que em Portugal dispõem neste sentido o CCP art. 496.º[154] e a LDC arts. 3.º f)[155] e 12.º.1[156]; no Brasil, os danos morais encontram-se tutelados no ápice da pirâmide legislativa, sendo constitucionalmente indenizáveis por força da CF/88 art. 5.º, V e X[157]. Ademais, encontramos disposições infra-constitucionais que determinam a reparabilidade dos danos morais. Neste sentido, temos a regra geral do NCC art. 186 conjugado com art. 927[158], assim também como as disposições específicas do

---

[153] Um caso interessante é mencionado por GOLDHIRSH, *op. cit.*, p. 78 (*Longo v. Air France* 25 Avi. 17629 (D.C. N.Y. 1996)). Durante uma evacuação de emergência no mar, os passageiros sofreram escoriações nas pernas. Estes alegaram lesões psíquicas oriundas de lesões físicas. Entretanto, o Tribunal denegou o pedido alegando que as lesões psíquicas tiveram origem no acidente e não nas lesões físicas.

[154] CCP art. 496.º: *1. Na fixação da indemnização deve atender-se aos danos não patrimoniais que, pela sua gravidade, mereçam tutela do direito.*

[155] LDC art. 3.º: *O consumidor tem direito: (...) f) À prevenção e à reparação dos danos patrimoniais ou não patrimoniais que resultem da ofensa de interesses ou direitos individuais homogêneos, colectivos ou difusos*

[156] LDC art. 12.º, n.º 1: *O consumidor tem direito à indemnização dos danos patrimoniais e não patrimoniais resultantes do fornecimento de bens ou prestação de serviços defeituosos.*

[157] CF/88 art. 5.º: *V – é assegurado o direito de resposta, proporcional ao agravo, além da indenização por dano material moral ou à imagem; (...) X – são invioláveis a intimidade, a vida privada, a honra e a imagem das pessoas, assegurado o direito a indenização pelo dano material ou moral decorrente da sua violação*

[158] O.NCC propõe a leitura concorrente dos arts. 186: *Aquele que, por ação ou omissão voluntária, negligência ou imprudência, violar direito e causar dano a outrem,*

contrato de transporte do art. 734[159]. Os consumidores, por sua vez, podem socorrer-se do CDC art. 6.º, VI[160].

Determina o CDC[161] responsabilidade objetiva em relação aos vícios ou defeitos da prestação de serviços sem qualquer teto indenizatório. E é esta a orientação que seguem os operadores do direito no Brasil no que diz respeito ao transporte aéreo, seja ele doméstico ou internacional, seja em relação aos danos sofridos diretamente pelo passageiro ou àqueles referentes às bagagens[162]. É possível, no Brasil, a cumulação de pedidos de indenização tanto por danos patrimonais como por danos morais em sede de transporte aéreo[163], tendo sido este entendimento sumulado pelo STJ[164].

---

ainda que exclusivamente moral, comete ato ilícito. (Grifo nosso.); e do art. 927: *Aquele que, por ato ilícito (arts. 186 e 187), causar dano a outrem, fica obrigado a repará-lo.*

[159] NCC art. 734: *O transportador responde pelos danos causados às pessoas transportadas e suas bagagens, salvo motivo de força maior, sendo nula qualquer cláusula excludente de responsabilidade.*

[160] CDC art. 6.º: *São direitos básicos do consumidor: VI – a efetiva prevenção e reparação de danos patrimoniais e morais, individuais, coletivos e difusos.*

[161] CDC art. 14: *O fornecedor de serviços responde, independentemente da existência de culpa, pela reparação dos danos causados aos consumidores por defeitos relativos à prestação dos serviços, bem como por informações insuficientes ou inadequadas sobre sua fruição e riscos.*

CDC art. 20: *O fornecedor de serviços responde pelos vícios de qualidade que os torne impróprios ao consumo ou lhes diminuam o valor, assim como por aqueles decorrentes da disparidade com as indicações constantes da oferta ou mensagem publicitária, podendo o consumidor exigir, alternativamente e à sua escolha: I – a reexecução dos serviços, sem custo adicional e quando cabível; II – a restituição imediata da quantia paga monetariamente atualizada, sem prejuízo de eventuais perdas e danos; III – o abatimento proporcional do preço.*

[162] O voto do Ministro Marco Aurélio Mello no RE 172.720-9/RJ, acompanhado com unanimidade pelos outros Ministros do STF é elucidativo neste sentido: "De qualquer maneira, na hipótese vertente, a entender-se que a Convenção de Varsóvia exclui a responsabilidade das companhias aéreas por danos morais, há de se ter presente que o conflito não se configuraria entre a citada Convenção e lei emanada do Congresso Nacional, mas com a própria Carta da República, vindo à baila, assim, a supremacia desta".

[163] Cf. Ap 905.650-8 – 4.a Câm. – j. 22.08.2001 TACivSP: O fato de o passageiro aéreo ter sido indenizado pelos danos materiais advindos do atraso no vôo, não afasta a possibilidade de reparação dos danos morais decorrentes do evento, em face do disposto nos arts. 5.o, X, da CF, 6.o, VI, do CDC, 1.543 do CC e da Súm. 37 do STJ.

[164] STJ Súmula 37: São cumuláveis as indenizações por dano material e dano moral oriundos do mesmo fato.

O próximo requisito é que a vítima seja um passageiro, o que sugere que este não é qualquer um a bordo da aeronave, como, por exemplo, os membros da tripulação. O passageiro é o sujeito passivo do contrato de transporte, e a existência do bilhete de passagem ou qualquer outro documento de transporte serve apenas como prova de sua existência[165].

O terceiro pressuposto, a ocorrência de um acidente, suscita grandes controvérsias justamente na definição precisa do termo. A Directiva 94//56/CE do Conselho, de 21 de Novembro de 1994, que estabelece os princípios fundamentais que regem os inquéritos sobre os acidentes e os incidentes no domínio de aviação civil nos propicia uma definição de acidente[166] com base no anexo 13 da Convenção de Chicago de 1944. Em ambos os diplomas, "acidente" é definido como um acontecimento relacionado com a operação de uma aeronave ocorrido entre o momento em que uma pessoa embarca com a intenção de voar e o momento em que todas as pessoas que embarcaram com essa intenção tenham desembarcado e no qual se verifique o seguinte:

1) uma pessoa tenha sofrido lesões mortais ou tenha ficado gravemente ferida, por encontrar-se na aeronave, ou ter estado em contato direto com qualquer parte da mesma ou com qualquer

---

[165] Cf. CAVALIERI FILHO, *Programa de Responsabilidade Civil*, 2005, p. 316.

[166] Diretiva 94/56/CE art.3.º: *Para efeitos da presente directiva, entende-se por: a) «Acidente», um acontecimento relacionado com a utilização de uma aeronave ocorrido entre o momento em que uma pessoa embarca com a intenção de voar e o momento em que todas as pessoas que embarcaram com essa intenção tenham desembarcado e no qual: 1. Uma pessoa tenha sofrido um acidente mortal ou ficado gravemente ferida pelo facto de: se encontrar na aeronave, ou estar um contacto directo com qualquer parte da aeronave, incluindo partes que se tenham soltado dessa aeronave, ou estar directamente exposta ao jacto dos reactores, excepto quando se trate de lesões ocasionadas por causas naturais, de ferimentos causados pelo próprio ou por terceiros ou sofridos por passageiros clandestinos escondidos fora das áreas normalmente reservadas aos passageiros e aos membros da tripulação; ou 2. Uma aeronave tenha sofrido danos ou rupturas estruturais que: alterem as suas características de resistência estrutural, de comportamento ou de voo, e exijam normalmente uma reparação considerável ou a substituição do componente afectado, excepto quando se trate de falhas ou avarias do motor, quando os danos se limitem ao motor, à sua blindagem ou acessórios, ou no caso de danos que se limitem às hélices, às pontas das asas, às antenas, aos pneumáticos, aos travões, às carenagens, a pequenas amolgadelas ou furos no revestimento da aeronave; ou 3. Uma aeronave tenha desaparecido ou ficado totalmente inacessível.*

coisa sujeita à ela exceto se as lesões que desse contato advirem tenham causa natura, ou tenham sido ocasionadas pelo próprio passageiro ou por terceiros; ou
2) uma aeronave tenha sofrido danos ou falha estrutural de que resulte numa alteração das suas características de resistência estrutural, de desempenho, de comportamento ou de vôo e que necessite de uma reparação importante ou a substituição do componente afetado; ou
3) uma aeronave tenha desaparecido ou ficado totalmente inacessível.

Já a jurisprudência anglo-saxônica, no *leading case Air France v Saks* 470 US 392[167] determinou que a responsabilidade surge quando a lesão for causada por um evento inesperado ou anormal e que este seja externo ao passageiro. Assim, questões extremamente freqüentes na atualidade, tais como a trombose venosa profunda[168], não se encontrariam albergadas pela CM por não subsumirem ao texto nela contido[169]. De qualquer modo, não há uma matriz precisa para o termo, cabendo ao judiciário a determinação de sua aplicabilidade.

Entretanto, a resposta para a controvérsia se encontra no próprio texto a CM, como analisado pela jurisprudência inglesa[170]. O art 17.º que

---

[167] A passageira em questão alegou que sentiu uma forte pressão e dor na cabeça durantes os procedimentos de aterrissagem. O diagnóstico médico feito cinco dias após o término da viagem indicou surdez permanente em virtude de despressurização da cabine.

[168] Esta doença é conhecida como a "síndrome da classe econômica", uma vez que tem maior possibilidade de afetar passageiros desta classe de vôo em trechos de longa distância, em virtude das más condições de acomodação que as transportadoras oferecem a fim de maximizar seus lucros.

[169] Há farta jurisprudência neste sentido.

[170] A utilização do termo "acidente" no art. 17.º da CVPH e do termo "evento", no art. 18.º do mesmo diploma têm sido amplamente debatida desde os primórdios da CV. Neste sentido, o voto de Lord Scott of Foscote no parecer *Deep Vein trombosis and Air Travel Group Litigation* (8 actions) (formerly 24 actions) [2005] UKHL 72: *"The use of the term "accident" in article 17 but the term "occurrence" in article 18 must be significant. Both terms impart the idea that something or other has happened. But "occurrence is entirely general in its natural meaning. It permits no distinction to be drawn between different types of happening. "Accident" on the other hand must have been intended to denote an occurrence of a particular quality, an occurrence having particular characteristics. In the many decided cases in which the issue was whether the occurrence in question constituted an "accident" for article 17 purposes, the judges*

trata da morte e lesões dos passageiros – tanto na versão em português, em francês, em inglês e em espanhol – adotou o termo "acidente" que intui uma ocorrência anômala e externa ao passageiro e que já se encontra definida pela Convenção de Chicago de 1944. Já para o art. 18, que trata de danos à carga, foi adotado termo "hecho" em espanhol, "event" em inglês, "fait" em francês e "evento" em português. O termo "evento" é mais abrangente do que o termo "acidente"; um evento pode ser, mas não é, necessariamente, um acidente. Fatos da natureza como chuvas e neve são eventos, mas não são acidentes – são eventos que podem causar danos e que também podem causar acidentes. O legislador considerou que os danos causados à carga poderiam ter origem em algum fato que poderia ou não ser um acidente. Doutra banda, restringiu os danos causados aos passageiros àqueles provocados por acidente, excluindo qualquer outro fato. Isto não quer dizer que o passageiro que sofra danos em virtude de um evento que não se qualifica como acidente não tenha meios de ação contra a transportadora ou contra o responsável pelo dano; deve ele sustentar sua fundamentação com base na legislação nacional. Entretanto, para prevalecer-se das regras da CM, os danos sofridos devem ter origem em um acidente.

Por último, há a questão espaço-temporal justificativa da responsabilidade. A dificuldade, neste caso, reside nos termos embarque e desembarque[171]. A operação de embarque ocorre quando o passageiro encontra-se ativamente engajado nos preparativos para entrar na aeronave e

---

have had to ask themselves whether the occurrence possessed the necessary quality or characteristics to qualify as an "accident". It is evident that it was never, or should never have been, enough for there to have been an occurrence that caused the damage. For article 17 liability the occurrence had to have the characteristics of an "accident"". Ao nosso ver, pecou o legislador ao manter na CM os mesmos termos utilizados na CVPH e que tanto vêm causando polêmica.

[171] No que tange responsabilidade resultante de acidente a bordo da aeronave, há alguns casos interessantes relacionados a seqüestros mencionados por GOLDHIRSH, op. cit., pp. 84-85. No caso *Herman v. TWA* 330 N.Y.S.2d 829 (N.Y. Sup. Ct. 1972), os passageiros forçados a permanecer a bordo da aeronave na pista de pouso em virtude de um seqüestro tiveram direito à indenização embora a aeronave tivesse sido usada como campo de detenção mesmo sem o consentimento da transportadora. Já no caso *Husserl v. Swissair* 288 F. Supp. 123 (D.C.N.Y. 1975), os reféns foram mantidos em um hotel onde alegaram terem sofrido lesões psíquicas. A decisão da Corte em favor das vítimas foi baseada na concepção do termo " a bordo", que compreenderia o tempo entre o embarque no ponto de origem do vôo e o desembarque no ponto de destino.

submetido aos comandos da transportadora, seus trabalhadores ou agentes[172], ainda que a definição possa variar de acordo com o país do julgado. Na França, na Grã-Bretanha e na Holanda, o embarque ocorre com o início do contrato de transporte, i.e., a partir do momento que o passageiro se encontra na zona de risco de transporte ou sai dela[173]. As Cortes alemãs, por sua vez, consideram que a operação de embarque inicia-se no momento em que a transportadora chama os passageiros da sala de espera para a aeronave[174], o que corrobora com a tendência a considerar períodos de embarque e desembarque como aqueles em que a transportadora assume ou deixa de ter o controle do passageiro[175]. Assim, a simples entrega do cartão de embarque ao passageiro no balcão de *check-in* da companhia não configura uma operação de embarque sob responsabilidade da transportadora[176]; esta começa, sim, quando a transportadora recupera o cartão de embarque do passageiro e o encaminha para a aeronave.

Esta divergência não alcança a legislação brasileira, uma vez que o CBA define o que seja uma operação de embarque e de desembarque[177].

---

[172] Cf. GOLDHIRSH, *op. cit.*, p. 85.

[173] No caso *Bilbacea v. Air France* 1960 RFDA 725 (Trib. Comm. Marseille, 27 Mai 1960), a passageira caiu no salão de embarque do aeroporto enquanto esperava por seu vôo. A Corte negou seu pedido com base na ocorrência do acidente anterior à chamada de embarque (cfr. GOLDHIRSH, op. cit., pp. 85-86). Na Holanda, no caso *Richardson v. KLM* (Trib. Arrondissements rechtbank te Harleem 4-V-1971) (R.D.U. 365 Neth. 1975), a passageira já se encontrava na área de recepção da bagagem quando se lembrou que havia esquecido algo na aeronave. Ao voltar para o corredor que a levaria para a aeronave, ela caiu. A Corte desconsiderou a aplicabilidade da CVPH, uma vez que a passageira não se encontrava em operação de desembarque, pois voluntariamente decidiu retornar à aeronave (cfr. GOLDHIRSH, op. cit., p. 89).

[174] GOLDHIRSH, *op. cit.*, p. 86.

[175] Cf MÉRCADAL, *Droit des transports terrestres et aériens*, 1986, p. 397, resume bem a questão do controle da transportadora *versus* autonomia do passageiro: "*L'obligation de securité couvre les accidents à bord de l'aéronef mais aussi ceux qui surviennet au cours des opérations d'embarquement ou de débarquement. Il en est ainsi lorsque l'accident survient Ça proximité de l'aéronef ou sur la passarelle d'accès à l'avion. A l'inverse, dans les couloirs ou les dépendances de l'aérogare, lá où le voyageur conserve une certaine liberte de mouvement et d'allure, il n'y a pas lieu de faire jouer l'obligation du transporteur aérien*".

[176] Cf. PONET, *op. cit.*, p. 106.

[177] CBA art. 233: *A execução do contrato de transporte aéreo de passageiro compreende as operações de embarque e desembarque, além das efetuadas a bordo da aeronave. §1.º: Considera-se operação de embarque a que se realiza desde quando o*

O CBA é aplicável residualmente, uma vez que nenhum dos diplomas disponíveis, CM, CDC e CC, consignam a definição[178]. Ressalte-se que, para que a operação de desembarque seja considerada adimplida, é pressuposto que o local onde esta se efetue seja aquele previamente acordado entre os contratantes.

Em relação à jurisprudência brasileira e portuguesa sobre transporte internacional e doméstico, não se encontram julgados em que se discutem a definição de acidente ou a questão espaço-temporal da CM ou da CV.

Outro fator importante a ser considerado é o prazo para intentar ação por danos. A CM estabelece um prazo de dois anos[179],

2.2. A Indenização

Em Portugal, o Regulamento (CE) nº 2027/97 remete à CM em seu art. 3.º.1[180]. Assim, os limites de indenização são regulados pelo art. 21.º

---

passageiro, já despachado no aeroporto, transpõe o limite da área destinada ao público em geral e entra na respectiva aeonave, abrangendo o percurso feito a pé, por meios mecânicos ou com a utilização de viaturas. §2.º: A operação de desembarque inicia-se com a saída de bordo da aeronave e termina no ponto de intersecção da área interna do aeroporto e da área aberta ao público em geral.

[178] Um caso interessante gerador de dano moral ocorreu no desembarque de criança de seis anos de idade efetuado por empresa aérea em local diverso do acordado. A empresa aérea acordou com os pais do menor que seu desembarque se efetuaria na cidade de Campo Grande, MS, na região centro-oeste do país. Todavia, a empresa desembarcou o menor em Manaus, AM, na região norte do país. O tribunal afastou a indenização tarifada do CBA, afirmando a preponderância do CDC e determinou indenização a título de danos morais no valor de 250 salários mínimos (RT 815/366).

[179] CM art. 35.º.1: *O direito à indemnização extinguir-se-á se não for intentada uma ação no prazo de dois anos a contar da data da chegada ao destino, da data em que a aeronave deveria ter chegado ou da data de interrupção do transporte. 2. O método de cálculo deste prazo será determinado pela lei do tribunal que conhece a ação.*

[180] Art. 3.º.1: *A responsabilidade das transportadoras aéreas comunitárias relativamente aos passageiros e à sua bagagem regula-se por todas as disposições da Convenção de Montreal aplicáveis a essa responsabilidade.* Também encontramos disposição relativa á indenização no Anexo do Regulamento (CE) n.º 2027/97: *Não existem limites financeiros para a responsabilidade em caso de danos físicos ou morte dos passageiros. Para os danos de valor inferior a 100 000 DSE (montante aproximado na divisa local), a transportadora aérea não pode contestar os pedidos de indemnização. Para os danos superiores a esse montante, a transportadora aérea pode contestar um pedido*

da CM[181] – também válida para o transporte aéreo internacional no Brasil – onde fica evidenciada a adoção de um novo sistema de responsabilidade, cuja origem remonta aos Protocolos Adicionais de Montreal de 1975. Este novo sistema, denominado *two-tier system*, prevê a adoção de um duplo regime de responsabilidade, sendo objetiva até o montante de 100 000 DSE, e subjetiva por culpa num montante superior a este, como originalmente constante da CV, mas sem qualquer limite financeiro. Ademais, a CM contempla a possibilidade da contratação com limites superiores àqueles determinados em seu texto e até mesmo a inexistência de um limite de responsabilidade em seu art. 25.º[182].

Portanto, em primeiro lugar, temos a consagração de um sistema de responsabilidade automática fundada não mais na culpa da transportadora, mas no risco da sua atividade[183] através do estabelecimento de um teto de responsabilidade objetiva e da supressão dos meios de defesa anteriormente previstos no art. 20.º.(1) da CV. Neste caso, nem a ocorrência de força maior exclui ou atenua a responsabilidade da transportadora[184] exceto quando o dano tenha origem em negligência ou outro ato

---

de indemnização provando que não houve negligência nem qualquer outra forma de culpa de sua parte.

[181] Art. 21.º.1: *A transportadora não poderá excluir ou limitar a sua responsabilidade pelos danos a que se refere no n.º 1 do art. 17.º que não excedam os 100 000 direitos de saque especiais por passageiro. 2. A transportadora não será responsável pelos danos a que se refere o no 1do art. 17.º que excedam 100 000 direitos de saque especiais por passageiro, se provar que: a) Tais danos não forem causados por negligência ou por outro acto doloso ou omissão sua ou dos seus trabalhadores ou agentes; b) Tais danos foram causados exclusivamente por negligência ou outro acto doloso ou omissão de terceiro.*

[182] Art. 25o: *As transportadoras poderão estipular que o contrato de transporte fique sujeito a limites de responsabilidade superiores aos presentes na presente convenção ou a nenhum limite de responsabilidade.*

[183] Cf. Tosi, "Le Nouveau Régime de Responsabilité du Transporteur Aérien de Personnes", 1999, p. 327. Segundo Menezes Leitao, op. cit., p 53, a imputação pelo risco fundamenta-se na idéia de justiça distributiva em que, no caso da doutrina do risco--proveito, "aquele que exerce uma actividade ou profissão que seja eventualmente fonte de riscos deve suportar os prejuízos que dela resultem para terceiros".

[184] Para Mércadal, op. cit., 399, estamos diante de uma "*responsabilité de plein droit, d´une garantie du risque de l´air par le transporteur aérien. Il s´agit d´une obligation de résultat absolue sur laquelle la force majeure est sans effet*". No mesmo sentido, Delebecque, "La Convention de Montréal du 28 mai 1999 pour l´unification de certaines règles relatives au transport aérien international ou le nouveau droit du transport aérien", 2005, p. 271 e Tosi, op. cit., pp. 326-327.

doloso ou omissão do reclamante[185], uma vez que está ausente o nexo de causalidade entre a atividade e o dano[186].

Em segundo lugar, verifica-se a manutenção da responsabilidade subjetiva com culpa para as indenizações cujo montante supera os 100 000 DSE e com inversão do ônus da prova. Neste caso, temos algumas hipóteses de exoneração de responsabilidade, de acordo com a letra do art. 21.º.2[187]. Neste caso, segue a exigência da devida diligência traduzida pelo comportamento exigível do *bonus pater familias* em conjunto com o parâmetro da razoabilidade e da atividade profissional empreendida[188]. Cumpre notar que o texto da CM não proporciona qualquer critério para se qualificar um comportamento como negligente a fim de que possa ser subsumido à norma[189], mas pode ser adotado um procedimento analítico inverso, tomando como padrão a diligência devida. Doutra banda, exonera-se também a transportadora se provar que os danos foram causados exclusivamente por negligência ou outro ato doloso ou omissão de terceiros, tais como controladores de tráfego aéreo, fabricantes de aeronaves etc (art. 21.º.2b).

---

[185] CM art. 20.º: *Se provar que foi negligência ou outro acto doloso ou omissão da pessoa que reclama a indemnização, ou da pessoa de quem emanam os direitos da primeira, que causou ou contribuiu para o dano, a transportadora será total ou parcialmente exonerada da sua responsabilidade perante o requerente na medida em que tal negligência, acto doloso ou omissão causou ou contribuiu para o dano Quando a indenização por motivo de morte ou lesão corporal de um passageiro é reclamada por terceiro, a transportadora será igualmente total ou parcialmente exonerada da sua responsabilidade na medida em que provar que foi negligência ou ato doloso ou omissão do passageiro que causou ou contribuiu para o dano. O presente artigo aplica-se a todas as disposições em matéria de responsabilidade na presente convenção, incluindo o n.º 1 do art. 21.º.*

[186] Cf. CAVALIERI FILHO, *op. cit.*, p. 195.

[187] MÉRCADAL, *op. cit.*, pp. 396-397, confirma que "*Ce n´est pas à la victime de prouver le manquement du transporteur à ses obligations mais à ce dernier d´établir s´il veut s´exonérer, qu´en dépit de la survenance du dommage il avait déployé la prudence et la diligence que l´on este n droit d´atendre d´un transporteur raisonnable*"

[188] Cf. BUSTI, *op. cit.*, p. 589.

[189] Nesse sentido, BUSTI, *op. cit.*, p. 590, comenta que "*il riferimento alla capacità del vettore riguarda non tanto la sua contingente possibilita di evitare il danno, quanto la misura degli interventi a lui richiesti, nel senso che da um vettore si può pretendere non uma sorta di onnipotenza finalizzata ad evitare el evento dannoso, quanto l´applicazione che a tale scopo può dare ogni soggetto impegnato in um servizio del tipo quello che è stato occasione di danno*".

2.3. Adiantamentos

No caso de morte ou lesão corporal em virtude de acidente, diante dos custos emergenciais supervenientes, as transportadoras devem pagar, com a maior brevidade, adiantamentos para a pessoa (ou as pessoas) com legitimidade para pedir indenização[190]. Entretanto, a obrigatoriedade deste artigo é condicionada às legislações nacionais, o que ainda não aconteceu no Brasil. Em termos de UE, remete-se ao Regulamento (CE) n.º 2027/97, em seu art. 5.º[191], que determina à transportadora o pagamento mínimo do equivalente em euros a 16 000 DSE por passageiro em caso de morte, no mais tardar 15 dias após o estabelecimento da identidade da pessoa com direito de exigir uma indenização.

Entretanto, se for provada negligência ou outro ato doloso ou omissão da pessoa que reclama a indenização, ou da pessoa que emanam os direitos desta, que causou ou contribuiu para o dano, este terá que devolver à transportadora o montante recebido a título de adiantamento.

2.4. A Quinta Jurisdição

A CVPH, em seu art. 28.º, previa um total de quatro jurisdições onde o autor, poderia ajuizar uma ação de responsabilidade contra a

---

[190] Art. 28.º: *Em caso de acidentes com aeronaves dos quais resultem morte ou lesão corporal de passageiros, as transportadoras, se tal for imposto pela legislação nacional, pagará com a maior brevidade, adiantamentos à pessoa ou pessoas singulares com legitimidade para pedir indemnização por forma a que estas possa prover às suas necessidades econômicas imediatas. Tais adiantamentos não constituirão um reconhecimento de responsabilidade e podem ser deduzidos de qualquer quantia a pagar ulteriormente pela transportadora a título de indemnização por danos.*

[191] Art. 5.º: *1. A transportadora aérea comunitária paga, com a maior brevidade, e em todo caso o mais tardar 15 dias após o estabelecimento da identidade da pessoa com o direito a exigir uma indemnização, os adiantamentos que permitam fazer face a necessidades econômicas imediatas, numa base proporcional ao dano sofrido. 2. Sem prejuízo do n.º 1, qualquer adiantamento não deve ser inferior ao equivalente em euros a 16 000 DSE por passageiro em caso de morte. 3. Um adiantamento não constitui um reconhecimento de responsabilidade e pode ser deduzido de qualquer montante pago posteriormente com base na responsabilidade da transportadora aérea comunitária, mas não é reembolsável, excepto nos casos referidos no art. 20.º da Convenção de Montreal ou quando a pessoa que recebeu o adiantamento não era a pessoa com direito à indemnização.*

transportadora, a saber: o domicílio do transportador; a sede principal de seu negócio; o local onde o transportador mantenha estabelecimento, por meio do qual celebrou o contrato de transporte; e o lugar de destino.

A CM prevê, no seu art. 33.º.1[192] as seguintes jurisdições possíveis:
a) local da sede da transportadora;
b) local do estabelecimento principal da transportadora;
c) local de celebração do contrato; e
d) local de destino.

Entretanto, no caso específico de morte ou lesão corporal a art. 33.º2[193] da CM prevê uma quinta jurisdição – aquela da residência principal e permanente do passageiro reclamante.

No caso do transporte doméstico em Portugal, aplicam-se as disposições da CM por força do art. 3.º.1 do Regulamento (CE) n.º 2027/97[194], que prevê que a responsabilidade das transportadoras aéreas comunitárias regula-se por todas as disposições da CM. Conclui-se pela utilização do vocábulo "todas" que as questões relativas à jurisdição também se submetem ao regime da CM.

A inclusão do domicílio ou da residência permanente do passageiro como possível local de jurisdição, tanto na CM como também no CDC, veio a consagrar a proteção dos direitos do consumidor ao facilitar o seu

---

[192] CM art. 33.º.1: *A acção por danos deve ser intentada, à escolha do autor, no território de um dos Estados Partes, seja perante o tribunal da sede da transportadora, do estabelecimento principal desta ou do estabelecimento em que tenha sido celebrado o contrato, seja perante o tribunal do local de destino.*

[193] CM art. 33.º.2: *No que se refere a danos resultantes de morte ou lesão corporal de um passageiro, a acção deve ser intentada junto de um dos Tribunais mencionados no n.º 1 ou no território do Estado Parte no qual, no momento do acidente, o passageiro tinha a sua residência principal e permanente e a partir ou com destino ao qual a transportadora explore serviços de transporte aéreo de passageiros, em aeronaves próprias ou em aeronaves de outra transportadora ao abrigo de um contrato comercial, e no qual essa transportadora conduza a sua actividade de transporte aéreo de passageiros em instalações por ela arrendadas ou de que seja proprietária ou arrendadas ou propriedade de outra transportadora com a qual tenha um acordo comercial.*

[194] Regulamento (CE) n.º 2027/97 art. 3.º.1: *A responsabilidade das transportadoras aéreas comunitárias relativamente aos passageiros e à sua bagagem regula-se por todas as disposições da Convenção de Montreal aplicáveis a essa responsabilidade.*

acesso à justiça, como determinado nas legislações nacionais do Brasil, por meio do art. 6.º, VII do CDC[195] e, em Portugal, pelo art. 3.º, g)[196] da LDC.

Conclusão

A CM veio a unificar as regras atinentes ao transporte aéreo internacional, uma vez que o Sistema de Varsóvia-Haia encontra-se em franco descompasso com a realidade material do século XXI. Houve, assim, um notável desenvolvimento legislativo na responsabilidade civil das transportadoras aéreas que pode ser apreciado em duas perspectivas: a primeira delas sendo a elaboração de um diploma único, a CM, que integra as modificações dispersas por diversos textos, ratificados ou não por um grande número de Estados, e que constituía um emaranhado de disposições conflitantes; e a segunda referente ao regime de responsabilidade civil das transportadoras aéreas. Inicialmente escudadas na responsabilidade subjetiva limitada, hoje estão sujeitas à responsabilidade objetiva, com um aumento significativo nas cifras indenizatórias e até mesmo na responsabilidade subjetiva ilimitada, em caso de morte ou lesão corporal de passageiros. Em termos de UE, notamos iniciativas corajosas que compensam e confortam os passageiros quando há perturbações no contrato firmado com as transportadoras, como nos casos de sobrerreserva e atrasos, onde são previstas indenizações mesmo quando não há dano aparente ao passageiro consumidor. Entendemos que somente diante de iniciativas sérias como aquelas adotadas pela UE, com previsões de indenizações mais gravosas para as companhias aéreas, será possível a manutenção do equilíbrio jurídico entre o consumidor e as transportadoras nos casos de transtornos na execução do contrato de transporte.

Diante do que foi exposto em relação ao ordenamento jurídico brasileiro, há uma necessidade premente de elaboração de um diploma em

---

[195] CDC art. 6.º: *São direitos básicos do consumidor: (...) VII – o acesso aos órgãos judiciários e administrativos, com vistas à prevenção ou reparação de danos patrimoniais e morais, individuais, coletivos ou difusos, assegurada a proteção jurídica, administrativa e técnica aos necessitados.*

[196] LDC art. 3.º: *O consumidor tem direito: (...) g) À protecção jurídica e a uma justiça acessível e pronta.*

sede de transporte aéreo, tanto doméstico como internacional, que esteja alinhado com a letra da CM, do CDC e do NCC e com os atuais problemas que cercam o de transporte aéreo, tais como as questões de *overbooking* e da prestação de assistência nos atrasos, citando como exemplo os Regulamentos (CE) n.º 2027/97 e (CE) n.º 261/2004, vigentes na União Européia.

Quanto ao novel diploma internacional, suas disposições constituem um avanço importante na regulação do transporte aéreo, especialmente quanto às determinações acerca das possíveis jurisdições e àquelas atinentes à responsabilidade civil por morte e lesões corporais, encerrando um ciclo de setenta anos de convenções e protocolos apostos à letra da CV, mas que não atingiam os pontos nevrálgicos da antiga Convenção. Ressalte-se, igualmente, a urgência na redação, prevista pela CM, da diploma legal aplicável para adiantamentos nos casos de morte e lesões corporais.

Bibliografia

BRAGA, Armando. *A Reparação do Dano Moral na Responsabilidade Civil Extracontratual*. Coimbra: Almedina, 2005.

BUSTI, Silvio. *Contratto di Transporto Aereo*. Milano: Dott.A.Giuffré Editore, 2001.

COMENALE PINTO, Michele M. "La Responsabilità del Vettore Aereo dalla Convenzione di Varsavia del 1929 alla Convenzione di Montreal del 1999". In: *Rivista di Diritto Comerciale e del Diritto Generale delle Obligacion*. Padova a. 100, n.º 1 – 2 (gennaio – febraio 2002) Parte Prima, pp. 67-118.

DELEBECQUE, Philippe. "La Convention de Montréal du 28 mai 1999 pour l'unification de certaines règles relatives au transport aérien international ou le nouveau droit du transport aérien". In: *Journal du Droit International*, 132.º année, JurisClasseur, Avril – Mai – Juin 2005, pp. 263 – 280.

GOLDHIRSCH, Lawrence B. *The Warsaw Convention Annotated: A Legal Handbook*. Dordrecht: Kluwer Law International, 2000.

MENEZES LEITÃO, Luís Manuel Teles de. *Direito das Obrigações, Vol. I*. 5ª ed. Coimbra: Almedina, 2006.

MERCADAL, Barthélémy. *Droit des transports terrestres et aériens*. Paris: Dalloz, 1986.

MORSELLO, Marco Fábio. *Responsabilidade Civil no Transporte Aéreo.* São Paulo: Atlas, 2006.

PESSOA JORGE, Fernando. *Ensaio sobre os Pressupostos da Responsabilidade Civil.* Coimbra: Almedina, 1999.

PONET, Frans. *Le Transport Aérien.* Bruxelles: E. Story-Scientia, 1986.

TOSI, Jean-Pierre. "Le Nouveau Double Regime de Responsabilité du Transporteur Aérien de Personnes". In: *Mélanges Michel Cabrillac.* Paris: Litec, 1999.

VALDIVIA, Ricardo Rueda. *La Responsabilidad del Transportista Aéreo en la Unión Europea.* Granada: Editorial Comares, 2002.

RESPONSABILIDADE CIVIL EXTRACONTRATUAL DO ESTADO POR VIOLAÇÃO DE DIRECTIVA COMUNITÁRIA NÃO TRANSPOSTA[197]

REGIS DUDENA[198]

1. Introdução

O presente texto tem como objecto a seguinte hipótese: *a violação pelo Estado, ou demais entidades públicas*[199], *de directiva comunitária de conteúdo preciso e incondicionado, não transposta dentro do prazo, gera responsabilidade civil extracontratual*. Logo, não se pretende tratar aqui directamente da questão da responsabilidade civil *pela não transposição*, ou *má transposição*, de directiva comunitária – que seria uma das

---

[197] Uma primeira versão do presente trabalho foi apresentada como Relatório da cadeira "Responsabilidade Civil dos Poderes Públicos" da Universidade Católica Portuguesa. O autor agradece a Daniel Campos de Carvalho pela leitura atenta e pelos comentários críticos.

[198] Mestre em *Prática Jurídica Europeia – LL.M. Eur.* – pelo Programa Erasmus Mundus – "*joint-degree*" entre a Universidade Católica Portuguesa, a Universidade de Hannover (Alemanha), as Universidade de Le Havre e de Rouen (França), financiado pela *Comissão Europeia*. Atualmente Doutorando da Universidade de Frankfurt am Main (Alemanha) e bolsista do *DAAD – Deutscher Akademischer Austauschdienst*. (radudena@yahoo.com.br)

[199] No decorrer do texto, usar-se-á "Estado" com referência também às demais entidades públicas, bem como à "totalidade dos poderes públicos" cf. JUAN ALFONSO SANTAMARÍA PASTOR. *Principios de Derecho Administrativo*, 3.ª ed., vol. II, Madrid: Centro de Estudios Ramón Areces, 2002 p. 481; uma tendência da própria responsabilidade dos poderes públicos cf. RUI MEDEIROS. «Apreciação geral dos projectos». In. Cadernos de Justiça Administrativa, Vol. 40, 2003, p. 7; caso desejar referir-se a um ente individualmente considerado, fazer-se-á tal ressalva.

espécies de responsabilidade civil por danos decorrentes do exercício das funções política e legislativa. Por outro lado, buscar-se-á analisar a responsabilização do Estado em decorrência da própria acção violadora do conteúdo de directiva comunitária não transposta. Para demonstração da hipótese, percorrer-se-á o seguinte plano: (i) esboço dos pressupostos para responsabilização civil do Estado, com ênfase na questão da ilicitude; (ii) caracterização do carácter normativo de directiva comunitária não transposta dentro do prazo; (iii) configuração da violação de directiva não transposta como acto ilícito e gerador de responsabilidade civil do Estado.

Alguns conceitos que se encontram mais densificados pela doutrina serão tomados como pressuposto, uma vez não se tratar o presente trabalho de um monografia sobre a Responsabilidade Civil do Estado globalmente considerada, nem um Tratado sobre os efeitos do Direito Comunitário na ordem jurídica dos Estados-membros. O recurso a tais conceitos dar-se-á no sentido da construção argumentativa para se caracterizar a Responsabilidade Civil Extracontratual do Estado (no desempenho de quaisquer de suas funções), pela violação de Directiva Comunitária não transposta, como mais um de seus *efeitos directos* e decorrentes de sua *força normativa*, vindo a caracterizar-se como um mecanismo de garantia mínima dos direitos dos particulares frente a actuação estatal.

2. Pressupostos da Responsabilidade Civil Extracontratual do Estado

Há algum tempo solidifica-se a posição da Responsabilidade Civil Extracontratual do Estado frente a particulares[200], exigindo-se actualmente

---

[200] Para breve percurso historio ver JUAN ALFONSO SANTAMARÍA PASTOR. *Principios de Derecho Administrativo*, 3.ª ed., vol. II, Madrid: Centro de Estudios Ramón Areces, 2002, pp. 476 ss.

Em Portugal a responsabilidade extracontratual do Estado era regulada pelo Decreto-Lei n.º 48 051 de 21 de Novembro de 1967; hoje é aplicável para tais casos a Lei n.º 67/2007 de 31 de Dezembro. Ambos diplomas lidos à luz do artigo 22.º da Constituição da República, como sendo seu grande fundamento RUI MEDEIROS. *Ensaio sobre a responsabilidade civil do Estado por actos legislativos*, Coimbra: Almedina, 1992, pp. 83 ss.; ou ainda uma "garantia institucional, associada aos direitos, liberdades e garantias dos cidadãos" cf. JOSÉ CARLOS VIERA DE ANDRADE. «Panorama Geral do Direito da Responsabilidade 'civil' da administração pública em Portugal». In. JOSÉ LUIS MARTÍNEZ LÓPEZ-

Muñiz e Antonio Calonge Velázquez (org.). *La responsabilidad patrimonial de los poderes públicos – III Colóquio Hispano-Luso de Derecho Administrativo*, Madrid/Barcelona: Marcial Pons, 1999, p. 53; Tal leitura deve ser conciliada também com a jurisprudência comunitária. Muitas foram as divergências sobre tal Decreto-Lei e sua conciliação com o texto constitucional bem como com o Direito Europeu. Tratava-se de um Decreto-Lei que sem tais ponderações (constitucionais e europeias) estaria "em larga medida, desajustado" Rui Medeiros. «Apreciação geral dos projectos». In. Cadernos de Justiça Administrativa, Vol. 40, 2003, p. 8; e Rui Medeiros. *Responsabilidade Civil dos Poderes Públicos – Ensinar e Investigar*, Lisboa: Universidade Católica, 2005, p. 20, o que levava a ressaltar o facto de o decreto vir sendo "sabiamente reinterpretado pela jurisprudência portuguesa" Rui Medeiros. «Apreciação geral dos projectos». In. Cadernos de Justiça Administrativa, Vol. 40, 2003, p. 9; Rui Medeiros. *Responsabilidade Civil dos Poderes Públicos – Ensinar e Investigar*, Lisboa: Universidade Católica, 2005, p. 24, que modificou uma tendência história de desresponsabilização do Estado Rui Medeiros. *Responsabilidade Civil dos Poderes Públicos – Ensinar e Investigar*, Lisboa: Universidade Católica, 2005, pp. 12 ss. – ao menos em que pese a responsabilização directa do Estado, não dos empregados público cf. José Luís Moreira da Silva. «Da Responsabilidade Civil da Administração Pública por actos ilícitos». In. Fausto de Quadros (org.). *Responsabilidade Extracontratual da Administração Pública*, Coimbra: Almedina, 1995, pp. 141 ss. e as actuações protegidas pelo *jus imperium* (pp. 143 ss.) – tornando-se (a jurisprudência) o "2.º Pilar" dos sistema de responsabilidade do Estado cf. José Carlos Viera de Andrade. «Panorama Geral do Direito da Responsabilidade 'civil' da administração pública em Portugal». In. José Luis Martínez López-Muñiz e Antonio Calonge Velázquez (org.). *La responsabilidad patrimonial de los poderes públicos – III Colóquio Hispano-Luso de Derecho Administrativo*, Madrid/Barcelona: Marcial Pons, 1999, p. 47. Ver posição não tão optimista em relação a evolução do "antigo" regime da Responsabilidade em José Luís Moreira da Silva. «Da Responsabilidade Civil da Administração Pública por actos ilícitos». In. Fausto de Quadros (org.). *Responsabilidade Extracontratual da Administração Pública*, Coimbra: Almedina, 1995, p. 137. Para uma evolução da responsabilidade em Portugal ver José Carlos Viera de Andrade. «Panorama Geral do Direito da Responsabilidade 'civil' da administração pública em Portugal». In. José Luis Martínez López-Muñiz e Antonio Calonge Velázquez (org.). *La responsabilidad patrimonial de los poderes públicos – III Colóquio Hispano-Luso de Derecho Administrativo*, Madrid/Barcelona: Marcial Pons, 1999, pp. 43 ss. e José Luís Moreira da Silva. «Da Responsabilidade Civil da Administração Pública por actos ilícitos». In. Fausto de Quadros (org.). *Responsabilidade Extracontratual da Administração Pública*, Coimbra: Almedina, 1995, pp. 141 ss., em específico após a entrada em vigor da Constituição de 1976 ver Maria da Glória Ferreira Pinto Dias Garcia. *A responsabilidade civil do Estado e demais pessoas colectivas públicas*, Lisboa: Conselho Económico e Social, 1997, pp. 53 ss.

uma crescente responsabilização dos poderes públicos.[201] Tal desenvolvimento passou por grandes divergências[202]. Uma delas construiu-se acerca dos pressupostos dessa caracterização, discussão esta decorrente da própria pluralidade de conceitos trazida pela doutrina do Direito Civil[203], ainda que se possa declarar certa autonomia histórica entre os regimes da responsabilidade civil dos poderes públicos em relação ao Direito Privado, alguns de seus elementos sofreram certa aproximação, que permite tal estudo fazer referência ao Direito Privado, sem com isso afastar tal "autonomia".[204]

Em linha gerais, ainda que surjam terminologias diferentes, pode-se considerar que a responsabilidade civil pressupõe: (i) Facto Ilícito; (ii) Culpa do Agente; (iii) Dano; e (iv) Nexo de Causalidade[205]. No caso da

---

[201] Ver RUI MEDEIROS. «Apreciação geral dos projectos». In. Cadernos de Justiça Administrativa, Vol. 40, 2003, p. 9; e RUI MEDEIROS. *Responsabilidade Civil dos Poderes Públicos – Ensinar e Investigar*, Lisboa: Universidade Católica, 2005, pp. 6 s.

[202] Uma das principais divergências acerca da responsabilização do Estado frente aos particulares no caso de danos causados é de ordem política; não se pretende abordar esta questão neste trabalho.

[203] Ver, entre outros, MÁRIO JÚLIO DE ALMEIDA COSTA. *Direito das Obrigações*, 9.ª ed., Coimbra: Almedina, 2001, p. 510; FERNANDO PESSOA JORGE. *Ensaio sobre os pressupostos da responsabilidade civil*, reimp. ed., Coimbra: Almedina, 1999, pp. 52 ss.; KARL LARENZ. *Derecho de Obligaciones*, trad. esp. J. S. BRIZ, vol. II, Madrid: Revista de Derecho Privado, 1959, pp. 562 ss.; para uma construção estruturada de forma diversa FRANCISCO PONTES DE MIRANDA. *Tratado de Direito Privado, Parte especial, Tomo LIII*, 2.ª (reimp.) ed., Rio de Janeiro: Borsoi, 1966, pp. 76 ss.; e FRANCISCO PONTES DE MIRANDA. *Tratado de Direito Privado, Parte especial, Tomo XXII*, 3.ª ed., Rio de Janeiro: Borsoi, 1971, pp. 181 ss.

[204] RUI MEDEIROS. *Responsabilidade Civil dos Poderes Públicos – Ensinar e Investigar*, Lisboa: Universidade Católica, 2005, pp. 40 s.; ver discussão em IVO MIGUEL BARROSO. «Ilegalidade e ilicitude no âmbito da responsabilidade civil extracontratual da administração». In. VASCO PEREIRA SILVA (org.). *Novas e velhas andanças do contencioso administrativo – Estudos sobre a reforma do processo administrativo*, Lisboa: Associação Académica da Faculdade de Direito de Lisboa, 2005, pp. 240 ss.

[205] Os pressupostos são dessa maneira apresentados em RUI MEDEIROS. *Ensaio sobre a responsabilidade civil do Estado por actos legislativos*, Coimbra: Almedina, 1992, pp. 165 ss., em JOSÉ CARLOS VIERA DE ANDRADE. «Panorama Geral do Direito da Responsabilidade 'civil' da administração pública em Portugal». In. JOSÉ LUIS MARTÍNEZ LÓPEZ--MUÑIZ e ANTONIO CALONGE VELÁZQUEZ (org.). *La responsabilidad patrimonial de los poderes públicos – III Colóquio Hispano-Luso de Derecho Administrativo*, Madrid/Barcelona: Marcial Pons, 1999, pp. 47 s.; bem como na jurisprudência (ver, por exemplo, Acórdão STA – 1ª Secção – Contencioso Administrativo – 7 de Março de 1989, consultado em JOSÉ JOAQUIM GOMES CANOTILHO. «Anotação – Acórdão STA – 1ª Secção – Contencioso

Responsabilidade do Estado, tal como ocorre com a responsabilidade civil de uma maneira geral, problemas ocorrem na caracterização de todos os pressuposto[206]. Contudo, o desenvolvimento do presente texto,

---

Administrativo – 7 de Março de 1989». In. Revista de Legislação e de Jurisprudência, Vol. Ano 123, no. 3799, 1989, pp. 298 ss. Para além desses pressupostos, pode-se ainda recorrer a conceitos como "facto voluntário do agente" MÁRIO JÚLIO DE ALMEIDA COSTA. *Direito das Obrigações*, 9.ª ed., Coimbra: Almedina, 2001, p. 509; desdobramento dos nexos de "imputação do facto ao lesante" e de "causalidade entre facto e dano" cf. MÁRIO JÚLIO DE ALMEIDA COSTA. *Direito das Obrigações*, 9.ª ed., Coimbra: Almedina, 2001, pp. 509 s. e FERNANDO PESSOA JORGE. *Ensaio sobre os pressupostos da responsabilidade civil*, reimp. ed., Coimbra: Almedina, 1999, p. 55; porém um pequeno problema na imputação do facto ao lesante, uma vez que o responsável pode não ser o próprio causador do dano cf. FRANCISCO PONTES DE MIRANDA. *Tratado de Direito Privado, Parte especial, Tomo XXII*, 3.ª ed., Rio de Janeiro: Borsoi, 1971, pp. 184 s.. Ou ainda resumindo-se a dois elementos: "*acto ilícito*" e "*prejuízos reparáveis*" cf. FERNANDO PESSOA JORGE. *Ensaio sobre os pressupostos da responsabilidade civil*, reimp. ed., Coimbra: Almedina, 1999, pp. 55 ss. Ainda há termos diversos para um mesmo objecto tal como ocorre com "prejuízo" ao invés de "dano" cf. FERNANDO PESSOA JORGE. *Ensaio sobre os pressupostos da responsabilidade civil*, reimp. ed., Coimbra: Almedina, 1999, p. 55. Para construção dentro do Direito Administrativo com outros conceitos, mas sem fugir muito do já apresentado ver JUAN ALFONSO SANTAMARÍA PASTOR. *Principios de Derecho Administrativo*, 3.ª ed., vol. II, Madrid: Centro de Estudios Ramón Areces, 2002, pp. 483 ss.) que fala em: (i) lesão ressarcível; (ii) imputação do dano; e (iii) relação de causalidade. Não cabe aqui desenvolver de maneira delongada tais divergências, limita-se o texto a utilizar os conceitos da maneira mais uniforme que for possível.

[206] Para citar exemplos, há divergências dogmáticas em Portugal em decorrência do conteúdo do art. 22.º da Constituição, que levanta a dúvida de se estariam afigurados casos de responsabilidade independente de culpa ou não; por outro lado referindo à necessidade de se configurar ilícito para responsabilização ou se há responsabilidade por acto lícito; ver RUI MEDEIROS. *Ensaio sobre a responsabilidade civil do Estado por actos legislativos*, Coimbra: Almedina, 1992, pp. 88 ss. Essa última discussão talvez pudesse ser resolvida por meio de uma diferenciação entre dever de indemnizar decorrente de acto lícito ("indemnização por sacrifício" por exemplo) e a responsabilidade civil decorrente de acto ilícito (ver construção de HANS KELSEN. *Teoria Pura do Direito*, trad. port. J. B. MACHADO, Coimbra: Arménio Amado, 1984, pp. 181 ss., uma vez que parecem ser realidades jurídicas diversas e merecerem ser tratadas distintamente. Entretanto não parece ser tradição da dogmática proceder com tal distinção; ver JOSÉ JOAQUIM GOMES CANOTILHO. *O problema da responsabilidade do Estado por actos lícitos*, Coimbra: Almedina, 1974; e JOSÉ JOAQUIM GOMES CANOTILHO. «Anotação – Acórdão STA – 1ª Secção – Contencioso Administrativo – 7 de Março de 1989». In. Revista de Legislação e de Jurisprudência, Vol. Ano 123, no. 3799, 1989, p. 306, esp. nota 3; RUI MEDEIROS. *Ensaio sobre a responsabilidade civil do Estado por actos legislativos*, Coimbra: Almedina, 1992, esp. pp. 233

tomará como foco a questão da ilicitude[207], sem com isso descartar a necessidade da configuração dos demais pressupostos para se consumar a Responsabilidade.

---

ss.; tratando dessa hipótese, mas no sentido de afastá-la ver RUI MEDEIROS. *Responsabilidade Civil dos Poderes Públicos – Ensinar e Investigar*, Lisboa: Universidade Católica, 2005, pp. 52 ss.; em sentido relativamente discordante, mas sem fazer definitivamente a exclusão das "indemnizações" da esfera da "responsabilidade civil" ver JOSÉ CARLOS VIERA DE ANDRADE. «Panorama Geral do Direito da Responsabilidade 'civil' da administração pública em Portugal». In. JOSÉ LUIS MARTÍNEZ LÓPEZ-MUÑIZ e ANTONIO CALONGE VELÁZQUEZ (org.). *La responsabilidad patrimonial de los poderes públicos – III Colóquio Hispano-Luso de Derecho Administrativo*, Madrid/Barcelona: Marcial Pons, 1999, pp. 41 ss., esp. p. 42. Pode-se recorrer também à distinção de Marcelo Caetano entre "responsabilidade civil da administração" para os casos de actos ilícitos culposos e "responsabilidade administrativa" cf. JOSÉ LUÍS MOREIRA DA SILVA. «Da Responsabilidade Civil da Administração Pública por actos ilícitos». In. FAUSTO DE QUADROS (org.). *Responsabilidade Extracontratual da Administração Pública*, Coimbra: Almedina, 1995, p. 138. Todavia, este texto não se propõe como foro para o desenvolvimento dessa discussão. Também em decorrência da discussão acerca dos pressupostos da responsabilidade civil do Estado ver conceitos que surgem tais como "custo social" da indemnização pelo Estado de dano com altos valores, além de ponderações sobre "Culpa do Serviço", cf. JOSÉ CARLOS VIERA DE ANDRADE. «Panorama Geral do Direito da Responsabilidade 'civil' da administração pública em Portugal». In. JOSÉ LUIS MARTÍNEZ LÓPEZ-MUÑIZ e ANTONIO CALONGE VELÁZQUEZ (org.). *La responsabilidad patrimonial de los poderes públicos – III Colóquio Hispano-Luso de Derecho Administrativo*, Madrid/Barcelona: Marcial Pons, 1999, pp. 45 e 50-1; conceito de criação jurisprudencial que passou a figurar nas propostas legislativas de regulação da responsabilidade civil do Estado que culminaram com a Lei n.º 67/2007; cf. RUI MEDEIROS. «Apreciação geral dos projectos». In. Cadernos de Justiça Administrativa, Vol. 40, 2003, p. 13;e RUI MEDEIROS. *Responsabilidade Civil dos Poderes Públicos – Ensinar e Investigar*, Lisboa: Universidade Católica, 2005, pp. 41 s., ainda que com nome diverso: "funcionamento anormal do serviço"; a respeito do tema ver MARGARIDA CORTEZ. «A responsabilidade civil da Administração por omissão». In. Cadernos de Justiça Administrativa, Vol. 40, 2003, p. 35; para desenvolvimento do conceito de culpa do serviço no caso de responsabilidade por acto da função judicial ver JOSÉ JOAQUIM GOMES CANOTILHO. «Anotação – Acórdão STA – 1ª Secção – Contencioso Administrativo – 7 de Março de 1989». In. Revista de Legislação e de Jurisprudência, Vol. Ano 123, no. 3799, 1989, p. 307.

[207] Ainda que a ilicitude entre para alguns autores no próprio conceito de dano, ou no caso de "lesão ressarcível" cf. JUAN ALFONSO SANTAMARÍA PASTOR. *Principios de Derecho Administrativo*, 3.ª ed., vol. II, Madrid: Centro de Estudios Ramón Areces, 2002, p.483, parece ser um conceito fundamental para o problema ora em análise e, por isso, merecerá autonomização de seu tratamento; até porque parece metodologicamente mais correcto proceder com tal diferenciação, uma vez existirem actos ilícitos que não são directamente os causadores do dano, mas apenas de maneira mediata.

Desta forma, a primeira pergunta que se pretende responder é: o que se entende por "facto ilícito" para configuração da Responsabilidade do Estado?

2.1. *Ilicitude*

A caracterização da ilicitude como pressuposto da responsabilidade civil tende a ser aceita pela doutrina tanto do Direito Privado como no Público.[208] Quanto se fala em "facto ilícito"[209] estão englobadas tanto as acções como omissões,[210] sendo estas mais que "simples inércia", mas

---

[208] O "facto ilícito" pode também ser considerado um factor diferenciador do tipo de responsabilidade civil: "responsabilidade *por* factos ilícitos"; cf. MÁRIO JÚLIO DE ALMEIDA COSTA. *Direito das Obrigações*, 9.ª ed., Coimbra: Almedina, 2001, p. 509; e JOSÉ JOAQUIM GOMES CANOTILHO. «Anotação – Acórdão STA – 1ª Secção – Contencioso Administrativo – 7 de Março de 1989». In. Revista de Legislação e de Jurisprudência, Vol. Ano 123, no. 3799, 1989, p. 306) ou "derivada do injusto", cf. KARL LARENZ. *Derecho de Obligaciones*, trad. esp. J. S. BRIZ, vol. II, Madrid: Revista de Derecho Privado, 1959, pp. 562 ss.. Consideram-se também hipóteses de responsabilização do Estado por actos lícitos reconhecidas por parte da dogmática do Direito Público JJOSÉ JOAQUIM GOMES CANOTILHO. *O problema da responsabilidade do Estado por actos lícitos*, Coimbra: Almedina, 1974, passim; RUI MEDEIROS. *Ensaio sobre a responsabilidade civil do Estado por actos legislativos*, Coimbra: Almedina, 1992, esp. pp. 233 ss.; e RUI MEDEIROS. *Responsabilidade Civil dos Poderes Públicos – Ensinar e Investigar*, Lisboa: Universidade Católica, 2005, pp. 52 ss., conforme acima considerado. Mas para o presente texto, fazer-se-á unicamente sentido considerar hipótese de responsabilidade por acto ilícito, uma vez não ser plausível uma "violação lícita" de directiva comunitária, ao menos não no sentido que se pretende dar no presente texto, que daria ensejo a responsabilização.

[209] Para uma análise pormenorizada do próprio conceito de "facto ilícito" e suas subdivisões (actos ilícitos *stricto sensu*, actos-factos ilícitos e factos ilícitos *stricto sensu*) ver FRANCISCO PONTES DE MIRANDA. *Tratado de Direito Privado, Parte especial, Tomo LIII*, 2.ª (reimp.) ed., Rio de Janeiro: Borsoi, 1966, pp. 76 ss.); para um desenvolvimento mais completo vinculado à ilicitude, mas não no contexto da responsabilidade civil, ver FRANCISCO PONTES DE MIRANDA. *Tratado de Direito Privado, Parte geral, Tomo II*, 3.ª ed., Rio de Janeiro: Borsoi, 1970, pp. 201 ss.; para utilização desses conceitos no plano do "dever de indemnizar" ver FRANCISCO PONTES DE MIRANDA. *Tratado de Direito Privado, Parte especial, Tomo XXII*, 3.ª ed., Rio de Janeiro: Borsoi, 1971, pp. 181-3 e 189-93.

[210] MÁRIO JÚLIO DE ALMEIDA COSTA. *Direito das Obrigações*, 9.ª ed., Coimbra: Almedina, 2001, pp. 510 ss.; FRANCISCO PONTES DE MIRANDA. *Tratado de Direito Privado, Parte especial, Tomo XXII*, 3.ª ed., Rio de Janeiro: Borsoi, 1971, pp. 193 ss.

sim uma "ausência de actividade jurídica devida".[211] Pode-se, de outra forma, considerar que a ilicitude será decorrente de uma omissão do "comportamento devido",[212] ou seja, infracção de um "dever jurídico".[213] Desta forma, há que se considerar também se existia no momento da execução do facto alguma "causa de exclusão da ilicitude" ou ainda "causas justificativas do facto danoso",[214] considera-se em outra perspectiva a "ausência de causas de escusa".[215]

Importante aqui ressaltar que tal ilicitude como conduta contrária ao direito não se restringe a ilegalidade.[216] Vale dizer que a definição específica para ilicitude da Lei n.º 67/2007[217] (tal qual ocorria já com o

---

[211] MARGARIDA CORTEZ. «A responsabilidade civil da Administração por omissão». In. Cadernos de Justiça Administrativa, Vol. 40, 2003, p. 32.

[212] FERNANDO PESSOA JORGE. *Ensaio sobre os pressupostos da responsabilidade civil*, reimp. ed., Coimbra: Almedina, 1999, pp.71 ss.

[213] MÁRIO JÚLIO DE ALMEIDA COSTA. *Direito das Obrigações*, 9.ª ed., Coimbra: Almedina, 2001, pp. 513 s.; FERNANDO PESSOA JORGE. *Ensaio sobre os pressupostos da responsabilidade civil*, reimp. ed., Coimbra: Almedina, 1999, p. 63.

[214] MÁRIO JÚLIO DE ALMEIDA COSTA. *Direito das Obrigações*, 9.ª ed., Coimbra: Almedina, 2001, p. 514.

[215] FERNANDO PESSOA JORGE. *Ensaio sobre os pressupostos da responsabilidade civil*, reimp. ed., Coimbra: Almedina, 1999, pp. 341 ss. Não cabe ao presente texto aprofundar nesse ponto, há porém que se deixar claro que essas hipóteses devem ser analisadas quando da análise do caso concreto. Para desenvolvimento do tema ver MÁRIO JÚLIO DE ALMEIDA COSTA. *Direito das Obrigações*, 9.ª ed., Coimbra: Almedina, 2001, pp. 519 ss.; vale chamar atenção que o autor no desenvolvimento da exclusão da ilicitude e das causas justificativas do facto danoso recorre a conceitos como "interesses superiores" (p. 520 s.) que aparecem também na legislação; e mesmo a "bons costumes" (p. 528); é importante que fique claro que tais conceitos devem ser considerados em uma perspectiva jurídica, como decorrência da interpretação do próprio ordenamento jurídico.

[216] RUI MEDEIROS. *Ensaio sobre a responsabilidade civil do Estado por actos legislativos*, Coimbra: Almedina, 1992, p. 169; JOSÉ JOAQUIM GOMES CANOTILHO. *O problema da responsabilidade do Estado por actos lícitos*, Coimbra: Almedina, 1974, p. 74; e JOSÉ LUÍS MOREIRA DA SILVA. «Da Responsabilidade Civil da Administração Pública por actos ilícitos». In. FAUSTO DE QUADROS (org.). *Responsabilidade Extracontratual da Administração Pública*, Coimbra: Almedina, 1995, p. 170.

[217] Artigo 9.º – Ilicitude "*1 – Consideram-se ilícitas as acções ou omissões dos titulares de órgãos, funcionários e agentes que violem disposições ou princípios constitucionais, legais ou regulamentares ou infrinjam regras de ordem técnica ou deveres objectivos de cuidado e de que resulte a ofensa de direitos ou interesses legalmente protegidos.*

2 – Também existe ilicitude quando a ofensa de direitos ou interesses legalmente protegidos resulte do funcionamento anormal do serviço, segundo o disposto no n.º 3 do artigo 7.º"

Decreto-Lei 48 051), é considera por parte da doutrina mais ampla que a do Direito Civil[218]. O conceito de *ilicitude* tende a equipar-se a uma "ilegalidade em sentido amplo", ou, melhor dizendo, uma "antijuridicidade"[219], sendo tal conceito ainda muitas vezes acertadamente alargado pela jurisprudência, com respeito às "situações de *mau uso de poderes discricionários* concedido pela lei e às de *inactividade*, em face de deveres de actuação administrativa"[220].

Porém, para melhor compreensão desse conceito, pode-se realizar sua segmentação metodológica entre: (i) ilicitude objectiva e (ii) ilicitude subjectiva.[221] Ainda que, no entanto, seja importante ficar claro o "carác-

---

[218] FERNANDO PESSOA JORGE. *Ensaio sobre os pressupostos da responsabilidade civil*, reimp. ed., Coimbra: Almedina, 1999, p. 297; JOSÉ JOAQUIM GOMES CANOTILHO. *O problema da responsabilidade do Estado por actos lícitos*, Coimbra: Almedina, 1974, p. 74; ver discussão em RUI MEDEIROS. *Ensaio sobre a responsabilidade civil do Estado por actos legislativos*, Coimbra: Almedina, 1992, p. 168. Aqui pode-se dizer que com tal conceito "torna difícil estabelecer a linha fronteira entre o ilícito e a culpa" IVO MIGUEL BARROSO. «Ilegalidade e ilicitude no âmbito da responsabilidade civil extracontratual da administração». In. VASCO PEREIRA SILVA (org.). *Novas e velhas andanças do contencioso administrativo – Estudos sobre a reforma do processo administrativo*, Lisboa: Associação Académica da Faculdade de Direito de Lisboa, 2005, p. 249.

[219] JOSÉ CARLOS VIERA DE ANDRADE. «Panorama Geral do Direito da Responsabilidade 'civil' da administração pública em Portugal». In. JOSÉ LUIS MARTÍNEZ LÓPEZ-MUÑIZ e ANTONIO CALONGE VELÁZQUEZ (org.). *La responsabilidad patrimonial de los poderes públicos – III Colóquio Hispano-Luso de Derecho Administrativo*, Madrid/Barcelona: Marcial Pons, 1999, p. 49.

[220] JOSÉ CARLOS VIERA DE ANDRADE. «Panorama Geral do Direito da Responsabilidade 'civil' da administração pública em Portugal». In. JOSÉ LUIS MARTÍNEZ LÓPEZ-MUÑIZ e ANTONIO CALONGE VELÁZQUEZ (org.). *La responsabilidad patrimonial de los poderes públicos – III Colóquio Hispano-Luso de Derecho Administrativo*, Madrid/Barcelona: Marcial Pons, 1999, p. 49.

[221] FERNANDO PESSOA JORGE. *Ensaio sobre os pressupostos da responsabilidade civil*, reimp. ed., Coimbra: Almedina, 1999, pp. 61 ss.; JOSÉ JOAQUIM GOMES CANOTILHO. *O problema da responsabilidade do Estado por actos lícitos*, Coimbra: Almedina, 1974, pp. 73 ss.). Este par de conceitos – objectiva/subjectiva – é utilizado para duas realidades diversas: de uma lado para se referir ao próprio direito violado, prendendo-se directamente ao pressuposto ora em análise, qual seja, a ilicitude; de outro, esses conceitos também são utilizados para análise de outro pressuposto da responsabilidade, a culpa (responsabilidade objectiva – independente de culpa – e responsabilidade subjectiva – indispensável o configuração da culpa do agente). No momento, refere-se à primeira utilização do conceito, ver FERNANDO PESSOA JORGE. *Ensaio sobre os pressupostos da responsabilidade civil*, reimp. ed., Coimbra: Almedina, 1999, p. 186). Poder-se-ia recorrer aos conceitos

ter unitário do acto ilícito", uma vez que esse carrega a violação do ordenamento jurídico, sem com isso deixar de ser uma conduta, isto é, aspecto subjectivo.[222]

Como isso procura-se responder à pergunta se, uma vez presentes os demais pressupostos, qualquer violação de direito é suficientemente configuradora de responsabilização civil. Como conclusão responde-se negativamente à essa pergunta. Não basta uma violação de direito (objectivo), é necessário também a violação de posição jurídica de outrem, que pode levar à fórmula do acto ilícito como "violação do dever"[223]. No entanto, nessa construção parece transparecer uma ideia de "dever jurídico" reflexo de um direito subjectivo, o que talvez possa levar a um equívoco, de se considerar que não há dever jurídico no caso de um direito objectivo ou mesmo de se acreditar na existência de um dever jurídico sem estar presente um direito objectivo, seria talvez mais adequada a construção que considera todo direito como reflexo de um dever jurídico imposto pelo próprio ordenamento.[224]

Em outras palavras, o que se pretende deixar claro é que a "ilicitude", para ser pressuposto de responsabilidade civil do Estado, deve por um lado violar mandamento do ordenamento jurídico[225] (direito objectivo) e,

---

equivalentes de "ilicitude formal" e "ilicitude material" como em Ivo MIGUEL BARROSO. «Ilegalidade e ilicitude no âmbito da responsabilidade civil extracontratual da administração». In. VASCO PEREIRA SILVA (org.). Novas e velhas andanças do contencioso administrativo – Estudos sobre a reforma do processo administrativo, Lisboa: Associação Académica da Faculdade de Direito de Lisboa, 2005, pp. 227 s., no entanto preferiu-se o ora utilizado por estar mais presente na discussão dogmática sobre a temática.

[222] FERNANDO PESSOA JORGE. Ensaio sobre os pressupostos da responsabilidade civil, reimp. ed., Coimbra: Almedina, 1999, p. 69.

[223] FERNANDO PESSOA JORGE. Ensaio sobre os pressupostos da responsabilidade civil, reimp. ed., Coimbra: Almedina, 1999, pp. 67 s. Essa concepção no entanto pode ser considerada restritiva do conceito de ilicitude para fins de responsabilidade civil do Estado, cf. RUI MEDEIROS. Ensaio sobre a responsabilidade civil do Estado por actos legislativos, Coimbra: Almedina, 1992, pp. 167 ss.

[224] Por todos, ver HANS KELSEN. Teoria Pura do Direito, trad. port. J. B. MACHADO, Coimbra: Arménio Amado, 1984, pp. 184 ss. No entanto, não cabe agora um desenvolvimento desses conceitos, uma vez que não seriam directamente úteis para o problema em revista.

[225] Aqui devem entrar todos os elementos jurídicos: Constituição, legislação, Direito Internacional e, importante para da hipótese em voga, o Direito Comunitário. Nesse sentido em relação ao facto ilícito legislativo ver RUI MEDEIROS. Ensaio sobre a responsabilidade civil do Estado por actos legislativos, Coimbra: Almedina, 1992, p. 166.

ainda, violar a esfera jurídica de outrem (direito subjectivo ou interesses juridicamente protegidos[226]), que então passará a ter direito de indemnização em caso de danos que lhe foram causados[227]; em outras palavras o que resulta do ordenamento é que a ilicitude não se identifica com ilegalidade, uma vez que se exige que "da violação da norma jurídica resulte a ofensa de direitos ou de disposição legais destinadas a proteger os interesses de terceiros"[228]. Nessa posição ficariam devidamente abrangidos também os casos de violação de "qualquer disposição legal destinada a proteger interesses alheios"[229], vistos aqui não na posição de meros "direitos reflexos", mas como interesses legalmente protegidos decorrentes de "direito objectivo"[230]. O que figura uma ideia de alargamento da com-

---

[226] Para uma discussão acerca da distinção entre direito subjectivo e interesse legalmente (ou *juridicamente*) protegido ver Diogo Freitas Amaral. *Curso de Direito Administrativo*, vol. II (2ª reimp.), Coimbra: Almedina, 2003, pp. 64 ss.; para construção do conceito de direitos subjectivos relacionada com os direitos fundamentais ver José Carlos Viera de Andrade. *Os Direitos Fundamentais na Constituição Portuguesa de 1976*, 3.ª ed., Coimbra: Coimbra, 2006, pp. 113 ss.; em sentido divergente cf. Vasco Pereira da Silva. *Em busca do acto administrativo perdido*, (reimp.) ed., Coimbra: Almedina, 1998, pp. 52 ss. Para diferenciar tais conceitos ver Rui Medeiros. *Ensaio sobre a responsabilidade civil do Estado por actos legislativos*, Coimbra: Almedina, 1992, pp. 170 ss.

[227] Cf. Fernando Pessoa Jorge. *Ensaio sobre os pressupostos da responsabilidade civil*, reimp. ed., Coimbra: Almedina, 1999, pp. 283 ss. Apenas vale aqui uma rápida exposição da construção de Ponte de Miranda que fixa a *independência* da própria ilicitude frente suas consequências jurídicas, cf. Francisco Pontes de Miranda. *Tratado de Direito Privado, Parte especial, Tomo LIII*, 2.ª (reimp.) ed., Rio de Janeiro: Borsoi, 1966, pp. 96 ss., nomeadamente o dever de indemnizar presente na responsabilidade; sendo mais que "violação de direito" da qual decorram consequências, mas sim a invasão da "esfera dos direitos que de modo geral competem a alguém" (97). Apenas para que se fique clara a ordem das coisas: a ilicitude não pode ser definida pelas suas consequências, isto é, não se pode dizer que ilícito é aquele acto do qual nasce a responsabilidade civil, por exemplo.

[228] Rui Medeiros. *Ensaio sobre a responsabilidade civil do Estado por actos legislativos*, Coimbra: Almedina, 1992, p. 169.

[229] Construção presente no princípio geral da responsabilidade civil postulado pelo artigo 483.º do Código Civil Português.

[230] Fernando Pessoa Jorge. *Ensaio sobre os pressupostos da responsabilidade civil*, reimp. ed., Coimbra: Almedina, 1999, pp. 304 ss. Tal construção, típica do Direito Civil, torna-se útil para o caso de o Estado desempenhar o papel do agente violador, o que já fara legalmente positivado com o Decreto-Lei n.º 48 051 de 21 de Novembro de 1967, em seu art. 2.º, n.º I; ainda que essa construção seja considerada mais ampla que a do Código Civil, ver Fernando Pessoa Jorge. *Ensaio sobre os pressupostos da responsabilidade*

preensão de "interesses protegidos", como há algum tempo defendeu CANOTILHO,[231] ainda que se considere maior apelo à concepção objectiva de ilicitude para se poder configurar o que seriam tais "outras posições jurídicas subjectivas", as quais não poderia ser propriamente equiparadas a "direitos subjectivos"[232].

Tal construção acaba por se prender, de certa forma, com outro pressuposto da responsabilidade que é o próprio "prejuízo"[233], o que faz também sentido na medida que a "obrigação de indemnizar só existe quando se haja produzido dano"[234], o que ajuda a clarificar mais uma vez que os elementos necessários para configuração da responsabilidade civil muitas vezes são faces de uma mesma realidade, mas devem ser autonomamente analisados para sua melhor compreensão, o que justifica tal cisão entre direitos subjectivos e objectivos, bem como interesses legítimos ou legalmente protegidos.

Importante ressaltar no entanto que para parte da doutrina está última divisão seria inócua[235], uma vez que se considera que uma norma

---

civil, reimp. ed., Coimbra: Almedina, 1999, p. 297; e JOSÉ JOAQUIM GOMES CANOTILHO. *O problema da responsabilidade do Estado por actos lícitos*, Coimbra: Almedina, 1974, p. 74; ver também discussão em RUI MEDEIROS. *Ensaio sobre a responsabilidade civil do Estado por actos legislativos*, Coimbra: Almedina, 1992, p. 168), como já foi mencionado acima.

[231] JOSÉ JOAQUIM GOMES CANOTILHO. *O problema da responsabilidade do Estado por actos lícitos*, Coimbra: Almedina, 1974, p. 73.

[232] JOSÉ JOAQUIM GOMES CANOTILHO. *O problema da responsabilidade do Estado por actos lícitos*, Coimbra: Almedina, 1974, pp. 73 s.

[233] FERNANDO PESSOA JORGE. *Ensaio sobre os pressupostos da responsabilidade civil*, reimp. ed., Coimbra: Almedina, 1999, p. 283.

[234] JUAN ALFONSO SANTAMARÍA PASTOR. *Principios de Derecho Administrativo*, 3.ª ed., vol. II, Madrid: Centro de Estudios Ramón Areces, 2002, p. 483.

[235] VASCO PEREIRA DA SILVA. *Para um contencioso administrativo dos Particulares – Esboço de uma teoria subjectivista do recurso de anulação*, Coimbra: Almedina, 1997, pp. 80 ss.; e VASCO PEREIRA DA SILVA. *Em busca do acto administrativo perdido*, (reimp.) ed., Coimbra: Almedina, 1998, p. 220. Onde se lê "ao falar em direitos subjectivos dos particulares perante as autoridades administrativas estamos, portanto, a referirmo-nos a uma panóplia de posições jurídicas muito distintas e não a um 'figurino único', mas, em todos os casos, estamos perante verdadeiros direitos subjectivos, posições jurídicas de vantagem dos particulares em face das autoridades administrativas, e não de quaisquer 'pseudo-direitos', 'semi-direitos', 'quase-direitos', ou 'direitos de segunda ordem'" VASCO PEREIRA DA SILVA. *Em busca do acto administrativo perdido*, (reimp.) ed., Coimbra:

jurídica sempre traz como previsão um direito subjectivo, assim sendo, a violação de norma jurídica necessariamente incorreria em violação dos direitos de alguém.

Organizado de outra forma, pode-se dizer que no próprio "acto ilícito" estão presentes: (i) a acção como tal; (ii) oposição ao direito; e (iii) culpabilidade; sendo tal "antijuridicidade" o elemento objectivo e a culpabilidade configurar-se-ia como "imputação subjectiva".[236] Ainda que essa outra "desconstrução explicativa" do acto ilícito possa redundar em confusao terminológica, importa para salientar seu carácter unitário anteriormente defendido[237].

3. Normatividade de Directiva Comunitária não transposta[238]

Da resposta à primeira indagação decorre outra pergunta para o objecto ora em estudo: seria a violação de uma Directiva Comunitária uma facto ilícito?

Como se sabe, a directiva comunitária não é por excelência a norma comunitária, papel exercido centralmente pelos regulamentos. As directivas comunitárias seriam, *a priori*, nada mais que apontamentos da União para seus membros (todos ou alguns em especial) tomarem determinadas medidas no sentido de uniformização de suas realidades jurídi-

---

Almedina, 1998, p. 220. Ver também o desenvolvimento das teses acerca da temática em VASCO PEREIRA DA SILVA. *Para um contencioso administrativo dos Particulares – Esboço de uma teoria subjectivista do recurso de anulação*, Coimbra: Almedina, 1997, pp. 84 ss.; e VASCO PEREIRA DA SILVA. *Em busca do acto administrativo perdido*, (reimp.) ed., Coimbra: Almedina, 1998, pp. 215 s. Em um desenvolvimento crítico sobre estas teses ver VASCO PEREIRA DA SILVA. *Para um contencioso administrativo dos Particulares – Esboço de uma teoria subjectivista do recurso de anulação*, Coimbra: Almedina, 1997, pp. 100 ss.

[236] Entre outros, ver KARL LARENZ. *Derecho de Obligaciones*, trad. esp. J. S. BRIZ, vol. II, Madrid: Revista de Derecho Privado, 1959, pp. 563 ss.

[237] Tal autor utiliza-se da expressão "direito subjectivos" em outro sentido KARL LARENZ. *Derecho de Obligaciones*, trad. esp. J. S. BRIZ, vol. II, Madrid: Revista de Derecho Privado, 1959, pp. 575 ss.

[238] Para um longo desenvolvimento acerca do carácter normativo da directivas comunitárias ver ENRIQUE MANUEL PUERTA DOMÍGUEZ. *La directiva comunitaria como norma aplicable en derecho*, Granada: Comares, 1999, *passim*.

cas dentro de um determinado prazo[239]. Contudo, com o desenvolver do Direito Comunitário[240], as directivas tomaram para si um papel mais central no sistema jurídico, tanto da própria União, como nos subsistemas jurídicos dos Estados-membros[241]. Tal papel fortificou-se com a fixação, pelo Tribunal de Justiça das Comunidades Europeias[242], de dois princí-

---

[239] Art. 249.º do Tratado de Roma (Comunidade Europeia): *"(...) O regulamento tem carácter geral. É obrigatório em todos os seus elementos e directamente aplicável em todos os Estados-Membros.*

A directiva vincula o Estado-Membro destinatário quanto ao resultado a alcançar, deixando, no entanto, às instâncias nacionais a competência quanto à forma e aos meios. (...)"

[240] A expressão "Direito Comunitário" aqui é mantida por relativa tradição, sem se buscar restringir ao ordenamento jurídico moldado pelas "Comunidades Europeias", mas sim referindo-se ao "Direito Europeu", ou, mais precisamente a um "Direito da União Europeia".

[241] Chega-se a admitir hoje que, uma vez que "as directivas assumem, com crescente frequência desde há alguns anos, um carácter de tal modo detalhado e 'regulamentar' que tornaria dispensável actos internos de transposição" cf. JOSÉ LUÍS DA CRUZ VILAÇA. «A propósito dos efeitos das directivas na ordem jurídica dos Estados-membros». In. Cadernos de Justiça Administrativa, Vol. 30, 2001, p. 6. Para uma rápida consideração sobre a evolução da directiva, ver ALICIA LÓPEZ DE LOS MOZOS. «De la Directiva a la ley marco europea». In. *Colóquio Ibérico: Constituição europeia – Homenagem ao doutor Francisco Lucas Pires*, Coimbra: Coimbra, 2005, pp. 438 ss.; para construção com mais pormenores ENRIQUE MANUEL PUERTA DOMÍGUEZ. *La directiva comunitaria como norma aplicable en derecho*, Granada: Comares, 1999, *passim*.

[242] "Os dados em matéria de responsabilidade dos poderes públicos não podem hoje ser interpretados à margem da normação e, sobretudo, da jurisprudência comunitária." Cf. RUI MEDEIROS. *Responsabilidade Civil dos Poderes Públicos – Ensinar e Investigar*, Lisboa: Universidade Católica, 2005, p. 21. Vale ainda lembrar que "a jurisprudência do Tribunal de Justiça é rigorosamente vinculante para as jurisdições nacionais" cf. EDUARDO GARCÍA DE ENTERRÍA. «Perspectivas de las justicias administrativas nacionales en el ámbito de la Unión Europea». In. Revista trimestrale di diritto pubblico, Vol. Ano XLIX, no. 1, 1999, p. 10.

Em especial em relação à responsabilização do Estado por violação do Direito Comunitário, uma vez que não figure nos Tratados comunitários, pode-se dizer que se trata de "manifestação da criação puramente pretoriana" cf. FAUSTO DE QUADROS. «Responsabilidade dos poderes públicos no Direito Comunitário: Responsabilidade extracontratual da Comunidade Europeia e Responsabilidade dos Estados por incumprimento do Direito Comunitário». In. JOSÉ LUIS MARTÍNEZ LÓPEZ-MUÑIZ e ANTONIO CALONGE VELÁZQUEZ (org.). *La responsabilidad patrimonial de los poderes públicos – III Colóquio Hispano- -Luso de Derecho Administrativo*, Madrid/Barcelona: Marcial Pons, 1999, p. 144, bem como ocorrera com o princípio do primado cf. PATRÍCIA FRAGOSO MARTINS. *O Princípio do*

pios do Direito Europeu: (i) Primazia do Direito Comunitário sobre os direitos dos Estados-membros, inclusive sobre os próprios Direitos Constitucionais; (ii) o Efeito Directo;[243] que são duas características essenciais do Direito Comunitário hoje;[244] somando a isso a "obrigação a reparação por danos"[245]; ou "responsabilidade dos Estados-membros por incumprimento do Direito Comunitário".[246]

Primado do Direito Comunitário sobre as Normas Constitucionais dos Estados-membros – Dos Tratados ao Projecto de Constituição Europeia, Estoril: Principia, 2006, pp. 47-72.

[243] Para desenvolvimento dos dois princípios em relação às responsabilidade civil do Estado por violação do Direito Comunitário, ver MARTA CHANTAL DA CUNHA MACHADO RIBEIRO. *Da responsabilidade do Estado por violação do Direito Comunitário*, Coimbra: Almedina, 1996, pp. 36 ss.

[244] BRUNO DE WITTE. «Direct Effect, Supremacy, and the Nature of the Legal Order». In. PAUL CRAIG e GRÁINNE DE BÚRCA (org.). *The Evolution of EU Law*, Oxford: Oxford, 1999, p. 178.

[245] EDUARDO GARCÍA DE ENTERRÍA. «Perspectivas de las justicias administrativas nacionales en el ámbito de la Unión Europea». In. Revista trimestrale di diritto pubblico, Vol. Ano XLIX, no. 1, 1999, p. 23.

[246] ALICIA LÓPEZ DE LOS MOZOS. «De la Directiva a la ley marco europea». In. *Colóquio Ibérico: Constituição europeia – Homenagem ao doutor Francisco Lucas Pires*, Coimbra: Coimbra, 2005, p. 430. As divergências doutrinárias e teóricas são muito grandes, no entanto não se pretende entrar nesse momento nessa discussão, que, por si só, seria tema para centenas de páginas (ver considerações em MARCELO REBELO DE SOUSA. «A transposição das directivas comunitárias na ordem jurídica portuguesa». In. *O direito comunitário e a construção europeia (separata Boletim da Faculdade de Direito, Stvdia ivridica, 38, colloquia – 1)*, Coimbra: Coimbra, 1999, pp. 67 ss.; buscando reduzir, como conclusão, o Direito Comunitário ao Direito Internacional ver BRUNO DE WITTE. «Direct Effect, Supremacy, and the Nature of the Legal Order». In. PAUL CRAIG e GRÁINNE DE BÚRCA (org.). *The Evolution of EU Law*, Oxford: Oxford, 1999, esp. pp. 209 s. A problemática será desenvolvida somente na medida do necessário para dar suporte à linha argumentativa do texto.

Pode-se também colocar em causa o princípio da "aplicabilidade directa", tal como consagrado no art. 249 do Tratado da CE, para os casos de directiva não transposta, cf. GABINETE DE DIREITO EUROPEU MINISTÉRIO DA JUSTIÇA. *Princípios Estruturantes do Direito Comunitário de criação jurisprudencial, (Colecção Divulgação do Direito Comunitário)*, vol. Ano 11, n.º 32, Lisboa: MJ-GDE, 2000, p. 79; ver também colocação sobre a "artificialidade" dessa distinção em MARCELO REBELO DE SOUSA. «A transposição das directivas comunitárias na ordem jurídica portuguesa». In. *O direito comunitário e a construção europeia (separata Boletim da Faculdade de Direito, Stvdia ivridica, 38, colloquia – 1)*, Coimbra: Coimbra, 1999, pp. 67 ss.: No entanto, parece ser mais correcto falar-se em "efeito directo" ao invés de "aplicabilidade directa" cf. GABINETE DE DIREITO EUROPEU

3.1. *Efeito Directo de Directiva comunitária não transposta*

Na década de 1970 o Tribunal de Justiça das Comunidades Europeias progressivamente fixou as bases para possibilitar o Efeito Directo no caso de o Estado-membro, destinatário de uma Directiva, não a transpor[247]. Assim, ficou estabelecido que os pressupostos seriam três: (i) Conteúdo preciso; (ii) Incondicionalidade; (iii) Prazo decorrido.[248] Assim sendo, com o cumprimento de tais pressupostos surgiria uma obrigação do Estado de aplicar a directiva.[249] Com o caso *Francovich/*

MINISTÉRIO DA JUSTIÇA. *Princípios Estruturantes do Direito Comunitário de criação jurisprudencial*, (Colecção Divulgação do Direito Comunitário), vol. Ano 11, n.º 32, Lisboa: MJ-GDE, 2000 80. Para diferenciação entre ambos os conceitos ver JOSÉ LUÍS DA CRUZ VILAÇA. «A propósito dos efeitos das directivas na ordem jurídica dos Estados--membros». In. Cadernos de Justiça Administrativa, Vol. 30, 2001, pp. 3 ss.

[247] Ver casos *Van Duyn* (acórdão de 1974), *Ratti* (acórdão de 1979) e *Becker* (acórdão de 1982); decisões listadas em GABINETE DE DIREITO EUROPEU MINISTÉRIO DA JUSTIÇA. *Princípios Estruturantes do Direito Comunitário de criação jurisprudencial, (Colecção Divulgação do Direito Comunitário)*, vol. Ano 11, n.º 32, Lisboa: MJ-GDE, 2000, p. 81, nota 12; consultado também em PAUL CRAIG e GRÁINNE BÚRCA. *EU Law – Text, cases, and materials*, 3.ª ed., New York: Oxford, 2004, pp. 203 ss.

[248] Ver, entre outros os casos *Ratti* e *Becker* anteriormente citados. Sobre o tema, ver também JOSÉ LUÍS DA CRUZ VILAÇA. «A propósito dos efeitos das directivas na ordem jurídica dos Estados-membros». In. Cadernos de Justiça Administrativa, Vol. 30, 2001, pp. 10 s.; MARTA CHANTAL DA CUNHA MACHADO RIBEIRO. *Da responsabilidade do Estado por violação do Direito Comunitário*, Coimbra: Almedina, 1996, pp. 64 ss. e PAUL CRAIG e GRÁINNE BÚRCA. *EU Law – Text, cases, and materials*, 3.ª ed., New York: Oxford, 2004, pp. 202 ss.; em perspectiva mais crítica BRUNO DE WITTE. «Direct Effect, Supremacy, and the Nature of the Legal Order». In. PAUL CRAIG e GRÁINNE DE BÚRCA (org.). *The Evolution of EU Law*, Oxford: Oxford, 1999, pp. 183 ss.). Importante ressaltar que ainda parte da dogmática impõe outros pressupostos para esse "efeito directo", ver por exemplo a necessidade de se apurar "a função a que corresponde o conteúdo do acto a transpor" MARCELO REBELO DE SOUSA. «A transposição das directivas comunitárias na ordem jurídica portuguesa». In. *O direito comunitário e a construção europeia (separata Boletim da Faculdade de Direito, Stvdia ivridica, 38, colloquia – 1)*, Coimbra: Coimbra, 1999, p. 69, devendo ficar claro no entanto que essa é uma perspectiva do Direito Interno (pp. 66 e 68), não sendo contemplada pelo próprio Direito Comunitário.

[249] BRUNO DE WITTE. «Direct Effect, Supremacy, and the Nature of the Legal Order». In. PAUL CRAIG e GRÁINNE DE BÚRCA (org.). *The Evolution of EU Law*, Oxford: Oxford, 1999, pp. 187 s.

[250] Acórdão de 1991; consultado em GABINETE DE DIREITO EUROPEU MINISTÉRIO DA JUSTIÇA. *Responsabilidade Extracontratual do Estado por violação do Direito Comunitário,*

Bonifaci[250] tal não transposição passa a ser ligada à necessidade de indemnização dos particulares que sofreram prejuízos em decorrência de violação de Direito Comunitário, no caso directiva comunitária nomeadamente; estabiliza-se o princípio da responsabilidade do Estado em caso de danos por violação do Direito Comunitário,[251] sendo afirmado no caso *Brasserie du Pêcheur*[252] como "corolário do efeito directo" e reafirmado no caso *Factortame III*.[253]

Desta forma, estabelece a corte que, estando presentes no caso concreto tais elementos, surgem efeitos jurídicos das directivas. Em outras palavras, pode-se dizer que a directiva comunitária passa a ter força normativa dentro do Estado. Tal obrigação foi construída com base no art. 10 do Tratado de Roma[254] (Comunidade Europeia).[255] Configurando-se a

---

(Colecção Divulgação do Direito Comunitário), vol. Ano 10, n.º 27, Lisboa: MJ-GDE, 1998, pp. 15-32. Ver, entre outros, PAUL CRAIG e GRÁINNE BÚRCA. *EU Law – Text, cases, and materials*, 3.ª ed., New York: Oxford, 2004, pp. 257 ss.; FAUSTO DE QUADROS. «Responsabilidade dos poderes públicos no Direito Comunitário: Responsabilidade extracontratual da Comunidade Europeia e Responsabilidade dos Estados por incumprimento do Direito Comunitário». In. JOSÉ LUIS MARTÍNEZ LÓPEZ-MUÑIZ e ANTONIO CALONGE VELÁZQUEZ (org.). *La responsabilidad patrimonial de los poderes públicos – III Colóquio Hispano-Luso de Derecho Administrativo*, Madrid/Barcelona: Marcial Pons, 1999, pp. 147-152; e MARTA CHANTAL DA CUNHA MACHADO RIBEIRO. *Da responsabilidade do Estado por violação do Direito Comunitário*, Coimbra: Almedina, 1996, pp. 43-182).

[251] PAUL CRAIG e GRÁINNE BÚRCA. *EU Law - Text, cases, and materials*, 3.ª ed., New York: Oxford, 2004, p. 257.

[252] Acórdão de 1996, consultado em GABINETE DE DIREITO EUROPEU MINISTÉRIO DA JUSTIÇA. *Responsabilidade Extracontratual do Estado por violação do Direito Comunitário, (Colecção Divulgação do Direito Comunitário)*, vol. Ano 10, n.º 27, Lisboa: MJ-GDE, 1998, pp. 35-68.

[253] Para desenvolvimento sobre o caso *Factortame*, ver EDUARDO GARCÍA DE ENTERRÍA. «El fin del caso Factortame. La responsabilidad patrimonial final del Reino Unido». In. Revista de Administración Pública, Vol. 145, 1998. Ver comentário em PAUL CRAIG e GRÁINNE BÚRCA. *EU Law – Text, cases, and materials*, 3.ª ed., New York: Oxford, 2004, pp. 261 ss.

[254] *"Os Estados-Membros tomarão todas as medidas gerais ou especiais capazes de assegurar o cumprimento das obrigações decorrentes do presente Tratado ou resultantes dos actos das instituições da Comunidade. Os Estados-Membros facilitarão à Comunidade o cumprimento da sua missão.*

Os Estados-Membros abster-se-ão de tomar quaisquer medidas susceptíveis de pôr em perigo a realização dos objectivos do presente Tratado."

[255] Entre outros, ver PAUL CRAIG. *Administrative Law*, 5.ª ed., London: Thomson, 2003, p. 929; PAUL CRAIG e GRÁINNE BÚRCA. *EU Law – Text, cases, and materials*, 3.ª ed.,

"invocabilidade das directivas não executadas contra o Estado" portadoras de um "carácter sancionatório do incumprimento por parte dos Estados-Membros da sua obrigação de as executar, constituindo, ao mesmo tempo, uma forma de assegurar a sua eficácia"[256].

Ocorre que, com isso surge um segundo problema: no caso dessas directivas terem "força de lei", como deveria ser a solução de uma divergência jurídica entre particulares cujo critério jurídico fosse o conteúdo de uma directiva não transposta? Nesse caso apareceria o que a doutrina passou a chamar de "efeito directo horizontal" (entre os particulares), em oposição ao "efeito directo vertical" (entre Estado e particulares). A resposta do Direito Comunitário, mais uma vez por via da jurisprudência do Tribunal de Justiça, foi de que, no caso de a não transposição, ou a má transposição de uma directiva causar danos a um particular, o Estado ficaria incumbido de o ressarcir. Ou seja, a responsabilidade civil do Estado *pela não transposição* surge como um "paliativo para o não reconhecimento de efeito directo horizontal"[257].

New York: Oxford, 2004, p. 259; e GABINETE DE DIREITO EUROPEU MINISTÉRIO DA JUSTIÇA. *Princípios Estruturantes do Direito Comunitário de criação jurisprudencial, (Colecção Divulgação do Direito Comunitário)*, vol. Ano 11, n.º 32, Lisboa: MJ-GDE, 2000.

[256] Publicado em GABINETE DE DIREITO EUROPEU MINISTÉRIO DA JUSTIÇA. *Princípios Estruturantes do Direito Comunitário de criação jurisprudencial, (Colecção Divulgação do Direito Comunitário)*, vol. Ano 11, n.º 32, Lisboa: MJ-GDE, 2000, pp. 82 s.

[257] MARTA CHANTAL DA CUNHA MACHADO RIBEIRO. *Da responsabilidade do Estado por violação do Direito Comunitário*, Coimbra: Almedina, 1996, pp. 154 ss. Ver em especial sobre "efeito directo horizontal" casos *Marshall* (acórdão de 1986), *Kolpinghuis* (acórdão de 1987) e *Faccini Dori* (acórdão de 1994), entre outros; decisões listadas em GABINETE DE DIREITO EUROPEU MINISTÉRIO DA JUSTIÇA. *Princípios Estruturantes do Direito Comunitário de criação jurisprudencial, (Colecção Divulgação do Direito Comunitário)*, vol. Ano 11, n.º 32, Lisboa: MJ-GDE, 2000, p. 81, nota 13. Ver também: JOSÉ LUÍS DA CRUZ VILAÇA. «A propósito dos efeitos das directivas na ordem jurídica dos Estados-membros». In. Cadernos de Justiça Administrativa, Vol. 30, 2001, pp. 11 s.; MARTA CHANTAL DA CUNHA MACHADO RIBEIRO. *Da responsabilidade do Estado por violação do Direito Comunitário*, Coimbra: Almedina, 1996, pp. 68 ss.; PAUL CRAIG e GRÁINNE BÚRCA. *EU Law – Text, cases, and materials*, 3.ª ed., New York: Oxford, 2004, pp. 202 ss. e 220 ss.; e BRUNO DE WITTE. «Direct Effect, Supremacy, and the Nature of the Legal Order». In. PAUL CRAIG e GRÁINNE DE BÚRCA (org.). *The Evolution of EU Law*, Oxford: Oxford, 1999, pp. 184 ss. Ver outros desdobramentos dos conceitos de efeito directo horizontal e vertical em ENRIQUE MANUEL PUERTA DOMÍGUEZ. *La directiva comunitaria como norma aplicable en derecho*, Granada: Comares, 1999, pp. 218 ss.

3.2. Responsabilidade pela não transposição ou pela má transposição: o problema para os particulares

Ocorre que tal solução pode traduzir-se em um grande problema para os particulares. No caso, o que se traz à baila é a Responsabilização do Estado no exercício de suas funções políticas e legislativas, ou Responsabilidade Civil do Estado por acto legislativo.[258] Tal caminho traz consigo todas suas dificuldades de caracterização dos pressupostos exigidos. Desde a própria acção ou omissão legislativa ilícita, que pode ser oposta as questões da relativa liberdade da actuação do Legislativo, passando pelo problema da configuração da culpa do agente e o nexo de causalidade.

Talvez tal caminho seja útil para proteger o particular que, agindo sobre o abrigo jurídico de uma directiva comunitária, estabeleceu uma relação jurídica com outro particular e viu-se em prejuízo porém não encontra meios para se ver indemnizado, senão pela responsabilização do Estado por meio de seu braço legislativo, uma vez que a jurisprudência e a própria doutrina mantêm-se relutante para o reconhecimento do tal efeito directo horizontal.

Contudo, utiliza-se tal saída para quaisquer casos de danos a particulares decorrentes de violação de uma directiva, o que não se justifica de maneira alguma quando o sujeito violador da directiva é o próprio Estado, seja por meio do poder administrativo, ou mesmo legislativo e judiciário. Quando o próprio Estado age em desconformidade com o conteúdo jurídico de uma directiva comunitária, violando a esfera jurídica de um particular, tal acto nada mais é que um "acto ilícito", assim sendo, uma vez causado dano, dá ensejo a responsabilidade civil.

A grande diferença para as duas soluções é que, na ora proposta, o que acto ilícito é a conduta directamente violadora da normatividade decorrente do efeito directo da directiva, não a actuação (ou *não actuação*) do Legislador em não transpor tal directiva, ou a transpor mal. Em outras palavras, não daria para considerar que na hipótese em análise figuraria a tal "situação clara de *responsabilidade dos Estados-Membros por omissão de actos legislativos*"[259] do caso *Francovich/Bonifaci*, uma

---

[258] MARIA DA GLÓRIA FERREIRA PINTO DIAS GARCIA. *A responsabilidade civil do Estado e demais pessoas colectivas públicas*, Lisboa: Conselho Económico e Social, 1997, p. 66.
[259] MARIA DA GLÓRIA FERREIRA PINTO DIAS GARCIA. *A responsabilidade civil do Estado e demais pessoas colectivas públicas*, Lisboa: Conselho Económico e Social, 1997, p. 66.

vez que a relação jurídica central então era o contrato de trabalho entre os autores e outro ente privado, que não possibilitaria a configuração da ilicitude do Estado na violação directa do conteúdo da directiva não transposta, contudo somente seria possível que respondesse sim em decorrência da conduta, no caso omissiva, da própria não transposição. Seria o típico caso em que o particular só poderia (ao menos por enquanto) intentar acção com base em "direitos que servem de compensação daqueles de que foi injustamente privado", "não nos próprios direitos previstos nas disposições comunitárias violadas"[260].

Mas no momento, o caso a ser trabalhado merece outro tratamento. Para tal, arrolar-se-ão os argumentos pertinentes para defesa da hipótese levantada.

3.3. *Responsabilidade pela violação de Directiva Comunitária não transposta: argumentos*

O primeiro argumento que se coloca é o facto de ser o Estado destinatário directo da directiva comunitária. Uma ordem jurídica deve partir do pressuposto de que o Estado será o primeiro cumpridor do Direito. Dentre as primordiais funções do Direito Público, encontra-se o controlo do Estado em suas relações frente os particulares. Sendo a directiva comunitária um mandamento de harmonização dos ordenamentos jurídicos cujo mandante é a própria União e o destinatário o Estado, ao particular resta a expectativa de que dentro de determinado prazo (imposto pela própria directiva) tal conteúdo tornar-se-á direito, isto é, deve adequar suas condutas no sentido de respeitar uma nova norma que passará a ter validade no ordenamento jurídico.

Com excepção de a União modificar a directiva, restam duas possibilidades: (i) ou o Estado implementa precisamente seu conteúdo e então passa a ser norma doméstica; ou (ii) decorrido o prazo, e estando presentes os demais pressuposto, tal directiva comunitária produzirá efeitos directos na ordem jurídica nacional, independente da actuação do Estado. Ou seja, em ambos os casos o conteúdo jurídico de tal directiva terá normatividade primeiramente frente ao próprio Estado, mas também

---

[260] MARTA CHANTAL DA CUNHA MACHADO RIBEIRO. *Da responsabilidade do Estado por violação do Direito Comunitário*, Coimbra: Almedina, 1996, p. 49.

frente aos particulares, ao menos na regulação de suas relações jurídicas com o Estado. Vale ainda lembrar que o efeito directo das directivas constitui também "garantia de uma protecção jurisdicional mínima dos direitos que as disposições precisas e incondicionais destes actos normativos da autoridade comunitária atribuem aos particulares"[261].

Pode-se recorrer a distinção inicial entre "direito subjectivos" e "interesses reflexos" para afastar a hipótese ora em defesa, tipificando-se tal direito dos particulares como meros "interesses reflexos". Entretanto, tal contra-argumento não deve prosperar. Antes do decurso do prazo de transposição da directiva pode-se dizer que surge um interesse reflexo para um particular que se veria beneficiado de seu conteúdo, mas nenhum direito propriamente dito, tal como ocorre quando um indivíduo cria expectativas (não jurídicas) positivas da entrada em vigor de uma lei que o levará a uma posição de privilégio, mas ainda não é detentor de um direito. Porém, após o decurso do prazo o que resta é precisamente uma norma jurídica. Desta forma, quando o Estado actua em desconformidade com tal directiva estará violando direito objectivo mas também poderá

---

[261] Cf. GABINETE DE DIREITO EUROPEU MINISTÉRIO DA JUSTIÇA. *Princípios Estruturantes do Direito Comunitário de criação jurisprudencial, (Colecção Divulgação do Direito Comunitário)*, vol. Ano 11, n.º 32, Lisboa: MJ-GDE, 2000, p. 83; ver também JOSÉ LUÍS DA CRUZ VILAÇA. «A propósito dos efeitos das directivas na ordem jurídica dos Estados-membros». In. Cadernos de Justiça Administrativa, Vol. 30, 2001, p. 9; EDUARDO GARCÍA DE ENTERRÍA. «Perspectivas de las justicias administrativas nacionales en el ámbito de la Unión Europea». In. Revista trimestrale di diritto pubblico, Vol. Ano XLIX, no. 1, 1999, p. 7; MARTA CHANTAL DA CUNHA MACHADO RIBEIRO. *Da responsabilidade do Estado por violação do Direito Comunitário*, Coimbra: Almedina, 1996, p. 69. Tal entendimento concretiza-se de forma mais definitiva no caso *Brasserie du Pêcheur* (acórdão de 1996); ver PAUL CRAIG e GRÁINNE BÚRCA. *EU Law – Text, cases, and materials*, 3.ª ed., New York: Oxford, 2004, pp. 260 ss.

Ainda que na perspectiva do Direito Comunitário a obrigação de indemnizar seja considerada subsidiária em relação à obrigação de transposição cf. JOSÉ LUÍS DA CRUZ VILAÇA. «A propósito dos efeitos das directivas na ordem jurídica dos Estados-membros». In. Cadernos de Justiça Administrativa, Vol. 30, 2001, p. 14, uma vez que a responsabilidade por violação surgira mais para assegurar o primado do que para proteger o particular cf. PATRÍCIA FRAGOSO MARTINS. *O Princípio do Primado do Direito Comunitário sobre as Normas Constitucionais dos Estados-membros – Dos Tratados ao Projecto de Constituição Europeia*, Estoril: Principia, 2006, pp. 31 s., mas parece inegável na perspectiva do particular isso pouco importa; uma vez vendo sua esfera jurídica violada e danos sendo-lhe causados, importa-lhe seu direito de ver seus danos reparados, e para ele esta é a obrigação principal do Estado.

agredir a esfera jurídica de um particular e, nesse caso, incorrerá necessariamente em "acto ilícito" exactamente nos moldes daquele pressuposto da responsabilidade civil, assim sendo, deverá indemnizar os eventuais prejudicados causados[262].

Surge então a questão do Princípio da Legalidade norteador da actuação da Administração Pública, cuja função é perseguir os interesses públicos, em observância de um "certo número de princípios", entre eles

---

[262] Ainda que se considere a função central da responsabilidade civil reparação dos danos ou prejuízos cf. MÁRIO JÚLIO DE ALMEIDA COSTA. *Direito das Obrigações*, 9.ª ed., Coimbra: Almedina, 2001, p. 541; não se pode desprezar que, ao menos em plano secundário, a responsabilidade civil exerce uma função punitiva e preventiva, como se pode concluir pela regra ser baseada na culpa do agente cf. FERNANDO PESSOA JORGE. *Ensaio sobre os pressupostos da responsabilidade civil*, reimp. ed., Coimbra: Almedina, 1999, p. 52. Ainda que no caso do Estado algumas vezes o pressuposto da culpa seja relativizado por questões de certeza e segurança jurídica, recorre-se à espécie de "*culpa in eligendo*" ao passo que o art. 501.º do Código Civil remete a responsabilidade do Estado ao regime da responsabilidade dos comissários; ver MÁRIO JÚLIO DE ALMEIDA COSTA. *Direito das Obrigações*, 9.ª ed., Coimbra: Almedina, 2001, p. 569. Pode-se dizer, no entanto, que a responsabilidade se configura muitas vezes de um lado como "protecção do particular lesado" e de outro para assegurar "eficiência administrativa" cf. JOSÉ CARLOS VIERA DE ANDRADE. «Panorama Geral do Direito da Responsabilidade 'civil' da administração pública em Portugal». In. JOSÉ LUIS MARTÍNEZ LÓPEZ-MUÑIZ E ANTONIO CALONGE VELÁZQUEZ (org.). *La responsabilidad patrimonial de los poderes públicos – III Colóquio Hispano-Luso de Derecho Administrativo*, Madrid/Barcelona: Marcial Pons, 1999, p. 44; o que ajuda a compreender também na Responsabilidade do Estado um carácter punitivo e preventivo, funcionando como "instrumento de controlo dos poderes públicos susceptível de contribuir decisivamente para a própria melhoria dos serviços públicos" cf. RUI MEDEIROS. *Responsabilidade Civil dos Poderes Públicos – Ensinar e Investigar*, Lisboa: Universidade Católica, 2005, p. 9); ou mesmo "instrumento de pressão sobre o causador do dano" cf. IVO MIGUEL BARROSO. «Ilegalidade e ilicitude no âmbito da responsabilidade civil extracontratual da administração». In. VASCO PEREIRA SILVA (org.). *Novas e velhas andanças do contencioso administrativo – Estudos sobre a reforma do processo administrativo*, Lisboa: Associação Académica da Faculdade de Direito de Lisboa, 2005, p. 212 – ainda que, nessa matéria, seja importante fazer a ressalva de os casos de solidariedade serem tratados de forma diversa no Direito Civil no caso de responsabilidade dos poderes públicos cf. RUI MEDEIROS. *Responsabilidade Civil dos Poderes Públicos – Ensinar e Investigar*, Lisboa: Universidade Católica, 2005, p. 43. Em outras palavras, pode-se dizer que a responsabilização do Estado é um "instrumento de legalidade material", cf. JOSÉ JOAQUIM GOMES CANOTILHO. *O problema da responsabilidade do Estado por actos lícitos*, Coimbra: Almedina, 1974, p. 14, ainda que aqui o autor esteja a referir-se mais precisamente àqueles casos chamados de "responsabilidade por actos lícitos".

destaca-se a obediência à lei²⁶³ vista também como o próprio "fundamento da acção da administração"²⁶⁴.

Poder-se-ia argumentar que a Administração está limitada ao cumprimento da lei e que, por isso, não poderia praticar actos que contrariassem o Direito Doméstico. Tal questão vem sendo afastada em outros níveis de interacção dos Direitos Nacionais com o Direito Comunitário, justamente em prol do Princípio da Primazia deste em relação àqueles. Da mesma forma deve ocorrer no caso de Directiva comunitária.

Uma vez admitido o efeito directo, deve-se levar até o final suas consequências. Se o que se configura com uma directiva comunitária com prazo de transposição "vencido" é uma norma jurídica, então passa a

---

²⁶³ Cf. DIOGO FREITAS AMARAL. *Curso de Direito Administrativo*, vol. II (2ª reimp.), Coimbra: Almedina, 2003, p. 41. Por óbvio que a expressão "lei" no caso significa uma obediência ao ordenamento jurídico globalmente, em sentido amplo ver DIOGO FREITAS AMARAL. *Curso de Direito Administrativo*, vol. II (2ª reimp.), Coimbra: Almedina, 2003, p. 55), considerando o respeito a todo o *"bloco legal"* (conceito de Hauriou), isto é, Constituição, a lei ordinária, regulamento contratos administrativos, Direito Privado, bem como os Princípios Gerais de Direito e o Direito Internacional DIOGO FREITAS AMARAL. *Curso de Direito Administrativo*, vol. II (2ª reimp.), Coimbra: Almedina, 2003, p. 50; ver também IVO MIGUEL BARROSO. «Ilegalidade e ilicitude no âmbito da responsabilidade civil extracontratual da administração». In. VASCO PEREIRA SILVA *(org.)*. *Novas e velhas andanças do contencioso administrativo – Estudos sobre a reforma do processo administrativo*, Lisboa: Associação Académica da Faculdade de Direito de Lisboa, 2005, pp. 157 ss.; mas aqui obviamente não pode deixar de ser considerado o Direito Comunitário, elemento cada vez mais importante para realidade da administração pública europeia e de seus Estados-Membros. Ainda que seja positivado em formatos aparentemente restritivos (como no art. 266.º, n.º 2 da Constituição da República Portuguesa: "os órgãos e agentes administrativos estão subordinados à Constituição e à lei...") tal princípio quer significar o dever de a Administração praticar actos de acordo com o Direito e dos limites que este lha impõe, tudo na perseguição do interesse público DIOGO FREITAS AMARAL. *Curso de Direito Administrativo*, vol. II (2ª reimp.), Coimbra: Almedina, 2003, p. 42, ou ainda "conciliar as exigências do interesse público com as garantias dos particulares" (p. 62), podendo-se dizer que o próprio "poder" da Administração só faça sentido enquanto consecução de um tal interesse cf. JOSÉ MANUEL SÉRVULO CORREIA. *Legalidade e autonomia contratual nos contratos administrativos*, Coimbra: Almedina, 1987, p. 329; o que marca uma evolução histórica da compreensão dos sistemas políticos e próprio Direito Público – para mais detalhes ver DIOGO FREITAS AMARAL. *Curso de Direito Administrativo*, vol. II (2ª reimp.), Coimbra: Almedina, 2003, pp. 44 ss.; para compreensão do princípio em outra tradição e em perspectiva comparada e mesmo na Comunidade Europeia ver JÜRGEN SCHWARZE. *European Administrative Law*, London: Sweet and Maxwell, 1992, *passim*.

²⁶⁴ DIOGO FREITAS AMARAL. *Curso de Direito Administrativo*, vol. II (2ª reimp.), Coimbra: Almedina, 2003, p. 43.

integrar o sistema jurídico, assim sendo passa a ser mais uma componente da própria "Legalidade", devendo ser respeitada pelo Estado em quaisquer de suas actuações[265] possibilitando a tal conciliação entre interesse público e garantias dos particulares,[266] como reza o próprio texto constitucional acerca dos "princípios fundamentais" da Administração[267], como anteriormente dito. Tal posição coincide com a compreensão da legalidade para actuação administrativa como ligação da conduta directamente ao conteúdo da Constituição[268] ou directamente ao Direito Comunitário[269]. O Direito Administrativo "originalmente uma matéria puramente nacional, agora tem uma dimensão europeia"[270]. Em relação aos "regulamentos comunitários" tal relação aparece de forma mais cristalina.[271]

---

[265] Ainda que haja situações em que se fale de "excepções ao princípio da legalidade" (estado de necessidade, a teoria dos actos políticos e o poder discricionário da administração) cf. DIOGO FREITAS AMARAL. *Curso de Direito Administrativo*, vol. II (2ª reimp.), Coimbra: Almedina, 2003, pp. 52 ss.; para desenvolvimento da ideia de "actos da função política" ver MARIA LÚCIA AMARAL. «Responsabilidade por danos decorrentes do exercício da função política e legislativa». In. Cadernos de Justiça Administrativa, Vol. 40, 2003, pp. 40 ss.; essas devem ser consideradas de caso a caso; mas em verdade acabam por não ser verdadeiramente excepções, mas sim um aprimoramento do princípio, não podendo ser utilizados para afastar o cumprimento por parte do Estado da legalidade cf. DIOGO FREITAS AMARAL. *Curso de Direito Administrativo*, vol. II (2ª reimp.), Coimbra: Almedina, 2003, p. 54. Para desenvolvimento das implicações do Princípio da Legalidade em Portugal ver PAULO OTERO. *Legalidade e Administração Pública: o sentido da vinculação administrativa à juridicidade*, Coimbra: Almedina, 2003, *passim* e JOSÉ MANUEL SÉRVULO CORREIA. *Legalidade e autonomia contratual nos contratos administrativos*, Coimbra: Almedina, 1987, em especial no limite da actuação da administração ver pp. 309 ss.

[266] DIOGO FREITAS AMARAL. *Curso de Direito Administrativo*, vol. II (2ª reimp.), Coimbra: Almedina, 2003, p. 62.

[267] Art. 266 "*1. A Administração Pública visa a prossecução do interesse público, no respeito pelos direitos e interesses legalmente protegidos dos cidadãos.*" Cf. JOSÉ LUÍS MOREIRA DA SILVA. «Da Responsabilidade Civil da Administração Pública por actos ilícitos». In. FAUSTO DE QUADROS (org.). *Responsabilidade Extracontratual da Administração Pública*, Coimbra: Almedina, 1995, pp. 157 e 207 ss.

[268] PAULO OTERO. *Legalidade e Administração Púbica: o sentido da vinculação administrativa à juridicidade*, Coimbra: Almedina, 2003, p. 735.

[269] PAULO OTERO. *Legalidade e Administração Púbica: o sentido da vinculação administrativa à juridicidade*, Coimbra: Almedina, 2003, pp. 743 ss.

[270] JÜRGEN SCHWARZE. «The Convergence of the Administrative Laws of the EU Member States». In. FRANCIS SNYDER (org.). *The Europeanisation of Law: The Legal Effects of European Integration*, Oxford: Hart, 2000, p. 180.

[271] PAULO OTERO. *Legalidade e Administração Púbica: o sentido da vinculação administrativa à juridicidade*, Coimbra: Almedina, 2003, pp. 743 ss.

Por outro lado, no caso que mais interesse para o presente trabalho, as directivas devem ser entendidas de uma forma mais cuidadosa. Porém, ainda que a Constituição em seu art. 112.º, n.º 9 imponha à "reserva de lei" a transposição de directiva, ocorrendo os pressupostos para o efeito directo "confere aos particulares um poder de exigir determinado comportamento dos órgãos administrativos"[272], passando assim claramente o conteúdo da directiva comunitária a ser apto a figurar como fundamento e limite da actuação administrativa[273].

Há que se considerar ainda no próprio campo do Direito Comunitária da responsabilidade civil do Estado, nomeadamente em matéria da contratação pública, surgem modificações substanciais para o regime nacional, como o caso de afastamento da culpa no caso de violação do Direito Comunitário,[274] sendo tais novidades introduzidas por meio exactamente de directiva comunitária (89/665/CEE e mesmo em 92/13/CEE). Tais apontamentos mostram um crescente papel da responsabilidade civil frente a actuação do Estado em decorrência dos limites impostos pelo Direito Comunitário.

Há ainda outra questão: quando se coloca a violação de directiva comunitária por uma pessoa colectiva pública, ou mesmo pessoa colectiva privada de actuação regida pelo Direito Público, partindo para a solução via legislativo a responsabilização recairá sobre o Estado; com a solução ora apresentada seria mais fácil atingir, ainda que em carácter solidário, a própria pessoa colectiva, como deseja Marcelo Rebelo de Sousa.[275]

---

[272] PAULO OTERO. *Legalidade e Administração Púbica: o sentido da vinculação administrativa à juridicidade*, Coimbra: Almedina, 2003, p. 747.

[273] Nas conclusões sobre o tema ora em análise, Paulo Otero acaba por expor que resta uma "faculdade suplementar" aos órgãos da Administração, que seria a aplicação directa de directiva comunitária não transposta. Cf. PAULO OTERO. *Legalidade e Administração Púbica: o sentido da vinculação administrativa à juridicidade*, Coimbra: Almedina, 2003, p. 748. No entanto, parece que mais que uma mera *faculdade* resta um *dever* de actuação em conformidade com o Direito Comunitário, no caso, por meio do respeito a tal directiva que, cumprindo os pressupostos, gera efeitos directos, incorrendo assim a conduta contrária em "ilegalidade" e, no caso de violação de posição jurídica de outrem, um ilícitos para os fins de responsabilidade civil do Estado, como se está pretendendo demonstrar.

[274] RUI MEDEIROS. *Responsabilidade Civil dos Poderes Públicos – Ensinar e Investigar*, Lisboa: Universidade Católica, 2005, p. 21.

[275] MARCELO REBELO DE SOUSA. «A transposição das directivas comunitárias na ordem jurídica portuguesa». In. *O direito comunitário e a construção europeia (separata*

Importante fazer uma ressalva acerca deste argumento. Para ser consequente com o que se defende, acaba-se por colocar a possibilidade de pessoas jurídicas muito diversas, dotadas de meios e naturezas diversos, figurarem como "Estado" para fins de responsabilização frente ao particular prejudicado. Isto é, desde a própria administração central até órgãos das autarquias locais, passando-se pelas concessionária privadas que prestam serviço de interesse público. Talvez seja prudente, nesse sentido, que o próprio Estado organize-se internamente para precaver-se de tais situações e consequências, sobretudo de natureza financeira. Uma vez consagrada a hipótese aqui levantada, parece ser consequência que o Estado (talvez o próprio legislativo) seja chamado se não pelo autor, pelo próprio réu, a compor o pólo passivo da lide.[276]

Por fim, há o derradeiro argumento de ordem mais teórica. Quando da caracterização do pressuposto da ilicitude no caso da responsabilidade *por não transposição* de Directiva, utilizou-se, como já foi dito, o recurso ao dever de solidariedade entre os Estados-Membros resultante do Tratado de Roma. Ao que parece, chega ser mais plausível falar no surgimento para um particular de "direito subjectivo", ou ainda um "interesse legalmente protegido" em decorrência propriamente do conteúdo de uma directiva, cujas matérias reguladas são cada vez mais próxima das condutas e expectativas dos particulares, do que de uma interpretação de um princípio de tal natureza como a solidariedade entre signatários de um tratado internacional. Quando da violação directa por uma conduta do estipulado em uma directiva com efeitos directos decorrer danos a particular, a configuração do "acto ilícito" parece ser muito mais clara e evidente.

Boletim da Faculdade de Direito, Stvdia ivridica, 38, colloquia – 1), Coimbra: Coimbra, 1999, p. 81.

[276] Talvez pudesse construir ao entorno dessa questão uma figura de "responsabilidade solidária" entre os entes estatais responsáveis, directamente (pela violação da directiva) e indirectamente (pela não transposição correcta da directiva dentro do prazo), pelo facto ilícito violador da esfera jurídica do particular que arcou com danos. Contudo, poderia haver um problema ao configurar a própria ilicitude, uma vez serem os direitos violados, por um ou pelo outro ente, diversos. Pode-se ainda sugerir uma espécie de acção de regresso entre os entes, sem contudo configurar solidariedade. Mas, tais hipóteses são apenas especulativas, não cabendo ao trabalho levar a fundo tais questões.

3.4. Responsabilidade pela violação de Directiva Comunitária não transposta: possíveis críticas da solução e respostas

O primeiro grande problema que se vê frente a solução ora apresentada está em se levar às ultimas consequências alguns dos argumentos defendidos e se chegar à conclusão de que o princípio da responsabilização por violação de directiva comunitária não transposta também deve valer nas relações entre particulares. Mais uma vez depara-se com o problema do "efeito directo horizontal". De uma forma ou de outra, o que o Direito Comunitário[277] aponta como possível futura realidade jurídica é justamente isso: as directivas que não forem transpostas serão "lei" e regularão as relações jurídicas sejam quem forem as partes. Por ora, parece que esse ainda não foi o passo dado, na medida que tal solução ainda não recebera reconhecimento pela jurisprudência, nem chancelada pela doutrina. Contudo, não parece restar espaço para dúvida que a Directiva Comunitária após decurso do prazo vincule ao menos a actuação do Estado.[278]

Em segundo lugar pode-se defender que se está dando força demasiada ao Direito Comunitário em detrimento dos ordenamentos jurídicos dos Estados. Tal argumento seria totalmente válido em uma abordagem teórico-jurídica ou ainda sociológica da questão ora em foco. Entretanto, dogmaticamente há que se reconhecer o crescimento do *Direito da União Europeia*, seu significado normativo e sua presença marcante na realidade da concretização jurídica dos Estados-membros[279]. Um tribunal nacional de primeira instância, em sendo tribunal aplicador do Direito Comunitário, que ignore tal elemento no processo de tomada de decisão estará fadado a ver sua decisão ser revista pelos tribunais superiores, uma vez estar vinculado pelas regras comunitárias e sobretudo à regulação

---

[277] Mais precisamente são essas as indicações do Tribunal de Justiça, no sentido de uma ampliação da força normativa do Direito Comunitário, como vem sendo, em regra, a posição de tal corte.

[278] Para levantamento sistematizado dos argumentos a favor e contra do reconhecimento do "efeito directo horizontal" ver MARTA CHANTAL DA CUNHA MACHADO RIBEIRO. *Da responsabilidade do Estado por violação do Direito Comunitário*, Coimbra: Almedina, 1996, pp. 156 ss.; dentre os quais se destaca: *a favor* – directiva com efeito horizontal potencial, como seria o caso daquelas relacionadas ao Direito do Trabalho; directiva relacionadas a Direitos Fundamentais; *contra* – o problema da discriminação e da desigualdade no tratamento dos particulares.

criada pela jurisprudência do Tribunal de Justiça. Quando possível, deve o juiz nacional interpretar o Direito Nacional à luz do Direito Comunitário, designadamente a directiva comunitária[280]; caso a norma nacional não seja susceptível de receber tal interpretação, então deve "ceder".[281] São as implicações da chamada "europeização" para os Direitos Domésticos.[282]

Em terceiro lugar, apresenta-se para discussão a dúvida de se as directivas comunitárias passam a ser dotadas de uma nova natureza jurídica na actual realidade do amplo e complexo sistema jurídico europeu. Como vem sendo entendido pela dogmática jurídica, a "natureza jurídica" dos institutos deve ser construída diante de seus elementos concretos com base no próprio ordenamento jurídico, atentando-se a todos seus

---

[279] Destaque deve ser feito para os Direitos Fundamentais cf. PAUL CRAIG. *Administrative Law*, 5.ª ed., London: Thomson, 2003, pp. 604 ss.

[280] JOSÉ LUÍS DA CRUZ VILAÇA. «A propósito dos efeitos das directivas na ordem jurídica dos Estados-membros». In. Cadernos de Justiça Administrativa, Vol. 30, 2001, p. 13. Seria no caso de "interpretação conforme" uma espécie de "efeito indirecto" cf. PAUL CRAIG e GRÁINNE BÚRCA. *EU Law – Text, cases, and materials*, 3.ª ed., New York: Oxford, 2004, pp. 211 ss.; e FAUSTO DE QUADROS. «Responsabilidade dos poderes públicos no Direito Comunitário: Responsabilidade extracontratual da Comunidade Europeia e Responsabilidade dos Estados por incumprimento do Direito Comunitário». In. JOSÉ LUIS MARTÍNEZ LÓPEZ-MUÑIZ e ANTONIO CALONGE VELÁZQUEZ (org.). *La responsabilidad patrimonial de los poderes públicos – III Colóquio Hispano-Luso de Derecho Administrativo*, Madrid/Barcelona: Marcial Pons, 1999, pp. 150 s. Marta Ribeiro alerta para o facto de a interpretação conforme directiva no domínio de relações entre privados poder levar a casos em que de facto se está reconhecendo o efeito directo horizontal levando-se a constituição de obrigações que "nitidamente" não figuravam anteriormente no Direito Interno MARTA CHANTAL DA CUNHA MACHADO RIBEIRO. *Da responsabilidade do Estado por violação do Direito Comunitário*, Coimbra: Almedina, 1996, pp. 160 ss., esp. p. 163; que seria uma espécie de "efeito directo horizontal indirecto" ENRIQUE MANUEL PUERTA DOMÍGUEZ. *La directiva comunitaria como norma aplicable en derecho*, Granada: Comares, 1999, p. 218.

[281] JOSÉ LUÍS DA CRUZ VILAÇA. «A propósito dos efeitos das directivas na ordem jurídica dos Estados-membros». In. Cadernos de Justiça Administrativa, Vol. 30, 2001, p. 16.

[282] PAUL CRAIG. *Administrative Law*, 5.ª ed., London: Thomson, 2003, p. 934. Ainda que aqui caiba uma ressalva no sentido de afirmar que a actuação do "juiz nacional" muitas vezes pode ser também um instrumento de adequação do Direito Comunitário à realidade nacional, o que daria a tal "aparente" hierarquia entre Direitos Nacional e Direito Comunitário uma característica de "Hierarquia Entrelaçada" conforme foi defendido na Tese de Mestrado do autor do presente texto, cf. REGIS DUDENA. *Auto-Reprodução e Hierarquias Entrelaçadas no Sistemas Constitucional Europeu*. Universidade Católica Portuguesa e Leibniz Universität Hannover, 2007.

elementos, não se partindo de conceitos jurídicos abstractos que devem ser incorporados pelo ordenamento. Há que se partir do Tratado, mas não se deve ai parar; a jurisprudência comunitária tem um papel central para a configuração da natureza desse instituto, valendo mesmo dizer que talvez seja necessária uma "revisão da hierarquia das normas comunitárias, como medida de clarificação institucional e de segurança jurídica"[283].

Nessa perspectiva, não se pode manter a posição de que Directiva Comunitária não seja dotada de normativa, uma vez não ser essa a mais plausível leitura do sistema jurídico comunitário. Efectivamente este instituto jurídico progressivamente toma um papel central na lógica do Direito Comunitário e como tal considerado pelo próprio sistema jurídico europeu.

Depara-se ainda com a dúvida acerca do alcance subjectivo passivo, por assim dizer, da hipótese. Esse problema, em verdade, cinde-se em duas questões: (i) quem seriam as "entidades públicas" abarcadas na solução; (ii) seria possível com tal hipótese atingir as três esferas de poder do Estado.

Em primeiro lugar, na esteira do que ficou entendido com o resultado da reforma do contencioso administrativo, bem como na lei da responsabilidade extracontratual do Estado, o critério deve ser material. Ou seja, atinge aquelas entidades que agem na persecução do interesse público sobre o abrigo do Direito Público, mais precisamente o direito administrativo, sejam elas pessoas colectivas de Direito Público ou de Direito Privado.

Quanto ao segundo desdobramento da questão, pode-se levantar que somente faça sentido abarcar à actuação do braço Executivo do Estado, do Poder Administrativo. No decurso da exposição dos argumentos talvez reste a impressão de que tal construção somente seja válida para configurar a responsabilização da administração pública quando viole a esfera jurídica nas suas "relações jurídicas administrativas" com os particulares. Há que se assumir que nesses casos a hipótese proposta resta mais límpida, não obstante, tal argumento não exclui a possibilidade de vislumbrar actuações do poder judiciário – como, por exemplo, directivas que versem sobre celeridade processual – e conduta do legislativo que con-

---

[283] JOSÉ LUÍS DA CRUZ VILAÇA. «A propósito dos efeitos das directivas na ordem jurídica dos Estados-membros». In. Cadernos de Justiça Administrativa, Vol. 30, 2001, p. 6.

trariem directamente o conteúdo de directiva e, uma vez que viole esfera jurídica de terceiro causando-lhe dano, redunde em responsabilidade civil do Estado.

No caso do legislativo, inclusive, parece ser mais lógico configurar uma violação directa do Direito Comunitário como uma espécie de "supra-inconstitucionalidade"[284] redundando em "ilícito" nos termos anteriormente descritos, do que construir tal caminho a partir de um "dever de conduta" do legislador para com a sociedade ou para com o Direito Comunitário.

Cabe, por fim, uma rápida palavra sobre a hipótese levantada. O percurso do texto não se prestou a dar um carácter definitivamente normativo *a priori* a todas as directivas. Obviamente deve ser entendido

---

[284] Uma vez ser considerado o Direito Comunitário superior hierárquico aos Direitos Domésticos, inclusive ao próprio Direito Constitucional e, consequentemente à Constituição, uma tal violação do Direito Comunitário seria uma conduta ainda mais "grave" que uma inconstitucionalidade. Ainda que se deva admitir grande relutância por parte da dogmática na aceitação dessa matéria sem mais ressalvas. Por óbvio tal afirmação carrega um carácter de alerta (e até mesmo provocativo) para os rumos de uma europeização "sem mais", bem como alguns riscos para o próprio Estado de Direito, mas definitivamente este não é foro para aprofundar tal discussão, cabendo aqui somente no sentido de uma leitura da realidade jurídica que se mostra no ambiente europeu actual. Para defesa da primazia da Constituição ver MARCELO REBELO DE SOUSA. «A transposição das directivas comunitárias na ordem jurídica portuguesa». In. *O direito comunitário e a construção europeia (separata Boletim da Faculdade de Direito, Stvdia ivridica, 38, colloquia – 1)*, Coimbra: Coimbra, 1999, pp. 67 ss.; ou, falando em "reservas constitucionais", ver BRUNO DE WITTE. «Direct Effect, Supremacy, and the Nature of the Legal Order». In. PAUL CRAIG e GRÁINNE BÚRCA (org.). *The Evolution of EU Law*, Oxford: Oxford, 1999, pp. 199 ss., dentre as quais se destacaria a "Constituição como fundamento do efeito interno do Direito Comunitário" (199-200) e a "protecção dos valores constitucionais nacionais" (201-205). Para desenvolvimento da relação entre Direitos Nacionais e Direito Comunitário, com destaque à questão da soberania ver PAUL CRAIG e GRÁINNE BÚRCA. *EU Law – Text, cases, and materials*, 3.ª ed., New York: Oxford, 2004, pp. 275 ss.; tratando tanto na perspectiva do Estado (285 ss.), como na perspectiva da União, nomeadamente do Tribunal de Justiça (276 ss.); para aprofundado desenvolvimento da relação entre o princípio do primado e as Constituições nacionais dos Estados-Membros ver PATRÍCIA FRAGOSO MARTINS. *O Princípio do Primado do Direito Comunitário sobre as Normas Constitucionais dos Estados- -membros – Dos Tratados ao Projecto de Constituição Europea*, Estoril: Principia, 2006, *passim*. Para uma alternativa ao modelo hierárquico, ver REGIS DUDENA. *Auto-Reprodução e Hierarquias Entrelaçadas no Sistemas Constitucional Europeu*. Universidade Católica Portuguesa e Leibniz Universität Hannover, 2007.

o objecto ora em análise como uma situação excepcional dentro das imbricações existentes entre Direitos Nacionais e Direito Comunitário.

4. Conclusões

O presente texto procurou, na medida do possível, ser sucinto e preciso. Desta forma, não caberia em sede de conclusão retomar todos os argumentos que foram apresentados ao longo de suas páginas. Restringir--se-á em arrolar pontual e directamente as conclusões que se podem retirar da argumentação desenvolvida.

i) Existe um regime de responsabilidade extracontratual do Estado que abarcar seus três poderes, bem como quaisquer pessoas colectiva de Direito Público e privado que actuem na persecução do interesse público; uma das espécies de responsabilidade configura-se com a ocorrência de facto ilícito;

ii) Por facto ilícito entende-se por um a desconformidade em relação ao Direito em sentido amplamente considerado; e, por outro lado, a violação da esfera jurídica de um indivíduo, seja por direitos subjectivos ou interesses legalmente protegidos;

iii) Dentre os possíveis meios de violação do Direito por parte do Estado, encontra-se a Directiva Comunitária que, uma vez não transposta dentro do prazo e sendo de conteúdo preciso e incondicional, gera efeitos directos, vinculando *necessariamente* a conduta do Estado, bem como atribuindo direitos subjectivos e protecções jurídicas a particulares em suas relações com o Estado;

iv) Uma vez actuando em desconformidade com o conteúdo de uma tal directiva, violando também a esfera jurídica do particular, configura--se uma das hipóteses de ilicitude e, uma vez causado danos, resta ao particular o direito de ver seus prejuízos ressarcidos por meio da responsabilização directa do agente violador;

v) Tal responsabilidade dá-se em decorrência da violação do próprio direito decorrente da directiva, não por meio indirecto da responsabilização pela não transposição ou má transposição de tal instrumento para o Direito Nacional.

Desta forma, parece restar comprovada a hipótese do texto: *a violação pelo Estado, ou demais entidades públicas, de directiva comunitária de conteúdo preciso e incondicionado, não transposta dentro do prazo, gera responsabilidade civil extracontratual.*

5. Referências Bibliográficas

AMARAL, DIOGO FREITAS. *Curso de Direito Administrativo.* Vol. II (2ª reimp.). Coimbra: Almedina, 2003.

AMARAL, MARIA LÚCIA. «Responsabilidade por danos decorrentes do exercício da função política e legislativa». In Cadernos de Justiça Administrativa, Vol. 40, 2003, páginas 39-45.

Andrade, José Carlos Viera de. *Os Direitos Fundamentais na Constituição Portuguesa de 1976.* 3.ª ed. Coimbra: Coimbra, 2006.

———. «Panorama Geral do Direito da Responsabilidade 'civil' da administração pública em Portugal». In. José Luis Martínez López-Muñiz e Antonio Calonge Velázquez (org.), *La responsabilidad patrimonial de los poderes públicos – III Colóquio Hispano-Luso de Derecho Administrativo*, Madrid/Barcelona: Marcial Pons, 1999, páginas 39-58.

BARROSO, IVO MIGUEL. «Ilegalidade e ilicitude no âmbito da responsabilidade civil extracontratual da administração». In. Vasco Pereira Silva (org.), *Novas e velhas andanças do contencioso administrativo – Estudos sobre a reforma do processo administrativo*, Lisboa: Associação Académica da Faculdade de Direito de Lisboa, 2005, páginas 145-280.

CANOTILHO, JOSÉ JOAQUIM GOMES. «Anotação – Acórdão STA – 1ª Secção – Contencioso Administrativo – 7 de Março de 1989». In Revista de Legislação e de Jurisprudência, Vol. Ano 123, no. 3799, 1989, páginas 305-307.

———. *O problema da responsabilidade do Estado por actos lícitos.* Coimbra: Almedina, 1974.

CORREIA, JOSÉ MANUEL SÉRVULO. *Legalidade e autonomia contratual nos contratos administrativos.* Coimbra: Almedina, 1987.

CORTEZ, MARGARIDA. «A responsabilidade civil da Administração por omissão». In Cadernos de Justiça Administrativa, Vol. 40, 2003, páginas 32-38.

COSTA, MÁRIO JÚLIO DE ALMEIDA. *Direito das Obrigações*. 9.ª ed. Coimbra: Almedina, 2001.
CRAIG, PAUL. *Administrative Law*. 5.ª ed. London: Thomson, 2003.
CRAIG, PAUL, e GRÁINNE BÚRCA. *EU Law – Text, cases, and materials*. 3.ª ed. New York: Oxford, 2004.
DOMÍGUEZ, ENRIQUE MANUEL PUERTA. *La directiva comunitaria como norma aplicable en derecho*. Granada: Comares, 1999.
DUDENA, REGIS. *Auto-Reprodução e Hierarquias Entrelaçadas no Sistemas Constitucional Europeu*. Universidade Católica Portuguesa e Leibniz Universität Hannover, 2007.
GARCÍA DE ENTERRÍA, EDUARDO. «El fin del caso Factortame. La responsabilidad patrimonial final del Reino Unido». In Revista de Administración Pública, Vol. 145, 1998, páginas 117-144.
———. «Perspectivas de las justicias administrativas nacionales en el ámbito de la Unión Europea». In Revista trimestrale di diritto pubblico, Vol. Ano XLIX, no. 1, 1999, páginas 1-14.
GARCIA, MARIA DA GLÓRIA FERREIRA PINTO DIAS. *A responsabilidade civil do Estado e demais pessoas colectivas públicas*. Lisboa: Conselho Económico e Social, 1997.
JORGE, FERNANDO PESSOA. *Ensaio sobre os pressupostos da responsabilidade civil*. reimp. ed. Coimbra: Almedina, 1999.
KELSEN, HANS. *Teoria Pura do Direito*. trad. port. J. B. Machado. Coimbra: Arménio Amado, 1984.
LARENZ, KARL. *Derecho de Obligaciones*. trad. esp. J. S. Briz. Vol. II. Madrid: Revista de Derecho Privado, 1959.
LÓPEZ DE LOS MOZOS, ALICIA. «De la Directiva a la ley marco europea». In., *Colóquio Ibérico: Constituição europeia – Homenagem ao doutor Francisco Lucas Pires*, Coimbra: Coimbra, 2005, páginas 429-452.
MARTINS, PATRÍCIA FRAGOSO. *O Princípio do Primado do Direito Comunitário sobre as Normas Constitucionais dos Estados-membros – Dos Tratados ao Projecto de Constituição Europeia*. Estoril: Principia, 2006.
MEDEIROS, RUI. «Apreciação geral dos projectos». In Cadernos de Justiça Administrativa, Vol. 40, 2003, páginas 8-17.
———. *Ensaio sobre a responsabilidade civil do Estado por actos legislativos*. Coimbra: Almedina, 1992.
———. *Responsabilidade Civil dos Poderes Públicos – Ensinar e Investigar*. Lisboa: Universidade Católica, 2005.

MINISTÉRIO DA JUSTIÇA, GABINETE DE DIREITO EUROPEU. *Princípios Estruturantes do Direito Comunitário de criação jurisprudencial, (Colecção Divulgação do Direito Comunitário)*. Vol. Ano 11, n.º 32. Lisboa: MJ-GDE, 2000.

———. *Responsabilidade Extracontratual do Estado por violação do Direito Comunitário, (Colecção Divulgação do Direito Comunitário)*. Vol. Ano 10, n.º27. Lisboa: MJ-GDE, 1998.

OTERO, PAULO. *Legalidade e Administração Púbica: o sentido da vinculação administrativa à juridicidade*. Coimbra: Almedina, 2003.

PONTES DE MIRANDA, FRANCISCO. *Tratado de Direito Privado, Parte especial, Tomo LIII*. 2.ª (reimp.) ed. Rio de Janeiro: Borsoi, 1966.

———. *Tratado de Direito Privado, Parte especial, Tomo XXII*. 3.ª ed. Rio de Janeiro: Borsoi, 1971.

———. *Tratado de Direito Privado, Parte geral, Tomo II*. 3.ª ed. Rio de Janeiro: Borsoi, 1970.

QUADROS, FAUSTO DE. «Responsabilidade dos poderes públicos no Direito Comunitário: Responsabilidade extracontratual da Comunidade Europeia e Responsabilidade dos Estados por incumprimento do Direito Comunitário». In. José Luis Martínez López-Muñiz e Antonio Calonge Velázquez (org.), *La responsabilidad patrimonial de los poderes públicos – III Colóquio Hispano-Luso de Derecho Administrativo*, Madrid/Barcelona: Marcial Pons, 1999, páginas 137-153.

RIBEIRO, MARTA CHANTAL DA CUNHA MACHADO. *Da responsabilidade do Estado por violação do Direito Comunitário*. Coimbra: Almedina, 1996.

SANTAMARÍA PASTOR, JUAN ALFONSO. *Principios de Derecho Administrativo*. 3.ª ed. Vol. II. Madrid: Centro de Estudios Ramón Areces, 2002.

SCHWARZE, JÜRGEN. «The Convergence of the Administrative Laws of the EU Member States». In. Francis Snyder (org.), *The Europeanisation of Law: The Legal Effects of European Integration*, Oxford: Hart, 2000, páginas 163-182.

———. *European Administrative Law*. London: Sweet and Maxwell, 1992.

SILVA, JOSÉ LUÍS MOREIRA DA. «Da Responsabilidade Civil da Administração Pública por actos ilícitos». In. Fausto de Quadros (org.), *Responsabilidade Extracontratual da Administração Pública*, Coimbra: Almedina, 1995, páginas 135-183.

SILVA, VASCO PEREIRA DA. *Em busca do acto administrativo perdido.* (reimp.) ed. Coimbra: Almedina, 1998.

———. *Para um contencioso administrativo dos Particulares – Esboço de uma teoria subjectivista do recurso de anulação.* Coimbra: Almedina, 1997.

SOUSA, MARCELO REBELO DE. «A transposição das directivas comunitárias na ordem jurídica portuguesa». In., *O direito comunitário e a construção europeia (separata Boletim da Faculdade de Direito, Stvdia ivridica, 38, colloquia – 1)*, Coimbra: Coimbra, 1999, páginas 65-81.

VILAÇA, JOSÉ LUÍS DA CRUZ. «A propósito dos efeitos das directivas na ordem jurídica dos Estados-membros». In Cadernos de Justiça Administrativa, Vol. 30, 2001, páginas 3-19.

WITTE, BRUNO DE. «Direct Effect, Supremacy, and the Nature of the Legal Order». In. Paul Craig e Gráinne de Búrca (org.), *The Evolution of EU Law*, Oxford: Oxford, 1999, páginas 177-213.

6. Desbravando os Caminhos das Novas Tecnologias

6.1. A Fatura Eletrônica na Europa e no Brasil
 – Mestre Paulo Burnier da Silveira

6.2. O Abuso de Direito e as Relações Informáticas: Uma Perspectiva Luso-Brasileira
 – Mestre Mónica Fialho

6.3. A Fiscalização do Correio Eletrônico pelo Empregador e o Direito à Reserva da Intimidade da Vida Privada
 – Mestre Cláudia Quintino

6.4. Princípios do Comércio Electrônico
 – Mestre Diego Morales

A FATURA ELETRÔNICA NA EUROPA E NO BRASIL[1]

PAULO BURNIER DA SILVEIRA[2]

SUMÁRIO: 1. Introdução; 2. Base Legal; 2.1. Legislação Comunitária; 2.2. Legislações Nacionais; 3. Conceitos; 3.1. Assinatura Eletrônica; 3.2. Certificação Digital; 3.3. Intercâmbio Eletrônico de Dados (EDI); 3.4. Fatura Eletrônica – 4. Aspectos Fiscais; 4.1. Emissão Eletrônica; 4.2. Dedução do IVA; 4.3. Autofaturamento e Faturamento por Terceiros; 4.4. Alterações; 4.5. Arquivamento e Numeração; 4.6. Controle da Administração Pública; 5. Situação no Direito Brasileiro; 5.1. Previsão Normativa; 5.2. Projeto NF-e; 5.3. Modelo Operacional; 5.4. Sistema Público de Escrituração Digital (Sped); 6. Conclusão; 7. Bibliografia.

1. Introdução

É notável a maneira pela qual o comércio eletrônico tem sido capaz de invadir setores da indústria, comércio e serviços, revolucionando as

---

[1] O autor agradece ao Sr. Rodrigo Frota, Agente Fiscal de Renda do Estado de São Paulo, pelas preciosas contribuições a respeito do Projeto de Nota Fiscal Eletrônica no Brasil.

[2] Doutorando em Direito Internacional pela Universidade Panthéon-Assas (Paris II). Mestre (LL.M. Eur.) em Direito pela Universidade Católica Portuguesa e pela Universidade de Rouen – Programa Erasmus Mundus. Mestre (Master Recherche) em Direito pela Universidade Panthéon-Assas (Paris II). Bacharel em Direito pela Pontifícia Universidade Católica do Rio de Janeiro. Advogado no Rio de Janeiro. Contato: paulobsilveira@gmail.com.

formas tradicionais de contratar e obrigando o Direito a se desenvolver rapidamente para acompanhar essas mudanças de paradigma.

Além do papel regulador, o Direito tem a tarefa de criar condições para o ainda maior desenvolvimento destes novos canais de contratação e contribuir para o fomento da economia como um todo. Neste contexto, ressalta-se o fato de que estes "canais eletrônicos" não se configuram mais hoje como meros canais alternativos de transação econômica, mas antes são, por muitas vezes, os canais principais de contratação.

O comércio eletrônico é caracterizado pela negociação realizada por meio do processamento e da transmissão de dados. Este modo especial, pelo qual as informações são trocadas e processadas entre as partes contratantes, diferencia o comércio eletrônico do comércio tradicional. PUPO CORREIA define o comércio eletrônico como a "utilização de tecnologias de informação avançadas para aumento da eficiência de relações entre parceiros comerciais, para desenvolvimento da venda de bens e prestação de serviços, quer entre empresas, quer ao consumidor final"[3].

As duas principais categorias de comércio eletrônico são denominadas de *business-to-business* (B2B), que engloba as transações comerciais entre empresas; e *business-to-consumer* (B2C), que consiste nas relações comerciais entre as empresas e os consumidores finais. Entretanto, existem também transações por vias eletrônicas com a Administração Pública, as quais recebem a denominação de *business-to-administration* (B2A), quando ocorrem entre as empresas e a Administração Pública; e *consumer-to-administration* (C2A), quando existentes entre os indivíduos e a Administração Pública.

Entre os principais "canais eletrônicos" destaca-se, obviamente, a internet, que revolucionou o comércio eletrônico e permitiu que empresas, consumidores e Administração Pública transacionassem com facilidade, simplicidade e agilidade.

Nesta conjuntura, insere-se a fatura eletrônica, objeto deste artigo. Pretende-se analisar como se encontra regulada a fatura eletrônica no Direito Europeu, assim como comentar a atual situação da questão no Brasil. A novidade do tema desperta, por um lado, curiosidades, fascínio

---

[3] Miguel Pupo Correia. "Comércio Electrónico: forma e segurança". *As Telecomunicações e o Direito na Sociedade da Informação – Actas do Colóquio organizado pelo Instituto Jurídico da Comunicação (IJC) em 23 e 24 de abril de 1998*. Coord.: António Pinto Monteiro. Coimbra, 1999. p. 228.

e interessantes problemáticas para o Direito; por outro lado, a falta de opiniões, artigos e livros publicados sobre a matéria torna o trabalho de pesquisa acadêmica mais difícil e ousado.

Em síntese, a chamada fatura eletrônica visa substituir a fatura tradicional em papel por uma fatura virtual. Com isso, espera-se dinamizar ainda mais o comércio eletrônico, simplificando procedimentos e poupando custos operacionais para todos os entes envolvidos.[4]

De todo modo, cumpre destacar que a fatura exerce uma dupla e importante função na ordem jurídica, uma vez que serve, do ponto de vista comercial, como meio de controle dos administradores pelos seus sócios e, do ponto de vista fiscal, como meio de controle dos lucros das atividades empresariais por parte do Fisco.[5] Assim, a "desmaterialização" da fatura deve ser tratada com cautela, de modo que a questão comercial e a questão fiscal não sejam prejudicadas.

Apresentada a conjuntura econômica na qual se insere a fatura eletrônica, o estudo passará à análise específica da matéria no Direito Europeu, de acordo com a metodologia abaixo indicada.

Inicialmente, será abordado o diploma legal em vigor no Direito Europeu, que institui e estabelece as diretrizes chaves da estrutura da fatura eletrônica na Europa. Alguns diplomas nacionais europeus, encarregados da transposição dos preceitos gerais comunitários nas respectivas ordens jurídicas internas, serão brevemente mencionados.

Em seguida, serão apresentados os conceitos de assinatura eletrônica, de certificação digital e de intercâmbio eletrônico de dados (EDI), assim como o conceito da própria fatura eletrônica, uma vez que os primeiros guardam estreita ligação para o correto entendimento e aplicação da fatura eletrônica.

No ponto seguinte, será dada uma atenção particular à questão fiscal relativa à implementação da fatura eletrônica, uma vez que os aspectos tributários representam a parte mais importante desta matéria.

---

[4] Lieve Elias. "The dematerialization of the Invoice". *The EDI Law Review: Legal Aspects of Paperless Communication*. vol. 2. n.º 2. Dordrecht, 1995. p. 117.

[5] Manuel Lopes Rocha. "A Factura Electrónica: uma reforma ainda necessária?". *As Telecomunicações e o Direito na Sociedade da Informação – Actas do Colóquio organizado pelo Instituto Jurídico da Comunicação (IJC) em 23 e 24 de Abril de 1998*. Coord.: António Pinto Monteiro. Coimbra, 1999. p. 281.

Em seguida, o estudo inclui um ponto específico a respeito da atual situação da fatura eletrônica no Brasil, uma vez que o propósito da presente obra é justamente comparar o sistema jurídico europeu com a legislação brasileiro, na perspectiva do mundo globalizado que vivemos. No Brasil, a "nota fiscal eletrônica" – forma pela qual se optou de denominar a fatura eletrônica – surgiu recentemente, em 2006, sob a forma ainda embrionária de um projeto-piloto com algumas empresas selecionadas pela Secretaria da Receita Federal do Brasil.

Por fim, algumas conclusões serão sugeridas, sendo comentadas as vantagens decorrentes da adoção da fatura eletrônica, assim como os principais desafios inerentes ao desenvolvimento deste instrumento jurídico na atual conjuntura do comércio eletrônico.

2. Base Legal

A legislação comunitária européia se estrutura, principalmente, através de Diretivas e Regulamentos, os quais são aprovados por órgãos políticos europeus e têm a finalidade de regular as matérias comuns a todos os Estados-Membros. A diferença entre estes dois atos normativos comunitários é que as Diretivas fixam diretrizes gerais e precisam ser transpostas pelos Estados-Membros nos seus respectivos ordenamentos jurídicos, enquanto os Regulamentos têm aplicabilidade imediata em todos os países da União Européia a partir de sua entrada em vigor.

No caso das faturas eletrônicas, o Direito Europeu optou por regular a matéria sob a forma de Diretiva Comunitária. Assim, existem princípios gerais e disposições que são aplicáveis de forma cogente a todos os Estados-Membros, mas deixou-se uma abertura em determinados pontos para que os países tenham a liberdade de detalhar a maneira pela qual as diretrizes traçadas pelo direito comunitário serão atingidas.

Desta forma, será examinado o diploma comunitário que regula a matéria e estabelece a estrutura da fatura eletrônica na Europa. Em seguida, a título exemplificativo serão citadas algumas legislações nacionais para demonstrar como as Diretivas podem ser transpostas para as ordens internas dos países da União Européia.

2.1. Legislação Comunitária

A fatura eletrônica no Direito Comunitário Europeu encontra previsão na Diretiva 2001/115/CE do Conselho, de 20 de dezembro, que altera a Diretiva 77/388/CE, de 17 de maio, com o objetivo de simplificar, modernizar e harmonizar as condições aplicáveis ao faturamento em matéria de Imposto sobre o Valor Acrescentado (IVA).

O diploma comunitário estabeleceu que "as facturas (...) poderão ser transmitidas cm suporte papel ou, sob reserva de aceitação pelo destinatário, por via eletrónica", sob a condição de que sejam "garantidas a autenticidade da sua origem e a integridade do seu conteúdo", o que se verificará quando – e somente quando – as faturas forem emitidas mediante uma "assinatura eletrônica avançada" ou um "intercâmbio eletrónico de dados (EDI)" (art. 2.°, n.° 2, item "c", Diretiva 2001/115/CE).

Percebe-se que a Diretiva Européia faz menção a conceitos importantes na ordem do comércio eletrônico. Em especial, destacam-se os termos "assinatura eletrônica", "certificação digital" e "intercambio eletrônico de dados", os quais serão examinados cuidadosamente mais adiante.

2.2. Legislações Nacionais

A União Européia é composta atualmente de vinte e sete Estados-Membros, por isso o estudo de todas as legislações nacionais torna-se difícil. No entanto, a título exemplificativo, indica-se abaixo como o diploma comunitário europeu foi transposto em Portugal, França, Bélgica e Espanha.

Em Portugal, a fatura eletrônica encontra previsão no Decreto-Lei n.° 256/2003, de 21 de outubro de 2003, o qual alterou vários dispositivos do Código do Imposto sobre o Valor Acrescentado (IVA).

Na França, a transposição ocorreu através da Lei n.° 2002-1576, de 30 de dezembro de 2002, que modificou disposições do código tributário francês, o *Code Général des Impôts*.

A Bélgica também seguiu o mesmo caminho e internalizou a Diretiva através da alteração do seu código de IVA – *Code de la Taxe sur la Valeur Ajoutée*, em 28 de janeiro de 2004.

A Espanha, por sua vez, modificou seu *Reglamento de Impuesto sobre el Valor Añadido* através do Real Decreto n.° 1496/2003, de 28 de novembro de 2003.

Destaca-se que em todos estes casos as transposições não tomaram a forma de um novo e autônomo diploma legal, uma vez que os legisladores nacionais optaram por incorporar as disposições comunitárias através de alterações diversas nos seus respectivos códigos tributários.

3. Conceitos

Para o correto entendimento do conceito de fatura eletrônica no Direito Europeu, faz-se necessário esclarecer alguns termos técnicos e jurídicos do comércio eletrônico. Assim, serão examinados os conceitos de "assinatura eletrônica", "certificação digital", "intercâmbio eletrônico de dados (EDI)", uma vez que estes exercem importância significativa na definição jurídica de "fatura eletrônica".

3.1. *Assinatura Eletrônica*

A assinatura eletrônica tem por finalidade suprir a falta de uma assinatura manual, típica dos documentos escritos, sendo o seu conceito jurídico expressamente previsto na Diretiva Comunitária 1999/93/CE, do Parlamento Europeu e do Conselho, de 13 de dezembro, a qual estabelece o quadro legal comunitário para as assinaturas eletrônicas.

De acordo com a Diretiva, a assinatura eletrônica é definida como "os dados sob forma eletrónica, ligados ou logicamente associados a outros dados eletrónicos, e que sejam utilizados como método de autenticação" (art. 2.º, n.º 1, Diretiva 1999/93/CE).

O diploma comunitário traz também uma modalidade específica de assinatura digital, denominada de "assinatura eletrônica avançada". Esta modalidade garante uma maior segurança à assinatura eletrônica, uma vez que está condicionada à verificação dos seguintes requisitos cumulativos: a) estar associada inequivocamente ao signatário; b) permitir identificar o signatário; c) ser criada com meios que o signatário pode manter sob seu controle exclusivo; e d) estar ligada aos dados a que diz respeito, de tal modo que qualquer alteração subseqüente dos dados seja detectável (art. 2.º, n.º 2, Diretiva 1999/93/CE).

Note-se que, apesar da Diretiva Comunitária não vincular a assinatura eletrônica a nenhuma tecnologia específica, MIGUEL ASENSIO adverte que esta "neutralidade tecnológica" é apenas aparente porque atualmente somente a técnica da criptografia assimétrica é capaz de proporcionar as características exigidas para a denominada assinatura eletrônica avançada.[6] Assim, esta modalidade específica de assinatura eletrônica tem uma importância especial no comércio eletrônico, uma vez que prova a identidade do autor, não podendo ser falsificada, tampouco copiada, e torna o documento inalterável – ou seja, desempenha as quatro funções, concomitantemente.[7]

3.2. *Certificação Digital*

O conceito de certificação digital também está presente na Diretiva 1999/93/CE, sendo definido como "um atestado eletrónico que liga os dados de verificação de assinaturas a uma pessoa e confirma a identidade dessa pessoa" (art. 2.º, n.º 9, Diretiva 1999/93/CE). Neste caso, também há uma modalidade específica, denominada "certificação digital qualificada", que corresponde a um "certificado que obedece aos requisitos constantes do anexo I e é fornecido por um prestador de serviços de certificação que cumpre os requisitos constantes no anexo II" (art. 2.º, n.º 10, Diretiva 1999/93/CE).

Por sua vez, o anexo I do diploma comunitário europeu estabelece que um certificado qualificado deve conter os seguintes requisitos: a) uma indicação de que o certificado é emitido como certificado qualificado; b) a identificação do prestador de serviços de certificação e o país em que está estabelecido; c) o nome do signatário ou um pseudônimo, que deve ser identificado como tal; d) uma cláusula para a inclusão, se relevante, de um atributo específico do signatário, segundo os objetivos visados

---

[6] Pedro Alberto de Miguel Asensio. "Regulación de la firma electrónica: balance y perspectivas". *Direito da Sociedade da Informação*. vol. 5. Coimbra: Coimbra Editores, 2004. p. 117. A tecnologia da "criptografia assimétrica" permite a troca de informações codificadas sem que as partes contratantes necessitem compartilhar uma senha comum. A "assinatura digital" é um exemplo desta tecnologia e corresponde a uma espécie do gênero "assinatura eletrônica avançada", atendendo, portanto, a todos os seus requisitos. No Direito Português, a "assinatura digital" está prevista no Dec-Lei n.º 290-D/99.

[7] Cfr. Miguel Pupo Correia. "As Certificações Digitais: Factura e Assinatura". *Privacidade e Comércio Electrónico – Colóquio de 28 de Novembro de 2000*. Lisboa: Comissão Nacional de Protecção de Dados, 2004. p. 129.

com a emissão do certificado; e) os dados de verificação de assinaturas correspondentes aos dados de criação de assinaturas que estejam sob o controle do signatário; f) a identificação da data de início e de fim do prazo de validade do certificado; g) o código de identidade do certificado; h) a assinatura eletrônica avançada do prestador de serviços de certificação que o emite; i) as restrições ao âmbito de utilização do certificado, se for o caso; e j) as restrições ao valor das transações nas quais o certificado pode ser utilizado, se for o caso.

Com relação ao anexo II da Diretiva, este visa apenas garantir que os prestadores de serviço de certificação comprovem confiabilidade e também assegurem um serviço rápido e seguro.

3.3. Intercâmbio Eletrônico de Dados (EDI)

O intercâmbio eletrônico de dados (EDI)[8] corresponde à troca de dados entre dois sistemas informáticos através de uma linguagem própria, previamente estabelecida pelas partes. Na prática, a comunicação se torna possível através do mecanismo de intermediação que pode ser comparado ao uso de um intérprete no diálogo entre pessoas de idiomas diferentes.

O conceito jurídico do EDI está estabelecido no item 2.2 da Recomendação 1994/820/CE da Comissão, de 19 de outubro: "transferência eletrónica, de computador para computador, de dados comerciais e administrativos utilizando uma norma acordada para estruturar uma mensagem EDI".

3.4. Fatura Eletrônica

Finalmente, podemos abordar o conceito da fatura eletrônica no Direito Europeu, uma vez que engloba os conceitos anteriormente expostos e comentados.

A fatura, simplesmente, é um documento comercial que comprova uma compra e venda de bens ou uma prestação de serviços, sendo sua

---

[8] A sigla "EDI" é utilizada com frequência e corresponde à expressão *"Electronic Data Interchange"*.

emissão, em regra, obrigatória e peça essencial para a Administração Pública no controle das arrecadações do Estado, como aponta PIETTE--COUDOL.[9]

A fatura eletrônica, por sua vez, corresponde a este mesmo documento, já conhecido e tradicional, mas reduzida a um formato virtual, ou seja, "desmaterializado". Trata-se, portanto, de uma fatura "desmaterializada", composta de todos os requisitos de uma fatura tradicional em papel, mas acrescida de uma "assinatura eletrônica avançada" (a qual inclui uma "certificação digital") ou de um "intercâmbio eletrônico de dados – EDI", tendo em vista as exigências estabelecidas pela Diretiva Européia.

4. Aspectos Fiscais

Os aspectos fiscais representam a parte mais relevante no estudo da fatura eletrônica, uma vez que a fatura, além de ser um documento importante para as transações comerciais, possui um caráter primordial do ponto de vista tributário, principalmente para o correto recolhimento dos impostos e o eficaz controle do Fisco.

Assim, serão examinados abaixo os elementos principais relacionados à questão fiscal da fatura eletrônica, os quais são aplicáveis a todos os Estados-Membros da União Européia, haja vista a previsão deles na Diretiva Comunitária sobre a matéria.

4.1. *Emissão Eletrônica*

Em primeiro lugar, destaca-se a própria possibilidade de emissão e envio da fatura comercial por via eletrônica. Os requisitos legais, para tanto, são dois: aceitação por parte do destinatário; garantia da autenticidade da origem e da integridade do conteúdo do documento fiscal.

Para a verificação do segundo requisito bastará que a fatura eletrônica seja emitida mediante uma "assinatura eletrônica avançada" (na

---

[9] PIETTE-COUDOL, Thierry. Expertises, Le Mensuel du Droit de l'Informatique. n.º 150 de Maio de 1992 e n.º 151 de Junho de 1992. *In*: ROCHA, Manuel Lopes. *op. cit.* p. 287.

prática, uma "assinatura digital") ou um "intercâmbio eletrônico de dados – EDI", tais como analisados anteriormente neste estudo.

4.2. Dedução do IVA

A questão do Imposto sobre o Valor Acrescentado (IVA) também é importante, uma vez que, se presentes todos os requisitos formais exigidos para as faturas tradicionais (estes requisitos variam entre os Estados--Membros da União Européia) e verificados também os dois requisitos específicos mencionados acima (comuns a todos os Estados-Membros), a fatura eletrônica passa a ser equiparada à fatura tradicional em papel, para todos os efeitos de direito, inclusive para eventual dedução do IVA.

4.3. Autofaturamento e Faturamento por Terceiros

A fatura eletrônica poderá ser emitida também pelo próprio adquirente dos bens ou serviços ou mesmo por terceiros, em nome e por conta do sujeito passivo. A primeira modalidade recebe o nome de "autofaturamento", enquanto a segunda de "subcontratação".

A Diretiva permite estas hipóteses quando prevê que "todos os sujeitos passivos devem assegurar que seja emitida, por eles próprios, pelos seus clientes ou, em seu nome e por sua conta, por um terceiro, uma factura para as entregas de bens ou as prestações de serviços que efetuem" (art. 2.º, n.º 2, Diretiva 2001/115/CE).

De todo modo, a elaboração de faturas eletrônicas por parte do adquirente dos bens ou serviços fica sujeita à existência de um acordo prévio entre o sujeito passivo e o adquirente, bem como à ciência da emissão da fatura e à aceitação do seu conteúdo, por parte do vendedor ou prestador de serviços, podendo esta ciência ser comprovada pela aposição da assinatura eletrônica avançada ou do EDI.[10]

A responsabilidade pela veracidade do conteúdo das faturas eletrônicas, assim como pelo pagamento do IVA, cabe ao vendedor ou prestador

---

[10] Alguns Estados-Membros, como Portugal, exigem que este acordo prévio tome a forma escrita, por força de legislação nacional. No caso português, a exigência se encontra no art. 35.º, n.º 11, do Código do IVA, incluído pelo Dec-Lei 256/2003.

dos serviços. Em alguns casos, o adquirente dos bens ou serviços poderá ficar solidariamente responsável pelo pagamento do imposto.[11]

4.4. Alterações

De acordo com a Diretiva, são equiparados à fatura eletrônica todos os documentos ou mensagens que alterem a fatura inicial e para ela façam remissão específica e inequívoca, sendo que os Estados-Membros, em cujo território são efetuadas as prestações de serviços ou as entregas de bens, poderão dispensar estes documentos ou mensagens de determinadas menções obrigatórias.

Ressalta-se que as faturas eletrônicas emitidas não poderão sofrer alterações no seu próprio corpo, tendo em vista a técnica de segurança digital nelas vinculada. Assim, as eventuais alterações serão feitas através de um novo documento ou mensagem eletrônica, os quais deverão fazer referência expressa e inequívoca à fatura que visam alterar.

4.5. Arquivamento e Numeração

A Diretiva estabelece que os vendedores e os prestadores de serviço devem providenciar o arquivamento e a conservação das faturas emitidas por eles próprios, por seus clientes ou por terceiros contratados, bem como de todas as faturas recebidas (art. 2.º, n.º 2, alínea "d", Diretiva 2001/115/CE). No caso das faturas eletrônicas, esse armazenamento será também de forma digital, em condições tais que permitam à Administração Pública, em caso de eventual fiscalização, o acesso completo e *on-line* a todos os seus dados.

O prazo exigido para o armazenamento varia entre os Estados-Membros, pois não foi estabelecido na Diretiva Comunitária. Em Portugal, por exemplo, os contribuintes deverão armazenar pelo período de

---

[11] No direito português, vide art. 72.º, n.º 3, do Código do IVA. Destaca-se, ainda, que o autofaturamento e o faturamento por terceiros não dependerão de prévia autorização por parte da Direção-Geral dos Impostos em Portugal, se o adquirente dos bens e serviços ou o terceiro contratado tiverem sede, estabelecimento estável ou domicílio em quaisquer dos Estados-Membros da União Européia.

dez anos todas as suas faturas, tenham elas sido emitidas em papel ou eletronicamente. Além disso, exige-se a conservação, em papel, de uma listagem das faturas emitidas e recebidas por meios eletrônicas, divididas por cada período de tributação.

Quanto à numeração das faturas eletrônicas, o Estado-Membro poderá impor uma numeração única para o faturamento, seja em papel ou por via eletrônica, ou então permitir uma série própria para as faturas eletrônicas. Por vezes, dá-se esta faculdade às empresas, para que possam emitir, ao mesmo tempo, faturas eletrônicas e faturas tradicionais em papel, adotando o sistema que melhor lhes sirva do ponto de vista de gestão empresarial.[12]

4.6. *Controle da Administração Pública*

Em razão da "desmaterialização" deste importante documento comercial e contábil, torna-se evidente a criação de mecanismos que tornem possível um controle eficiente por parte da Administração Pública Tributária. Assim se justifica a obrigação que têm os contribuintes de armazenarem numa espécie de banco de dados todas as faturas emitidas e recebidas por via eletrônica.

Pelo mesmo motivo, se explica o direito que têm as autoridades fiscais de um Estado-Membro de acesso, por via eletrônica, às faturas armazenadas em banco de dados localizados em outro Estado-Membro, particularmente quando o contribuinte estiver estabelecido em seu território, mas mantenha suas faturas armazenadas neste outro Estado-Membro (art. 3.º, Diretiva 2001/115/CE).

5. Situação no Direito Brasileiro

No Brasil, a fatura eletrônica ainda é uma novidade, tendo sido criada em 2005 e implementada em 2006, ainda de forma embrionária, através do "Projeto Nota Fiscal Eletrônica (NF-e)", por iniciativa de

---

[12] É o caso de Portugal, uma vez que as faturas "(...) serão numeradas seguidamente em uma ou mais séries convenientemente referenciadas (...)" (art. 48.º, n.º 2, do Código do IVA).

alguns Estados da federação e com a colaboração da Secretaria da Receita Federal do Brasil. Atualmente, a Nota Fiscal Eletrônica no Brasil é uma realidade, já tendo sido responsável pela emissão virtual de mais de 90 milhões de faturas desde a sua criação, o que representa um valor total superior a um trilhão de reais.[13]

5.1. Previsão Normativa

Formalmente, a Nota Fiscal Eletrônica foi criada no Brasil pelo Ajuste do Sistema Nacional Integrado de Informações Econômico--Fiscais (SINIEF) n.º 07/2005, de 7 de dezembro, o qual a define do seguinte modo:

> Considera-se Nota Fiscal Eletrônica – NF-e o documento emitido e armazenado eletronicamente, de existência apenas digital, com o intuito de documentar operações e prestações, cuja validade jurídica é garantida pela assinatura digital do emitente e autorização de uso pela administração tributária da unidade federada do contribuinte, antes da ocorrência do fato gerador.[14]

Percebe-se que a validade jurídica do documento eletrônico será assegurada pela assinatura digital do remetente. No entanto, diferencia-se da sistemática européia no sentido de que exige a prévia autorização por parte da Administração Tributária para que a nota fiscal eletrônica tenha a sua validade completa e possa ser na prática utilizada na transação comercial.

Outra diferença importante entre a NF-e no Brasil e a fatura eletrônica na Europa reside no fato de que no Brasil somente os contribuintes do Imposto sobre Produtos Industrializados (IPI) e do Imposto sobre operações relativas à Circulação de Mercadorias e sobre a Prestação de Serviços de Transporte Interestadual e Intermunicipal e de Comunicação (ICMS) podem emitir as notas fiscais eletrônicas. Na prática, isto significa que apenas as operações relativas à compra e venda de mercadorias

---

[13] Fonte: Receita Federal do Brasil: www.nfe.fazenda.gov.br, consultado em 31.01.2009.

[14] Ajuste SINIEF n.º 07/2005, cláusula 1ª, parágrafo único.

(sujeitas ao ICMS) e à industrialização de produtos (sujeitas ao IPI) são objeto do faturamento eletrônico.

Ressalte-se que no Brasil não existe um imposto único, de valor agregado, como ocorre na Europa e nos Estados Unidos da América, ficando cada ente da federação brasileira responsável pela instituição, recolhimento e administração dos tributos de suas respectivas competências. Assim, como o Projeto NF-e exige uma cooperação muito grande entre os entes da Administração Pública envolvidos, além de ter sido uma iniciativa dos Estados da federação, os Municípios acabaram por ficar de fora e, junto com eles, os contribuintes do Imposto sobre a Prestação de Serviços (ISS), de competência municipal.

5.2. Projeto NF-e

O Projeto NF-e tem por objetivo implementar um modelo nacional de nota fiscal eletrônica, no intuito de simplificar as obrigações acessórias dos contribuintes e permitir o acompanhamento em tempo real das operações comerciais pela Administração Pública.

Na fase piloto do projeto, apenas algumas empresas, que se ofereceram como voluntárias, passaram a emitir e utilizar as notas fiscais eletrônicas. E, no início de 2007, deu-se início à segunda fase do projeto, na qual mais de cinqüenta grandes empresas brasileiras foram selecionadas, entre as diversas inscritas no processo seletivo, para implementarem em seus sistemas operacionais os programas exigidos para a emissão dos documentos fiscais eletrônicos.[15]

Atualmente, a emissão da Nota Fiscal Eletrônica, em substituição a Nota Fiscal em papel, é uma obrigação para diversas categorias de estabelecimentos. Desta forma, além das empresas voluntárias, diversos contribuintes passaram a utilizar a Nota Fiscal Eletrônica por determinação legal.[16]

---

[15] A título meramente exemplificativo pode-se citar as seguintes empresas selecionadas e participantes do Projeto NF-e: Carrefour Comércio e Indústria Ltda; Certisign Certificadora Digital S/A; Companhia de Bebidas das Américas – Ambev; Pepsico do Brasil Ltda; Pirelli Pneus S/A; Tim Celular S/A; BR Distribuidora de Petróleo; Petrobras – Petróleo Brasileiro S/A; Ford Motor Company Brasil Ltda; e General Motors do Brasil Ltda.

[16] Como exemplo desta obrigatoriedade, cita-se a Portaria n.º 162 CAT, de 29.12.2008, da Secretaria da Fazenda do Estado de São Paulo, que dispõe sobre a emissão

5.3. Modelo Operacional

O modelo operacional da nota fiscal eletrônica no Brasil se diferencia da estrutura presente na Europa, principalmente por conta da necessidade de prévia aprovação por parte da Administração Tributária.

Em linhas gerais, a empresa que emite o documento eletrônico gera um arquivo eletrônico contendo todas as informações fiscais da operação comercial. A integridade dos dados e a autoria do emissor são garantidas através da aposição de uma assinatura digital – assim como na Europa. Em seguida – e diferentemente do que ocorre no sistema europeu – este documento fiscal eletrônico é transmitido pela internet para a Secretaria de Administração Tributária competente que, por sua vez, valida o arquivo e encaminha de volta ao contribuinte um protocolo de recebimento que autoriza o uso daquela nota fiscal eletrônica e o transporte da mercadoria nos termos solicitados.

O mesmo documento fiscal eletrônico, com a assinatura digital e a autorização de uso da Administração Tributária competente, é encaminhado também para a Secretaria da Receita Federal, que no Projeto NF-e exerce a função de repositório nacional de todas as notas fiscais eletrônicas emitidas.

Destaca-se na sistemática brasileira que os órgãos da Administração Tributária disponibilizam, através da internet, para o destinatário da mercadoria e para os legítimos interessados, a opção de consulta do "status" atualizado do documento eletrônico e o conseqüente acompanhamento do transporte da mercadoria, mediante uma senha de acesso ao documento eletrônico.[17]

5.4. *Sistema Público de Escrituração Digital (Sped)*

O Sistema Público de Escrituração Digital (Sped) foi instituído pelo Decreto n.º 6.022, de 22 de janeiro de 2007, e representa um grande

---

da Nota Fiscal Eletrônica no Estado de São Paulo. No Anexo Único do diploma normativo, consta uma lista de 93 atividades comerciais que ficam sujeitas à obrigatoriedade de emissão de Nota Fiscal Eletrônica, em substituição às Notas Fiscais em papel.

[17] As informações gerais sobre o modelo operacional do "Projeto NF-e" foram obtidas no *site* da Secretaria da Fazenda do Estado de São Paulo: http://www.nfe.fazenda.gov.br/portal/.

avanço na informatização da relação entre o fisco e o contribuinte, pois engloba a escrituração contábil e a escrituração fiscal, com o objetivo de padronizar e tornar digital os livros contábeis e fiscais. Desta forma, atende-se não apenas o fisco brasileiro, em suas diversas esferas de atuação na federação, como também as Juntas Comerciais, a Comissão de Valores Mobiliários (CVM) e o Banco Central (BACEN).

Dito isto, destaca-se que o Projeto de Nota Fiscal Eletrônica no Brasil é parte integrante deste projeto maior de política pública, o que comprova que o país continua fazendo esforços para se adaptar às exigências de um mundo cada vez mais globalizado e digital.

6. Conclusão

A explosão do comércio eletrônico é uma realidade e as faturas eletrônicas representam um instrumento necessário para dar continuidade ao desenvolvimento deste novo domínio na economia moderna e global.[18] Muitas são as vantagens que podem advir da utilização de documentos fiscais eletrônicos, nos mais variados setores, dentre as quais destacamos estas indicadas abaixo.

Para os vendedores de bens e prestadores de serviços, ocorre uma redução dos custos operacionais, tais como impressão e aquisição de papel, envio de documentos para clientes e armazenagem de documentos fiscais; uma simplificação de obrigações tributárias acessórias; e um incentivo ao comércio por meios eletrônicos B2B.

Para os compradores de bens e tomadores de serviço, os benefícios são no sentido da desnecessidade de digitação de documentos fiscais; da redução da burocracia relativa à escrituração e armazenamento das faturas; e também do incentivo a relações comerciais do tipo B2B.

Para a Administração Pública, verifica-se uma maior segurança da documentação fiscal; uma melhoria no processo de controle fiscal, tornando possível uma política eficiente de cooperação entre os países da União Européia e intercâmbio de informações; uma redução de custos

---

[18] Cfr. Manuel Lopes Rocha. "A Factura Electrónica: uma reforma ainda necessária?". *As Telecomunicações e o Direito na Sociedade da Informação – Actas do Colóquio organizado pelo Instituto Jurídico da Comunicação (IJC) em 23 e 24 de Abril de 1998*. Coord.: António Pinto Monteiro. Coimbra, 1999. p. 286.

operacionais diversos; e uma possibilidade de diminuição da sonegação e conseqüente aumento da arrecadação pública.

Para a sociedade, o uso de faturas eletrônicas traz benefícios para o meio ambiente em razão da redução do consumo de papel; serve de incentivo ao comércio eletrônico como um todo; além de criar novas oportunidades de trabalho na área da prestação de serviços ligados à tecnologia digital.

De todo modo, a emissão e o envio de documentos fiscais por meios eletrônicos representam uma quebra de paradigma e, por isso, alguns desafios deverão ser superados. De um lado, verifica-se a necessidade de diminuir a falta de confiança das pessoas nas operações efetuadas por meios eletrônicos de um modo geral, uma vez que há sempre a possibilidade de clonagens, fraudes e simulações através do comércio virtual. De outro lado, a questão da confidencialidade das práticas comerciais é também preocupante, uma vez que o mercado é caracterizado pela concorrência entre as empresas e os segredos comerciais podem ser desvendados com maior facilidade, pelo risco de acesso às informações fiscais das empresas. Enfim, são aspectos que deverão ser levados em consideração e cuidadosamente tratados pelos legisladores e agentes do comércio eletrônico.[19]

Em resumo, o presente estudo teve por objetivo examinar a estrutura de funcionamento da fatura eletrônica na Europa e comprar com o sistema existente no Brasil. Inicialmente, discorreu-se sobre o diploma comunitário europeu que regula a matéria e, em seguida, foram apresentados os conceitos jurídicos mais importantes para a correta compreensão da fatura eletrônica no Direito Europeu.

Verificou-se que fatura eletrônica na Europa é equiparada à fatura tradicional em papel se presentes os requisitos específicos previstos na legislação comunitária – em particular, quando emitida mediante uma assinatura eletrônica avançada com certificação digital ou um intercâmbio eletrônico de dados (EDI).

Os aspectos fiscais foram destacados num capítulo específico deste trabalho, haja vista a importância que esta questão exerce para o direito

---

[19] Entre outros, vide: Manuel Gustin. "Les paiements électroniques". *Le commerce électronique: un nouveau mode de contracter? – Actas do Colóquio organizado pela Faculdade de Direito da Universidade de Liège em 19 de Abril de 2001*. Liège: ASBL Editions du Jeune Barreau de Liège, 2001.

e para a economia de uma maneira geral. A possibilidade de dedução do IVA, de autofaturamento, de faturamento por terceiros, de alteração do documento eletrônico, assim como as formas de armazenagem do mesmo, foram expostas e comentadas com base na legislação em vigor.

Por fim, o estudo terminou analisar a situação dos documentos fiscais eletrônicos no Direito Brasileiro e expôs as diferenças entre a nota fiscal eletrônica no Brasil e a fatura eletrônica na Europa. Destaca-se que a legislação brasileira exige uma prévia autorização da autoridade fiscal competente para a completa validação do documento fiscal enviado por meios eletrônicos, enquanto na Europa basta o acordo prévio das partes contratantes.

7. Bibliografia

Ascensão, José de Oliveira. *Estudos sobre Direito da Internet e da Sociedade da Informação*. Coimbra: Almedina, 2001.

Asensio, Pedro Alberto de Miguel. "Regulación de la firma electrónica: balance y perspectivas". *Direito da Sociedade da Informação*. vol. 5. Coimbra: Coimbra Editores, 2004.

_____. *Derecho Privado de Internet*. 2ª ed. Madrid: Civitas Ediciones, 2001.

Bertrand, André; e Piette-Coudol, Thierry. *Que sais-je? – Internet et le droit*. 2ª ed. Paris: Presses Universitaires de France, 2000.

Correia, Miguel Pupo. "Comércio Electrónico: forma e segurança". *As Telecomunicações e o Direito na Sociedade da Informação – Actas do Colóquio organizado pelo Instituto Jurídico da Comunicação (IJC) em 23 e 24 de Abril de 1998.* Coord.: António Pinto Monteiro. Coimbra, 1999.

_____. "As Certificações Digitais: Factura e Assinatura". *Privacidade e Comércio Electrónico – Colóquio de 28 de Novembro de 2000.* Lisboa: Comissão Nacional de Protecção de Dados, 2004.

Elias, Lieve. "The dematerialization of the Invoice". *The EDI Law Review: Legal Aspects of Paperless Communication.* vol. 2. n.º 2. Dordrecht, 1995.

Gustin, Manuel. "Les paiements électroniques". *Le commerce électronique: un nouveau mode de contracter? – Actas do Colóquio organizado pela Faculdade de Direito da Universidade de Liège em*

19 de Abril de 2001. Liège: ASBL Editions du Jeune Barreau de Liège, 2001.

MONTEIRO, Jorge Sinde. "Assinatura Electrónica e Certificação". *Direito da Sociedade da Informação.* vol. 3. Coimbra Editora, 2002.

NUNES, A. J. Avelãs. "A tributação do comércio electrónico". *Boletim de Ciências Económicas da Faculdade de Direito da Universidade de Coimbra.* vol. 45. Coimbra, 2002.

ROCHA, Manuel Lopes; e outros. *Leis do Comércio Electrónico: notas e comentários.* 2ª ed. Coimbra Editora: 2001.

_____. "A Factura Electrónica: uma reforma ainda necessária?". *As Telecomunicações e o Direito na Sociedade da Informação – Actas do Colóquio organizado pelo Instituto Jurídico da Comunicação (IJC) em 23 e 24 de Abril de 1998.* Coord.: António Pinto Monteiro. Coimbra, 1999.

O ABUSO DE DIREITO
E AS RELAÇÕES INFORMÁTICAS:
UMA PERSPECTIVA LUSO-BRASILEIRA

Monica Pimentel Fialho de Almeida[*]

1. Das práticas comerciais no âmbito das relações informáticas

O avanço da tecnologia, em especial, da internet como meio de propagação da informação, é uma das grandes inovações da nova era em que vivemos, a era digital. As informações avançam de uma forma imediata e em massa, o que tem levado os juristas a estudarem as novas questões suscitadas em razão da utilização maciça da rede mundial de computadores, a *world wide web*.

Os meios de comunicação acompanham tal inovação e hodiernamente observamos a expansão dos meios publicitários através da internet, o que denominamos de marketing interativo, podendo, dessa forma, o fornecedor de produtos e serviços ampliar o mercado de consumo e realizar publicidades sem fronteiras.

Ocorre que tal expansão traz benefícios para o consumidor, como também inúmeros problemas.

Atualmente podemos observar que a maioria das empresas possui página na *internet* com o escopo de oferecer produtos e serviços. Um dos motivos que ensejam a realização de publicidade pela *internet* é seu baixo custo, salientando ainda que, muitas vezes, é mais eficaz que as realizadas pelos meios ordinários, permitindo ao consumidor uma atitude

---

[*] Mestra em Direito pela Universidade Católica Portuguesa. Especialista em Direito do Consumidor. Advogada.

ativa e um diálogo direto com o fornecedor, ao passo que a publicidade ordinária atua através de um diálogo mecanizado[20].

Através da referida expansão, o correio eletrônico transformou--se rapidamente numa das maiores formas de comunicação da nova era digital através do envio de e-mails em massa.

Destacamos que ao contrário do Brasil, Portugal possui duas leis específicas que disciplinam o tema em estudo. Tais leis regulamentam o comércio eletrônico (Decreto-Lei n.º 7/2004, de 7 de Janeiro) e o tratamento de dados pessoais e à proteção da privacidade no setor das comunicações eletrônicas (Lei n.º 41/2004 de 18 de Agosto).

Tais diplomas legais advém, respectivamente, da transposição das diretivas n.º 2000/31/CE e 2002/58/CE do Parlamento Europeu e do Conselho da Comunidade Européia.

Tais regramentos legais são extremamente relevantes e visam dentre outras condutas, a proteção contra o recebimento das comunicações comerciais[21] não solicitadas.

Importa salientar que merece especial atenção o artigo 13 da Diretiva 2002/58/CE[22] que dispõe expressamente sobre as comunicações comercias não solicitadas, tendo unificado o mercado de consumo da União Européia, obrigando os fornecedores a obterem um consentimento prévio para o envio de comunicações comerciais eletrônicas não solicitadas[23].

---

[20] Dentre as novas formas de publicidade através da *internet*, podemos citar os *links*, os banners, o *zing*, os *microsites*, os *interstitials*, os cursores animados, dentre outros.

[21] Para definirmos o que devemos entender por comunicação comercial tomemos por base o conceito presente na Diretiva da Comunidade Européia sobre o comércio eletrônico n.º 2000/31/CE: "Artigo 2.º, letra f: Comunicação comercial – Todas as formas de comunicação destinadas a promover, directa ou indirectamente, mercadorias, serviços ou a imagem de uma empresa, organização ou pessoa que exerça uma profissão regulamentada ou uma actividade de comércio, indústria ou artesanato. Não constituem comunicações comerciais".

[22] Diretiva 2002/58/CE art. 13 Comunicações não solicitadas-: *1. A utilização de sistemas de chamada automatizados sem intervenção humana (aparelhos de chamada automáticos), de aparelhos de fax ou de correio electrónico para fins de comercialização directa apenas poderá ser autorizada em relação a assinantes que tenham dado o seu consentimento prévio.*

2. Sem prejuízo do n.º 1, se uma pessoa singular ou colectiva obtiver dos seus clientes coordenadas electrónicas de contacto para correio electrónico, no contexto da

As comunicações comerciais através da internet e principalmente através dos correios eletrônicos oferecem inúmeras vantagens, como também suscitam inúmeras controvérsias e incertezas na área jurídica, sobretudo no âmbito do Direito do Consumidor.

Insta ressaltar que na maioria dos casos, as práticas comerciais de propagação de informação e de oferecimento de serviços e produtos em massa pela internet vão de encontro ao direito à intimidade e privacidade do consumidor, tornando-se uma ameaça potencial até então desconhecida[24].

---

venda de um produto ou serviço, nos termos da Directiva 95/46/CE, essa pessoa singular ou colectiva poderá usar essas coordenadas electrónicas de contacto para fins de comercialização directa dos seus próprios produtos ou serviços análogos, desde que aos clientes tenha sido dada clara e distintamente a possibilidade de recusarem, de forma gratuita e fácil, a utilização dessas coordenadas electrónicas de contacto quando são recolhidos e por ocasião de cada mensagem, quando o cliente não tenha inicialmente recusado essa utilização.

3. Os Estados-Membros tomarão as medidas necessárias para assegurar que, por forma gratuita, não sejam permitidas comunicações não solicitadas para fins de comercialização directa em casos diferentes dos referidos nos n.ºs 1 e 2 sem o consentimento dos assinantes em questão ou que digam respeito a assinantes que não desejam receber essas comunicações, sendo a escolha entre estas opções determinada pela legislação nacional.

4. Em todas as circunstâncias, é proibida a prática do envio de correio electrónico para fins de comercialização directa, dissimulando ou escondendo a identidade da pessoa em nome da qual é efectuada a comunicação, ou sem um endereço válido para o qual o destinatário possa enviar um pedido para pôr termo a essas comunicações.

5. O disposto nos n.ºs 1 e 3 aplica-se aos assinantes que sejam pessoas singulares. Os Estados-Membros assegurarão igualmente, no âmbito do direito comunitário e das legislações nacionais aplicáveis, que os interesses legítimos dos assinantes que não sejam pessoas singulares sejam suficientemente protegidos no que se refere a comunicações não solicitadas.

[23] Apesar de ter significado um grande avanço, tal artigo deixou de prever outros importantes pontos, uma vez que, apesar de exigir os dados do remetente, não obriga que o mesmo apresente um endereço eletrônico válido para que o consumidor possa solicitar, se for o caso, a exclusão de seu endereço da lista de endereços do fornecedor. O artigo também não disciplina a inclusão na mensagem enviada sobre o direito do consumidor a solicitar a exclusão da *mailing list* do fornecedor, como também não disciplina os conteúdos proibidos, falsos das mensagens eletrônicas.

[24] MENEZES LEITÃO, Adelaide,*Metatags e correio electrónico entre os novos problemas do direito da Internet*, 2002, p. 427: " As comunicações electrónicas exigem, assim, um delicado equilíbrio entre a liberdade de circulação de informação e o direito

À semelhança de Portugal[25]/[26], no Brasil[27] a proteção à intimidade deriva dos direitos da personalidade, sendo este parte integrante dos direitos ou garantias fundamentais, sendo dotada de proteção constitucional, não se expondo, em conseqüência, enquanto valor constitucional que é, a intervenções de terceiros ou a intrusões do Poder Público desvestidas de causa provável ou destituídas de base jurídica idônea.

O direito à intimidade é considerado como um dos direitos da personalidade que distinguem-se por seu objeto especial, isto é, pelos bens protegidos que apresentam determinados atributos físicos ou morais do homem. O reconhecimento do direito à intimidade implica na existência de um âmbito próprio e reservado de cada pessoa frente à ação e o conhecimento dos demais.

Tanto a Constituição portuguesa como a brasileira, outorgam uma proteção jurídica constitucional centrada em alguns conteúdos mínimos referentes à intimidade, a saber: no âmbito pessoal e familiar, a inviolabilidade de domicílio e a inviolabilidade das comunicações, que inclui aquela realizada pelos novos meios tecnológicos[28].

à reserva da vida privada, o que implica o estabelecimento de limites à informação sobre a vida de cada um".

[25] CRP art. 26 (Outros direitos pessoais) – *1. A todos são reconhecidos os direitos à identidade pessoal, ao desenvolvimento da personalidade, à capacidade civil, à cidadania, ao bom nome e reputação, à imagem, à palavra, à reserva da intimidade da vida privada e familiar e à protecção legal contra quaisquer formas de discriminação.*

[26] Cfr. MENEZES LEITÃO, op.cit., p. 430: "A este respeito, o art.26.º da CRP estabelece um direito fundamental da reserva da intimidade da vida privada e familiar e a necessidade da lei estabelecer garantias efectivas contra a utilização abusiva ou contrária à dignidade da pessoa humana de informações relativas às pessoas e às famílias".

[27] CRFB art. 5: *Todos são iguais perante a lei, sem distinção de qualquer natureza, garantindo-se aos brasileiros e aos estrangeiros residentes no País a inviolabilidade do direito à vida, à liberdade, à igualdade, à segurança e à propriedade, nos termos seguintes: (...) X – são invioláveis a intimidade, a vida privada, a honra e a imagem das pessoas, assegurado o direito a indenização pelo dano material ou moral decorrente de sua violação.*

[28] Neste sentido convém trazer à baila importante decisão do Tribunal Constitucional espanhol, STC de 8 de março de 1999 (RTC, 1999, 30), Relatora Dra. Maria Emília Casas Baamonde: *"Reitera la doctrina constitucional de la existencia de un derecho de control sobre los datos relativos a la propria persona, que lo denomina, libertad informática. Afirma que el párrafo cuarto del artículo 18 CE incorpora una garantía*

O que importa analisar especificamente no que tange ao direito à intimidade e a nova era digital, é o reconhecimento e proteção constitucional da liberdade de informar e de ser informado, assim como a liberdade de expressão através de qualquer meio de difusão, incluindo, portanto, as opiniões e informações disponibilizadas na internet.

Sem entrar na discussão se a liberdade informática se consagra autonomamente ao direito à intimidade ou não, o importante é destacar que a inviolabilidade à intimidade da pessoa pelos meios informáticos e eletrônicos deve ser igualmente protegida pelo ordenamento jurídico.

1.1. Das *mailing lists*

Dentre os inúmeros problemas que suscitam as novas tecnologias de informação e publicidade na era digital, podemos, dentre outros, destacar as *mailing lists*, isto é, as listas de distribuição.

As *mailing lists* representam um conjunto de endereços utilizados para distribuir mensagens de correio eletrônico a um grupo de pessoas e assenta em um serviço externo que reenvia automaticamente as mensagens enviadas para um endereço associado à *mailing list*. Para isso, basta enviar o e-mail para o endereço da *mailing list*, evitando-se longas listas de endereços nos campos reservados aos destinatários.

A *mailing list* foi umas das formas encontradas pelos fornecedores para encaminharem em massa, aos consumidores, ofertas e publicidade de produtos e serviços não desejados e solicitados. Os fornecedores criam listas com bases de dados de potenciais consumidores, sem seu consentimento expresso e o consumidor passa a receber freqüentemente tais mensagens.

---

constitucional para responder a una nueva fórmula de amenaza concreta a la dignidad y a los derechos de la persona, es decidir, un derecho a la libertad frente a las potenciales agresiones a la dignidad y a la libertad de la persona provenientes de un uso ilegítimo del tratamiento mecanizado de datos. Además, delimita el alcance de la libertad informática o derecho a controlar el uso de los datos insertos en un programa informático que comprende, entre otros aspectos, la oposición del ciudadano a que determinados datos personales sean utilizados para fines distintos de aquel legítimo que justificó su obtención. En concreto, se remite a la doctrina sentada en las Sentencias 11/1998 y 94/1998".

Tal forma de publicidade ofende diretamente os ditames da boa-fé, bem como fere direitos e legítimos interesses dos consumidores, aparecendo como um novo instrumento de controle por parte dos fornecedores, uma vez que dados pessoais não fornecidos são armazenados pelos mesmos.

O uso das *mailing lists* atinge diretamente o direito à intimidade do consumidor estando em colisão com o direito do fornecedor a promover seus produtos e serviços através da publicidade, bem como vem a caracterizar-se como um verdadeiro abuso de direito.

1.2. Do *spam*

Não existe definição legal para o significado de *spam* tanto em Portugal, quanto no Brasil, não obstante, em termos gerais, o *spam* pode ser considerado como todo tipo de correspondência eletrônica enviada, em massa, e não solicitada[29].

O *spam* poderá ser tanto comercial (UCE – *unsolicited comercial e-mail*) como não-comercial (UBE – *unsolicited bulk e-mail*). Como nosso foco de estudo é o Direito do Consumidor, ficaremos adstritos aos e-mails comerciais. A título exemplificativo, será considerado *spam* comercial não solicitado uma mensagem cujo conteúdo é a oferta de um serviço ou a venda de um produto não requisitado.

Um dos mais relevantes aspectos dos *spams* é seu baixíssimo custo para o fornecedor[30], como também requer pouco esforço por parte do mesmo, uma vez que distribuir uma mensagem eletrônica a milhares de consumidores é simples, bastando conhecer o diálogo de transações SMTP[31]. De outra banda, é de alto custo aos consumidores-receptores,

---

[29] Na definicão de MIQUEL RODRIGUZ, J em "*Problemática jurídica de la publicidad en internet*", 2001, p. 245: "*El spamming es una modalidad publicitária a través de internet, activa y a la vez agresiva, consistente en el envío de mensajes publicitarios no solicitados a las cuentas de correo electrónico de los usuarios.Los internautas muestran su lado más exigente en la red, por ello las empresas utilizan estrategias de marketing como el spam con el fin de captar su aténcion y lograr un beneficio*".

[30] MENEZES LEITÃO, Luís Manuel Teles de, A *distribuição de mensagens de correio electrónico indesejadas (spam), p. 221:* "Um único *spammer* pode enviar milhões de mensagens de uma vez, havendo estimativas que calcularam o número diário de mensagens electrónicas indesejadas em 25 milhões".

[31] *SMTP-simple mail transfer protocol.*

vez que perdem grande tempo abrindo, lendo e apagando as mensagens indesejadas e ainda arcando com os custos do servidor para terem acesso à *internet*[32].

Outro aspecto importante é que o envio de um grande número de *spams* multiplica o risco de distribuição simultânea de vírus, expondo o mesmo arquivo contaminado a milhares de consumidores-usuários.

Por último, importa mencionar que os prestadores de serviços da sociedade eletrônica de informação, assim como os consumidores, sofrem inúmeros prejuízos, tendo que adquirir constantemente adequados programas visando conter a utilização abusiva de sua conexão ou mesmo solucionar os problemas advindos do envio dos mesmos.

É também de se notar que na maioria dos casos, os fornecedores-*spammers* falsificam o endereço do remetente ou incluem um endereço falso. A essa prática, hoje comum no mercado eletrônico de consumo, dá-se o nome de *spoofing*[33].

Dentre os comportamentos adotados visando a prevenção dos *spams* citamos, de forma especial, as normas sociais. A título exemplificativo, podemos citar o envio por parte dos consumidores de mensagens de protesto que por vezes em razão do grande número conduzem à ocorrência do *flamming*, isto é, é causam um bloqueio ao acesso ao endereço do fornecedor.

Observamos que tal prática tornou-se, na maioria das vezes, ineficaz, pois os fornecedores-*spammers* muitas vezes falsificam seu endereço de e-mail, como já salientado, ou seja, os consumidores encaminham respostas a um endereço eletrônico estranho ao do fornecedor.

Insta ressaltar que foram igualmente criados códigos de conduta por empresas, seguindo os princípios de auto-regulamentação que delimitam

---

[32] Cfr. MENEZES LEITÃO, op. cit., p. 220: "No *spam*, pelo contrário, o único custo para o remetente é a elaboração da mensagem eletrônica, praticamente insignificante, sendo a maior parte dos custos suportados pelo receptor e pelo fornecedor de acesso, gerando-se assim uma forma específica de publicidade que não tem quaisquer custos para o anunciante. Para além disso, não há restrições ao número de mensagens de correio electrónico que pode ser enviado com a utilização apenas telefônica. Um único spammer pode enviar milhões de mensagens de uma vez, havendo estimativas que calcularam o número diário de mensagens electrónicas indesejadas em 25 milhões".

[33] O *spoofing* é uma técnica de subversão de sistemas informáticos que consiste em mascarar (*spoof*) pacotes IP utilizando endereços de remetentes falsificados.

a política de atuação das mesmas acerca da utilização do correio eletrônico como meio de promoção, visando o respeito ao direito do consumidor[34].

1.3. Do consentimento do consumidor

A necessidade do consentimento dos consumidores no recebimento de mensagens eletrônicas não solicitadas atribuída pela Diretiva é uma importante solução visando o respeito pelo fornecedor do direito à intimidade do consumidor em não integrar as *mailing lists,* bem como não receber os *spams*[35].

É importante destacar que podemos observar o crescimento dos *sites* na *internet* que possuem espaços para que o consumidor exerça a opção de receber ou não mensagens publicitárias eletrônicas.

O *suso* avanço também apresenta riscos, uma vez que não há garantias de que o titular do correio eletrônico seja a pessoa que apresentou os dados pessoais e consentiu com o uso dos mesmos nos termos estabelecidos, uma vez que terceiros podem ter informado os aludidos dados sem o consentimento do verdadeiro titular.

Para solucionar tais problemas, algumas empresas optam por enviar automaticamente uma mensagem eletrônica, sem nenhum tipo de publicidade, para que o destinatário responda confirmando o cadastramento no banco de dados do fornecedor.

Tal prática configura o consentimento expresso por parte do consumidor no que tange ao recebimento de publicidade via correio eletrônico, apesar de também não ser uma solução segura, pois terceiros também poderão ter acesso à caixa de mensagens eletrônicas do consumidor.

---

[34] Cfr. MENEZES LEITÃO, op. cit., p. 225: "A autoregulação apresenta, no entanto, alguns defeitos. Um deles é o facto de normalmente essa limitação à sua actividade só ser aceite pelas empresas que cultivam a sua boa imagem, ocorrendo sempre empresas marginais que não aceitam subordinar-se a uma autoregulação, o que no caso da internet é potenciado pela grande abrangência da rede. No caso do *spam o seu baixo custo e o seu elevado.*

[35] art. 22 – *Comunicações não solicitadas: 1 – O envio de mensagens para fins de marketing directo, cuja recepção seja dependente de intervenção do destinatário, nomeadamente por via de aparelhos de chamada automática, aparelhos de telecópia ou por correio electrónico, carece de consentimento prévio do destinatároi".*

A exigência do consentimento expresso do consumidor aumenta de modo extremamente importante as restrições aos fornecedores no que tange ao envio de comunicações comerciais, bem como de forma a preservar as garantias e os direitos dos consumidores.

1.3.1. Do consentimento no processo de contratação

Cumpre ainda trazer à baila a problemática relativa ao consentimento que pode ser dado dentro de um processo de contratação.

Muitos fornecedores durante o processo de contratação têm acesso aos dados pessoais dos consumidores, utilizando posteriormente tais dados para o envio contínuo de mensagens eletrônicas não solicitadas.

Tal conduta apresenta-se em dissonância com o estabelecido nas normas de proteção do consumidor, uma vez que o fornecedor no momento da recolha dos dados pessoais do consumidor deverá solicitar seu consentimento expresso para o futuro envio de comunicações comerciais eletrônicas, ou seja, deverá existir um verdadeiro consentimento informado, com base nos princípios da confiança, lealdade e transparência[36].

Insta destacar que a recolha de dados pessoais do consumidor deverá observar tal preceito tanto nas fases pré-contratual (ainda que posteriormente o contrato não seja celebrado), contratual e pós-contratual.

1.4. De outros requisitos para o envio de comunicações comerciais eletrônicas

Para além do consentimento do consumidor no recebimento eletrônico de comunicações comerciais, destacamos, com base no Decreto-Lei

---

[36] Importa mencionar que tal regramento está expressamente previsto no artigo 22 do Decreto-Lei 7/2004 de 7 de Janeiro, a saber: Artigo 22– *Comunicações não solicitadas*– (...) *3 – É também permitido ao fornecedor de um produto ou serviço, no que respeita aos mesmos ou a produtos ou serviços análogos, enviar publicidade não solicitada aos clientes com quem celebrou anteriormente transacções, se ao cliente tiver sido explicitamente oferecida a possibilidade de o recusar por ocasião da transacção realizada e se não implicar para o destinatário dispêndio adicional ao custo do serviço de telecomunicações. 4 – Nos casos previstos nos números anteriores, o destinatário deve ter acesso a meios que lhe permitam a qualquer momento recusar, sem ónus e independentemente de justa causa, o envio dessa publicidade para futuro".*

n.º 7/2004, de 7 de Janeiro, que transpôs a Diretiva 2000/31/CE já mencionada, outros importantes requisitos para o envio eletrônico de comunicações comerciais[37], a saber:

- As comunicações comerciais devem ser claramente identificáveis;
- As comunicações comerciais devem indicar o nome da pessoa a quem se dirige a mensagem eletrônica;
- As comunicações comerciais que ofereçam aos consumidores ofertas promocionais, como as que incluem descontos, prêmios e brindes devem ser claras e as que ainda condicionem o consumidor ao preenchimento de determinados requisitos para a participação de tais ofertas devem ser expressas;
- As comunicações comerciais devem oferecer sempre a possibilidade de revogação do consentimento dado pelo consumidor.

As informações incluídas nas comunicações comerciais eletrônicas devem, portanto, conter informações externas e internas. As informações externas visam facilitar a identificação das mesmas, ao passo que as informações internas dizem respeito ao conteúdo da publicidade enviada com o fim de assegurar a máxima transparência e clareza nas ofertas contidas, possibilitando ao consumidor-destinatário identificá-las facilmente.

1.5. *Da regulamentação de sanções no âmbito das comunicações comerciais não solicitadas e das* **mailing lists**

Com o intuito de conter os abusos praticados nas relações informáticas, como já destacado, Portugal possui uma legislação própria que disciplina o tema em questão. De outra banda, o ordenamento jurídico brasileiro apesar de não possuir uma legislação específica, as condutas abusivas em análise enquadram-se no rol do artigo 39 do CDC que disciplina as práticas abusivas.

---

[37] Decreto-Lei 7/2004 art. 21– *Identificação e informação: Nas comunicações publicitárias prestadas à distância, por via electrónica, devem ser claramente identificados de modo a serem apreendidos com facilidade por um destinatário comum:*

a) A natureza publicitária, logo que a mensagem seja apresentada no terminal e de forma ostensiva;

b) O anunciante;

c) As ofertas promocionais, como descontos, prémios ou brindes, e os concursos ou jogos promocionais, bem como os condicionalismos a que ficam submetidos".

Insta destacar que o objetivo do legislador ordinário não é proibir o a utilização do *spam*, até porque tanto na ordem jurídica portuguesa, quanto na brasileira, seria inconstitucional uma regulamentação que disciplinasse pura e simplesmente a proibição do envio do mesmo[38].

Vale mencionar que o envio indesejado de mensagens, bem como as utilizações das *mailing lists*, configuram-se como práticas comerciais abusivas, nos termos do artigo 39 do Código de Defesa do Consumidor, bem como caracterizam o exercício inadmissível de posições jurídicas nos termos dos artigos 334 do CCP e 187 do NCC[39].

Ressalte-se que a transmissão onerosa ou gratuita das *mailing lists* só poderá ocorrer com a autorização do consumidor ou prévia comunicação, de acordo com o artigo 43 e §§ 1.º e 2.º do CDC[40] e artigo 13 da Lei 41/2004 de 18 de Agosto[41].

---

[38] A respeito do tema comenta MENEZES LEITÃO, op. cit., pp. 236-237: "Efectivamente, entre nós uma proibição desse tipo poderia considerar-se atentatória das liberdades de expressão e informação (art. 37.º da Constituição Portuguesa), liberdade de criação cultural (art.42.º) e liberdade de iniciativa econômica privada (art. 62.º da Constituição). Mesmo uma regulamentação jurídica que discipline o *spam* poderia ser questionada, face à norma do art.34.º, n.º 4 da Constituição que proíbe "toda ingerência das autoridades públicas na correspondência, comunicações e demais meios de telecomunicações...".

[39] Cfr. MENEZES CORDEIRO, António, *Litigância de má fé, Abuso do Direito de acção e culpa in agendo*, 2006, p. 78: " No tocante à verificação do abuso do direito, recordamos que essa locução é puramente tradicional. Não tem de haver qualquer "direito subjectivo": trata-se, simplesmente, do exercício de posições jurídicas".

[40] CDC art. 43: *O consumidor, sem prejuízo do disposto no art. 86, terá acesso às informações existentes em cadastros, fichas, registros e dados pessoais e de consumo arquivados sobre ele, bem como sobre as suas respectivas fontes.*

§ 1º Os cadastros e dados de consumidores devem ser objetivos, claros, verdadeiros e em linguagem de fácil compreensão, não podendo conter informações negativas referentes a período superior a cinco anos.

§ 2º A abertura de cadastro, ficha, registro e dados pessoais e de consumo deverá ser comunicada por escrito ao consumidor, quando não solicitada por ele".

[41] Lei 41/2004 art. 13– *Listas de assinantes: 1 – Os assinantes devem ser informados, gratuitamente e antes da inclusão dos respectivos dados em listas, impressas ou electrónicas, acessíveis ao público ou que possam ser obtidas através de serviços de informação de listas, sobre:*

a) Os fins a que as listas se destinam;

b) Quaisquer outras possibilidades de utilização baseadas em funções de procura incorporadas em versões electrónicas das listas.

2 – Os assinantes têm o direito de decidir da inclusão dos seus dados pessoais numa lista pública e, em caso afirmativo, decidir quais os dados a incluir, na medida em

É também de se notar que a formação de *mailing lists* mediante técnicas de informática não autorizadas configura invasão de privacidade, ofendendo preceito constitucional.

Importa destacar que os *experts* em marketing aconselham encaminhar publicidade aos consumidores que voluntariamente hajam solicitado, uma vez que normalmente o recebimento de publicidade de forma involuntária, o efeito obtido é inverso àquele pretendido, pois o consumidor passa a associar a partir do momento em que recebe a comunicação comercial não solicitada, a marca do produto do fornecedor a uma sensação de desconfiança, deslealdade e abusividade.

Conclusão

A análise realizada permitiu-nos concluir que no Brasil, em termos de defesa do consumidor, verificamos a existência de um diploma legal em vigor de grande importância. O CDC regula de forma brilhante a proteção do consumidor, entretanto já apresenta relevantes lacunas deixando de disciplinar matérias de grande pertinência no atual mercado consumerista como as relações informáticas.

Não olvidamos deixar de mencionar o papel da doutrina e da jurisprudência que exercem um exponencial contributo para a evolução e desenvolvimento do Direito do Consumidor no âmbito da ordem jurídica brasileira.

Em relação à Portugal podemos vislumbrar um grande número de diplomas legais esparsos que regulamentam a defesa do consumidor. Tais diplomas legais em conjunto vão até além do que regulamenta o CDC, pois disciplinam diversos contratos de consumo de forma individualizada.

Ressalte-se em especial as inúmeras Diretivas disciplinadas pela Comunidade Européia sempre atenta às questões consumeristas. Notamos

---

que esses dados sejam pertinentes para os fins a que se destinam as listas, tal como estipulado pelo fornecedor.

3 – Deve ser garantida aos assinantes a possibilidade de, sem custos adicionais, verificar, corrigir, alterar ou retirar os dados incluídos nas referidas listas.

4 – Deve ser obtido o consentimento adicional expresso dos assinantes para qualquer utilização de uma lista pública que não consista na busca de coordenadas das pessoas com base no nome e, se necessário, num mínimo de outros elementos de identificação.

iniciativas corajosas que compensam a falta de legislação de defesa do consumidor na ordem jurídica interna dos Estados membros, como em Portugal que viu-se obrigado, nos últimos anos, a transpor para a sua ordem interna diversas e importantes Diretivas, como as que regulam o comércio eletrônico. Entendemos que diante de iniciativas sérias como as adotadas pela União Européia, será possível elaborar um verdadeiro quadro legislativo de proteção do consumidor contra as condutas abusivas praticadas no mercado de consumo

Saliente-se que à guisa de Portugal, é imprescindível que o legislador brasileiro para além do CDC, elabore uma lei própria que discipline as relações informáticas no âmbito do Direito do Consumidor, com o escopo de criar suficientes mecanismos de controle e fiscalização para uma correta utilização da *world wide web,* concedendo uma proteção suficiente da privacidade dos consumidores face os avanços tecnológicos da sociedade de informação.

Afigura-se sólido o entendimento que a implantação e aprofundamento da *internet* como um dos grandes meios de comunicação da atualidade não legítima nem pode pressupor uma vulneração dos direitos fundamentais, merecendo destaque o direito à honra, à intimidade e a proteção dos dados pessoais, bem como do direito dos consumidores.

Outro fator importante a ser considerado é o elemento social, lastreado na confiança, que cobra do ordenamento jurídico a proteção daqueles que buscaram a satisfação de suas necessidades, criadas pela publicidade maciça e pelas informações inadequadas veiculas pelas comunicações comerciais eletrônicas.

Bibliografia

AGUIAR JÚNIOR, Ruy Rosado de. "Projeto do Código Civil – as obrigações e os contratos". Revista dos Tribunais, ano 89, v. 775, 2000.

ALMEIDA COSTA, Mário Júlio de. "Nótula sobre o regime das cláusulas contratuais gerais após a revisão do diploma que instituiu a sua disciplina". Lisboa: Universidade Católica Portuguesa, 1997.

―――――――, "Direito das Obrigações". 10ª ed. Coimbra: Almedina, 2007.

ALMEIDA COSTA, Mário Júlio de e MENEZES CORDEIRO, António. "Cláusulas contratuais gerais. Anotação ao Decreto-Lei 446/de 25 de Outubro". Coimbra: Almedina, 1993.

ALVES, José Carlos Moreira. "A Parte Geral do Projeto Código Civil Brasileiro". Rio de Janeiro: Saraiva, 1986.
ALVES, José Carlos Moreira. "A Parte Geral do Projeto Código Civil Brasileiro". Rio de Janeiro: Saraiva, 1986.
AMARAL JÚNIOR, Alberto do. "A boa-fé e o controle das cláusulas contratuais abusivas nas relações de consumo", Revista do Consumidor, v. 6. São Paulo: Revista dos Tribunais, abril/Junho, 1993.
AMARAL, Francisco. "Racionalidade e Sistema no Direito Civil Brasileiro", Revista de Direito Civil, n.º 63, São Paulo: Revista dos Tribunais.
ANTUNES VARELA, João de Matos. "Das Obrigações em Geral". Coimbra: Almedina, 2000.
—————, "Das Obrigações em Geral", Vol. II. 7ª ed. Coimbra: Almedina: 1997.
AZEVEDO, Antônio Junqueira. "Responsabilidade pré-contratual no Código de Defesa do Consumidor: Estudo comparativo com a responsabilidade pré-contratual no direito comum", Cadernos da Pós-graduação-Edição Extra-seminário Brasilcon. Rio de Janeiro: Universidade do Estado do Rio de Janeiro, ano 4, n. 5, agosto de 98.
—————, "Negócio jurídico – Existência, validade e eficácia". Rio de Janeiro: Saraiva, 2002.
BEVILAQUA, Clóvis. "Código Civil dos Estados Unidos do Brasil" comentado por Clóvis Bevilaqua. Rio de Janeiro: Rio, 1976.
BRUN, Philippe. *"Responsabilité civile extracontractuelle"*. Paris: Litec, 2005.
CALLAIS-AULOY, Jean. *"Droit de la consommation"*. Paris: Dalloz, 1986.
CARPENA, Heloísa. "Abuso de direito nos contratos de consumo". Rio de Janeiro: Renovar. 2001.
CAVALIERI FILHO, Sergio. "Programa de Responsabilidade Civil". São Paulo: Malheiros, 2006.
COELHO, Inocêncio Mártires. "O Novo Código Civil: estudos em homenagem ao Prof. Miguel Reale", São Paulo: LTr, 2003.
COSTA, Judith Martins. "O Direito Privado como um "Sistema em Construção" – As cláusulas gerais no Projeto do Código Civil Brasileiro". Rio de Janeiro: Revista dos Tribunais, ano 87, v. 753 – julho/1998.
CRISTINA CRUZ, Paula Pinto, "O endividamento dos consumidores", 2000.
FERREIRA DE ALMEIDA, Carlos. "Direito do Consumo". Coimbra: Almedina, 2005.

FOURGOUX/J., J. C. MIHAÏLOV/M. V. JEANNIN. "Principes et pratiques du Droit de la Consommation". *Paris, 1983.*
GALVÃO TELLES, Inocêncio. *"Manual dos contratos em geral".* Coimbra: Coimbra Editora, 2002.
Garcia, José Augusto. "O princípio da dimensão coletiva das relações de consumo", Revista de Direito do Consumidor n.º 28, 1998.
GELPI, Rosa-Maria e JULIEN-LABRUYÉRE, François, "História do Crédito ao Consumo, doutrinas e práticas" (trad.), Lisboa, Principia, 2000.
GONÇALVES, Carlos Roberto. "Responsabilidade Civil", 9ª ed. São Paulo: Saraiva, 2006.
GRAU, Eros Roberto. "Interpretando o Código de Defesa do Consumidor: algumas notas", Revista de Direito do Consumidor, v. 5, São Paulo, RT, jan./mar., 1993, p.188
GRINOVER, Ada Pellegrini e al.. "Código Brasileiro de defesa do consumidor comentado pelos autores do anteprojeto", Rio de Janeiro: Forense universitária, 2005.
KUIS LORENZETTI, Ricardo. *"Nuevas Fronteiras Del abuso de Derecho".* RT 723/53.
LARENZ, Karl. "Metodologia da ciência do Direito". Lisboa: Fundação Calouste Gulbenkian, 1983.
LEITÃO MARQUES, Maria Manuel, NEVES, Vítor, FRADE, Catarina, LOBO, Flora, CRISTINA CRUZ, Paula Pinto "O endividamento dos consumidores". Coimbra: Almedina, 2000.
MARQUES, Cláudia Lima. "Sugestões para uma lei sobre o tratamento do superendividamento de pessoas físicas em contratos de crédito ao consumo: proposições com base em pesquisa empírica de 100 casos no Rio Grande do Sul", Revista de Direito do Consumidor, n.º 55, 2005, pp. 14-15
MARQUES, Claudia Lima, Revista de Direito do Consumidor, n.º 20, outubro/dezembro de 1996,
MENEZES CORDEIRO, António. *"Manual de Direito Comercial".* Coimbra: Almedina. 2001.
——————, "Tratado de Direito Civil português". Coimbra: Almedina, 2005.
MENEZES LEITÃO, Adelaide, *"Metatags* e correio electrónico entre os novos problemas do direito da Internet", Revista do Direito da sociedade da informação, v. III. Coimbra: Coimbra editora, 2002.

MENEZES LEITÃO, Luís Manuel Teles de, "A protecção do consumidor contra as práticas comerciais desleais e agressivas", Estudos de Direito do consumidor, v. 5, 2003.

————, "Direito das Obrigações", vol. I. 5ª ed. Coimbra: Almedina, 2006.

NERY Junior, e NERY, Rosa Maria de Andrade. "Novo Código Civil e Legislação Extravagante Anotados". São Paulo: Revista dos Tribunais, 2002.

PASQUALOTTO, Adalberto. "Os Efeitos Obrigacionais da Publicidade no Código de Defesa do Consumidor". São Paulo: Revista dos Tribunais, 1997.

PESSOA JORGE, Fernando. *Ensaio sobre os Pressupostos da Responsabilidade Civil*. Coimbra: Almedina, 1999.

OLIVEIRA, José Lopes de. "Contratos". Recife: *Livrotecnica*, 1979.

OLIVEIRA ASCENSÃO, José de Oliveira. "Direito Civil e Direito do Consumidor", Revista Themis. Coimbra: Almedina, 2008.

————, "O Anteprojecto do Código do Consumidor e a Publicidade", Estudos do Instituto de Direito do Consumo. Coimbra: Almedina 2006.

————, "Direito Civil. Teoria geral, I, Introdução, as pessoas, os bens". Coimbra: Almedina, 2000.

PACKARD, VANCE, "The Hidden Persuaders", 1957.

PINTO MONTEIRO, António. "*Harmonização legislativa e protecção do consumidor (a propósito do anteprojecto do Código do Consumidor português)*", Revista Themis. Coimbra: Almedina, 2008.

————, "Cláusula Penal e Indemnização" Coimbra: Almedina, 1999.

————, "Do Direito do Consumo ao Código do Consumidor, Estudos de Direito do Consumidor", Revista Estudos de Direito do Consumidor, n.º 1. Coimbra: Almedina,1999.

PONTES DE MIRANDA. "Tratado de Direito Privado", t. XL, § 4.352, Rio de Janeiro: Borsói, 1962.

REALE, Miguel. Visão geral do Projeto de Código Civil. Jus Navigandi, Teresina, ano 4, n. 40, mar. 2000. Disponível em: <http://jus2.uol.com.br/doutrina/texto.asp?id=509>. Acesso em: 24 mar. 2008.

ROLLEMBERG, Jorge Torres de Mello. "Proteção ao consumidor: seus problemas e dificuldades, iniciativas na área privada oficializada no movimento pelo governo", Escola Superior de Guerra, Trabalho Especial – TE 87/1987, Tema 21.

SÁ, Almeno de. "Cláusulas Contratuais Gerais e Directiva sobre Cláusulas Abusivas". Coimbra: Almedina, 2001.

SILVA, Luis Renato Ferreira da. "Revisão dos contratos: do Código Civil ao Código do Consumidor".Rio de Janeiro: Forense, 1998.

SILVEIRA RODRIGUES, Luís "Os consumidores e a sociedade de informação", Revista do Direito da Sociedade de Informação, 2002.

SOARES GOMES. Manuel Tomé. "Do *sobreendividamento das pessoas singulares*", revista *sub judice*, n.º 24, 2003.

STIGLITZ, Gabriel A. "Protección juridica del consumidor". Buenos Aires: Depalma, 1990.

VAZ SERRA, Adriano Paz da Silva, "Abuso de direito", BMJ 85 (1959), pp. 243-343.

WILHELM CANARIS, Claus. "Pensamento sistemático e conceito e sistema na ciência do Direito". Lisboa: Fundação Calouste Gulbenkian, 1989.

A FISCALIZAÇÃO DO CORREIO ELETRÔNICO PELO EMPREGADOR E O DIREITO À RESERVA DA INTIMIDADE DA VIDA PRIVADA DO TRABALHADOR

CLÁUDIA PEREIRA QUINTINO[42]

SUMÁRIO: Introdução; 1. Direito à intimidade da vida privada do trabalhador; 1.1. Breve histórico dos Direitos Fundamentais; 1.2. Eficácia dos Direitos Fundamentais no âmbito do contrato de trabalho; 1.3. O direito à intimidade da vida privada; 1.3.1. Evolução; 1.3.2. Reconhecimento e delimitação; 1.3.3. Direito à intimidade da vida privada no contrato de trabalho; 2. Os poderes do empregador; 2.1. Fundamentos; 2.1. Classificação; 2.1.1. Poder organizativo; 2.1.2. Poder diretivo; 2.1.3. Poder regulamentar; 2.1.4. Poder disciplinar; 2.2. Limites; 3. O controle pelo empregador do correio eletrônico do empregador; 3.1. Considerações Gerais; 3.2. Correio eletrônico e correio postal; 3.3. O controle pelo empregador do correio eletrônico do empregador; 3.4. O controle em outros países; Conclusão; Bibliografia.

Introdução

A sociedade vive atualmente em uma constante revolução tecnológica, caracterizando-se pelo fácil acesso a todo tipo de informação em

---

[42] *Master of Laws* (em curso) pela Universidade Católica Portuguesa e pela Universidade de Hanôver, Alemanha; Mestre em Direito pela Universidade de Coimbra; Advogada em Goiânia, Goiás, Brasil. claudia@rfa.adv.br.

virtude, principalmente, da Internet. O alto grau de desenvolvimento das tecnologias de informação e comunicação e a rapidez com que ocorrem produzem um impacto considerável em todos os aspectos da vida social e econômica, notadamente nas relações de trabalho.

No contexto da chamada "Sociedade da Informação" é imprescindível que os indivíduos encontrem formas de adaptação às constantes modificações introduzidas pelas inovações tecnológicas. A forma como essas novas tecnologias são assimiladas e aproveitadas estão diretamente relacionadas com o futuro do desenvolvimento da sociedade, sendo necessário o estabelecimento de limites e a delimitação das formas de proteção aos perigos que essa revolução tecnológica pode apresentar.

A era da Internet, das comunicações instantâneas e das novas formas de processamento de dados coloca em risco os direitos da personalidade em geral, principalmente o direito à reserva da intimidade da vida privada. Os direitos de personalidade são aqueles inerentes ao próprio ser humano, que têm por objeto as manifestações da pessoa enquanto indivíduo, estando diretamente relacionados com o princípio da dignidade da pessoa humana. A questão que se coloca é saber até onde vão esses direitos e em que medida eles devem ser protegidos ou restringidos diante do avanço tecnológico dos meios de comunicação.

No campo das relações laborais é nítido o reflexo das transformações tecnológicas. As empresas, cada vez mais, têm lançado mão de instrumentos como a Internet para desenvolver os meios de produção, proporcionando maior eficiência em suas atividades. É inegável que o baixo custo e a rapidez das comunicações eletrônicas são de grande utilidade para os empresários, pois propiciam formas convenientes de comunicação com clientes, colegas de trabalho, transmissão de informações tanto no âmbito da empresa como fora dela, etc.

Essa absorção das tecnologias pelas empresas produziu profundas alterações no domínio da prestação do trabalho. A realização do trabalho se tornou muito mais flexível, principalmente no que se refere ao tempo; os níveis percentuais do trabalho a tempo parcial aumentaram consideravelmente; a forma clássica de prestação do trabalho, assente na idéia da presença física do trabalhador na empresa, deu lugar a formas de prestação longe do local do 'centro de produção', com a explosão do chamado teletrabalho. Essas modificações representaram um aumento considerável na autonomia do trabalhador. No entanto, essa "autonomia" dificultou ainda mais a distinção entre a esfera profissional e privada do trabalhador, ou seja, entre o período considerado "tempo de trabalho" e o período estritamente pessoal onde releva a vida privada deste[43].

Além disso, há o fato de que essas tecnologias potencializam bastante as possibilidades de controle do empregador das atividades realizadas pelos trabalhadores. As formas de tratamento e armazenamento de dados dos trabalhadores pelos empregadores, a utilização da informática nos processos de controle de entrada, saída e de movimentos dentro da empresa, a utilização de meios que permitem controlar o modo como o trabalhador utiliza determinados instrumentos de trabalho, como o telefone e o computador, etc., demonstram que o controle do empregador não está mais direcionado somente aos resultados da prestação laboral, abrangendo também os aspectos referentes ao comportamento do trabalhador, à forma como executa as suas tarefas, a sua desenvoltura com os clientes, com os colegas, etc.

Algumas formas de controle do empregador são necessárias para o desenvolvimento da atividade produtiva da empresa e estão inseridas nos próprios poderes de direção e organização conferidos ao empregador. O problema que se coloca refere-se à necessidade de harmonização entre os interesses legítimos do empregador e os direitos fundamentais do empregado, notadamente o direito à reserva da intimidade da vida privada.

Questões intrigantes e que têm ensejado inúmeras discussões na doutrina e na jurisprudência são as concernentes à utilização do aparato eletrônico no ambiente de trabalho. Uma dessas questões diz respeito a possibilidade, ou não, de o empregador rastrear ou monitorar o correio eletrônico disponibilizado ao empregado para uso em serviço e, em última análise, se é lícita a prova assim obtida, quando destinada à apuração de justa causa em processo judicial.

O presente artigo ocupa-se justamente desta questão, referente ao controle do e-mail do empregado por parte do empregador. Para uma melhor compreensão do tema, este estudo foi dividido em três partes, sendo que as duas primeiras servem para dar subsídio à análise da questão principal, que será tratada por último. Assim, primeiramente traçaremos um estudo sobre o direito à intimidade da vida privada em si, sua

---

[43] AMADEU GUERRA, *A Privacidade no Local de Trabalho – As Novas Tecnologias e o Controlo dos Trabalhadores através de Sistemas Automatizados – Uma Abordagem ao Código do Trabalho,* Coimbra: Almedina, 2004, p. 11.

evolução e reconhecimento pela maioria dos ordenamentos jurídicos ocidentais, fazendo antes um breve estudo acerca da evolução dos direitos fundamentais e da aplicação destes nas relações privadas, notadamente nas relações laborais. Na segunda parte falaremos sobre os poderes do empregador, inerentes ao próprio contrato de trabalho, que são decorrentes da subordinação jurídica, elemento essencial do referido contrato. E, finalmente, trataremos da possibilidade ou não de o empregador monitorar ou rastrear o correio eletrônico do empregado.

O estudo ora apresentado justifica-se na necessidade de delimitação do alcance das normas legais que consagram o direito à intimidade da vida privada, a nível constitucional, ao nível do direito privado e ainda a nível internacional. É crucial, nesse momento, o estabelecimento de diretrizes que levem em conta os interesses de ambas as partes, com vistas a criar um equilíbrio social entre empregadores e empregados no trato das questões envolvendo as relações entre o direito laboral e a tecnologia informática.

1. Direito à intimidade da vida privada do trabalhador

1.1. *Breve histórico dos Direitos Fundamentais*

Os direitos fundamentais podem ser considerados sob inúmeras perspectivas, tendo em vista que, desde o surgimento até os dias atuais, a sua concepção vem sofrendo variações, conforme cada época e lugar. Os direitos fundamentais têm seu marco histórico nas revoluções liberais do fim do século XVIII, com as Declarações de Direitos francesa e americana.

Estas revoluções foram reflexo da concepção iluminista do homem, visto como indivíduo dotado de razão, ponto de partida de todas as coisas e detentor de direitos inerentes à sua própria natureza. Portanto, a concepção liberal dos direitos fundamentais está diretamente ligada à idéia do jus naturalismo, segundo a qual todos os indivíduos nascem com os mesmos direitos e deveres e somente o Estado representa uma estrutura de poder capaz de interferir na vida das pessoas.

Essa idéia tem origem nas explicações de natureza contratual do surgimento do Estado. Segundo tais explicações, diante da impossibilidade de sobrevivência dos homens no estado livre, estes celebraram um contrato, através do qual renunciaram a uma parte de seus direitos naturais, conservando, porém, certos direitos fundamentais, como os direitos à vida, à liberdade e à igualdade. Através de tal contrato, procuraram instituir uma forma de associação que defenda e proteja, através de toda força comum, a pessoa e os bens de cada associado, e através da qual cada um não obedece senão a si próprio e se mantém tão livre como anteriormente[44].

O Estado era visto como um mal necessário, imprescindível à sobrevivência humana, mas que deveria ficar no seu lugar. Os direitos fundamentais seriam as restrições e limitações que impediriam o Estado de ceder à tentação de invadir novas áreas da vida em sociedade[45], diminuindo de forma crescente a esfera de autonomia de cada cidadão.

Nesse contexto, os direitos fundamentais surgem como liberdades absolutas e imutáveis dos indivíduos contra o Estado. Assim, quanto mais distante este estiver, maior a segurança das pessoas, caracterizando-se os direitos fundamentais como garantias de abstenção do Estado. Vieira de Andrade[46] resume em três palavras a essência do lema da construção liberal da sociedade política: "liberdade, segurança e propriedade". Todavia, a revolução industrial e o progresso tecnológico provocaram grandes transformações na sociedade e a realidade do liberalismo se mostrou bem diferente dos ideais de igualdade e fraternidade constantes nas declarações de direitos do fim do século XVIII. O total afastamento do Estado, com o domínio da economia de mercado deu origem a uma sociedade desigual e de grande concentração econômica, acarretando o surgimento de duas diferentes classes sociais: a que detém os meios de produção e controla o processo e a possuidora apenas de sua força de trabalho, que acaba por ficar a mercê da exploração da primeira.

Surgiram os movimentos sociais e com eles os ideais socialistas, de acordo com os quais o Estado não pode funcionar como mero espectador, mas deve ter uma postura intervencionista e participar ativamente para a promoção da igualdade concreta entre os homens na sociedade. Começa a ocorrer assim, um processo de "socialização" do liberalismo, culminando no chamado "Estado Social de Direito", alterando profundamente a

---

[44] JEAN JACQUES ROUSSEAU apud JOÃO CAUPERS, *Os direitos Fundamentais dos Trabalhadores e a Constituição*, Coimbra: Almedina, 1985, p. 13.
[45] CAUPERS, ob. cit., p. 14.

concepção dos direitos fundamentais. Estes, que antes eram predominantemente liberdades contra o Estado, em que este deveria abster-se, passam a caracterizarem-se como direitos de prestação do Estado, como o direito à saúde, educação, moradia, trabalho, etc. São os denominados "direitos sociais".

Esses direitos apareceram pela primeira vez na constituição do México em 1917 e consolidaram-se na Constituição alemã de Weimar, em 1919. Nas palavras de José João Abrantes, o Estado Social de Direito, "tem como primeiro objectivo a igualdade social, contraposta à igualdade jurídica da visão liberal, que não é inerente às pessoas nem preexiste ao Estado, antes se cumpre essencialmente através de prestações por este devidas aos indivíduos"[47]. Além disso, é importante ressaltar que os direitos fundamentais, na concepção do Estado social de Direito, não são absolutos, ou seja, são limitáveis pela própria existência de outros direitos e, inclusive, pela chamada "reserva de possibilidade social"[48], que significa que esses direitos são condicionados à disponibilidade e possibilidade financeira dos poderes públicos.

Posteriormente aos chamados "direitos fundamentais sociais", com a grande evolução da ciência e tecnologia das últimas décadas e o desenvolvimento de uma sociedade de massas, baseada no consumo, surgiram os denominados "direitos de solidariedade"[49], que são aqueles que incluem um conjunto de deveres universais, válidos para todas as pessoas. São chamados "direitos circulares", pois protegem bens que, embora possam ser individualmente atribuídos e gozados, são ao mesmo tempo bens comunitários, dos quais todos são titulares, como direitos/deveres de proteção da natureza, do patrimônio cultural, etc.

Além dos direitos já mencionados, a chamada "revolução tecnológica" introduzida pela Internet e o acelerado progresso científico no campo da genética levaram ao surgimento de direitos ainda "mais novos", como os direitos à identidade genética do ser humano; o direito à privacidade de dados, vertente do direito à intimidade da vida privada, dentre outros

---

[46] José Carlos Vieira de Andrade, *Os Direitos Fundamentais na Constituição Portuguesa de 1976*, 2. Ed., Almedina, 2001, p. 51.

[47] Abrantes, José João, *Contrato de Trabalho e Direitos fundamentais*, Coimbra Editora, 2005, p. 27.

[48] José Carlos Vieira de Andrade, ob. cit., p. 59.

[49] Idem, ibidem, p. 62.

direitos da personalidade, que estão ressurgindo com novos enfoques, em razão da explosão tecnológica dos últimos anos.

Feita uma breve retrospectiva da evolução histórica dos direitos fundamentais, cumpre analisarmos os reflexos desses direitos no direito privado, especialmente no direito do trabalho. É o que faremos a seguir.

1.2. *Eficácia dos Direitos Fundamentais no âmbito do contrato de trabalho*

Como foi dito anteriormente, o Estado Social de Direito modificou profundamente a concepção dos direitos fundamentais, refletindo diretamente nos ideais do direito privado. O reconhecimento na sociedade das desigualdades e, conseqüentemente, da existência de estruturas de poder no sector privado levou ao surgimento da idéia da necessidade de proteção das partes menos favorecidas e da teoria do "contraente débil", que relativizou os princípios corolários do direito privado, como a autonomia da vontade e a liberdade contratual, símbolos do individualismo da concepção liberal.

Estas situações de desigualdades apareceram da forma mais nítida nas relações de trabalho, pois nesta, além da desigualdade no plano factual, ou seja, na realidade econômica das partes contraentes, ainda há a desigualdade jurídica, em função da própria natureza do contrato de trabalho, que coloca o trabalhador em uma posição de subordinação perante o empregador. Assim, diante da constatação de que o trabalhador, claramente, é a parte mais fraca na relação contratual, e, por isso, está mais vulnerável a possíveis abusos por parte do empregador, surgiu o direito do trabalho com aspecto fortemente protecionista.

O protecionismo do direito do trabalho visa corrigir essas desigualdades existentes entre empregador e trabalhador, o que se consolidou com o reconhecimento da autonomia coletiva dos trabalhadores. O fortalecimento dos sindicatos e a possibilidade de estes atuarem em nome dos trabalhadores são elementos que alteraram consideravelmente a desigualdade de forças nas relações trabalhistas. José João Abrantes[50] menciona que "a situação de subordinação dos trabalhadores levou à criação de

---

[50] JOSÉ JOÃO ABRANTES, ob. cit., p. 42.

instrumentos específicos de proteção, sendo que a liberdade sindical, a autonomia coletiva e a greve são direitos essenciais que podem ser considerados na verdade como condição necessária para a afirmação e o funcionamento de todas as outras liberdades dos trabalhadores".

Esse processo culminou na constitucionalização dos direitos dos trabalhadores, ou seja, no surgimento de direitos fundamentais específicos desta categoria de cidadãos, como o direito à liberdade sindical, à constituição de comissões, o direito de greve, a proibição do *lock-out*, a segurança e higiene no trabalho, etc.

Entretanto, consolidados os direitos específicos dos trabalhadores, o problema que surge é com relação aos direitos "comuns" a todos os cidadãos, ou seja, àqueles que todas as pessoas podem exercer, como direito à vida, à integridade física, à intimidade da vida privada, enfim, os direitos da personalidade em geral. O problema que se põe diz respeito ao exercício pelos trabalhadores destes direitos no âmbito da empresa, são os direitos do "cidadão-trabalhador", exercidos enquanto "trabalhador-cidadão"[51].

Pedrajas Moreno[52] traça uma diferença esclarecedora entre os direitos fundamentais específicos dos trabalhadores e os de titularidade geral:

"Deve distinguir-se entre direitos fundamentais cuja finalidade típica se produz no seio de uma relação de trabalho – os direitos laborais – e os direitos que são inerentes a toda pessoa e cujo reconhecimento e exercício se pode produzir tanto no desenvolvimento estritamente privado do indivíduo, como quando este se insere numa relação laboral. São direitos inseparáveis da pessoa, pelo que o 'indivíduo-cidadão' leva-os sempre consigo, podendo exercitá-los ou reclamar o seu respeito em qualquer momento e ocasião, incluindo desde logo, perante o desenvolvimento de uma relação de trabalho."

O contrato de trabalho, tendo em vista a sua estrutura natural, é por si só, ambiente propício a limitações dos direitos de personalidade do trabalhador. Primeiramente, em razão do elemento "subordinação", necessariamente presente nos contratos de trabalho, sendo que o poder legítimo

---

[51] Idem, ibidem, p.60.
[52] PEDRAJAS MORENO apud TERESA ALEXANDRA COELHO MOREIRA, *Da Esfera Privada do Trabalhador e do Controlo do Empregador*, Coimbra Editora, 2004, p. 41/42.

de direção do empregador, e o correspondente dever de obediência do empregado envolvem integralmente a personalidade do trabalhador no vínculo laboral. Além disso, ao disponibilizar sua força de trabalho em troca de remuneração, o trabalhador se coloca, inevitavelmente, em uma situação de dependência perante o empregador. Todas essas situações, aliadas ao anonimato das relações privadas e à absorção pelas empresas das tecnologias de informação e comunicação atuais, expõem o trabalhador ao risco permanente de sofrer limitações indevidas de seus direitos de personalidade.

É claro que, pelos mesmos motivos elencados no parágrafo anterior, os direitos de personalidade dos trabalhadores podem sofrer limitações necessárias ao desenvolvimento do contrato de trabalho. É natural que, muitas vezes, algo que seja lícito para o trabalhador fora da empresa, não o seja no interior desta. Mas, de qualquer forma, em face das prerrogativas do empregador, detentor dos poderes diretivo e disciplinar, ou seja, da possibilidade de punição do empregado, é incontroversa a necessidade de aplicação dos direitos fundamentais no contrato de trabalho, de forma a resguardar o trabalhador de quaisquer arbitrariedades do empregador.

A dimensão objetiva dos direitos fundamentais, concebidos como valores aplicáveis a toda a sociedade, e não mais meramente às relações dos cidadãos perante o Estado (dimensão subjetiva), significa a chamada eficácia horizontal dos direitos fundamentais. Teoria elaborada pela doutrina alemã, basicamente por Ipsen, Leisner e Nipperdey[53], conhecida como *"Drittwirkung der Grundrechte"* (eficácia externa ou em relação a terceiros dos direitos fundamentais).

Esta é a concepção originária da Drittwirkung, denominada de *Unmittelbare Drittwirkung,* que preconiza a aplicação direta ou imediata dos direitos fundamentais nas relações de direito privado, sobretudo nas de direito do trabalho, em que há diferenças de força entre os contratantes. Esta tese estabelece que os particulares devem obedecer os direitos fundamentais diretamente, sem necessidade de interferência legislativa.

No entanto, foi na própria Alemanha que começaram a surgir as primeiras críticas à teoria da eficácia imediata, com os argumentos de que esta representava uma ameaça aos princípios basilares do direito privado, como a liberdade contratual, a autonomia privada e a autodeter-

---

[53] Teresa Alexandra Coelho Moreira, ob. cit., p. 48.

minação individual. Aparece então, uma nova concepção da *Drittwirkung*, chamada de *mittelbare Drittwirkung*, tendo Günter Dürig como seu maior defensor[54]. Esta teoria prevê a possibilidade de uma aplicação indireta ou mediata dos direitos fundamentais nas relações privadas, através dos princípios e regras do direito privado, notadamente por meio das cláusulas gerais e conceitos indeterminados, como a boa fé e a ordem pública.

Uma terceira corrente tem apontado para a construção de um dever do Estado de proteção dos direitos fundamentais, que são considerados válidos tanto na esfera pública, como na privada. Sob esse prisma, o Estado tem o dever de respeitar, criar condições para a efetivação e proteger os direitos fundamentais de qualquer ameaça, inclusive vinda de particulares.

Atualmente, a teoria da eficácia mediata é mais aceita na maioria dos países europeus, mas a realidade é que se trata de uma discussão predominantemente doutrinária, de cunho dogmático, tendo em vista que ambas as teorias reconhecem a necessidade de aplicação dos direitos fundamentais nas relações de direito privado, quando exista algum tipo de desigualdade entre as partes, sendo que pelas duas vias é possível se chegar a um resultado prático justo.

José João Abrantes[55] menciona que se está diante de um problema de concordância prática de direitos, que se mostram em conflito em determinadas situações, sendo que a ordem jurídica só admite limitações aos direitos fundamentais do trabalhador desde que sejam *justificadas* por critérios de *proporcionalidade*, numa tripla dimensão de estrita *necessidade* de resguardar a correta execução do contrato, de *adequação* entre o objetivo a alcançar com a limitação e o nível desta e de proibição do excesso, devendo ser a *menor restrição possível*, em função da finalidade a ser alcançada com a sua imposição. É importante ressaltar que em nenhuma hipótese os direitos fundamentais podem sofrer restrições de modo a atingir o seu conteúdo essencial, ou seja, a dignidade da pessoa humana, princípio absolutamente intangível na dogmática dos direitos fundamentais.

Feitas essas explanações e considerando os direitos fundamentais aplicáveis, direta ou indiretamente, nas relações entre privados, inclusive

---

[54] Idem, ibidem, ob. cit., p. 50.
[55] JOSÉ JOÃO ABRANTES, ob. cit., p. 198.

nos contratos de trabalho, passemos a análise do direito fundamental à intimidade da vida privada, um dos direitos de personalidade mais vulneráveis no âmbito da empresa.

1.3. O Direito à intimidade da vida privada do trabalhador

1.3.1. Evolução

A doutrina diverge bastante a respeito da origem da intimidade. No entanto, é comum citações da existência de uma esfera pessoal na antiguidade clássica, sendo que na Grécia havia a divisão da esfera da *pólis*, comum aos cidadãos livres e da *oikos*, esfera privada ligada a casa, geralmente a casa da pessoa. Há sinais de proteção à intimidade no Direito Romano, em que ela se estendia à correspondência, ao domicílio e à liberdade religiosa[56]. Alguns autores sugerem que a intimidade surgiu com fim do sistema feudal, no início do Estado liberal, com o surgimento de idéias individualistas e dos anseios da burguesia capitalista de ter acesso ao que antes era privilégio de poucos, sendo que o direito à intimidade era condicionado pelo direito à propriedade.

John Locke distinguiu entre a propriedade pública e a privada, tendo desenvolvido a idéia da liberdade negativa, ou seja, certo âmbito de liberdade inviolável, estabelecendo uma fronteira entre o âmbito da vida privada e a autoridade pública. Tomas Hobbes distinguiu a esfera pública da privada, mas considerando dentro desta última apenas o que não fosse público, restringindo à esfera econômica e doméstica a liberdade dos indivíduos. Stuart Mill considerava a existência de um âmbito próprio da liberdade, que consistia na liberdade de consciência, de pensamento e de sentimento[57].

Posteriormente, a concepção da intimidade foi mudando, deixando esta de ser condicionada pelo direito de propriedade, passando a ser fundamentada na idéia de inviolabilidade da pessoa humana, ligada ao pressuposto da liberdade individual.

---

[56] ALICE MONTEIRO DE BARROS, *Proteção à Intimidade do Empregado*, São Paulo: ed. LTR, 1997, p. 20.
[57] TERESA ALEXANDRA COELHO MOREIRA, ob. cit., p. 63.

Sem embargo das idéias de intimidade mencionadas, a maior parte da doutrina considera que a primeira formulação teórica do direito à intimidade se deu com o artigo de Samuel D. Warren e Louis D. Brandeis, intitulado *"The right of privacy"*, publicado em 1890, com o objetivo de estabelecer um limite jurídico às intromissões da imprensa na vida privada. Entretanto, em 1880, antes deste estudo, o juiz Thomas Cooley utilizou a expressão *"right to be let alone"*, que mais tarde foi utilizada por Warren e Brandeis.[58]

A partir do estudo dos autores acima mencionados, o direito à intimidade passou definitivamente a ser visto como um atributo da personalidade do indivíduo, independente da condição social ou do patrimônio deste. Mas somente em 1965 a Suprema Corte dos Estados Unidos reconheceu expressamente o direito constitucional à "privacidade" (*right to privacy*). Com essa decisão a noção de privacidade passa a abranger dois aspectos principais: o segredo da vida privada (concepção inicial), ligado a noção do *right to be alone* e a liberdade da vida privada, constituindo esta a possibilidade de efetuar as escolhas existenciais do ser humano[59]. No entanto, Paulo Mota Pinto[60] menciona que a doutrina da *privacy* nos Estados Unidos é utilizada praticamente em todos os casos onde são discutidos quaisquer direitos fundamentais relacionados à liberdade das pessoas, o que torna a determinação de seu conteúdo bastante difícil.

1.3.2. Reconhecimento e delimitação

No âmbito internacional, somente após a II Guerra Mundial é que começaram a surgir discussões a respeito da necessidade de proteção à intimidade. A primeira disposição a respeito apareceu na Declaração Universal dos Direitos do Homem, de 1948, estabelecendo no artigo 12 que "ninguém será objeto de ingerências arbitrárias em sua vida privada, em sua família, em seu domicílio, ou em sua correspondência, nem a atentados à sua honra e à sua reputação. Toda pessoa tem direito à proteção da lei contra tais intromissões ou atentados".

---

[58] Idem, ibidem, p. 66.

[59] RAQUEL SERRANO OLIVARES apud TERESA ALEXANDRA COELHO MOREIRA, ob. cit., p. 70.

[60] PAULO MOTA PINTO, *"O direito à reserva sobre a intimidade da vida privada"*, in B.D.U.C, n.º 69, 1993, p. 515.

O dispositivo acima transcrito serviu de inspiração para posteriores convenções internacionais, como a Convenção Européia para Proteção dos Direitos Humanos e Liberdades Públicas, aprovada em 1950 e a Convenção Interamericana dos Direitos Humanos, de 1969. O artigo 8.º, n.º 1 da Convenção Européia estabelece que "Toda pessoa tem direito ao respeito de sua vida privada e familiar, de seu domicílio e de sua correspondência". Essa convenção progrediu no sentido de ter tratado em dispositivos distintos a proteção da vida privada e da honra e reputação, no entanto, a Convenção Interamericana, mesmo tendo sido aprovada depois da Convenção Européia, praticamente repetiu o dispositivo da Declaração Universal dos Direitos do Homem, estabelecendo no mesmo dispositivo a proteção à vida privada, à honra e à reputação.

O direito comunitário permaneceu omisso muito tempo em relação ao direito à intimidade da vida privada. No âmbito da União Européia somente no ano 2000, em Nice, foi adotada a Carta dos Direitos Fundamentais da União Européia. Todavia, isso não significa que antes os direitos fundamentais, incluindo o direito à intimidade da vida privada, estavam desprotegidos. Ao contrário, desde a formação da Comunidade Européia há a previsão de respeito pelos direitos fundamentais, conforme a previsão da Convenção Européia e das disposições específicas de cada Estado-membro. Ademais, o Tribunal de Justiça da Comunidade Européia sempre manifestou particular interesse pelos direitos fundamentais, inclusive pela proteção da vida privada.

De qualquer forma, a Carta dos Direitos Fundamentais da União Européia dispõe expressamente em seu artigo 7.º que "toda pessoa tem direito ao respeito pela vida privada e familiar, do seu domicílio e das suas comunicações". Nota-se desde logo a semelhança do dispositivo citado com a redação do artigo 8.º da Convenção Européia, no entanto com uma diferença que representa uma grande inovação: a substituição do termo "correspondência" por "comunicação". Tal substituição denota a intenção de adaptar-se à realidade das novas tecnologias da informação e comunicação, considerando a diversidade de formas de transmissão de dados, não se limitando a proteção apenas ao correio postal. Isso significa dizer que estão protegidos pelo artigo 7.º da Carta da União Européia todos os tipos de comunicação, inclusive o correio eletrônico.

Com relação ao direito comparado, o direito à intimidade da vida privada é reconhecido na maioria dos países ocidentais. Quando não há disposição constitucional específica de proteção do direito mencionado, essa proteção se dá através de leis infraconstitucionais e também da jurisprudência.

Na Alemanha, por exemplo, a proteção da vida privada está fragmentada em alguns artigos da Constituição, sendo que apenas alguns aspectos deste direito possuem proteção específica, como o segredo da correspondência (artigo 10.º, § 1) e a inviolabilidade do domicílio (artigo 13.º), outras vertentes são protegidas através de garantias subsidiárias, fundamentadas no princípio da dignidade da pessoa humana. O mesmo ocorre na Itália, onde não há dispositivo constitucional genérico de proteção à vida privada, mas também há disposições relativas à proteção do domicílio e da correspondência. Na França não há nenhuma norma jurídica constitucional que proteja diretamente o direito à intimidade da vida privada, mas este é, contudo, consagrado expressamente no artigo 9.º do Código Civil. O ordenamento jurídico inglês também não dispõe de proteção específica ao direito à vida privada, mas sim "soluções singulares que podem ser utilizadas para esse fim"[61]. Já o ordenamento jurídico espanhol protege o direito à intimidade no artigo 18.º, n.º 1 da Constituição, sendo que o segredo das comunicações vem protegido no mesmo artigo, no n.º 3.

No Brasil o direito à intimidade da vida privada é assegurado no artigo 5.º, que trata dos direitos e garantias fundamentais, no inciso X, sendo que outros dispositivos do mesmo artigo ocupam-se dos direitos relacionados, como a inviolabilidade do domicílio (inciso XI) e da correspondência (inciso XII), todos com base no princípio da dignidade da pessoa humana estabelecido como fundamento da República Federativa do Brasil no artigo 1.º, inciso III da Constituição Federal. A Constituição portuguesa também consagra expressamente à proteção da vida privada no artigo 26.º, n.º 1, referindo-se também a vários direitos conexos, como a inviolabilidade do domicílio e da correspondência (artigo 34.º), a proibição do tratamento informático de dados referentes à vida pessoal (artigo 35.º, n.º 3), etc.

Reconhecida a intimidade da vida privada como direito fundamental, cumpre fazermos uma delimitação deste, de forma a esclarecer o âmbito de sua aplicação e o que vem a ser objeto de proteção efetivamente.

---

[61] AUGUSTO CERRI apud TERESA ALEXANDRA COELHO MOREIRA, ob. cit., p. 99.

É pacífico que o direito à intimidade da vida privada está inserido no conceito dos direitos da personalidade, sendo uma espécie destes. Alguns doutrinadores, no entanto, distinguem a *intimidade* da *vida privada*, considerando-se normalmente, esta mais abrangente que aquela.

Teresa Coelho Moreira[62] menciona que "a intimidade da vida privada constitui o 'núcleo duro' da vida privada e engloba a vida familiar, conjugal e sentimental, assim como as conversas e correspondência entre pessoas, o domicílio e o estado de saúde". Carlos Alberto Bittar[63] considera que o direito à intimidade visa a resguardar a vida privada das pessoas da ingerência alheia, sendo o direito à privacidade uma de suas manifestações. Gomes Canotilho e Vital Moreira[64] entendem o direito à reserva da vida privada sob dois aspectos: o direito de impedir o acesso de estranhos a informações a respeito da vida privada e o direito a que ninguém divulgue tais informações, no caso de as possuir.

De qualquer forma, o importante é ter-se em conta que a vida privada trata-se de um conceito aberto, englobando todos os aspectos que digam respeito às experiências pessoais de cada um, devendo ser resguardada da curiosidade das outras pessoas. Como defende Menezes Cordeiro, "tudo quanto, de acordo com o sentir comum, seja considerado 'vida privada', goza de tutela legal".

1.3.3. *Direito à intimidade da vida privada no contrato de trabalho*

Partindo da premissa que os direitos fundamentais aplicam-se nas relações entre privados, como foi anteriormente exposto, no que concerne ao trabalhador, o direito à reserva da intimidade da vida privada merece especial atenção, principalmente devido ao advento das novas tecnologias da informação e comunicação e da própria relação de subordinação existente entre trabalhador e empregador, como já foi mencionado.

O direito do trabalho caminha no sentido de, cada vez mais, valorizar o trabalhador como pessoa humana, como cidadão dentro e fora da empresa, não ficando o trabalhador desprovido de seus direitos da personalidade ao realizar um contrato de trabalho. Até mesmo em termos de

---

[62] TERESA ALEXANDRA COELHO MOREIRA, ob. cit., p. 96.
[63] CARLOS ALBERTO BITTAR apud ALICE MONTEIRO DE BARROS, ob. cit., p. 29.
[64] GOMES CANOTILHO e VITAL MOREIRA. *Constituição da República Portuguesa Anotada*, 3. ed., Coimbra: Coimbra Editora, 1993, p. 181/182.

produtividade, nas formas atuais de organização do trabalho, a qualidade de vida do trabalhador dentro da empresa é determinante, pois afeta diretamente sua criatividade, sua satisfação, sua motivação para o trabalho, etc.

Diante disso, temos que a intimidade da vida privada do trabalhador deve ser especialmente protegida, configurando como ilícitas quaisquer interferências abusivas por parte do empregador. Assim, a esfera privada do trabalhador na empresa deve abranger tudo que já foi mencionado, englobando o direito de ter um âmbito de atuação inacessível ao empregador, não se limitando este direito à utilização de banheiros, mas também à inviolabilidade das comunicações, à proteção dos dados referentes à pessoa do trabalhador, etc.

Respondendo às necessidades de proteção dos direitos fundamentais do trabalhador, notadamente ao direito à intimidade da vida privada, o Código do Trabalho de Portugal estabeleceu os dispositivos seguintes:

Artigo 16.º (Reserva da intimidade da vida privada)

1 – O empregador e o trabalhador devem respeitar os direitos de personalidade da contraparte, cabendo-lhes, designadamente, guardar reserva quanto à intimidade da vida privada.

2 – O direito à reserva da intimidade da vida privada abrange quer o acesso, quer a divulgação de aspectos atinentes à esfera íntima e pessoal das partes, nomeadamente relacionados com a vida familiar, afectiva e sexual, com o estado de saúde e com as convicções políticas e religiosas.

Artigo 21.º (Confidencialidade de mensagens e de acesso a informação)

1 – O trabalhador goza do direito de reserva e confidencialidade relativamente ao conteúdo das mensagens de natureza pessoal e acesso a informação de carácter não profissional que envie, receba ou consulte, nomeadamente através do correio electrónico.

2 – O disposto no número anterior não prejudica o poder de o empregador estabelecer regras de utilização dos meios de comunicação na empresa, nomeadamente do correio electrónico.

O quadro normativo de proteção à intimidade da vida privada do trabalhador compõe-se ainda pelos dispositivos constitucionais mencionados (artigo 26, n.º 1; artigo 34.º, artigo 35; n.º 3, dentre outros) e também pelo artigo 80.º do Código Civil que estabelece que "todos devem guardar reserva quanto à intimidade da vida privada de outrem".

2. Os poderes do empregador

2.1. Fundamentos

O Código do Trabalho Português, em seu artigo 10.º dispõe que o "contrato de trabalho é aquele pelo qual uma pessoa se obriga, mediante retribuição, a prestar a sua actividade a outra ou outras pessoas, *sob a autoridade e direcção destas*" (grifo nosso). O artigo 2.º da Consolidação das Leis do Trabalho do Brasil estabelece que "Considera-se empregador a empresa, individual ou coletiva, que, assumindo os riscos da atividade econômica, admite, assalaria e *dirige* a prestação pessoal de serviços". A posição de domínio do empregador e subordinação jurídica do empregado no contrato de trabalho é elemento essencial deste, que o distingue dos demais contratos de direito privado.

Ao organizar uma atividade econômica com vista a determinados fins, o empresário, detentor dos meios de produção, necessita dispor da força de trabalho alheia, o fazendo através do contrato de trabalho. A base fundamental que estrutura a relação jurídica que se estabelece entre empregador e trabalhador é o poder. Assim, o próprio contrato de trabalho, aliado à propriedade dos meios de produção, explica a existência dos poderes conferidos ao empregador.

Cassio Mesquita Barros[65] explica que
"na organização empresarial a idéia de direção é inerente à de organização. Sendo a empresa formada de dois elementos de natureza diferente, a saber: 1) elemento humano representado pelos seres humanos a serviço da empresa e; 2) elemento econômico que constitui a atividade empreendida, é fácil de perceber que a idéia de poder é inerente à de organização".

---

[65] CASSIO MESQUITA BARROS. Poder Empresarial: Fundamentos, Conteúdo e Limites. In Temas de Direito do Trabalho. IV jornadas Luso-Hispano-Brasileiras de Direito do Trabalho. Coimbra: Coimbra Editora, 1990. p. 306.

Existem, basicamente, duas teorias que fundamentam os poderes laborais: a teoria institucionalista e a contratualista. A teoria institucionalista baseia-se na idéia de que a autonomia da vontade não é essencial na formação do contrato de trabalho, visto que o empregado se depara, na maioria das vezes, com um "contrato de adesão" não opinando na formação do contrato. O trabalhador apenas se "integra" à empresa, vista como uma comunidade de interesses comuns. Os poderes do empregador fundamentam-se assim, na própria existência da empresa, considerada como uma instituição. A teoria contratualista parte da premissa que o fundamento da relação laboral é o contrato, mesmo que a autonomia das partes seja limitada pela lei, convenções coletivas, etc. O próprio contrato de trabalho e a propriedade dos meios de produção fundamentam a existência dos poderes laborais. Coutinho de Almeida[66], defensor da teoria contratualista, explica que "é porque o empresário detém a *titularidade* dos bens empresariais, é porque o trabalhador tem necessidade de *contratualmente* se colocar sob a autoridade do empregador, é por tudo isso que o empregador detém poder(es) sobre os trabalhadores de si juridicamente dependentes".

2.2. *Classificação*

A doutrina não é muito unânime na classificação dos poderes patronais, sendo que, tradicionalmente, são mencionados três principais: poder de direção, poder regulamentar e poder disciplinar[67]. Maria do Rosário Palma Ramalho[68] menciona quatro manifestações essenciais dos poderes do empregador: os poderes organizativo, diretivo, regulamentar e disciplinar. Pedro Romano Martinez[69] cita o poder de direção, mencionando

---

[66] F. Jorge Coutinho de Almeida. *Poder empresarial: Fundamento, Conteúdo, Limites, in* Temas de Direito do Trabalho. IV jornadas Luso-Hispano-Brasileiras de Direito do Trabalho. Coimbra: Coimbra Editora, 1990, p.319.

[67] Idem, ibidem, p.313.

[68] Maria do Rosário Palma Ramalho, *Do Fundamento do Poder Disciplinar Laboral,* Coimbra: Almedina, 1993, p. 149. Não obstante elencar o poder organizativo como uma das manifestações dos poderes do empregador, a autora referida considera que este não pode ser considerado como poder patronal propriamente dito, mas sim integrado ao poder diretivo.

[69] Pedro Romano Martinez, *Direito do Trabalho,* Coimbra: Almedina, 2002, p. 574/601.

como concretização deste o poder regulamentar e a representação; o *ius variandi*, subdividido em temporário e definitivo; e o poder disciplinar.

António Monteiro Fernandes[70] cita o poder de direção e estabelece quatro desdobramentos deste: poder determinativo da função; poder conformativo da prestação; poder regulamentar e poder disciplinar.

Sem embargo das classificações doutrinárias existentes, o que devemos ter em conta é que, basicamente, os poderes do empregador são essencialmente os mesmos, caracterizando-se pelo binômio estabelecido no artigo 10.º do Código do Trabalho português da *autoridade e direcção*. Passemos então, à análise desses poderes especificamente.

2.1.1. Poder organizativo

De acordo com Maria do Rosário Palma Ramalho[71], o poder organizativo "é a faculdade, atribuída ao empregador, de ordenação dos meios necessários para a prossecução dos objetivos que se propôs". Este poder é considerado como uma manifestação do princípio da livre iniciativa econômica, reportando-se à própria estruturação da unidade de produção, sendo que precede a celebração de contratos de trabalho.

Sob essa perspectiva, a referida autora não considera possível a consideração do poder de organização do empregador como um poder laboral autônomo. Isso porque o poder laboral propriamente dito está ligado à relação de subordinação jurídica existente entre empregador e trabalhador e não simplesmente na relação obrigacional, constituída pelos deveres de prestação da atividade laboral por parte do trabalhador e a devida retribuição por parte da entidade patronal. Desta forma, ao estruturar os meios necessários à prossecução de determinados fins econômicos ou pessoais, o sujeito age na qualidade de empresário ou empreendedor e não na condição de empregador. Nesse momento ainda nem existem empregados, não havendo que se falar em relação laboral, tampouco em poder laboral.

Entretanto, esse poder de organização do empregador pode prolongar-se no tempo, aliás, é normal que se prolongue, pois a atividade

---

[70] ANTONIO LEMOS MONTEIRO FERNANDES, *Direito do Trabalho,* 11ª ed. Coimbra: Almedina, 1999, p 250/251.
[71] MARIA DO ROSÁRIO PALMA RAMALHO, ob. cit., p. 150.

empresarial é contínua, não se esvaindo no momento do surgimento da empresa. Dessa forma, tem-se que muitas modificações ou decisões podem produzir perfeitamente alterações relevantes nas condições da prestação laboral dos trabalhadores.

Ainda assim, o poder organizativo não seria poder laboral autônomo, pois ao decidir pela criação, modificação ou extinção de um serviço, com as respectivas implicações no plano laboral, o empregador não atuaria na condição de "entidade patronal", mas sim de agente econômico, praticando um ato econômico normal com reflexos laborais. Isso não significa, porém, que os empregador não devam obediência às determinações do empregador, ao contrário, deverão acatar as modificações estabelecidas por este, desde que regulares, mas o farão com base no poder diretivo do empregador, ao qual o poder de organização está integrado[72].

2.1.2. Poder diretivo

O artigo 150.º do Código do Trabalho de Portugal institui o poder de direção do empregador, dispondo que compete a este, "dentro dos limites decorrentes do contrato e das normas que o regem, fixar os termos em que deve ser prestado o trabalho". Essa definição do Código é bem ampla, englobando vários aspectos do dia-a-dia da prestação do trabalho. O poder de direção do empregador significa a prerrogativa que este possui de determinar os aspectos concernentes à relação de trabalho, através de comandos ou ordens emitidas aos trabalhadores.

---

[72] Idem, ibidem, p. 153/154. No mesmo sentido de considerar o poder organizativo como vertente do poder de direção do empregador, SÉRGIO PINTO MARTINS, *Direito do Trabalho,* 18ª ed. São Paulo: Atlas S.A, 2003, p.204/205 e ALICE MONTEIRO DE BARROS, *Curso de Direito do Trabalho,* São Paulo: Ed. LTR, 2005, p. 556. Esta autora subdivide o conteúdo do poder diretivo em funções, sendo uma delas traduzida nas "decisões executivas", que dizem respeito à organização do trabalho e se manifestam por meio de atos meramente constitutivos, não determinando nenhuma conduta para os trabalhadores. MANUEL CARLOS PALOMEQUE LÓPEZ e MANUEL ÁLVAREZ DE LA ROSA (*Derecho del Trabajo,* 9ª ed. Madrid: Editorial Centro de Estúdios Ramón Areces, S.A, 2001, p. 703) não falam em um "poder laboral organizativo", mas relacionam a prerrogativa de organização ao poder de direção do empregador, explicando que este é decorrente de uma ordem econômica fundada na liberdade de empresa, que não teria sentido se seus proprietários não pudessem organizá-la.

Jorge Leite preceitua que o poder diretivo do empregador consiste basicamente no poder de organizar e de gerir a mão de obra colocada à sua disposição, tendo em atenção os limites decorrentes da ordem jurídica e do contrato[73]. Em síntese, o poder diretivo consubstancia-se na possibilidade do empregador de emitir ordens para os seus empregados no âmbito da prestação de trabalho, tendo em vista os objetivos da empresa. A este poder corresponde o dever de obediência do empregador, que é a expressão da sua situação de subordinação jurídica perante o empregador.

As diferenças doutrinárias ocorrem principalmente no tocante ao conteúdo do poder diretivo. Como mencionamos anteriormente, parte da doutrina elenca no mesmo nível os poderes diretivo, regulamentar e disciplinar; outra parte considera o poder diretivo como um "poder principal geral", que engloba todos os outros poderes; outros mencionam só os poderes diretivo e disciplinar, sendo os demais vertentes do primeiro, etc.

Diante disso, o conteúdo do poder diretivo varia conforme a classificação dada por cada autor. Para Monteiro Fernandes o poder diretivo desdobra-se em: poder determinativo da função, através do qual o empregador atribui ao trabalhador certo posto de trabalho, levando-se em conta as necessidades da empresa e as aptidões do trabalhador; poder conformativo da prestação, que é a faculdade de determinar o modo de agir do trabalhador, inserido nos contornos da função previamente determinada; poder regulamentar, configurado na possibilidade de o empregador estabelecer normas aplicáveis globalmente na empresa referentes à prestação de trabalho e, por fim, o poder disciplinar, entendido como a possibilidade de aplicação de sanções internas aos trabalhadores que atuem em desconformidade com as ordens, instruções e regras da empresa[74].

Palomeque López e Álvarez De La Rosa[75] mencionam que o poder de direção se mostrará em instruções gerais ou em ordens concretas que especifiquem o trabalho, sendo que o conteúdo material dessas manifestações é variável conforme a atividade produtiva da empresa. As instruções gerais referem-se à organização genérica do trabalho, no sentido de conformar o tipo de organização (número de trabalhadores, ordenação dos mesmos por categorias e funções) e a própria estrutura técnica da

---

[73] JORGE LEITE apud TERESA ALEXANDRA COELHO MOREIRA, ob. cit., p. 240.
[74] ANTONIO LEMOS MONTEIRO FERNANDES, ob. cit., p. 250/251.
[75] MANUEL CARLOS PALOMEQUE LÓPEZ e MANUEL ÁLVAREZ DE LA ROSA, ob. cit., p. 704/705.

empresa ou ao regime de prestação do trabalho (desde a imagem exterior da empresa até normas sobre qualidade e apresentação dos bens e serviços)[76].

Os autores supracitados explicam que as faculdades diretivas do empregador podem incidir em todos os aspectos da execução do contrato, desde a determinação do trabalho devido até a remuneração, incluindo o lugar e o tempo da prestação laboral. Para eles este poder de ordenar e organizar supõe logicamente o de controlar e vigiar seu cumprimento.

Em geral, pode-se dizer que o poder diretivo se decompõe em três vertentes principais, a prerrogativa do empregador de dar ordens sobre o conteúdo e circunstâncias do trabalho; de conformar a prestação deste em função das necessidades do processo produtivo, podendo estabelecer determinadas modificações; e a faculdade de controle e vigilância do cumprimento de ordens específicas, bem como de regras gerais estabelecidas previamente. Para nós interessa sobremaneira esta última prerrogativa, ou seja, a possibilidade de controle e fiscalização da entidade patronal da prestação laboral realizada pelo trabalhador.

A faculdade de vigilância e controle do empregador é imprescindível para a organização da empresa, configurando um elemento essencial na determinação das formas de execução do contrato. Essa faculdade é diretamente ligada à idéia de direção, posto que é necessária para a sua própria efetivação. Teresa Coelho Moreira[77] resume bem a importância da faculdade do empregador de vigilância e controle na relação laboral mencionando que "o poder directivo tem uma série de instrumentos jurídicos de apoio que garantem a sua eficácia, não podendo imaginar-se que o empregador, legitimado para dar uma determinada ordem, não o esteja para verificar se tal ordem foi ou não cumprida e executada corretamente".

2.1.3. *Poder regulamentar*

Independente das considerações acerca da autonomia ou não do poder regulamentar, este é reconhecido no artigo 153.º do Código do Trabalho de Portugal, consubstanciando-se na possibilidade conferida ao

---

[76] Nota-se que os referidos autores incluem o poder regulamentar na esfera do poder de direção, com a possibilidade de expedir instruções gerais ou através do regulamento interno da empresa.

[77] TERESA COELHO MOREIRA, ob. cit., p. 244.

empregador de estabelecer regras de ordenação e de disciplina do trabalho, ou simplesmente, regras de comportamento do trabalhador na empresa, através do chamado regulamento interno. O trabalhador deve obediência às regras constantes do regulamento interno, sendo que o seu incumprimento pode acarretar até a ruptura do contrato de trabalho.

A importância do regulamento interno pode ser conferida pela análise dos dispositivos do Código do Trabalho a respeito. Estabelece o referido diploma legal, no artigo 153, que na elaboração do regulamento interno de empresa a comissão de trabalhadores deverá ser ouvida, quando existir; além disso, o empregador deverá dar publicidade ao conteúdo do regulamento interno, de modo a possibilitar o seu pleno conhecimento pelos trabalhadores, sendo que o documento só produzirá efeitos depois de recebido na Inspeção-Geral do Trabalho para registro e depósito.

2.1.4. Poder disciplinar

Alice Monteiro de Barros[78] diz que "a autoridade do empregador exterioriza-se pelo poder de direção e torna-se efetiva pelo poder disciplinar".

Em geral, o poder disciplinar é conceituado como a prerrogativa conferida ao empregador de aplicar sanções ao empregado nos casos de incumprimento das obrigações decorrentes do contrato de trabalho, sendo expressamente reconhecido pelo Código do Trabalho de Portugal no artigo 365.º.

Maria do Rosário Palma Ramalho faz uma delimitação sistemática do poder disciplinar analisando-o sob o ponto de vista de três critérios: o critério substancial ou de conteúdo; o critério funcional; e o critério temporal. Substancialmente, o poder disciplinar é definido como o poder do empregador de aplicar sanções ao trabalhador. Da perspectiva funcional, este poder é relacionado com o poder diretivo, sendo-lhe atribuída a função de garante da eficácia desse poder. Pela aplicação do critério temporal o poder disciplinar aparece como o último dos poderes laborais, sendo considerado de caráter eventual, pois apenas surge se e quando o trabalhador não tiver cumprido, voluntariamente, as emanações do poder de direção[79].

---

[78] ALICE MONTEIRO DE BARROS, *Curso de Direito do Trabalho...*, ob. cit., p. 552.
[79] MARIA DO ROSÁRIO PALMA RAMALHO, ob. cit., p. 184/186.

Pedro de Sousa Macedo[80] menciona que "procedendo a uma comparação com a forma como se mostra constituído o Estado, pode colocar--se o poder diretivo em correspondência com o poder executivo, poder regulamentar com o poder legislativo e o poder disciplinar com o poder judicial".

O poder disciplinar possui muitas vicissitudes que ensejam muitas questões no que se refere ao seu fundamento, natureza, legitimidade, limites, etc. Entretanto, para o presente trabalho, ficaremos com a noção superficial deste poder do empregador, caracterizado basicamente pela possibilidade de reação do empregador, pela via punitiva, à conduta censurável do trabalhador. A sanção disciplinar tem, sobretudo, um conteúdo conservatório e intimidativo, ou seja, o de se manter o comportamento do trabalhador no sentido adequado ao interesse da empresa[81].

2.1.5. Limites

O artigo 121.º, n.º 1, al. d) do Código do Trabalho de Portugal estabelece que é dever do trabalhador "Cumprir as ordens e instruções do empregador em tudo o que respeite à execução e disciplina do trabalho, *salvo na medida em que se mostrem contrárias aos seus direitos e garantias*". Da leitura desse artigo depreende-se que o empregado não está obrigado a obedecer as ordens que atinjam, de qualquer forma, os seus direitos e garantias, configurando estes os principais limites aos poderes do empregador.

Jorge Coutinho de Almeida[82] considera que os direitos e garantias fundamentais dos trabalhadores integram o próprio conteúdo dos poderes empresariais, mencionando que a limitação de tais poderes se fará através da "lei, das fontes infralegislativas, do regulamento interno e do contrato".

O que temos que ter em mente quando pensamos nos limites dos poderes patronais é que nem estes, nem os direitos fundamentais dos trabalhadores são absolutos, sendo que ambos se limitam reciprocamente

---

[80] PEDRO DE SOUSA MACEDO, *Poder disciplinar Laboral,* Coimbra: Almedina, 1990, p. 16.
[81] ANTONIO LEMOS MONTEIRO FERNANDES, ob. cit., p. 257.
[82] F. JORGE COUTINHO DE ALMEIDA, ob. cit., p. 311.

na medida em que entrem em conflito. Deve-se sempre procurar uma compatibilização de direitos na ótica da mútua colaboração e da confiança recíproca, levando-se em conta a realidade econômica, social e tecnológica de cada situação concreta.

3. O controle pelo empregador do correio eletrônico do empregador

3.1. Considerações gerais

Como foi dito na parte introdutória do presente trabalho, a introdução da informática no âmbito das relações laborais, ao mesmo tempo em que representou grandes vantagens para a empresa em termos de eficiência e produtividade, aumentou exponencialmente o poder de controle do empregador sobre a prestação de trabalho.

Teresa Coelho Moreira[83] explica que as chamadas "velhas tecnologias", como a utilização de auto-comutadores telefônicos, do controle do acesso dos trabalhadores a certos locais de trabalho, bem como da entrada e saída da empresa, a vídeo-vigilância, etc., constituem um tipo de controle que incide basicamente sobre a presença e a localização física do indivíduo, ficando ainda na "periferia do processo do trabalho". Ao passo que com o aparecimento das "novas tecnologias" de comunicação, particularmente a Internet, as possibilidades de controle do trabalhador pelo empregador alcançam diretamente o "coração" do processo produtivo, atingindo a prestação do trabalho propriamente dita.

Duas situações principais são abrangidas por estas novas formas de controle da atividade dos trabalhadores, a utilização da Internet e do correio eletrônico, sendo que por questão de delimitação do tema, nos atemos a este último.

3.2. Correio eletrônico e correio postal

A inviolabilidade da correspondência, diretamente ligada ao direito à intimidade da vida privada, agindo como meio de garantia deste, vem

---
[83] TERESA ALEXANDRA COELHO MOREIRA, ob. cit., p. 293.

sendo protegida desde as primeiras declarações de direitos do século XVIII como foi visto no primeiro capítulo. A questão que agora se coloca é se o correio eletrônico está compreendido no conceito de correspondência, fazendo jus à proteção constitucional, tal como ocorre com o correio postal.

Apesar do fato de a finalidade essencial tanto do correio eletrônico como do correio postal ser a mesma, qual seja, a transmissão de determinado conteúdo à distância, essas duas espécies de comunicação possuem peculiaridades que as distinguem uma da outra. As duas principais diferenças entre o correio eletrônico e o correio postal são a forma e as condições de envio e a questão da propriedade dos meios utilizados. Além destas, existem as diferenças substanciais entre essas duas formas de comunicação, como o fato de o correio eletrônico ser um meio digital, instantâneo, capaz de enviar mensagens para diferentes destinatários ao mesmo tempo, entre outras características que o distinguem completamente de qualquer outro meio de comunicação.

Mário Antônio Lobato de Paiva[84] conceitua o correio eletrônico, mais conhecido como "e-mail", tendo em conta a finalidade principal de transmissão de conteúdo à distância. Segundo o autor o e-mail "é um sistema mediante o qual podemos enviar e receber mensagens por intermédio de uma caixa de correio de uma pessoa até a caixa de correio de outra permitindo a emissão e a recepção de mensagens".

Atualmente, o e-mail pode ser considerado o modelo de comunicação moderna, sendo utilizado por milhares de pessoas espalhadas no mundo inteiro. Essa utilização maciça do correio eletrônico levou à necessidade de adaptação dos ordenamentos jurídicos no sentido de proteger o conteúdo das mensagens enviadas, considerando-se que apesar das diferenças com o correio postal, mencionadas anteriormente, é inegável que o e-mail possua natureza típica de correspondência.

A maioria dos ordenamentos jurídicos, como o do Brasil, não menciona expressamente o correio eletrônico nos dispositivos que tratam da inviolabilidade da correspondência, sendo que a jurisprudência é que tem delineado a questão. No entanto, alguns países já protegem expressamente a inviolabilidade da correspondência eletrônica. A França, por exemplo,

---

[84] MÁRIO ANTÔNIO LOBATO DE PAIVA, *O monitoramento do correio eletrônico no ambiente de trabalho*, Jus Navigandi, 2002. Disponível em: http://jus2.uol.com.br/doutrina/texto.asp?id=3486. Acesso em: 13 mar. 2006.

demonstrou a importância do e-mail ao estabelecer no artigo 1316-3 do Código Civil que "O escrito em suporte eletrônico tem a mesma força probante que o escrito de papel".

O Código do Trabalho de Portugal solucionou, em certa medida, essa questão a partir de 2003, estabelecendo em seu artigo 21, n.º 1, que "O trabalhador goza do direito de reserva e confidencialidade relativamente ao conteúdo das mensagens de natureza pessoal e acesso à informação de caráter não profissional que envie, receba ou consulte, nomeadamente através do correio eletrônico".

Assim, temos que é inevitável o reconhecimento do correio eletrônico como meio hábil à transmissão de conteúdos de uma pessoa para outra, possuindo natureza típica de correspondência, merecendo assim, de acordo as suas peculiaridades, a mesma tutela conferida às correspondências tradicionais, independente de disposição expressa nesse sentido. Até porque, mesmo nos ordenamentos jurídicos em que não há disposição expressa tratando das novas tecnologias, o empregado dispõe de um quadro de proteção a nível constitucional, civil e penal sobre o sigilo da correspondência.

Em Portugal, por exemplo, mesmo antes do advento do Código do Trabalho, não se deixava de dar atenção ao disposto nos artigos 26, n.º 1, 34.º e 35.º da Constituição, artigos 70.º e 80.º do Código Civil e no artigo 194 do Código Penal, estabelecendo este que "quem sem consentimento, abrir encomenda, carta ou qualquer outro escrito que se encontre fechado e não lhe seja dirigido, ou tomar conhecimento, por processos técnicos, do seu conteúdo, ou impedir por qualquer modo, que seja recebido pelo destinatário, é punido com pena de prisão até um ano ou com pena de multa até 240 dias"

3.3. *O controle pelo empregador do correio eletrônico do empregador*

Considerando que a empresa não é uma estrutura à parte do ordenamento jurídico e que o trabalhador não se desfaz dos seus direitos fundamentais de personalidade ao celebrar um contrato de trabalho, temos que a possibilidade de controle pelo empregador do correio eletrônico do empregado tem como limites o direito à intimidade da vida privada deste. Assim, é nítida a situação de conflito entre a liberdade de empresa, materializada nos poderes legitimamente conferidos ao empregador, somado ao seu direito de propriedade dos meios de produção e os direitos fundamentais do trabalhador, notadamente a intimidade da vida privada e a inviolabilidade da correspondência.

Na análise dessa questão temos que levar em conta duas situações que, sem dúvida, merecem tratamentos distintos, a do correio eletrônico proporcionado pela empresa e aquele de uso particular do trabalhador, contratado por ele mesmo, independente da sua relação de trabalho com a empresa, tais como, *Hotmail, Yahoo*, dentre outros provedores prestadores desse tipo de serviço.

Não há muitas dúvidas no que tange à segunda hipótese, sendo praticamente pacífico na doutrina o entendimento de que o empregador não pode monitorar ou ter acesso ao conteúdo do correio eletrônico particular do trabalhador, podendo, todavia, estabelecer limitações ou até mesmo proibir o uso deste na empresa.

O assunto torna-se muito mais complexo quando se trata de e-mail fornecido pela entidade empregadora ao trabalhador para uso profissional. Vimos que o empregador tem a prerrogativa de dirigir a prestação de trabalho dos empregados, tendo em vista os objetivos da empresa. Dessa forma, é certo que ao instituir novas tecnologias na empresa, a entidade patronal deverá ter em conta inúmeros fatores, como a garantia da liberdade de expressão e de informação, o direito ao livre desenvolvimento e iniciativa do trabalhador, as garantias referentes à intimidade da vida privada deste, bem como os custos para a empresa, as implicações referentes à segurança e as políticas que deverão ser tomadas, as regras no tocante ao tipo de atividades e grau de autonomia dos funcionários na utilização destes meios, etc. Tudo isso para definir regras claras e objetivas em relação ao uso do e-mail pelos trabalhadores.

O Código do Trabalho de Portugal deixa clara no artigo 21, n.º 2 o poder conferido ao empregador para "estabelecer regras de utilização dos meios de comunicação da empresa, nomeadamente do correio eletrônico". Parece-nos que a intenção do legislador ao instituir este artigo foi além de conferir mera faculdade ao empregador para estabelecer regras, configurando mesmo uma recomendação, diante dos conflitos que tem surgido nesse âmbito e da possibilidade constante de abuso de direito, tanto por parte do empregador, no controle das atividades do trabalhador, como por parte deste, que não raro abusa dos meios de trabalho oferecidos pelo empregador, utilizando-os para fins completamente distintos dos empregatícios, muitas vezes até nocivos para produtividade e para a imagem da empresa.

Assim, diante da redação do dispositivo supracitado, somada ao disposto no artigo 97, n.º 1, do Código do Trabalho, que estabelece o dever do empregador de "informar o trabalhador sobre aspectos relevantes do contrato de trabalho", entendemos que o empregador tem um "poder-dever" de estabelecer regras claras que delimitem a utilização dos meios de comunicação na empresa e explicitem de antemão o que enseja ou não incumprimento contratual com possibilidade de punição disciplinar. Amadeu Guerra[85] menciona que "essas regras – que não podem ser desenquadradas da prática institucionalizada e das necessidades particulares dos trabalhadores – devem assentar nos princípios da necessidade, da proporcionalidade, da mútua colaboração e da confiança recíproca, os quais estão subjacentes ao desenvolvimento da relação de trabalho".

No âmbito da União Européia foi instituída a Diretiva de Proteção de Dados 95/46/CE, transposta para o ordenamento jurídico português através da Lei 67/98 (Lei de Proteção de Dados – LPD), aprovada dia 26 de outubro de 1998. O artigo 29 da Diretiva 95/46/CE determinou a criação de um grupo de trabalho, o "GT do artigo 29"[86], com a incumbência de examinar todas as questões relacionadas com a aplicação das medidas nacionais adotadas em conformidade com a Diretiva sobre proteção de dados, de forma a contribuir para a uniformidade dessa aplicação nos Estados-Membros. A Comissão Nacional de Proteção de Dados – CNPD de Portugal, entidade administrativa independente, com poderes de autoridade, que funciona junto da Assembléia da República, tem como atribuição genérica controlar e fiscalizar o processamento de dados pessoais e integra o Grupo do artigo 29, que se reúne bimestralmente em Bruxelas para consecução dos objetivos mencionados.

O GT do artigo 29 evidencia três princípios fundamentais referentes à utilização do correio eletrônico pelos trabalhadores na empresa:

"a) Os trabalhadores têm uma expectativa legítima de privacidade no local de trabalho, a qual não é sobreposta pelo facto de os trabalhadores usarem material de comunicações ou quaisquer outras infra-estruturas comerciais do empregador.

---

[85] AMADEU GUERRA, *A privacidade no Local de Trabalho*, p. 367.
[86] O chamado Grupo de Trabalho do artigo 29.º é um grupo independente, com caráter consultivo, composto pelas autoridades de proteção de dados dos Estados-Membros, por um representante das autoridades criadas para os organismos comunitários e por um representante da Comissão Européia. Para mais informações, vide www.cnpd.pt.

b) O princípio geral da confidencialidade da correspondência abrange as comunicações no local de trabalho, sendo provável que essas comunicações incluam o correio eletrônico, os ficheiros com ele relacionados e anexos às comunicações.
c) O respeito pela vida privada inclui igualmente, até um certo nível, o direito de estabelecer e desenvolver relações com outros seres humanos."

A Lei 67/98 (Lei de Proteção de Dados – LPD), aprovada dia 26 de outubro de 1998 efetuou a transposição da Diretiva 95/46/CE para o ordenamento jurídico português. De acordo com o artigo 3.º da citada Lei 67/98, alínea "a", entende-se por "dados pessoais" "qualquer informação, de qualquer natureza e independente do respectivo suporte, incluindo som e imagem, relativa a uma pessoa singular identificada ou identificável".

A alínea "b" do mesmo artigo conceitua "tratamento de dados pessoais" como sendo "qualquer operação ou conjunto de operações sobre dados pessoais, efetuadas com ou sem meios automatizados, tais como a recolha, o registo, a organização, a conservação, a adaptação ou alteração, a recuperação, a consulta, a utilização, a comunicação por transmissão, por difusão ou por qualquer outra forma de colocação à disposição, com comparação ou interconexão, bem como o bloqueio, apagamento ou destruição".

Por fim, cumpre transcrevermos a definição do responsável pelo tratamento de dados, dada pela alínea d) do dispositivo em comento, conceituando este como sendo "a pessoa singular ou colectiva, a autoridade pública, o serviço ou qualquer outro organismo que, individualmente ou em conjunto com outrem, determine as finalidades e os meios de tratamento dos dados pessoais; sempre que as finalidades e os meios do tratamento sejam determinados por disposições legislativas ou regulamentares, o responsável pelo tratamento deve ser indicado na lei de organização e funcionamento ou no estatuto da entidade legal ou estatutariamente competente para tratar os dados pessoais em causa"[87].

---

[87] AMADEU GUERRA, ob. cit., p. 49/50, explica que devem ser excluídas da aplicação da Lei 67/98 situações em que os sistemas de informação fazem, objetivamente e por natureza o tratamento de dados mas a empresa ou entidade detentora do equipamento não pretende, de forma alguma, fazer qualquer utilização ou aceder à informação tratada.

O controle do correio eletrônico fornecido pelo empregador ao empregado enquadra-se na definição de tratamento de dados prevista no artigo 3.º, alínea b) da Lei 67/98, sendo esta aplicável aos sujeitos da relação laboral em todos os seus termos. Como explica Amadeu Guerra[88], "Qualquer operação em que a entidade patronal tenha estabelecido o tratamento de dados pessoais dos trabalhadores para exercer qualquer forma de controlo – por mínimo que seja – está sujeita à observância, em toda sua plenitude, da Lei 67/98. A entidade empregadora assume a qualidade de responsável, na acepção do artigo 3.º al. d), porque determina as finalidades e os meios afectos ao tratamento."

Isso implica dizer que, em razão do controle de e-mails do trabalhador pelo empregador se tratar de caso típico de tratamento de dados, este, como responsável, está obrigado a notificar estes tratamentos à CNPD, por força do artigo 27, n.º 1. O empregador deverá também observar todos os princípios relativos à qualidade dos dados (artigo 5.º); a respeitar as condições de legitimidade e de licitude do tratamento de dados (artigo 6.º e 7.º) bem como os prazos limites de conservação, estabelecidos pela CNPD, de acordo com a finalidade de cada situação concreta (artigo 23.º n.º 1 al. f.); a assegurar o direito à informação (artigo 10.º); etc.

O princípio da boa-fé deve nortear toda e qualquer relação contratual, não sendo diferente com a relação contratual de trabalho. Amadeu Guerra[89] cita alguns princípios gerais aplicáveis ao monitoramento do correio eletrônico, conforme orientações do Grupo de Trabalho do artigo 29.º, estando todos respaldados pela Lei 67/98 de Portugal. São eles: a necessidade, a finalidade, a transparência, a legitimidade, a proporcionalidade, o rigor na retenção de dados e a segurança.

O princípio da necessidade significa que qualquer forma de controle e fiscalização dos e-mails dos trabalhadores deve ser absolutamente

---

Nestes casos, embora haja um "tratamento" de dados, no sentido técnico, se estes não podem ser acessíveis, não há que se afirmar a existência de um responsável pelo tratamento, no conceito técnico jurídico do artigo 3.º, alínea d) da Lei 67/98. Isso porque nesses casos não há definição de necessidade de realização de qualquer tratamento, não foi estabelecida qualquer finalidade, nem afetos meios específicos para a obtenção de qualquer resultado útil para a empresa.

[88] AMADEU GUERRA, ob. cit. p. 50.
[89] AMADEU GUERRA, ob. cit. p. 303/307.

imprescindível para o fim almejado. Esse princípio está ligado ao princípio da proporcionalidade em sentido amplo, correspondendo à idéia de que o empregador deve analisar se outras formas menos intrusivas para a privacidade dos trabalhadores não são aptas a atingir o fim pretendido. Ou seja, o empregador só poderá monitorar o correio eletrônico do trabalhador em circunstâncias excepcionais, como, por exemplo, quando existam graves indícios objetivos de ações ilícitas por parte do trabalhador, ou quando este se ausenta por qualquer motivo e o empregador não possa ter acesso a determinadas informações de outra forma.

O monitoramento do correio eletrônico do trabalhador só pode ser realizado com vista a atingir fins predeterminados e lícitos, sendo que os dados eventualmente recolhidos só poderão ser utilizados para estes fins. É o que consta no artigo 5.º, n.º 1, al. b) da Lei 67/98. Por exemplo, se o empregador justifica a fiscalização de determinados e-mails em razão da segurança do sistema, os dados consultados não poderão ser tratados com a finalidade de monitoramento do comportamento do trabalhador. A finalidade do controle deve ser clara e previamente exteriorizada ao empregado.

O princípio da transparência está diretamente ligado ao princípio da boa-fé, ao respeito mútuo entre empregador e trabalhador. Significa que o empregador deve ser claro quanto à realização de qualquer tipo de monitoramento do correio eletrônico dos trabalhadores, não podendo exercer nenhum controle ou fiscalização de forma dissimulada. Os trabalhadores deverão ter consciência de que podem estar sendo monitorados, salvo nos casos em que a própria lei disponha o contrário, como em casos de investigação criminal, por exemplo. O princípio da transparência não obriga o empregador a apenas comunicar aos trabalhadores que estes não gozam de privacidade no tocante ao correio eletrônico, mas sim de explicitar de forma rigorosa a sua política de monitoramento do correio eletrônico. Isto quer dizer que o empregador tem o dever de descrever se, e em que medida, os meios de comunicação da empresa poderão ser usados para comunicações pessoais; a razão, os fins e os meios de vigilância adotada; as informações sobre quaisquer processos disciplinares, indicando como e quando os trabalhadores serão notificados de violações das políticas internas e se lhes será dada oportunidade de reagirem às queixas apresentadas contra eles; etc. Os empregadores também devem notificar previamente os trabalhadores sobre os respectivos tratamentos de dados realizados. A transparência está relacionada com os direitos de informação e acesso aos dados, assegurados, respectivamente, pelos artigos 10.º e 11.º da Lei 67/98, ensejando ainda o direito do trabalhador de ter acesso aos dados pessoais que lhe digam respeito, podendo solicitar retificação, eliminação ou bloqueio do que não estiver em conformidade com as disposições legais.

A legitimidade corresponde ao fato de que qualquer intervenção no e-mail do trabalhador deve ter finalidade legítima. Conforme estabelecido nas hipóteses do artigo 6.º da Lei 67/98 o tratamento de dados será legítimo quando o seu titular tiver dado de forma inequívoca o seu consentimento, ou se o tratamento for necessário para, dentre outras hipóteses, "a prossecução de interesses legítimos do responsável pelo tratamento ou de terceiro a quem os dados sejam comunicados, desde que não devam prevalecer os interesses ou os direitos, liberdades e garantias do titular dos dados." (al. e).

Outro princípio a ser observado é o da proporcionalidade. Este princípio sempre deve ser tido em conta nas situações em que há conflitos de direitos garantidos constitucionalmente, como ocorre na situação em estudo, entre a liberdade empresarial corroborada pelo poder diretivo do empregador e o direito à intimidade da vida privada e ao sigilo da correspondência do trabalhador. Como foi mencionado no primeiro capítulo, o princípio da proporcionalidade envolve as vertentes da necessidade, adequação e menor restrição possível (proporcionalidade em sentido estrito). Na situação em causa, o monitoramento do correio eletrônico deverá ser a única medida adequada aos fins almejados pelo empregador, ou seja, existindo medidas menos gravosas que atinjam o mesmo fim, estas deverão ser adotadas. O princípio da proporcionalidade exclui o monitoramento geral e indiscriminado de cada mensagem de correio eletrônico, devendo esse tipo de intervenção se ater ao estritamente necessário para garantir a consecução dos objetivos do empregador. Sob esse prisma é recomendável que a vigilância cinja-se aos dados referentes ao destinatário das mensagens, ao assunto, à data e hora de envio, evitando-se ao máximo a verificação do conteúdo das mensagens.

Outro princípio é o do rigor no que se refere à retenção de dados, sendo certo que os dados legitimamente acessados e guardados pelo empregador não devem ser mantidos para além do que for necessário. Os empregadores devem especificar aos trabalhadores o período de retenção das mensagens de correio eletrônico nos seus servidores centrais. Esse período deve ser estabelecido tendo em vista as necessidades da empresa, não parecendo muito razoável, normalmente, a permanência desses dados por mais de três meses nos servidores das empresas.

O princípio da segurança, previsto no artigo 14.º da Lei 67/98 obriga o empregador a implementar as medidas técnicas e organizativa adequadas para garantir que quaisquer dados pessoais por ele controlado são seguros e estão salvaguardados contra intromissões externas. Vale ressaltar o papel do administrador do sistema, este e qualquer pessoa que tenha acesso aos dados pessoais dos trabalhadores durante o monitora mento de e-mails estão devem obediência ao segredo profissional em relação às informações que tenham acedido.

Mais uma vez vale ressaltar que o controle da atividade do trabalha dor por si só não lesa seus direitos fundamentais ou a sua dignidade A entidade patronal deve ter a prerrogativa de verificar o cumprimento da prestação laboral do trabalhador, caso contrário de nada adiantaria esta belecer regras a esse respeito. O que pode lesar os direitos dos trabalha dores são algumas formas de controle, que ultrapassem os limites do contrato de trabalho e atinjam a própria pessoa do trabalhador.

Dessa forma, temos que cabe à empresa decidir se os trabalhadores estão autorizados a utilizar o correio eletrônico disponibilizado pela empresa para fins particulares. Em Portugal a Comissão Nacional de Proteção de Dados tem tido um grande papel na fixação de diretrizes a serem seguidas pelos empregadores com relação à utilização das novas tecnologias pelos trabalhadores.

A CNPD publicou alguns princípios referentes ao controle do e-mai disponibilizado aos trabalhadores pelo empregador[90]. Da leitura desses princípios extrai-se que a idéia principal é o equilíbrio entre os interesses da empresa e os direitos do empregador, tendo sempre em vista os princí pios da proporcionalidade. Vale a pena transcrever alguns desses princípios

"1. O facto de a entidade empregadora proibir a utilização do e-mai para fins privados não lhe dá o direito de abrir, automaticamente, o e-mai dirigido ao trabalhador.

2. A entidade empregadora – enquanto responsável pelo tratamento (cf. art. 3.º al. d) da Lei 67/98) – tem legitimidade para tratar os dados na sua vertente de «registo, organização e armazenamento», com funda mento no disposto no artigo 6.º al. a) da Lei 67/98.

---

[90] Este documento pode ser visto na íntegra em www.cnpd.pt.

3. As condições de legitimidade do tratamento – na vertente de «acesso» – devem obedecer à previsão do artigo 6.º al. e) da Lei 67/98, a qual aponta para a necessidade de ser feita uma ponderação entre os 'interesses legítimos do responsável" e os "interesses ou os direitos liberdades e garantias do titular dos dados".

4. Os poderes de controlo da entidade empregadora – que não podem ser postos em causa – devem ser compatibilizados com os direitos dos trabalhadores, assegurando-se que devem ser evitadas intrusões. A entidade empregadora deve, por isso, escolher metodologias de controlo não intrusivas, que estejam de acordo com os princípios previamente definidos e que sejam do conhecimento dos trabalhadores.

5. A entidade empregadora não deve fazer um controlo permanente e sistemático do e-mail dos trabalhadores. O controlo deve ser pontual e direccionado para as áreas e actividades que apresentem um maior "risco" para a empresa.

6. O grau de autonomia do trabalhador e a natureza da actividade desenvolvida, bem como as razões que levaram à atribuição de um e-mail ao trabalhador devem ser tomadas em conta, decisivamente, em relação à forma como vão ser exercidos os poderes de controlo. O segredo profissional específico que impende sobre o empregado (vg. sigilo médico ou segredo das fontes) deve ser preservado.

7. As razões determinantes da entrada na caixa postal dos empregados, com fundamento em ausência prolongada (férias, doença), devem ser claramente explicitadas e do seu conhecimento prévio.

8. Deve ser claramente diferenciado o grau de exigência e de rigor em relação ao controlo dos e-mails expedidos e recebidos, sendo facultados ao trabalhador meios expeditos e eficazes para assegurar a eliminação imediata dos e-mails recebidos e cuja entrada na sua caixa de correio ele não pode controlar.

9. O controlo dos e-mails – a realizar de forma aleatória e não persecutória – deve ter em vista, essencialmente, garantir a segurança do sistema e a sua performance.

10. Para assegurar estes objectivos a entidade empregadora pode adoptar os procedimentos necessários para – sempre com o conhecimento dos trabalhadores – fazer uma «filtragem» de certos ficheiros que, pela natureza da actividade desenvolvida pelo trabalhador podem indiciar, claramente, não se tratar de e-mails de serviço (vg. ficheiros «.exe»,.mp3 ou de imagens).

11. A necessidade de detecção de vírus não justifica, só por si, a leitura dos e-mails recebidos.

12. À constatação da utilização desproporcionada deste meio de comunicação – que será comparada com a natureza e tipo de actividade desenvolvida – deve seguir-se um aviso do trabalhador e, se possível, o controlo através de outros meios alternativos e menos intrusivos.

13. Eventuais controlos fundamentados na prevenção ou detecção da divulgação de segredos comerciais deve ser direccionado, exclusivamente, para as pessoas que têm acesso a esses segredos e apenas quando existam fundadas suspeitas.

14. Os prazos de conservação dos dados de tráfego devem ser limitados em função de razões relacionadas com a organização da actividade e gestão da correspondência e nunca em razão de quaisquer objectivos de controlo ou organização de perfis comportamentais dos trabalhadores.

15. O acesso ao e-mail deverá ser o último recurso a utilizar pela entidade empregadora, sendo desejável que esse acesso seja feito na presença do trabalhador visado e, de preferência, na presença de um representante da comissão de trabalhadores. O acesso deve limitar-se à visualização dos endereços dos destinatários, o assunto, a data e hora do envio podendo o trabalhador – se for o caso – especificar a existência de alguns e-mails de natureza privada e que não pretende que sejam lidos pela entidade empregadora.

16. Perante tal situação a entidade empregadora deve abster-se de consultar o conteúdo do e-mail, em face da oposição do trabalhador."

Ora, na realidade atual em que vivemos, diante da velocidade da propagação de novas tecnologias, não nos parece razoável a proibição total ao trabalhador da utilização dos meios de comunicação da empresa para fins pessoais. Teresa Coelho Moreira[91] menciona que a proibição total da utilização desses meios para fins privados muitas vezes configura uma medida drástica e até mesmo contraproducente, desmotivando os trabalhadores.

Passemos então, para um breve relato de como os Tribunais tem se posicionado acerca da possibilidade de controle dos e-mails do trabalhador bem como da licitude da prova obtida dessa forma para fins de justa causa

---

[91] Teresa Coelho Moreira. «ob. cit.», p. 317/318.

3.4. A situação em outros países

Na Alemanha não existe uma regulamentação expressa da aplicação das novas tecnologias para controle dos trabalhadores. No entanto, um dos traços marcantes do ordenamento jurídico alemão é a forte intervenção coletiva, de modo que, tem-se entendido que a utilização da informática para controle dos trabalhadores está sujeita ao processo de participação destes, ou seja, ao *Betriebsrat,* uma espécie de conselho representativo dos trabalhadores dentro da empresa[92]. De acordo com Fernandez Hernández[93], os sindicatos alemães estão trabalhando no sentido de criar uma convenção-tipo quanto ao uso dos meios eletrônicos na empresa.

Nos Estados Unidos há algumas leis de proteção como a *Electronic Communications Privacy Act,* de 1986, que proíbe a interceptação de comunicações eletrônicas, porém permite exceções como a dada através do consentimento do titular. Tem sido papel dos Tribunais tratar dessa situação, tendendo estes para considerar lícita a monitorização dos e-mails dos trabalhadores. As decisões têm se baseado, principalmente, no critério de expectativa de privacidade por parte do empregado, tendo se entendido, na maioria dos casos, que os empregados não possuem essa expectativa quando se trata de e-mail disponibilizado pela empresa.

Foi o que ocorreu no caso de *Smyth v. Pillsbury Co,* em que esta última demitiu o empregado, fundamentando a demissão no conteúdo impróprio das mensagens enviadas pelo empregado ao seu superior hierárquico, que foram interceptadas sem o conhecimento do trabalhador. Mesmo a empresa tendo asseverado várias vezes aos seus empregados que o e-mail poderia ser utilizado para fins pessoais e que as mensagens não seriam, em momento algum, interceptadas, a aludida Corte entendeu que, o empregado não tinha expectativa de privacidade ao utilizar o sistema da empresa para enviar suas mensagens de e-mail[94].

No Reino Unido, em outubro de 2000, o Parlamento aprovou a lei, conhecida como RIP (*Regulation of Investigatory Powers Act*), que autorizou os empregadores a promover o monitoramento de e-mails e telefonemas de seus empregados, desde que houvesse uma informação prévia. Essa lei foi suspensa com a apresentação pela Comissária de Proteção de

---

[92] François Rigaux apud Teresa Coelho Moreira, ob. cit., p. 295.
[93] Fernandez Hernández apud Teresa Coelho Moreira, ob. cit., p. 296.
[94] Teresa Coelho Moreira, ob. cit., p. 298.

Dados de um Código de Conduta, que estabeleceu alguns princípios a serem observados pelos empregadores no controle dos e-mails dos empregados[95], como só aceder ao conteúdo das mensagens quando não seja possível atingir os fins pretendidos com a análise do assunto e do destinatário; não abrir e-mails que são claramente pessoais; fornecer meios para que os trabalhadores possam eliminar do sistema os e-mails que recebem ou enviam; dentre outros semelhantes aos princípios estabelecidos pela CNPD de Portugal.

O ordenamento jurídico espanhol também não trata expressamente da utilização dos mecanismos de comunicação da empresa por parte dos trabalhadores. Os Tribunais têm decidido levando em conta a propriedade do empregador dos equipamentos de trabalhos e o fim a que estes se destinam, considerando que a utilização para fins privados pelos empregados pode traduzir sérios danos à imagem e à produtividade da empresa. Além disso, é usual que se considere lícito o controle do correio eletrônico quando a empresa informa previamente os trabalhadores da sua realização, admitindo a figura do consentimento tácito destes. O Tribunal Superior da Catalunha considerou improcedente, em Julho de 2000, o argumento de "violação da intimidade do trabalhador" justificando que todos os trabalhadores da empresa conheciam que os correios eletrônicos eram gravados. O Tribunal Superior de Madri decidiu no mesmo sentido em 2001, entendendo que a advertência na tela do computador da possibilidade de controle do conteúdo das mensagens "supõe uma autorização para a mesma"[96].

É famosa a sentença do Tribunal Superior da Catalunha que considerou lícito o despedimento do trabalhador, em razão da utilização do correio eletrônico pelo trabalhador para fins pessoais. O trabalhador foi despedido por ter emitido 140 mensagens em cinco semanas, sem qualquer relação com a atividade profissional, tendo o Tribunal considerado sua conduta violadora do Código de Conduta que proibia a utilização do e-mail para fins privados[97]. O Tribunal mencionado proferiu sentença em julho de 2000, no mesmo sentido de considerar a finalidade da utilização dos meios de comunicação, propugnando que "não nos encontramos em presença de uma correspondência privada entre particulares cujo segredo

---

[95] AMADEU GUERRA, ob. cit., p. 315.
[96] TERESA COELHO MOREIRA, ob. cit., p. 307.
[97] AMADEU GUERRA, ob. cit., p. 315.

deva ser preservado, mas sim, perante uma utilização indevida de meios e instrumentos da empresa para fins alheios aos estritamente laborais, podendo o empregador exercer o controlo sobre a forma de utilizar tais meios, que são de sua propriedade, assim como sobre a própria actividade laboral do trabalhador"[98].

Na Bélgica, a Comissão de Proteção da Vida Privada pronunciou-se a respeito da vigilância do empregado pelo empregador através da utilização de sistemas informáticos. Em relação ao correio eletrônico a Comissão considera excessivo e contrário às disposições legais o acesso ao conteúdo das mensagens, admitindo a identificação dos correios eletrônicos "suspeitos" (que tenham influência no funcionamento da rede, que ocupem muito espaço, como imagens, mp3, etc.), sendo que o reconhecimento destes se dá sobre a listagem do correio eletrônico e não sobre o seu conteúdo[99]. O Tribunal de Trabalho de Bruxelas pronunciou-se sobre a troca numerosa de correspondência eletrônica de natureza privada entre dois colegas de trabalho, considerando que naquele caso o controle do empregador se revelou legítimo, apresentando-se "necessário", "indispensável" e "proporcional". O Tribunal sublinhou ainda que o controle realizado pelo empregador deve limitar-se ao número de mensagens trocadas, ao tamanho destas e ao formato dos arquivos anexos[100].

No ordenamento jurídico francês também não existe legislação específica regulamentando a utilização do correio eletrônico pelos trabalhadores na empresa. No entanto, a Comissão Nacional de Informática e Liberdades (CNIL), autoridade de controle francesa, elaborou em 2001 um relatório que trata das questões referentes à introdução das novas tecnologias na empresa. No que se refere à questão do correio eletrônico, a CNIL considera a interdição absoluta de utilização deste meio de comunicação para fins privados irrealista e desproporcionada. Em algumas casos, a segurança da empresa pode até justificar o controle *a posteriori*, mas este deve ser realizado somente em relação às indicações de frequência, de volume, de tipo de mensagens, do formato de peças juntas, sem que haja o controle sobre o conteúdo das mensagens. Com relação a mensagens recebidas de cunho expressamente privado é vedado ao

---

[98] Decisão mencionada por BONILLA BLASCO, *"Los efectos jurídicos del correo eletrónico en el âmbito laboral"* apud TERESA COELHO MOREIRA, ob. cit., p. 305.
[99] AMADEU GUERRA, ob. cit., p. 311/312.
[100] Idem, ibidem, p. 383.

empregador qualquer acesso, pois estas estão protegidas da mesma forma que o correio postal[101]. A jurisprudência francesa tem decidido algumas questões relativas à utilização das novas tecnologias no local de trabalho, tendendo a ser mais favorável ao empregado, ao contrário de alguns países já mencionados.

Merece destaque a decisão proferida pela *Cour de Cassation*, de Outubro de 2001, no caso *Nikon*, onde, pela primeira vez, a questão da utilização do correio eletrônico na empresa foi analisada com profundidade. Nesse caso, um trabalhador da sociedade *Nikon France* foi demitido com base na utilização durante o trabalho dos recursos disponibilizados pelo empregador para fins pessoais, tendo a entidade empregadora apresentado como prova um documento intitulado "pessoal" recuperado do correio eletrônico do trabalhador. A *Cour de Cassation* decidiu que "o trabalhador tem direito, mesmo durante o seu tempo e local de trabalho, ao respeito pela intimidade da vida privada; esta implica em particular, o segredo de correspondência, não podendo o empregador violar essa liberdade fundamental, tomar conhecimento das mensagens pessoais emitidas pelo trabalhador e por ele recebidas graças a um utensílio informático colocado à disposição para o seu trabalho, mesmo que aquele tenha interdito uma utilização não profissional do computador"[102]. Amadeu Guerra[103] resume o sentido principal da decisão: "ainda que o trabalhador tenha sido proibido de utilizar o computador para fins não profissionais essa facto não legitima a entidade empregadora a ler o conteúdo das mensagens privadas enviadas e recebidas".

Em sentido oposto ao entendimento da Corte francesa, o Tribunal Superior do Trabalho do Brasil publicou, no dia 28 de outubro de 2005, a primeira decisão acerca da utilização do correio eletrônico na empresa. No caso em tela, a empresa de seguros HSBC demitiu funcionário depois de tomar conhecimento, através do rastreamento do correio eletrônico fornecido a este, da utilização deste instrumento pelo trabalhador para envio de fotos de mulheres nuas aos colegas. Reconhecendo o direito do empregador de obter provas para justa causa com o rastreamento do e-mail de trabalho do empregado, a Primeira Turma decidiu, por unanimidade, que não houve violação à intimidade e à privacidade do empregado e que a prova assim obtida é lícita.

---

[101] Idem, ibidem, p. 324 e TERESA COELHO MOREIRA, ob. cit., p. 308/309.
[102] TERESA COELHO MOREIRA, ob. cit., p. 310/311.
[103] AMADEU GUERRA, ob. cit., p. 324.

O relator do processo, Ministro João Oreste Dalazen, menciona que apenas o e-mail pessoal goza da proteção constitucional à privacidade e ao sigilo da correspondência, não encontrando-se sob esta proteção o e-mail disponibilizado pela empresa ao trabalhador ("e-mail corporativo"), pois este é considerado como uma ferramenta de trabalho, podendo ser utilizado para fins pessoais somente com o consentimento do empregador. Menciona o relator que, quando se trata de e-mail corporativo fornecido ao funcionário, o que está em jogo é o exercício do direito de propriedade do empregador sobre o computador e provedor de internet, a responsabilidade deste perante terceiros pelos atos dos trabalhadores, bem como o direito à imagem da empresa, todos merecedores de tutela constitucional. Dessa forma, conclui o Ministro dizendo que "pode o empregador monitorar e rastrear a atividade do empregado no ambiente de trabalho, em 'e-mail' corporativo, isto é, checar suas mensagens, tanto do ponto de vista formal quanto sob o ângulo material ou de conteúdo. Não é ilícita a prova assim obtida, visando a demonstrar justa causa para a despedida decorrente do envio de material pornográfico a colega de trabalho. Inexistência de afronta ao art. 5.º, incisos X, XII e LVI, da Constituição Federal"[104].

Conclusão

É inegável o fato de que a informática, assim como todos os tipos de tecnologia de ponta, representa uma fonte imensurável de ameaças à intimidade da vida privada dos cidadãos. Todavia, inegável também é o progresso social trazido pelas chamadas "tecnologias da informação". A estrutura da relação de trabalho, típica relação de poder, como vimos, potencializa exponencialmente os riscos de danos que a tecnologia da informação pode causar, mas nem por isso pode-se obrigar os empregadores a se furtarem aos benefícios tecnológicos.

Temos que a idéia chave de todo trabalho é o equilíbrio entre os interesses dos empregadores e dos trabalhadores, sendo certo que na busca desse equilíbrio a proteção a estes últimos se faz mais necessária.

---

[104] Para visualização desse acórdão (ED – RR – 613/2000-013-10-00) na íntegra, vide www.tst.gov.br.

A intimidade do trabalhador é um direito fundamental, sendo pacífico que este, não obstante ter parte de suas liberdades limitadas em virtude da própria natureza do contrato de trabalho, não se desfaz completamente dos seus direitos ao adentrar na empresa.

O direito do trabalho caminha, cada vez mais, no sentido de valorizar o trabalhador como pessoa humana, como cidadão dentro e fora da empresa. E, mesmo em termos de produtividade, nas formas atuais de organização do trabalho, a qualidade de vida do trabalhador dentro da empresa é determinante, pois afeta diretamente sua criatividade, sua satisfação, sua motivação para o trabalho, etc. Enfim, a concepção do ambiente de trabalho como um lugar de produtividade frenética, sem possibilidade do trabalhador se desenvolver como pessoa, não interessa mais a nenhuma das partes.

Como ensina Lobo Xavier[105], "é do trabalho que depende a ocupação do tempo ativo das pessoas, o espaço dos seus ócios, o essencial do seu rendimento e posição social, a possibilidade de realização pessoal. O trabalho, porque se trata – como se diz particularmente – de um 'modo de vida', implica-se profundamente na personalidade do próprio trabalhador". Assim, o poder diretivo do empregador e os interesses da empresa não podem simplesmente se sobrepor ao direito dos trabalhadores a um bom ambiente de trabalho.

Como brilhantemente assinalou G. Lyon-Caen[106], "o direito, principalmente o relativo às liberdades individuais, não pode inclinar-se perante o estado da tecnologia; esta é que deve adaptar-se às exigências do direito".

Bibliografia

ABRANTES, José João. *Contrato de Trabalho e Direitos Fundamentais.* Coimbra Editora, 2005.

BARROS, Cassio Mesquita. *Poder Empresarial: Fundamentos, Conteúdo e Limites.* In Temas de Direito do Trabalho. IV jornadas Luso-Hispano-Brasileiras de Direito do Trabalho. Coimbra: Coimbra Editora, 1990.

---

[105] LOBO XAVIER, Bernardo da Gama, *Iniciação ao Direito do Trabalho,* V.I. 2. ed. Editorial Verbo – Lisboa – São Paulo, 1999, p. 32.

[106] G. LYON-CAEN apud TERESA COELHO MOREIRA, ob. cit., p. 295.

CANOTILHO, J. J. Gomes e MOREIRA, Vital. *Constituição da República Portuguesa Anotada*. 3. ed. Coimbra: Coimbra Editora, 1993.

CAUPERS, João. *Os Direitos Fundamentais dos Trabalhadores e a Constituição*. Coimbra: Almedina, 1985.

COUTINHO DE ALMEIDA, F. Jorge. *Poder empresarial: Fundamento, Conteúdo, Limites*. In Temas de Direito do Trabalho. IV jornadas Luso--Hispano-Brasileiras de Direito do Trabalho. Coimbra: Coimbra Editora, 1990.

FERNANDES, António Lemos Monteiro. *Direito do Trabalho*. 11ª ed. Coimbra: Almedina, 1999.

FIGUEIREDO, Antonio Carlos. *Vade Mecum Acadêmico da Legislação Brasileira*. São Paulo: Primeira Impressão, 2005.

GUERRA, Amadeu. *A Privacidade no Local de Trabalho − As Novas Tecnologias e o Controlo dos Trabalhadores através de Sistemas Automatizados − Uma Abordagem ao Código do Trabalho*. Coimbra: Almedina, 2004.

LÓPEZ, Manuel Carlos Palomeque e DE LA ROSA, Manuel Alvarez. *Derecho del Trabajo*. 9ª ed. Madrid: Editorial Centro de Estúdios Ramón Areces, S.A, 2001.

MACEDO, Pedro de Sousa. *Poder disciplinar Laboral*. Coimbra: Almedina, 1990.

MARTINEZ, Pedro Romano. *Direito do Trabalho*. Coimbra: Almedina, 2002.

MARTINS, Sérgio Pinto. *Direito do Trabalho*. 18 ed. São Paulo: Ed. Atlas S.A, 2003.

MONTEIRO DE BARROS, Alice. *Proteção à Intimidade do Empregado*. São Paulo: Ed. LTR, 1997.

MONTEIRO DE BARROS, Alice. *Curso de Direito do Trabalho*. São Paulo: Ed. LTR, 2005.

MOREIRA, Teresa Alexandra Coelho. *Da Esfera Privada do Trabalhador e do Controlo do Empregador*. Coimbra Editora, 2004.

MOTA PINTO, Paulo. *"O direito à reserva sobre a intimidade da vida privada"*, in B.F.D.U.C, n.º 69, 1993.

PAIVA, Mário Antônio Lobato de. *O monitoramento do correio eletrônico no ambiente de trabalho*. Jus Navigandi, Teresina, a. 7, n. 60, 2002. Disponível em: http://jus2.uol.com.br/doutrina/texto.asp?id=3486. Acesso em: 13 mar. 2006.

RAMALHO, Maria Do Rosário Palma. *Do Fundamento do Poder Disciplinar Laboral.* Coimbra: Almedina, 1993.
VIEIRA DE ANDRADE, José Carlos. *Os Direitos Fundamentais na Constituição Portuguesa de 1976.* 2.ed. Almedina – 2001. p. 51.
XAVIER, Bernardo da Gama Lobo. *Iniciação ao Direito do Trabalho.* V.I 2.ed. Editorial Verbo – Lisboa – São Paulo, 1999.
http://www.cnpd.pt/bin/orientacoes/principiostrabalho.htm.

PRINCÍPIOS DO COMÉRCIO ELETRÔNICO

Diego Rodrigo Monteiro Morales[107]

1.1. Definição, ambito e modalidades

A revolução da tecnologia da informação, que teve sua maior expansão no terceiro milênio, trouxe consigo novas sociedades e uma nova economia. O ambiente digital trouxe as sociedades da informação e gerou uma nova economia chamada de economia digital, constituindo um mercado dos mais diversos tipos de produtos e serviços, através da sua casa, escritório, etc... podemos ter quase tudo com um simples gesto, o apertar de teclas e botões.

Porem este tipo de comercio não é novo como pensam a maioria das pessoas, sendo já utilizado pelas empresas no inicio dos anos 70, ainda que somente na forma de trocas de dados entre elas através de diversas redes de comunicação, sendo de destaque o EDI (Electronic Data Interchange).

Em breves comentários podemos dizer que EDI é uma forma de distribuição de informação digital que consiste na entretroca de dados informatizados, ou seja, na troca electrónica, de computador a computador, de dados estruturados e organizados em mensagens normalizadas. Trata-se de uma técnica que permite emitir e receber por via electronica dados organizados sob a forma de mensagens normalizadas (o chamado "documento eletrônico"), tendo como objetivo principal permitir a

---

[107] O texto que segue serviu de relatório final do primeiro semestre do curso LL.M. – Master in European Legal Practice – Programa Erasmus Mundus – CE, seleção 2004/2006, Universidade Católica Portuguesa e Université du Havre.

interacção de sistemas informáticos heterogêneos através de redes de telecomunicações (via modem).[108]

Mas foi com a Internet (web), que o comercio eletrônico teve sua maior expansão e desenvolvimento, tornando um dos principais domínios da revolução digital que o mundo todo hoje se depara. Enquanto que para a tradicional população de empresas e pessoas, o comercio eletrônico de resume a somente circulação de dados, para o comercio eletrônico na Internet essa rede é o próprio mercado a ser explorado – chamado mercado virtual.

Esse comercio eletrônico da Internet é grande responsável pelo surgimento da chamada economia digital, conseqüentemente ao surgimento de novas actividades, novos empregos, novos fluxos de movimentação monetária e ainda aumento dos negócios de setores tradicionais da economia, como turismo, comercio, etc..., dando uma característica as empresas comuns de ciberempresas.

O comercio eletrônico tem como principal característica a negociação electronica, isto é, através do processamento e transmissão de dados eletrônicos, incluindo texto, som e imagem. Existem hoje uma gama de actividades desenvolvidas através deste sistema, por exemplo o comercio eletrônico de bens e serviços, a comercialização via internet de conteúdo digital (livros, musicas, filmes), transferências financeiras electronicas, comercio eletrônico de acções, leilões, contratos, venda e entrega direta ao consumidor e serviços pos vendas, sendo assim podemos perceber que este novo comercio não envolve somente produtos, mas também serviços.

Podemos definir comercio eletrônico como sendo "qualquer tipo de transação comercial, em que as partes envolvidas interajam electronicamente e não através de trocas ou contactos físicos".[109]

Esta incluso no âmbito do comercio eletrônico as transações resultantes de uma ordem de compra realizada através de qualquer meio eletrônico, como o telex, telefone, fax, o EFT (electronic Funds Transfer), EDI, correio eletrônico e a Internet (World Wide Web). Deste forma podemos identificar formas distintas dentro do comercio eletrônico: comercio eletrônico directo e comercio eletrônico indirecto.

---

[108] Alexandre Libório Dias Ferreira, *Comercio Eletrônico na Sociedade da Informação: da Segurança Técnica à confiança jurídica.* Almedina, Coimbra, 1999. pág. 13.
[109] ANACOM, *O comercio Eletrônico em Portugal – O quadro legal e o negocio,* pág. 15.

– **Comercio Eletrônico Directo:** consiste na escolha do produto, pagamento, e a entrega é feita *on line*, possível somente com produtos incorpóreos e serviços, como softwares, musicas, filmes, livros, etc. Esta modalidade permite as partes romperem a barreira geográfica com tal facilidade que, da forma convencional de comercio isso muitas vezes seria inviável e demasiado caro, pra não dizer impossível.

– **Comercio Eletrônico Indirecto:** consiste na escolha do produto por via electronica de um bem corpóreo, em que a entrega do bem tem que ser por vias físicas, através de serviços de distribuição. Este sistema esta dependente de vários outros factores, como o serviço de distribuição por exemplo, que leva alguns dias dependendo o local para entregar a mercadoria em seu destino. Em escalas globais, este tipo de comercio devido sua característica física, barra de certa forma um comercio que é facilmente explorado pelo comercio eletrônico directo.

De acordo com a ANACOM (obra citada, pág. 20, 21 e 22), reconhecemos quatro tipos principais de comercio eletrônico:
– *Business to Business* – transações electronicas efectuadas entre empresas;
– *Business to Consumer* – transações realizadas entre empresas e consumidores finais;
– *Business to Administration* – transações *on line* realizadas entre empresas e a Administração Publica, envolvendo grande quantidade de serviços nas áreas fiscal, segurança social, emprego, registros e notariado, etc...
– *Consumer to Administration* – transações realizadas entre indivíduos e a Administração Pública, como segurança social (divulgação de informação, pagamentos, etc.), saúde (marcação de consultas, informação doenças, pagamentos de serviços de saúde, etc.), educação (divulgação de informação, formação a distancia, etc.) e os impostos (entrega das declarações, pagamentos, etc.).

Dos tipos de comercio eletrônico que citamos, surgem dai várias questões, que acabam por gerar conflitos entre as partes. Estas questões e conflitos que surgem entre as partes e que a lei tenta por vezes solucionar, mas que acaba por um lado protegendo a alguns e desprotegendo outros. Essa problemática que vamos estudar e tentar achar soluções da melhor forma para os conflitos no comercio eletrônico, trazendo a lume o seu enquadramento jurídico, sua legislação e as diretivas apresentadas pela CE.

2. Regime jurídico

Decreto-lei n.º 7/2004, de 7 de Janeiro

A lei que regula o comércio eletrônico em Portugal é o Decreto-lei n.º 7/2004, de 7 de Janeiro, e transpõe a Diretiva 2000/31/CE, de 8 de Junho. A transposição seguiu, na generalidade, os traços da diretiva, sem deixar de lado as características do sistema jurídico português. Dessa forma o Decreto vem regulamentar em linhas gerais, as obrigações de informação dos prestadores de serviços da sociedade da informação, as condições de irresponsabilidade dos prestadores intermediários de serviços relativamente ao conteúdo da informação que tornam acessível; as comunicações publicitárias em rede e o marketing direto; a celebração de contratos por via eletrônica; e, a permissibilidade do funcionamento em linha de mecanismos extrajudiciais de resolução de conflitos. Contudo possui um mecanismo de solução provisória de litígios para dirimir questões que possam surgir quanto à ilicitude de conteúdos disponíveis em rede.

É de destacar o tratamento de matérias não compreendidas na Diretiva, como a regulação da responsabilidade dos prestadores intermediários de serviços de associação de conteúdos e o estabelecimento de um processo de inscrição para os prestadores intermediários, bem como o tratamento unitário das comunicações não solicitadas, tendo sido transposto, nesta sede, o artigo 13.º da Diretiva 2002/58/CE, de 12 de Julho de 2002, relativa ao tratamento de dados pessoais e à proteção da privacidade no sector das comunicações eletrônicas.

A dimensão dos objetivos da diretiva pode ser ordenada mediante a análise dos princípios que lhe subjazem, quer no âmbito geral do direito comunitário quer no âmbito particular dos princípios específicos do comercio eletrônico. Vamos citar alguns princípios que tem maior expressão no comercio eletrônico.

3. Princípios gerais

3.1 – Principio da proporcionalidade, 3.2 – Principio da Subsidariedade, 3.3 – Principio da Liberdade de Expressão, 3.4 – Principio do Direito da Concorrência (3.4.1 – A livre circulação e 3.4.2 – A não discriminação em função da nacionalidade), 3.5 – Principio da Liberdade de Estabelecimento, 3.6 – Princípio da não autorização prévia, 3.7 – Principio da Livre Prestação de Serviços.

Essa perspectiva jurídica[110] aqui apresentada é da autoria do Ilustre Professor José de Oliveira Ascensão (professor catedrático da Faculdade de Direito da Universidade de Lisboa), onde o ilustre professor traça um perfil do comércio eletrônico e suas ramificações com outros institutos do direito, usando normas de direito comparado qualifica o comercio eletrônico.

Se valendo do Principio da Equiparação, o ilustre escritor equipara por simplicidade a contratação eletrônica a contratação informática, pois a base jurídica fundamental encontrada está na equiparação tendencialmente plena da contratação eletrônica a contratação comum, tal como precedentemente era regulada. Diz-se equiparação tendencial porque há domínios que a Diretiva faculta para os Estados Membros (art. 9/2 da Diretiva n.º 00/31/CE, de 08 de Junho).

Contrato Eletrônico, é aquele que é celebrado exclusivamente por via eletrônica, inclusive na sua conclusão, porem se durante a fase contratual houver alguma outra forma de contacto, a não ser pela forma eletrônica, já não estamos a falar de um contrato eletrônico. Sendo assim, o contrato eletrônico é uma subespécie do contrato a distancia, ou celebrado a distancia.

Este também é o entendimento da Diretiva, que enquadra os contratos eletrônicos aos celebrados a distancia, de forma que os princípios relativos aos contratos a distancia aplicam-se aos contratos eletrônicos, sempre que os contratos eletrônicos não sejam afastados por disposição especial ou pela própria natureza da contratação eletrônica.

---

[110] ANACOM, *O comercio Eletrônico em Portugal – O quadro legal e o negocio*, pág. 104 e seguintes.

3.1. Principio da proporcionalidade

Este principio ordena que as medidas tomadas sejam condizentes, proporcionais com objetivos pretendidos e nada mais, sendo assim não pode extrapolar o chamada mínimo necessário à prossecução dos fins em vista – o correto funcionamento o mercado interno. A diretiva aqui cede a este princípio, abrangendo somente questões em que a iniciativa comunitária é indispensável. Porem não esquece de citar o a proteção dos objetivos de interesse geral, em especial a proteção dos menores e da dignidade humana, a defesa do consumidor e a proteção da saúde pública.[111]

3.2. Principio da Subsidariedade

A comunidade aqui teve aqui seu papel desempenhado do sentido que tange a 3 motivos:

    I – as questões originárias do comercio eletrônico nos campos do investimento e emprego terão como base o comercio transfronteiriço;

    II – As diferentes legislações faz com que, os prestadores de serviços arquem com o ônus de investigações jurídicas, de modo que cria uma barreira econômica no desenvolvimento e confiança do mercado eletrônico.

    III – o problema da fragmentação deveria a nível comunitário mediante análise da cadeia econômica completa do comercio eletrônico.[112]

Podem surgir obstáculos, mesmo que involuntários de natureza administrativa por parte do Estados, impedindo ou diminuindo a livre circulação

Para resolver estas questões, o princípios da subsidariedade utiliza de dois mecanismos: a coordenação e o controlo.

Pela coordenação chega-se a harmonização legislativa, e pelo controlo cria-se as iniciativas normativas dos Estados Membros, ou seja o impedimento ou a limitação da livre circulação, tendo como conse

---

[111] Diretiva 2000/31/CE – consideração n.º 10.
[112] Neste sentido ver proposta da Diretiva.

qüência o benefício geral e o possível surgimento de regulamentação de efeito equivalente, em desrespeito do principio da não discriminação.

3.3. Principio da Liberdade de Expressão

A Liberdade de Expressão esta consagrada no art.º 10 ao n.º 1 da Convenção para Proteção dos Direitos do Homem e das Liberdades fundamentais, e que todos os Estados Membros ratificam esta convenção. A livre circulação dos serviços pode ser adotada em muitos casos como manifestação da liberdade de expressão, e todas as diretivas que visam serviços sa sociedade da informação devem garantir o respeito a este principio. No campo do comercio eletrônico a liberdade de expressão é um direito fundamental, sem deixar de lado a proteção da informação, a segurança, a privacidade, os direitos dos consumidores e dos outros utentes dos serviços da sociedades da informação.

A Diretiva é clara neste sentido, quando limita e rege a remoção ou impossibilitação de acesso na armazenagem de informação.[113]

3.4. Principio do Direito da Concorrência

3.4.1. A livre circulação

A livre circulação de bens, mercadorias, serviços, pessoas e capitais inseridas no Mercado Interno é essencial em um sistema de política de concorrência livre. Este Principio da Livre Circulação, tem se mostrado complexo e de difícil aplicação, pelo seu grau de harmonização e coordenação que este exige.

3.4.2. A não discriminação em função da nacionalidade

Este principio esta assegurado pelo artigo 6.º do Tratado da União Européia, e tem função a liberdade de estabelecimento e a liberdade de prestação de serviços.

---

[113] Diretiva 2000/31/CE – consideração n.º 46.

Artigo 6.º – TUE

1. A União assenta nos princípios da liberdade, da democracia, do respeito pelos direitos do Homem e pelas liberdades fundamentais, bem como do Estado de direito, princípios que são comuns aos Estados-Membros.
2. A União respeitará os direitos fundamentais tal como os garante a Convenção Européia de Salvaguarda dos Direitos do Homem e das Liberdades Fundamentais, assinada em Roma em 4 de Novembro de 1950, e tal como resultam das tradições constitucionais comuns aos Estados-Membros, enquanto princípios gerais do direito comunitário.
3. A União respeitará as identidades nacionais dos Estados--Membros.
4. A União dotar-se-á dos meios necessários para atingir os seus objetivos e realizar com êxito as suas políticas.

3.5. *Principio da Liberdade de Estabelecimento*

Pressupõe a instalação de estabelecimentos de profissionais liberais e empresas, sendo sua atividade profissional durável, porem a liberdade de certas atividades profissionais são reguladas através de diretivas. Neste sentido o Tratado da União Européia veio contribuir com a finalidade do reconhecimento de diplomas, certificados e outros títulos, com a intenção de facilitar o estabelecimento e a coordenação de disposições legislativas, regulamentares e administrativas respeitantes ao acesso e exercício das referidas atividades não assalariadas, e ainda de programas gerais.[114]

3.6. *Princípio da não autorização prévia*

No âmbito deste principio temos que, o prestador de serviços da sociedade da informação não esta sujeito a autorizações prévias para o

---

[114] Teresa Maria F. D. Da Silva Garcia, *A diretiva do comercio eletrônico – Princípios*, pág. 19.

exercício de suas atividades, ou a qualquer outra autorização equivalente. Porem há uma legislação competente que rege um quadro comum de regras para licenças e autorizações nas atividades de telecomunicações. Este principio esta elencado no artigo 4.º da Diretiva 2000/31/CE, correspondente ao art. 3.º do Decreto Lei n.º 7/2004.

3.7. Principio da Livre Prestação de Serviços

Quanto ao que sejam esses serviços, o decreto-lei de transposição deu a definição no art. 3.º n.º 1. Porem a definição comunitária traz definições que precisaram ser melhoradas: a de que esses serviços seriam prestados "normalmente mediante remuneração". Nas palavras de José de Oliveira Ascensão[115], uma definição não pode conter um normalmente. Esclareceu-se assim que está em causa "qualquer serviço prestado a distância por via eletrônica, mediante remuneração ou pelo menos no âmbito de uma atividades econômica, na seqüência de pedido individual do destinatário".

Em sede de estabelecimento nos interessa o local onde esteja o centro das atividades relacionadas com o serviço (art. 4.º, n.º 2 e 3), e não a localização formal da sede. Após definido o Estado Membro que terá competência para disciplinar os prestadores de serviços em rede, pelo critério do lugar de origem, a decisão proferida por este Estado deverá ser aceita por todos os outros Estados Membros.

A disciplina básica é ditada pelo país de origem, porem o país de destino tem algumas formas de restrição, não tão amplas. Estas restrições que poderão ser tomadas pelos Estados de Destino, estão elencadas no art. 7 do Decreto Lei, de forma que, poderá o Estado de Destino atuar contra a livre circulação dos serviços na Sociedade da Informação quando proveniente de outro Estado Membro, serviço que possa lesar ou ameaçar gravemente a dignidade humana, a ordem publica, a saúde pública, segurança pública e os consumidores.[116] Neste sentido, em caso de urgência

---

[115] ANACOM, *O comercio Eletrônico em Portugal – O quadro legal e o negocio* pág. 105 e seguintes.
[116] Decreto Lei 7 de 2004, de 7 de janeiro.

poderá tomar medidas restritivas não precedidas de notificação a Comissão nem a outros Estados Membros de origem, essa é a letra do artigo 8.º da mesma lei.

4. Princípios do comercio eletrônico

4.1. – Clausula Geral do Mercado Interno; 4.2 – Principio do País de Origem; 4.3 – Principio do Reconhecimento Mútuo; 4.4 – Principio da Responsabilidade do Estado de Origem do Prestador de Serviço; 4.4.1 – Determinação do estabelecimento dos prestadores de serviços; 4.5 – Principio da Irresponsabilidade dos Prestadores Intermediários de Serviços da Sociedade da Informação; 4.6 – Principio da Transparência; 4.7 – Principio da Formação do Contrato; 4.8 – Principio da Proteção do Consumidor.

4.1. *Clausula Geral do Mercado Interno*

Podemos chamar essa clausula de como sendo a clausula mestra do sistema comunitário. Esta disposta no numero artigo 3.º da Diretiva do Comercio Eletrônico e faz referencia com vários artigos da lei de transposição, dai chamarmos de clausula mestra.
Esta estruturada da seguinte forma:
    1 – Principio do País de Origem – artigo 3.º, n.º 1 e 2
    2 – Derrogações gerais – artigo 3.º, n.º 3 a anexo
    3 – Derrogações especiais – artigo 3.º, n.º 4 e 6

Surge aqui uma questão em relação ao artigo 3.º, n.º 1, e artigo 1.º n.º4, enquanto regra de Direito Internacional Privado, por conflitar com as regras da Convenção de Roma.
A partir daqui surgem vários interesses comerciais, econômicos e sem falar jurídicos. Os fornecedores de bens de serviços no mercado eletrônico tem o interesse em atribuir a competência aos tribunais do país onde se encontram estabelecidos, de forma que, diminuem o risco e custos da sua participação no comercio eletrônico alem das fronteiras geográficas. Em contra partida os interesses dos consumidores vão no

sentido da atribuição da competência aos tribunais do país da respectiva residência habitual.[117]

Apesar dos conflitos apontados existem duas soluções que se oferecem pra resolverem o caso da competência internacional: o reconhecimento da competência aos tribunais do país de origem dos bens ou serviços disponíveis em rede (mais benéfica aos fornecedores), e o acolhimento de idêntica solução em benefício dos tribunais do país de destino dos bens de serviço (mais benéfica aos consumidores).

As duas soluções apresentadas ao mesmo tempo que tenta solucionar os conflitos, traz junto inconvenientes, mas que por hora não vamos analisar, por não se trata do tema desse trabalho.[118]

4.2. *Principio do País de Origem*

Esse principio é o principio estruturante da Diretiva: Artigo 3.º n.º 1 da diretiva

"cada estados membro assegurará que os serviços da sociedade da informação prestados por um prestador estabelecido no seu território cumpram as disposições nacionais aplicáveis nesse Estado Membro que se integrem no domínio coordenado".

Tenciona que o controlo seja efetuado na fonte, ou seja, no país onde a empresa esteja estabelecida, impondo aos demais estados a aceitar essa atividade. Para a empresa prestadora do serviço aumenta a segurança porque sabe à partida que não vai estar sujeita a diferentes legislações e regras, isso leva a uma maior eficiência econômica.[119]

---

[117] VICENTE, DÁRIO MOURA, *Comercio Eletrônico e Competência Internacional*, separata de Estudos em Homenagem ao Prof. Doutor Armando M. Marques Guedes, Coimbra, 2004, pág. 904.

[118] Ver obra citada acima as paginas 905 e seguintes.

[119] ANACOM, *O comercio Eletrônico em Portugal – O quadro legal e o negocio* pág. 138.

Teste de não-duplicação: a Comissão Européia fará uma apreciação comparativa entre a medida que o Estado-membro de destino pretende ver adotada e o regime jurídico em vigor no país de origem, para evitar situações em que o objetivo de interesse geral pretendido pelo país de destino com a adoção de uma medida se encontre já satisfeito pelas legislação aplicável no país de origem do prestador.

Analisando este principio temos que os prestadores de serviço da sociedade da informação teriam que respeitar apenas a legislação do Estado Membro de origem, ou seja, o estado no qual estivessem estabelecidos, porem, a não teriam a mesma preocupação com a legislação do Estado Membro destinatário dos serviços por ele prestados.[120]

Porem o proposta da diretiva sobre Comercio Eletrônico foi alvo de criticas em relação a proteção dos consumidores, em virtude de não consagrar uma política forte de proteção a esses direitos no âmbito do Comércio Eletrônico.

A definição e âmbito do Domínio Coordenado estão elencadas nas considerações da Diretiva 2000/31/CE, no item 21 e no artigo 2.º e seus sub itens. "... *o âmbito do domínio coordenado é definido sem prejuízo de futura harmonização comunitária de sociedade da informação e de futura legislação adoptada a nível nacional conforme com o direito comunitário.*".

Constitui o campo de aplicação do principio do país de origem, atuando nos requisitos gerais e específicos da atividade em linha, aplicáveis aos prestadores de serviços da sociedade da informação, estando compilados com a nomenclatura de "domínio coordenado", sem mesmo serem de natureza geral ou especifica para os prestadores e serviços.

Através do domínio coordenado é possível controlar a legalidade das atividades e garantir a livre circulação de serviços. As regras relativas a este domínio são:

- exercício de atividades em linha, como informações, publicidade, compras, etc.,
- atividades de um serviço da Sociedade da Informação, no tocante ao comportamento do prestador de serviços, a qualidade ou conteúdo do serviço, incluindo as aplicáveis à publicidade e aos contratos, ou as respeitantes à responsabilidade do prestador de serviços.

Porem, não estão abrangidas no âmbito do domínio coordenado os requisitos legais exigidos pelos Estados Membros em relação ás merca-

---

[120] Ver conseqüências da aplicação universal do Principio do pais de origem no âmbito da tutela do consumidor em Alexandre Libório Dias Pereira, *Comercio Eletrônico na Sociedade da Informação: da Segurança Técnica à confiança jurídica*. Almedina, Coimbra, 1999. pág 43 e seguintes.

dorias, como normas de segurança, obrigações de rotulagem, a responsabilização pelos produtos, exigências dos Estados Membros, do que diz respeito a entrega ou transporte de mercadorias incluindo a distribuição de produtos medicinais.[121]

Sobre o principio *in fine* nos permite garantir a eficácia da livre circulação de serviços e a segurança jurídica para os prestadores de serviços e seus destinatários.[122] Ainda sim, como já citamos anteriormente, em certas condições a diretiva permite aos Estados Membros adotarem medidas destinadas a restringir a livre circulação dos serviços da sociedade da informação.[123]

Poderíamos aprofundar mais nossos comentários sobre este principio, porem, não queremos ser demasiados longos nos comentários.

4.3. *Principio do Reconhecimento Mútuo*

Neste principio podemos salientar que o mesmo possui duas vertentes:
– em relação ao estabelecimento e ao exercício, os prestadores só tem que cumprir as normas do pais de origem,
– somente as autoridades do pais de origem tem poder para controlar a respectiva atividade, de forma que os paises destinatários não podem restringir a atividade dos prestadores em seu território.

Podemos extrair daqui um outro principio, qual seja, o da responsabilidade do estado de origem pela não conformidade do serviço da sociedade da informação com a sua legislação. De forma que consagra a preponderância da li e controlo administrativo do pais de estabelecimento do prestador, ainda que esse controlo não e estenda ao controlo judicial.[124]

O artigo 2.º itens b-) e c-) da diretiva do comercio eletrônico, nos da um panorama do que seja prestador de serviços e prestador de serviços estabelecidos.

---

[121] Ver, consideração 21 da Diretiva 2000/31/CE.
[122] Consideração n.º 22 da Diretiva 2000/31/CE.
[123] Consideração n.º 24 da Diretiva 2000/31/CE.
[124] Teresa Maria F. D. Da Silva Garcia, *A diretiva do comercio eletrônico – Princípios*, pág. 26 e 27.

O principio do reconhecimento mútuo das leis nacionais e o principio do pais de origem, devem ser aplicados aos serviços da sociedade da informação de modo a assegurar que tais serviços, fornecidos a partir de outro Estado Membro não sofrerão restrições.

O principio do reconhecimento mútuo tem conseqüências novas pela definição do domínio coordenado. O reconhecimento mútuo reforça a subsidariedade, pois permite que a Comunidade interfira em menor escala na regulamentação dos estados.

4.4. *Principio da Responsabilidade do Estado de Origem do Prestador de Serviço*

Os Estados Membros tem o dever de assegurar o cumprimento do domínio coordenado pelos prestadores de serviços estabelecidos nesse estado de forma que, cada Estado Membro da a garantia de que os prestadores de serviços estabelecidos no seu território cumprirá com as regras nacionais relativas ao domínio coordenado, viabilizando assim o reconhecimento mútuo.[125]

Satisfazendo o prestador de serviços as disposições do domínio coordenado do país em que se encontra estabelecido, poderá fornecer serviços por toda a Comunidade, de forma que realizará livre circulação de serviços prevista no Tratado, e ainda com a devida segurança jurídica para os prestadores e para os destinatários, dando mais confiança aos serviços da sociedades da informação.

Cada Estado Membro pode tomar medidas contra o prestador de serviço estabelecido em outro Estado Membro, pois poderá de forma a iludir a legislação, um prestador de serviços transferir toda a sua atividade (ou maior parte) para o seu território.

4.4.1. *Determinação do estabelecimento dos prestadores de serviços*

Em Portugal ha que se destacar a distinção entre o prestador de serviços estabelecido e prestador de serviços que tem estabelecimento em Portugal, pois o prestador de serviços esta sujeito a legislação do estado em que se encontra estabelecido e submetido ao controlo da autoridade nacional.

---

[125] Artigo 3.º n.º 1 da Diretiva 2000/31/CE.

Na forma escrita pela diretiva, o Direito comunitário distingue o estabelecimento da prestação dos serviços, mas ha aqui uma confusão, ainda que a distinção seja tradicional. Porem "prestador estabelecido" representa uma nova terminologia não usada nas diretivas e que parece ter uma natureza mista, situada entre o estabelecimento e a prestação.[126]

4.5. *Principio da Irresponsabilidade dos Prestadores Intermediários de Serviços da Sociedade da Informação*

Aqui são estabelecidos limites quanto a responsabilidade dos prestadores de serviço da sociedade da informação quando desempenham apenas funções de intermediários em relação a atos de terceiros. São atividades caracterizadas pelas informações a serem prestadas pelo destinatário do serviço, e de serem transmitidas ou armazenadas a pedido dos destinatários do serviço.

Como diz o ilustre escritor[127], os limites de responsabilidade são fixados de forma horizontal, e dizem respeito à responsabilidade por todos os tipos de atividades ilícitas em linha a que terceiros se dediquem, como por exemplo a pirataria, no âmbito do direito do autor, a concorrência desleal e publicidade enganosa.

O artigo 15.º da diretiva, referente e vigilância, e que esta transposto para lei portuguesa para os artigos 12.º e 13.º, deixa explicito os limites dos prestadores intermediários quanto a sua responsabilidade.

São três os tipos de exclusão de responsabilidade:
– o simples transporte;
– armazenagem temporária – "caching"
– armazenagem em servidor.

Em relação aos transportes, o intermediário esta garantido pelo artigo 14.º da Lei do Comercio Eletrônico, da seguinte forma: *1 – o prestador intermediário de serviços que prossiga apenas a actividade de transmissão de informações em rede, ou de facultar o acesso a uma rede*

---

[126] Teresa Maria F. D. Da Silva Garcia, *A diretiva do comercio eletrônico – Princípios*, pág. 29.
[127] Alexandre Libório Dias Pereira, *Comercio Eletrônico na Sociedade da Informação: da Segurança Técnica à confiança jurídica*. Almedina, Coimbra, 1999, pág 59.

de comunicações, sem estar na origem da transmissão nem ter intervenção no conteúdo das mensagens transmitidas nem na seleção destas ou dos destinatários, é isento de toda a responsabilidade pelas informações transmitidas." Isto é, o prestador desempenha um papel passivo na transmissão das informações pelas redes de comunicações, de forma que ele não deve tomar a decisão de efetuar ou não transmissões ou mudar destinatários.

No que tange a segunda exclusão de responsabilidade, vem elencada no artigo 13.º da Diretiva, transposto para artigo 15.º da Lei portuguesa, trata-se apenas de armazenagem temporária efetuados pelo prestador de serviços com a finalidade de aumentar o desempenho e velocidade das redes digitais. Podemos perceber que este serviço não constitui uma exploração da informação transmitida, e sim, a armazenagem de dados afim de facilitar o uso pó utentes de uma rede ou um sistema.

E para finalizar os tipos de exclusões de responsabilidades, é limitada a responsabilidade do prestador em caso de armazenagem em servidor, pois este no caso concreto tiver o conhecimento efetivo, ou devesse ter da atividade ilícita do utilizador do seu serviço, e não tomar rapidamente as medidas necessárias para retirar as informações correspondentes ou impossibilitar o acesso as mesmas, então não será exonerado de responsabilidade.[128]

4.6. Principio da Transparência

A transparência é obrigatória do processo negocial, de forma a identificar a parte que oferece o serviço da sociedade da informação, com algumas particulares exigências para as profissões regulamentadas, identificação da sua comunicação comercial como tal, e ainda toda a transparência possível, mesmo de característica tecnológica, em todas as fases contratuais. Tendo como objetivo o aumento da confiança dos destinatários.

O Prestador

Em face da obrigação de transparência para os operadores, qualquer prestador tem que fornecer informações mínimas gerais sobre a sua iden-

---

[128] Alexandre Libório Dias Pereira, obra citada pág. 60.
Artigo 16.º Decreto Lei 7 de 2004, de 7 de janeiro.

tificação fácil, direta e permanentemente acessível, alem de outros requisitos de informação constantes do direito comunitário.

As comunicações comerciais

A comunicação comercial é essencial para o financiamento dos serviços da sociedade da informação e para o desenvolvimento de uma grande variedade de novos serviços gratuitos, como esta disposta nas considerações da diretiva nos números 29, 30 e 31.

Informações a prestar
artigo 6.º da diretiva, transposto para n.º 21 da Lei 7/2004

Apesar de outros requisitos de informação constantes da legislação comunitária, os Estados Membros terão a obrigação de assegurar que as comunicações comercias que constituam ou sejam parte de um serviço da sociedade da informação respeitem as condições seguintes:
- a natureza comercial da comunicação, deve ser claramente identificada;
- a pessoa singular ou coletiva por conta de quem a comunicação é feita;
- a natureza das ofertas, descontos, prêmios e dos concursos ou jogos, e desde que autorizados pelo Estado Membro onde esteja estabelecido prestador, as condições a preencher para neles participar devem ser facilmente acessíveis a apresentadas de forma clara e inequívoca.

Comunicação Comercial não solicitada
artigo 7.º da diretiva transposto para 22.º da Lei 7/2004

Cabe aos Estados Membros decidir de permitem ou não a comunicação comercial não solicitada por correio eletrônico por parte de um prestador de serviços estabelecido no seu território. Caso optem por permitir esta comunicação, os Estados Membros, alem de outros requisitos de informação constantes da legislação comunitária, terão que assegurar que essa comunicação comercial seja identificada como tal, de forma clara e inequívoca, a partir do momento em que é recebida pelo destinatário. Alem disso, devem respeitar e consultar regularmente os registros de opção negativa ou "opt-out".

Comunicação comercial de membros de profissões regulamentadas
Artigo 8.º da diretiva, transposto para o artigo 23.º da Lei 7/2004

A diretiva estabelece que a comunicação comercial entre membros de profissões regulamentadas é livre, mas estas profissões devem respeitar regras de ética e deontologia profissional que constem dos códigos de conduta elaborados pelas associações de profissionais, visando de certa forma a proteger o consumidor ou a saúde publica.

4.7. Principio da Formação do Contrato

Este principio visa garantir que a vontade do consumidor seja livre e esclarecida. Relativamente aos contratos, o dever de esclarecimento, o dever de informação e o dever de proteção serão obedecidos, pois o que foi contratado é lei entre as partes *(pacta sunt servanda)*.

Outras formas de pensamentos a cerca da transparência nos leva a – confiança, o dever de ser claro, compreensível, lógico e se possível verificável para todos os participantes com quem estão a negociar e o que, quais as condições e a informação relevante.

Surgem questões sobre a veracidade de um contrato eletrônico, os meios de provas. Será possível provar a veracidade de um contrato eletrônico por uma assinatura digital[129]? Ou, através de atos significativos quanto ao pagamento à aceitação, tal como uma ordem de pagamento ou aceitar a entrega dos produtos encomendados.

Neste sentido a diretiva veio harmonizar o regime dos contratos:

Celebração
Artigo 9.º da diretiva, transposto para artgos 24.º e 25 da Lei 7/2004

A celebração por meios eletrônicos é assegurada e o regime jurídico do contrato não pode criar obstáculos à utilização de contratos celebrados por meios eletrônicos, ou privá-los de efeitos legais ou de validade pelo fato de serem celebrados por meio eletrônico. A diretiva ainda faculta os Estados Membros a limitar as matérias desses contratos, artigo 9.º n.º 2. A lei portuguesa limita a aplicação no item 2.º do artigo 25.º.

---

[129] Ver Lei Assinatura Eletrônica Decreto Lei 62/2003, de 03 de Abril.

Informações a prestar
Artigo 10.º da diretiva, transposto para o artigo 28.º da Lei 7/2004

Antes de ser dada a ordem de encomenda pelo destinatário do serviço, o prestador de serviços será obrigado a prestar no mínimo e em termos exatos compreensíveis e inequívocos informações de caráter que tenha como objetivo a proteção do destinatário. Essas informações estão elencadas no artigo 28 da lei e no seus sub itens.

Ordem de encomenda
Artigo 11.º da diretiva, transposto aos artigos 27.º, 29.º e 30.º da Lei 7/2004

O legislador preferiu assim com outros artigos anteriormente vistos, separar a proposta do artigo da diretiva em 3 artigos.

Caso as partes não sejam consumidores e salvo acordo em contrário, o prestador de serviços em rede deverá disponibilizar aos destinatários dos serviços meios técnicos que permitam identificar e corrigir erros de introdução, antes de formular uma ordem de encomenda.

Assim, logo que receba a ordem de encomenda por via eletrônica, o prestador deve acusar a recepção também por meios, salvo acordo em contrário se a parte não for consumidora. Mas é indispensável o aviso de recepção da encomenda nos casos em que há a imediata prestação em linha do produto ou serviço.

Há uma exceção trazida pelo artigo 30.º, em que não se aplicam as demais regras referidas acima aos contratos celebrados exclusivamente por correio eletrônico ou outro meio de comunicação individual equivalente.

4.8. Principio da Proteção do Consumidor

A defesa do consumidor é um dos propósitos principais da diretiva. Essa proteção poderá ser alcançada se várias maneiras através:
- obrigações de informação e de transparência a que estão submetidos os prestadores;
- responsabilidade dos prestadores em geral, ainda que alguns prestadores intermediários estejam fora das responsabilidades;
- códigos de conduta;

- mecanismos de recurso rápidos;
- na responsabilidade dos estados pelo cumprimento por parte dos prestadores da normas legais em vigor no respectivo território e em matéria contratual.

Ao nível de seus motivos, a diretiva informa por uma preocupação de garantir um elevado nível de proteção dos consumidores, tendo em conta o seu papel fundamental para assegurar a confiança no comercio electronico.[130]

Poderíamos citar várias passagens onde diretiva se preocupa com o consumidor relativamente ao comercio eletrônico, mas vamos transcrever apenas uma, simples porem essencial nesta diretiva:

5. Conclusão

Começamos por definir o comercio eletrônico, seus tipos e modalidades. Depois passamos a elencar os princípios do comercio eletrônico que achamos mais relevante, porem deve ter ficado muita coisa alem do que falamos, já que fizemos simples sínteses dos princípios, os quais poderiam um só deles serem tema de um trabalho específico. Mas nosso trabalho começa a partir da aqui, que apos analisarmos esses princípios, teremos a oportunidade de aprofundar nossos estudos através do curso que se segue, onde estudaremos as formas de defesa do consumidor nos contratos eletrônicos, a responsabilidade na sociedade da informação e, se tratando de matéria contratual os princípios fundamentais contratuais.

Como dissemos no começo do trabalho, não queríamos levantar questões controversas, ou debater sobre inconstitucionalidades que a lei veio trazer em seu escopo, mas sim analisar os princípios, tentar entendê-los, começar a pensar na essência do comercio eletrônico, para a partir dai poder aplicar esses elementos em cada caso concreto.

Vou terminar esse trabalho com uma passagem dos ilustres autores[131], que usei este manual como base para minhas pesquisas.

---

[130] Alexandre Libório Dias Pereira, obra citada pág 52.
[131] MANUEL LOPES ROCHA, ANA MARGARIDA MARQUES, ANDRÉ LENCASTRE BERNARDO, *Guia da Lei do Comercio Electronico*, Centro Atlântico, Lisboa 2004, 1ª edição.

"... A nossa lei não escapou a essa circunstancias e não falta quem nela tenha encontrado algumas inconstitucionalidades. Por isso, a referida polemica não extinguirá tão cedo..."

Bibliografia

ANACOM – AUTORIDADE NACIONAL DE COMUNICAÇÕES, *Manual – Comercio Electronico Em Portugal – Quadro Legal E O Negócio,* Brandia (design e produção) 2004, 2ª edição

ASCENSÃO, JOSÉ DE OLIVEIRA ASCENSÃO, *Estudos Sobre Direito E Internet E Da Sociedade Da Informação,* Livraria Almedina, Coimbra 2001, 1ª edição.

PEREIRA, ALEXANDRE LIBÓRIO DIAS, *Comercio Eletrônico na sociedade da informação: da segurança técnica à confiança jurídica.* Almedina 1999, 1ª edição.

RAINHA, PAULA e VAZ, SONIA QUEIROZ, *Guia Jurídico Da Internet Em Portugal,* edições centro atlântico, Lisboa 2001, 1ª edição.

ROCHA, MANUEL LOPES, *Direito da informática nos tribunais portugueses – 1990-1998,* edições centro atlântico, Lisboa 1999

ROCHA, MANUEL LOPES, MARQUES, ANA MARGARIDA, BERNARDO, ANDRÉ LENCASTRE, *Guia da Lei do Comercio Electronico,* Centro Atlântico, Lisboa 2004, 1ª edição.

ROCHA, MANUEL LOPES/ CORREIA, MIGUEL PUPO/ RODRIGUES, MARTA FELINO/ ANDRADE, MIGUEL ALMEIDA/ CARREIRO, HENRIQUE JOSÉ, *Leis do Comercio Eletrônico, notas e comentários,* editora Coimbra, 2001, *1ª edição.*

ÍNDICE

Introdução 5

1. **Pelos Caminhos da Europa** 7

   1.1. "A Caminho!" Nova Viagem pela Europa do Direito Administrativo
   – Prof. Doutor Vasco Pereira da Silva 9

   1.2. A Força Expansiva da Liberdade de Prestação de Serviços ou a Sua Instrumentalização?
   – Mestre Inês Quadros 29

2. **Pelos Caminhos da Constituição** 49

   2.1. Dignidade da Pessoa Humana e "Novos" Direitos – Algumas Aproximações à Luz da Experiência Constitucional Brasileira
   – Prof. Doutor Ingo Wolfgang Sarlett 51

   2.2. Interpretação Constitucional do Direito Penal: Análise à Luz do Ordenamento Brasileiro
   – Prof. Doutor Cláudio Brandão 85

3. **Pelos Caminhos do Direito Administrativo** 107

   3.1. Responsabilidade Civil da Administração por Violação de Dever de Prestar de Fonte Não Contratual
   – Dr. Tiago Macieirinha 109

   3.2. Sistemas de Controlo Jurisdicional da Administração e suas Implicações numa Perspectiva Luso-brasileira
   – Mestre Timóteo Carneiro Ferreira 133

   3.3. Análise da Política de Isenção Tributária dos Entes Federados no Brasil para Atracção de Investimentos de Empresas à Luz do Princípio da Igualdade
   – Mestre Simon Rieman Costa e Silva 161

4. Pelos Caminhos da Contratação Privada e Pública 195

   4.1. Da Convenção de Roma ao Regulamento Roma I: A Lei Aplicável ao Contrato na Ausência de Escolha das Partes
      – Mestre Maria João Matias Fernandes 197
   4.2. Perspectiva Luso-brasileira da Aplicação da Arbitragem nos Contratos Administrativos de Colaboração entre o Sector Público e o Privado
      – Mestre Camile Rosário 219
   4.3. A Necessidade da Prestação de Garantias pelo Parceiro Público nos Contratos de Parcerias Público-Privadas – Comparação entre Regimes Jurídicos Brasileiro e Português
      – Mestre Kênia Teles 249

5. Pelos Novos Caminhos do Direito da Responsabilidade Civil 261

   5.1. A Responsabilidade pelos Vícios do Bem Locado e a Possibilidade de o Locatário Demandar o Fornecedor do Bem na Locação Financeira: Análise Comparativa entre o Direito Português e o Brasileiro
      – Mestre Miguel Burnier da Silveira 263
   5.2. Responsabilidade Civil das Transportadoras Aéreas em Vôos Internacionais: Um Estudo Comparado entre Brasil e Portugal
      – Mestre Beatriz Roland 291
   5.3. Responsabilidade Extracontratual do Estado por Violação de Directiva Comunitária não Transposta
      – Mestre Regis Dudena 327

6. Desbravando os Caminhos das Novas Tecnologias 363

   6.1. A Fatura Eletrônica na Europa e no Brasil
      – Paulo Burnier da Silveira 365
   6.2. O Abuso de Direito e as Relações Informáticas: Uma Perspectiva Luso-Brasileira
      – Mónica Fialho 385
   6.3. A Fiscalização do Correio Eletrônico pelo Empregador e o Direito à Reserva da Intimidade da Vida Privada
      – Cláudia Quintino 403
   6.4. Princípios do Comércio Electrônico
      – Diego Morales 447